CB138918

O IRLANDÊS

Charles Brandt

O IRLANDÊS

os crimes de Frank Sheeran a serviço da Máfia

tradução

Drago

SEOMAN

Título original: *"I heard you paint houses": Frank "the Irishman" Sheeran and the inside story of the Mafia, the Teamsters, and the last ride of Jimmy Hoff*

Copyright © 2004, 2005 by Charles Brandt
Copyright da edição brasileira © 2016 Editora Pensamento-Cultrix Ltda.

2ª edição 2019.

Todos os direitos reservados. Nenhuma parte deste livro pode ser reproduzida ou usada de qualquer forma ou por qualquer meio, eletrônico ou mecânico, inclusive fotocópias, gravações ou sistema de armazenamento em banco de dados, sem permissão por escrito, exceto nos casos de trechos curtos citados em resenhas críticas ou artigos de revistas.

A Editora Seoman não se responsabiliza por eventuais mudanças ocorridas nos endereços convencionais ou eletrônicos citados neste livro.

Coordenação editorial: Manoel Lauand

Projeto gráfico: Gabriela Guenther

Editoração eletrônica: Estúdio Sambaqui

Dados Internacionais de Catalogação na Publicação (CIP)
(Câmara Brasileira do Livro, SP, Brasil)

Brandt, Charles
O irlandês : os crimes de Frank Sheeran a serviço da máfia / Charles Brandt ; tradução Drago. 2 ed. - São Paulo : Seoman, 2019.

Título original: "I heard you paint houses" : Frank "the Irishman" Sheeran and the inside story of the Mafia, the Teamsters, and the last ride of Jimmy Hoff.

ISBN 978-85-5503-108-3

1. Gângsteres - Estados Unidos 2. Hoffa, James R. (James Riddle), 1913- 3. Máfia - Estados Unidos 4. Sheeran, Frank I. Título.

19-30934 CDD-364.1060973

Índices para catálogo sistemático:
1. Estados Unidos : Máfia : Crime organizado : História 364.1060973
Maria Paula C. Riyuzo - Bibliotecária - CRB - 8/7639

Seoman é um selo editorial da Pensamento-Cultrix.

Direitos de tradução para o Brasil adquiridos com exclusividade pela EDITORA PENSAMENTO-CULTRIX LTDA., que se reserva a propriedade literária desta tradução.
R. Dr. Mário Vicente, 368 – 04270-000 – São Paulo, SP
Fone: (11) 2066-9000
E-mail: atendimento@editoraseoman.com.br
http://www.editoraseoman.com.br
Foi feito o depósito legal.

À minha esposa,

Nancy Poole Brandt,

à *minha mãe,*

Carolina DiMarco Brandt,

e à memória do meu pai.

ÍNDICE

Agradecimentos

Tenho uma dívida de gratidão para com a minha incrivelmente bela, talentosa e maravilhosa esposa, Nancy, que dedicou a cada capítulo e a cada revisão um trabalho de edição rigoroso, honesto e sensível, antes que eu enviasse o manuscrito a uma editora. Enquanto estive em Nova York ou na Filadélfia trabalhando no livro, Nancy cuidou de tudo mais, dando-me diariamente inspiração, encorajamento e apoio. Nas vezes em que Nancy me acompanhou nas visitas a Frank Sheeran, fez com que ele recobrasse uma vitalidade juvenil. Também devo minha mais profunda gratidão pelo incentivo e apoio recebido dos nossos filhos Tripp Wier, Mimi Wier e Jenny Rose Brandt.

Tenho uma dívida de gratidão para com a minha admirável mãe, que, aos 89 anos de idade, preparou comida italiana para mim, deu-me hospedagem e incentivou-me durante as longas semanas que passei em seu apartamento em Manhattan, sentado diante do meu *laptop*.

Tenho uma dívida de gratidão para com o meu caro amigo William G. Thompson, um ícone do ramo editorial — tendo sido o primeiro editor a publicar as obras de Stephen King e de John Grisham — que generosamente disponibilizou seu vasto conhecimento como conselheiro editorial no desenvolvimento e na execução deste projeto.

Encontrei uma "mina de ouro" quando Frank Weimann, do Literary Group, aceitou ser o meu agente literário. Frank conduziu o projeto cordialmente como um trabalho histórico que, de outro modo, seria negligenciado; deu ao livro o seu título e deu a Frank Sheeran um "empurrãozinho" no rumo certo durante a gravação da última entrevista que ele concedeu.

Meus agradecimentos especiais à talentosa Kristin Sperber, editora da Steerforth, que, entre outras coisas, avisou-me quando, uma vez ou outra, eu escrevi como um advogado.

Quando Neil Reshen sugeriu ao meu agente que entrasse em contato com a Steerforth Press, logo tivemos o nosso livro aceito por uma editora que acredita em seus autores. Obrigado, Neil, por haver-nos guiado até o excepcional Chip Fleischer e sua assistente, Helga Schmidt.

Muito obrigado a escritores tais como Dan Moldea, Steven Brill, Victor Riesel e Jonathon Kwitny, cujas reportagens investigativas realizadas com extrema habilidade — e, muito frequentemente, arriscando suas próprias integridades físicas — descobriram e preservaram tantos aspectos importantes da história de Jimmy Hoffa, de sua época e de seu desaparecimento.

Obrigado a vocês, agentes, investigadores e advogados de acusação e respectivos auxiliares, cujos esforços deram origem a muitas das manchetes e matérias jornalísticas que consultei.

Obrigado ao meu criativo primo Carmine Zozzora, por seu encorajamento cotidiano, que me manteve focado quando as coisas estiveram difíceis, e por seu sábio aconselhamento em todas as etapas do caminho, especialmente quando eu me punha a reclamar e ele repetia: "Apenas escreva o livro; o resto se arranja por si mesmo."

Uma montanha de gratidão a todos os meus soberbos amigos e familiares que "torceram" por este livro, e àqueles amigos mais chegados a quem eu repetidamente recorri em busca de aconselhamento, encorajamento e apoio — especialmente Marty Shafran, Peter Bosch, Steve Simmons, Leo Murray, Gary Goldsmith, Barbara Penna, Rosemary Kowalski, Jeff Weiner, Tracy Bay, Chris DeCarufel, Jan Miller, Theo Gund, e Molly e Mike Ward. Tenho uma dívida da mais profunda gratidão para com Rob Sutcliffe, por incontáveis motivos.

Obrigado a Lynn Shafran, por todo seu aconselhamento e, principalmente, por haver trazido Ted Feury, falecido recentemente, até Nancy e eu. Muitíssimo obrigado a você, Ted.

Obrigado ao ilustrador premiado, autor e artista, meu amigo Uri Shulevitz, que há mais de vinte anos encorajou-me a começar a escrever profissionalmente.

Agradecimentos atrasados ao meu inspirador professor de Inglês na penúltima série do ensino médio, na Stuyvesant High School, em 1957, Edwin Herbst.

Prólogo

"Russ & Frank"

Em um chalé de veraneio, numa sala cheia de ansiosos e chorosos membros da família de Jimmy Hoffa, o FBI encontrou um bloco de anotações de folhas amarelas. Hoffa mantinha o bloco próximo do aparelho de telefone. No bloco, Hoffa escrevera, a lápis, as palavras: "Russ & Frank".

"Russ & Frank" eram amigos chegados e aliados ferrenhos de Jimmy Hoffa. O gigante musculoso Frank estivera tão próximo e provara ser tão leal a Jimmy, ao longo das tribulações que este tivera com a lei e com Bobby Kennedy, que era considerado como mais um membro da família.

Naquele dia, à beira do lago, a família no chalé temia, nos recônditos mais profundos de suas almas, que apenas um amigo muito íntimo, alguém extremamente confiável, poderia ter chegado suficientemente próximo para causar algum dano ao sempre cauteloso e vigilante Jimmy Hoffa, um homem agudamente consciente de seus inimigos mortais. E, naquele dia, "Russ & Frank" — o mafioso Frank "O Irlandês" Sheeran e seu "padrinho", Russell "McGee" Bufalino — tornaram-se os principais suspeitos no caso do desaparecimento mais notório da História norte-americana.

Todos os livros e estudos sérios dedicados ao desaparecimento de Hoffa atestam que Frank "O Irlandês" Sheeran, um ferrenho aliado e apoiador de Hoffa dentro da organização dos "Caminhoneiros", voltara-se contra seu amigo e mentor. Esses estudos alegam que Sheeran agira como um conspirador e perpetrador, tendo estado presente na ocasião em que Hoffa fora assassinado; e que este assassinato teria sido sancionado e planejado por Russell "McGee" Bufalino. Entre esses estudos contam-se livros resultantes de pesquisas meticulosas, incluindo *The Hoffa Wars* ("As Guerras de Hoffa"), do repórter investigativo Dan Moldea; *The Teamsters* ("Os Caminhoneiros"), do fundador da Court TV — uma emissora de televisão especializada na transmissão de julgamentos —, Steve Brill; e *Hoffa*, escrito pelo Professor Arthur Sloane.

No dia 7 de setembro de 2001, mais de vinte e seis anos depois do início do mistério, um membro da família presente no chalé à beira do lago compartilhava aqueles momentos terríveis com sua mãe e sua irmã concedendo uma entrevista coletiva à imprensa. O filho de Hoffa, James P. Hoffa, presidente dos "Caminhoneiros", tivera reavivadas suas esperanças quanto a um novo desenvolvimento dos fatos relativos ao desaparecimento de seu pai. O FBI revelara que um exame de DNA realizado com um fio de cabelo comprovara que Jimmy Hoffa teria estado no interior de um carro, suspeito de ter sido utilizado no cometimento do crime. Eric Shawn, o veterano correspondente da Fox News, perguntara a James se seu pai poderia ter sido levado ao interior daquele carro por vários outros suspeitos bem conhecidos. James meneou a cabeça negativamente em resposta a cada um dos nomes contidos na lista e, afinal, disse: "Não. Meu pai não conhecia essas pessoas." Quando Shawn perguntou se Frank Sheeran poderia ter convencido seu pai a entrar naquele carro, James acenou afirmativamente e disse: "Sim, meu pai teria entrado em um carro em companhia dele."

Ao término da coletiva de imprensa, James expressou à mídia seu desejo de que o caso pudesse ser solucionado por uma "confissão no leito de morte". À época em que ele fez este pedido, Frank Sheeran era o único homem dentre os suspeitos originais que ainda estava vivo e era suficientemente idoso para fazer uma "confissão no leito de morte". A entrevista coletiva à imprensa foi concedida quatro dias antes dos fatídicos acontecimentos do dia 11 de setembro de 2001, e a aparição de James P. no programa televisivo *Larry King Live*, agendada para a semana seguinte, foi cancelada.

Um mês depois, com a história de Hoffa alijada das primeiras páginas dos jornais, a filha única de Jimmy, a juíza Barbara Crancer, telefonou a Frank Sheeran de sua câmara em St. Louis. À maneira de seu legendário pai, a juíza Crancer foi diretamente ao ponto crucial da questão e fez um apelo a Sheeran para que proporcionasse à sua família um encerramento para o caso, revelando tudo quanto soubesse acerca do desaparecimento de seu pai. "Faça a coisa certa" disse ela a Sheeran. Seguindo o aconselhamento de seu advogado, Sheeran não revelou coisa alguma e, respeitosamente, pediu a Barbara que se dirigisse ao seu conselheiro.

Esta não fora a primeira vez que a juíza Barbara Crancer escrevera ou telefonara ao Irlandês com o objetivo de fazê-lo revelar os segredos que guardava em sua alma. Em 6 de março de 1995, Barbara dirigira uma carta a Frank: "Pessoalmente, acredito que existam muitas pessoas, que se diziam amigas leais, que saibam o que aconteceu a James R. Hoffa, quem o fez e por quê. O fato de nenhuma delas jamais haver revelado nada à família dele — mesmo sob juramento de sigilo — é algo doloroso para mim. Eu acredito que você seja uma dessas pessoas."

No dia 25 de outubro de 2001, uma semana depois de ter recebido o telefonema de Barbara, Frank "O Irlandês" Sheeran — então contando mais de oitenta anos de idade e tendo de usar um andador para locomover-se — ouviu baterem à porta do pátio de seu apartamento no piso térreo. Quem batia à porta eram dois jovens agentes do FBI. Eles mostraram-se amigáveis, nada ansiosos e muito respeitosos para com o homem próximo do fim de sua vida. Os agentes esperavam que ele tivesse se abrandado com a idade e, talvez, até estivesse arrependido. Eles esperavam ouvir aquela "confissão de leito de morte" e disseram ser jovens demais para se lembrarem do ocorrido, mas admitiram ter lido milhares de páginas do arquivo relativo ao caso. Eles estavam informados acerca do telefonema que, fazia pouco tempo, Sheeran recebera de Barbara, declarando abertamente a ele que haviam discutido o teor da conversa com ela. Tal como viera fazendo desde 30 de julho de 1975 — data do desaparecimento de Jimmy —, Sheeran desalentadoramente instruiu aos agentes do FBI para que se dirigissem ao seu advogado, o ex-procurador distrital da Filadélfia, Sr. Emmett Fitzpatrick.

Não obtendo sucesso em persuadir Sheeran a cooperar, dispondo-o a fazer uma "confissão de leito de morte", o FBI anunciou, no dia 2 de abril de 2002, que passava às mãos do procurador distrital de Michigan todas as dezesseis mil páginas do arquivo referente ao caso, além de liberar o acesso ao conteúdo de 1.330 dessas páginas à mídia e aos dois filhos de Jimmy Hoffa. Nenhum processo federal seria impetrado. Afinal, após quase vinte e sete anos, o FBI desistira.

No dia 3 de setembro de 2002 — quase um ano depois da data em que James P. concedera uma entrevista coletiva à imprensa —, o Estado de Michigan também desistiu, encerrando o caso em sua alçada e exprimindo suas "reiteradas condolências" aos filhos de Hoffa.

Ao anunciar sua decisão em uma conferência à imprensa, o Procurador Distrital de Michigan, David Gorcyca, foi citado ao afirmar que "infelizmente, este caso tem todas as características de uma grande história de mistério à qual falta o capítulo final."

Este livro é uma "história de mistério"; mas não é uma história ficcional. Trata-se de uma história baseada em entrevistas pessoais com Frank Sheeran, a maioria das quais foi registrada em fitas gravadas. Eu conduzi a primeira entrevista em 1991, no apartamento de Sheeran, pouco depois que meu parceiro e eu conseguimos assegurar a antecipação da soltura de Sheeran da prisão, com base em argumentos médicos. Imediatamente após essa primeira entrevista, em 1991, Sheeran pareceu pensar duas vezes quanto à natureza interrogativa do trabalho relativo à entrevista e decidiu encerrar sua colaboração. Ele teria admitido muito mais coisas do que gostaria. Disse a ele que voltasse a entrar em contato comigo, caso mudasse de ideia e quisesse tornar a se submeter ao meu questionamento.

Em 1999, as filhas de Sheeran arranjaram uma entrevista privada de seu idoso e fisicamente debilitado pai com o Monsenhor Heldufor, da Igreja St. Dorothy, na Filadélfia. Sheeran encontrou-se com o monsenhor, que lhe concedeu a absolvição por seus pecados, para que ele pudesse vir a ser sepultado em um cemitério católico. Frank Sheeran declarou a mim: "Acredito que exista alguma coisa depois que morremos. Se tivesse de apostar nisso, não gostaria de perder a aposta. Eu não quero deixar nenhuma porta fechada."

Em seguida à sua entrevista com o monsenhor, Sheeran entrou em contato comigo; e a seu pedido compareci a uma reunião no escritório do advogado que o representava. Nessa reunião, Sheeran concordou em submeter-se ao meu interrogatório e a série de entrevistas foi reiniciada, prolongando-se por quatro anos. Eu trouxe para o processo das entrevistas as minhas experiências como advogado de acusação em processos relativos a homicídios e casos que envolviam a aplicação da pena de morte, como especialista em interrogatórios e estudioso de técnicas de interrogação, e como autor de vários artigos sobre a regra exclusiva da Suprema Corte dos Estados Unidos que contempla as confissões. "Você é pior do que qualquer tira com quem já tive de lidar", disse-me Sheeran, certa vez.

Passei incontáveis horas apenas "matando tempo" em companhia do Irlandês, encontrando-me com supostos membros da Máfia, dirigindo até Detroit para localizar o lugar onde se deu o desaparecimento de Hoffa, dirigindo até Baltimore para reconstituir *in loco* as cenas de duas "entregas" do submundo executadas por Sheeran, reunindo-me com o advogado de Sheeran e encontrando-me com seus familiares e amigos, imiscuindo-me em sua vida tão intimamente quanto possível para chegar a conhecer o homem que havia por trás da história. Passei incontáveis horas — por telefone ou pessoalmente — sondando e garimpando o manancial de informações que constitui a fundamentação deste livro.

Muito frequentemente, a primeira regra para proceder a um interrogatório bem-sucedido é ter fé em que o interrogado realmente deseje confessar, mesmo quando esteja negando ou mentindo. Assim foi o caso com Frank Sheeran. A segunda regra é manter o interrogado falando continuamente; e isto, também, jamais foi um problema com o Irlandês. Basta deixar que as palavras fluam, e a verdade abrirá caminho por si mesma em meio a elas.

Por muito tempo, uma parte de Frank Sheeran quisera poder externar esta história de seu peito. Em 1978, emergiu uma controvérsia sobre Sheeran ter feito sua confissão por telefone — ainda que, talvez, sob efeito do consumo de álcool — a Steven Brill, autor de *The Teamsters*. O FBI acreditou que Sheeran tivesse confessado tudo a Brill, e pressionou este para que lhe entregasse a fita gravada. Dan Moldea, autor de *The Hoffa Wars*, escreveu em um artigo que, durante um café da manhã em um hotel, Brill lhe dissera possuir uma confissão de Sheeran gravada em uma fita magnética. Porém, Brill — provavelmente demonstrando possuir juízo bastante para evitar tornar-se uma testemunha necessitada de proteção especial — desmentiu publicamente esta alegação nas páginas do *New York Times*.

De maneira condizente, ao longo da maior parte do árduo processo das entrevistas, foram envidados esforços para proteger e preservar os direitos de Sheeran, de modo a fazer com que suas palavras não pudessem consistir legalmente de uma confissão admissível em um tribunal de justiça.

À medida que o livro foi escrito, Frank Sheeran leu e aprovou cada capítulo. Ao término do trabalho, ele releu e concedeu sua aprovação a todo o manuscrito.

No dia 14 de dezembro de 2003, Frank Sheeran morreu. Seis semanas antes, durante os estágios finais de sua convalescença, ele concedeu-me sua última entrevista gravada, no leito que ocupava no hospital. Ele me disse que se havia confessado e recebido a comunhão de um padre visitante. Deliberadamente evitando a utilização de qualquer espécie de linguajar que pudesse protegê-lo de possíveis ações legais, Frank Sheeran encarou a lente de uma câmera de vídeo para viver o seu "momento da verdade". Segurando e exibindo um exemplar deste livro, ele endossou todo o conteúdo que você irá ler agora — inclusive o papel que desempenhou no que aconteceu a Jimmy Hoffa no dia 30 de julho de 1975.

No dia seguinte, cerca de uma semana antes de perder completamente sua vitalidade física e sua lucidez, Frank Sheeran pediu-me para que rezasse por ele, e que, juntos, orássemos o Pai Nosso e a Ave Maria. Assim fizemos.

Em última análise, as palavras de Frank Sheeran constituem um testemunho válido no tribunal da opinião pública, para que você, leitor, possa julgá-lo como uma parte da História do século passado.

O fio condutor desta história é a própria biografia, singularmente fascinante, de Frank Sheeran. O espirituoso Irlandês foi criado como um católico devoto e um filho dos tempos difíceis da Grande Depressão; um combatente empedernido e heroico da Segunda Guerra Mundial; um oficial do alto escalão da Fraternidade Internacional dos Caminhoneiros; um elemento citado por Rudy Giuliani em uma ação civil da R.I.C.O., por haver "atuado em consonância com" as regras da Cosa Nostra — um dos dois únicos não ítalo-americanos na lista compilada por Giuliani de vinte e seis figuras proeminentes da Máfia, que incluía os nomes dos "chefões" dos Bonanno, dos Genovese, dos Colombo, dos Luchese e de outras "famílias" de Chicago e Milwaukee, bem como os nomes de vários subchefes; um criminoso condenado, membro do legendário braço armado da Máfia — além de pai de quatro filhas e avô amoroso.

Em consideração a todos os aspectos positivos da complexa vida de Frank Sheeran — incluindo seu serviço prestado à Pátria como militar e o amor que ele sempre demonstrou para com suas filhas e seus netos —, eu fui um dos homens que ajudaram a levar o esquife verde, envolto pela bandeira dos Estados Unidos, que continha o corpo do Irlandês, até o lugar de seu repouso final.

Este livro é o capítulo final da tragédia de Hoffa, um crime que feriu e assombrou a todos que de algum modo estiveram conectados a ele — incluindo os que o perpetraram; mas que feriu e assombrou especialmente aos familiares de Jimmy Hoffa, em seus esforços para que o destino de seu pai pudesse ser esclarecido e sua memória, também, repousasse em paz.

Nota do Autor: As partes deste livro em que são transcritas as palavras de Frank Sheeran — proferidas em centenas de horas de entrevistas — são citadas entre aspas. Alguns trechos e alguns capítulos escritos por mim acrescentam detalhes relevantes e informações complementares.

Capítulo Um

"Eles não ousariam"

"Pedi ao meu chefe, Russell 'McGee' Bufalino, que me permitisse telefonar para Jimmy em seu chalé à beira do lago. Eu estava numa missão de paz. Tudo o que eu estava tentando fazer, naquele momento em particular, era evitar que aquilo acontecesse com Jimmy.

Eu telefonei para Jimmy na tarde do domingo, dia 27 de julho de 1975. Na quarta-feira, 30 de julho, Jimmy já se fora. Infelizmente, como dizemos, ele se fora para a Austrália: a região mais baixa da Terra. Vou sentir falta do meu amigo até o dia em que me juntar a ele.

Eu estava no meu apartamento em Philly[1], usando o meu próprio telefone, quando fiz a ligação interurbana para o chalé de Jimmy, em Lake Orion, perto de Detroit. Se eu soubesse das coisas que iriam rolar no domingo teria usado um telefone público, não o da minha casa. Você não consegue se manter vivo por tanto tempo quanto eu se tratar de assuntos importantes usando o seu próprio telefone para fazer as ligações. Eu não fui feito com um dedo: meu pai usou a ferramenta certa para engravidar a minha mãe.

Quando estava na minha cozinha, diante do aparelho telefônico de disco fixado na parede, pronto para discar o número que eu sabia de cor, considerei por algum tempo sobre o modo como deveria abordar Jimmy. Eu aprendi, durante os meus anos de negociações no sindicato, que é sempre melhor rever as coisas que você tem na cabeça antes de abrir a boca. E, além disso, aquela não seria uma ligação fácil de fazer.

Quando saiu da cadeia — graças a um indulto presidencial concedido por Nixon, em 1971 — e começou a lutar para reaver a presidência dos Caminhoneiros, Jimmy tornou-se um sujeito com quem era muito difícil conversar. Às vezes esse tipo de comportamento torna-se característico de alguns sujeitos, logo que acabam de ser postos em liberdade. Jimmy decidiu dar rédea solta à sua língua: no rádio, nos jornais, na televisão... Cada vez que abria a boca, ele dizia algo sobre como iria expor a Máfia, e como iria varrer a Máfia do sindicato. Ele até mesmo chegou a dizer que impediria a Máfia de utilizar o fundo de pensão. Não consigo imaginar que certas pessoas tenham gostado de saber que a sua galinha dos ovos de ouro seria morta,

1 Maneira informal de referência à cidade da Filadélfia, principal centro urbano da Pensilvânia, estado norte-americano. (N.T.)

caso ele reassumisse a presidência. Vindo de Jimmy, tudo isso soava como hipocrisia, para dizer o mínimo — considerando que, para início de conversa, foi o próprio Jimmy quem trouxe a assim chamada Máfia para o sindicato, franqueando-lhe acesso ao fundo de pensão. Jimmy me trouxera para o sindicato através de Russell. Assim, por muitos bons motivos, eu estava mais do que apenas um tanto preocupado com o meu amigo.

Eu comecei a ficar preocupado cerca de nove meses antes daquele telefonema que Russell me concedera permissão para fazer. Jimmy havia voado para a Filadélfia para ser o palestrante especialmente convidado da Noite de Agradecimento a Frank Sheeran, no Latin Casino. Havia três mil dos meus bons amigos e meus familiares lá — incluindo o prefeito, o procurador distrital, uns caras ao lado de quem eu lutei na Guerra, o cantor Jerry Vale e as bailarinas Golddigger Dancers, com pernas que não acabavam mais, além de certos outros convidados aos quais o FBI se referia coletivamente como La Cosa Nostra. Jimmy presenteou-me com um relógio de ouro, com diamantes incrustados em torno do mostrador. Jimmy olhou para os convidados que ocupavam as mesas no salão e disse: 'Nunca havia me dado conta de que vocês eram assim tão poderosos.' Este foi um comentário muito especial, porque Jimmy Hoffa era um dos dois homens mais poderosos que eu já conheci.

Antes que fosse servido o jantar — costela, de primeira qualidade —, quando posávamos para fotografias, um joão-ninguém que estivera na cadeia com Jimmy perguntou a ele se poderia arranjar-lhe dez mil dólares para iniciar um negócio. Jimmy meteu a mão no bolso e deu-lhe 2.500 dólares, imediatamente. Assim era o Jimmy: um coração-mole.

Naturalmente, Russell Bufalino estava lá. Ele era o outro dos dois homens mais poderosos que já conheci. Jerry Vale cantou a canção favorita de Russ, "Spanish Eyes", dedicando-a especialmente a ele. Russell era o chefe da família Bufalino, que controlava o interior do Estado da Pensilvânia e grandes regiões dos Estados de Nova York, Nova Jersey e Flórida. Tendo seu quartel-general fora dos limites da cidade de Nova York, Russell não integrava o círculo fechado das cinco famílias de Nova York, mas todas essas famílias vinham até ele em busca de aconselhamento para fazerem qualquer coisa. Se houvesse algum assunto importante para ser resolvido, eles deixavam o trabalho a cargo de Russell. Ele era respeitado pelo país inteiro. Quando Albert Anastasia foi fuzilado numa cadeira de barbeiro em Nova York, eles fizeram com que Russell agisse como o cabeça daquela família, até que as coisas se acertassem. Não havia maneira de obter mais respeito do que Russell possuía. Ele era muito poderoso. O grande público nunca ouvira falar dele, mas as famílias e os federais sabiam quanto ele era poderoso.

Russell presenteou-me com um anel de ouro que ele mandara fazer especialmente para apenas três pessoas: para si mesmo, para seu subchefe e para mim. Havia uma grande moeda de três dólares no topo, circundada por diamantes. Russell era um figurão no mundo do roubo e receptação de joias. Ele era um 'sócio oculto' de várias joalherias da 'Rua dos Joalheiros', na cidade de Nova York.[2]

O relógio de ouro que Jimmy me deu ainda está no meu pulso, e o anel de ouro que Russell me deu ainda está no meu dedo, aqui, na casa de abrigo assistido onde vivo, agora. Na minha outra mão, uso um anel incrustado com as pedras dos signos de cada uma das minhas filhas.

Jimmy e Russell eram muito parecidos. Ambos tinham uma compleição física solidamente musculosa, da cabeça aos pés; e ambos eram de baixa estatura, mesmo para os padrões médios da época. Russ media cerca de 1,70 m de altura, e Jimmy mal passava de 1,60 m. Naqueles dias, eu media 1,93 m e tinha de me curvar se quisesse falar com eles mais reservadamente. Os dois também possuíam grande destreza e agilidade. Eles possuíam uma grande resistência, tanto física quanto mental. Mas em um aspecto importante eles eram diferentes. Russ era um homem discreto e de poucas palavras, que falava sempre em voz baixa e muito calmamente, mesmo que estivesse louco da vida. Jimmy, por sua vez, explodia diariamente, apenas para manter seu temperamento em plena forma, e adorava publicidade.

Na noite anterior ao jantar oferecido em minha homenagem, Russ e eu tivemos uma reunião com Jimmy. Nós nos sentamos a uma mesa no Broadway Eddie's, e Russell Bufalino disse a Jimmy Hoffa, sem rodeios, que ele deveria retirar sua candidatura à presidência do sindicato. Ele lhe disse que certas pessoas estavam muito satisfeitas com a gestão de Frank Fitzsimmons, que substituíra a Jimmy quando ele fora para a prisão. Ninguém àquela mesa disse isso, mas todos sabíamos que essas certas pessoas estavam muito satisfeitas devido à facilidade com que obtinham polpudos empréstimos do Fundo de Pensão dos Caminhoneiros gerido pelo extremamente maleável Fitz. Eles também obtinham empréstimos sob a gestão de Jimmy, que fazia seus próprios arranjos por debaixo dos panos; mas os empréstimos sempre eram concedidos de acordo com as condições impostas por Jimmy. Fitz, em vez disso, dobrava a espinha para essas certas pessoas. Tudo com que Fitz se importava era beber e jogar golfe. Não preciso dizer a você quanto proveito alguém pode tirar do fato de possuir a chave do cofre de um fundo de pensão de um bilhão de dólares.

— Por que você está se candidatando? —, disse Russell. — Você não precisa do dinheiro.

---

2 Na verdade, a "Jeweler's Row" — que traduzimos livremente como "Rua dos Joalheiros" — localiza-se na região central da cidade da Filadélfia, no trecho da Rua Sansom entre as Ruas Sétima e Oitava, e na própria Rua Oitava, entre as ruas Chestnut e Walnut. Na cidade de Nova York existe um trecho da Rua 47, entre a Quinta e a Sexta Avenida, que é conhecido como "Diamond and Jewelry Way" ou "Diamond District". Em ambos os casos, tratam-se de lugares conhecidos pela concentração de joalherias e ourivesarias. (N.T.)

— Não é pelo dinheiro —, retorquiu Jimmy. — Não vou deixar Fitz tomar conta do sindicato.

Ao fim da reunião, quando eu me preparava para levar Jimmy de volta ao Warwick Hotel, Russ puxou-me de lado e disse:

— Converse com o seu amigo. Diga a ele 'o que isto é'.

Na nossa maneira de falar, por mais que não soe como tal, isso é o mesmo que fazer uma declarada ameaça de morte.

No Warwick Hotel, eu disse a Jimmy que, se não mudasse de ideia quanto a reaver o seu posto no sindicato, seria melhor que ele arranjasse alguns guarda-costas e os mantivesse ao seu redor, como proteção.

— Não vou enveredar por esse caminho ou eles passarão a perseguir minha família.

— Mesmo assim, você não vai querer sair à rua completamente sozinho.

— Ninguém amedronta Hoffa. Eu vou atrás do Fitz, e vou vencer essa eleição.

— Você sabe 'o que isto é' —, disse eu. — O próprio Russ me pediu para dizer isto a você.

— Eles não ousariam —, resmungou Jimmy Hoffa, fitando seus olhos faiscantes diretamente nos meus.

Tudo o que Jimmy fez pelo restante daquela noite e no café da manhã do dia seguinte foi falar um bocado, distorcendo o assunto. Analisando agora, aquilo tudo pode ter sido apenas um palavrório proferido em razão do nervosismo, mas eu jamais soube que Jimmy tenha demonstrado algum temor. Embora um dos temas na pauta que Russell discutiu com Jimmy àquela mesa no Broadway Eddie's, na noite que antecedeu ao jantar em minha homenagem, fosse mais do que suficiente para fazer o mais corajoso dos homens demonstrar temor.

Então, lá estava eu, na minha cozinha em Filadélfia, nove meses depois da Noite de Agradecimento a Frank Sheeran, com o telefone na mão e Jimmy na outra ponta da linha, em seu chalé em Lake Orion. Eu esperava que, desta vez, Jimmy reconsiderasse reaver seu poder sobre o sindicato, enquanto ele ainda tinha tempo para fazer isso.

— Meu amigo e eu vamos pegar a estrada para irmos ao casamento —, disse eu.

— Eu imaginei que você e seu amigo fossem, mesmo, comparecer ao casamento —, respondeu Jimmy.

Jimmy sabia que o 'meu amigo' era Russell, cujo nome você não menciona quando fala ao telefone. O casamento era o da filha de Bill Bufalino, que aconteceria em Detroit. Bill não tinha nenhuma relação de parentesco com Russell, mas este dera-lhe permissão para dizer que eles eram primos. Isto foi de grande ajuda na carreira de Bill. Ele era o advogado dos Caminhoneiros em Detroit.

Bill Bufalino possuía uma mansão em Grosse Pointe, que contava com uma cascata no subsolo. Havia uma pequena ponte que separava os dois lados do pavimento. Os homens ficavam no lado deles, para que pudessem conversar. As mulheres ficavam do outro lado da cascata. Evidentemente, não havia mulheres que prestassem atenção às palavras que cantava Helen Reddy, quando dizia *I'm a Woman, Hear me Roar* ("Sou Uma Mulher, Ouça-me Rugir").

— Acho que você não vai ao casamento — disse eu.

— A Jo não quer que as pessoas fiquem medindo ela — respondeu ele. Jimmy não precisava explicar. Havia um boato sobre uma escuta colocada pelo FBI. Alguns elementos estavam, realmente, sob escuta; e as relações extramaritais dela, sua esposa, Josephine, já eram de conhecimento corrente, havia anos, com Tony Cimini, um soldadinho do esquema de Detroit.

— Ora, ninguém acredita nessa merda, Jimmy. Achei que você não fosse por causa daquela outra coisa.

— Fodam-se, eles! Eles acham que podem assustar a Hoffa?

— Já se diz, por aí, que as coisas saíram do controle...

— Eu possuo meios de me proteger. Tenho gravações, que posso tornar públicas.

— Por favor, Jimmy. Até o meu amigo anda preocupado...

— Como é que vai o seu amigo? — disse Jimmy, rindo. — Fiquei feliz de saber que ele driblou aquele probleminha, semana passada.

Jimmy estava se referindo a um julgamento por uma acusação de extorsão do qual Russ saíra inocentado, em Buffalo.

— Nosso amigo está se saindo muito bem, mesmo —, disse eu. — Foi ele quem me deu o sinal verde para telefonar a você.

Esses dois homens respeitáveis eram meus amigos, e ambos eram amigos entre si. Foi Russell quem me apresentou a Jimmy, nos anos 1950, para início de conversa. Àquela época, eu tinha três filhas para sustentar.

Eu havia perdido meu emprego como motorista de um caminhão frigorífico, para a Food Fair, quando eles me apanharam tentando me tornar um parceiro nos negócios deles. Eu andava roubando peças de carne e frango e vendendo-as para restaurantes. Então, passei a fazer serviços diurnos que arranjava no centro social dos Caminhoneiros, dirigindo caminhões para várias companhias, quando os motoristas deles faltavam ao serviço por estarem doentes ou coisas assim. Eu também ensinava dança de salão e, nas noites de sexta-feira e de sábado, eu poderia ser encontrado sacudindo as cadeiras no Nixon Ballroom, um clube noturno de negros.

Como um serviço adicional, eu cuidava de certos assuntos para Russ — jamais por dinheiro, mas apenas como uma demonstração de respeito. Eu não era um assassino a soldo: apenas uma espécie de *cowboy*. Você leva algum recado a alguém, faz um pequeno favor aqui ou ali... E, em troca, você recebe um pequeno favor, quando precisa.

Eu assistira a *On The Waterfront* (*Sindicato de Ladrões*, no Brasil) no cinema e achei que era ao menos tão malvado e durão quanto aquele tal de Marlon Brando. Eu disse a Russ que queria entrar para o trabalho no sindicato. Nós estávamos em um bar na zona sul de Philly e ele deu um jeito de receber um telefonema de Jimmy Hoffa, em Detroit, e me botou na linha para que falasse com ele. As primeiras palavras que Jimmy me dirigiu foram: 'Ouvi dizer que você pinta casas.' A tinta é o sangue que supostamente espirra nas paredes ou no piso quando você atira em alguém. Eu disse a Jimmy: 'Faço meu próprio trabalho de carpintaria, também.' Esta é uma referência à confecção de caixões, o que significa que você também conta com seus próprios meios para se livrar dos cadáveres, depois.

Após essa conversa, Jimmy me pôs para trabalhar para a Fraternidade Internacional, ganhando mais dinheiro do que já ganhara com todos os meus trabalhos anteriores somados, incluindo os roubos. Eu ainda recebia um dinheiro por fora, para as despesas. Em troca disso, eu cuidava de certos assuntos para Jimmy, do mesmo modo que fazia para Russell.

* * *

— Então, ele lhe deu o sinal verde para telefonar. Você deveria me telefonar mais frequentemente.

Jimmy iria agir como se isso não tivesse importância. Ele iria me fazer chegar ao motivo pelo qual Russell havia me concedido a permissão para telefonar-lhe.

— Você costumava telefonar para mim a toda hora...

— É exatamente isto o que estou tentando lhe dizer. Se eu tomasse a iniciativa e telefonasse a você, o que você acha que eu teria de fazer depois? Eu teria de contar isso ao velho, oras! Você não está dando ouvidos ao que ele diz; e ele não está acostumado a que as pessoas não lhe deem ouvidos.

— O velho vai viver para sempre...

— Sem dúvida. Ele vai dançar sobre os nossos túmulos —, disse eu. — O velho é muito cuidadoso com o que come. Ele mesmo cozinha sua própria comida. Ele não permitiria que eu fritasse ovos com salsichas para ele, porque, certa vez, tentei usar manteiga em vez de azeite de oliva.

— Manteiga? Eu também não deixaria que você fritasse ovos e salsichas para mim.

— E, você sabe, Jimmy, o velho também é muito atencioso com as quantidades que come. Ele sempre diz que você tem de saber repartir o bolo. Se você comer o bolo inteiro, acabará com uma dor de barriga.

— Não tenho nada além de respeito pelo seu amigo —, disse Jimmy. — Eu jamais faria qualquer mal a ele. Há certos elementos a quem Hoffa vai pegar, por haverem me chutado para fora da porra do sindicato. Mas Hoffa jamais faria qualquer mal ao seu amigo.

— Eu sei disso, Jimmy; e ele também respeita você. Tendo subido do nada, da maneira como você fez. Todas as coisas boas que fez para os seus companheiros e pela sua classe... Ele também é um lutador pela causa do homem comum, trabalhador... Você sabe disso.

— Você diga isso a ele por mim. Quero me assegurar de que ele jamais esqueça. Não tenho nada além de respeito por McGee.

Somente um punhado de pessoas referiam-se a Russell como McGee. Seu verdadeiro nome era Rosario, mas todo mundo o chamava de Russell. Aqueles que o conheciam muito bem o chamavam de Russ; e apenas aqueles que o conheciam melhor ainda o chamavam de McGee.

— Tal como eu disse, Jimmy, o respeito é mútuo.

— Dizem que vai ser um casório e tanto —, disse Jimmy. — Há italianos vindo de todas as partes do país.

— É. Isso é bom para nós. Jimmy, eu tive uma conversa com o nosso amigo sobre tentarmos resolver esse problema. A hora é boa: todo mundo estará lá, no casamento. Ele se mostrou muito disposto a fazer isso.

— Foi o velho quem sugeriu que pudéssemos resolver isso ou foi você? — indagou Jimmy, subitamente.

— Eu trouxe o assunto à baila, mas o nosso amigo mostrou-se muito receptivo à ideia.

— O que ele disse quanto a isso?

— Nosso amigo foi muito receptivo. Ele disse: vamos nos sentar com Jimmy lá, à beira do lago, depois do casamento. Vamos resolver isso.

— Ele é boa gente, isso é o que o McGee é. Vir até aqui, à beira do lago?

O tom de voz de Jimmy soou como se ele estivesse à beira de dar uma demonstração de seu famoso temperamento; mas talvez de uma maneira boa.

— Hoffa sempre quis resolver essa merda toda de uma vez, desde o primeiro dia.

Mais e mais frequentemente, naqueles dias, Jimmy passara a referir-se a si mesmo como Hoffa.

— Este é o momento ideal para resolver isso com todas as partes envolvidas na cidade, com o casamento e tudo —, disse eu. — Acerte as coisas.

— Desde o primeiro dia, Hoffa quis resolver essa porra toda! —, berrou ele, apenas para assegurar-se, caso alguém em Lake Orion não o tivesse escutado da primeira vez.

— Jimmy, eu sei que você sabe como este assunto tem de ser acertado —, disse eu. — Isto não pode continuar assim. Sei que você anda fazendo um bocado de alarde quanto a revelar isso e revelar aquilo... E eu sei que você não está falando a sério. Jimmy Hoffa não é nenhum dedo-duro, e ele jamais irá caguetar ninguém; mas há uma preocupação... As pessoas não sabem que tipo de bobagens você vai dizer...

— O cacete, que Hoffa não está falando a sério! Espere até Hoffa voltar e botar as mãos nos registros do sindicato. Então veremos se eu estou falando bobagens...

Por haver crescido junto ao meu pai e com o trabalho no sindicato, acho que aprendi a interpretar o que uma pessoa diz pelo tom de voz que ela emprega. Jimmy soava como se estivesse a ponto de demonstrar seu famoso temperamento outra vez, da maneira costumeira. Foi como se eu estivesse perdendo a amizade que tínhamos quando disse que ele andava falando bobagens. Jimmy era um negociador sindical nato, e, nesse ponto, ele estava pegando pesado, ao falar sobre expor os registros, novamente.

— Veja aquele negócio que aconteceu no mês passado, Jimmy. Com aquele cavalheiro em Chicago. Tenho quase certeza de que todo mundo achava que ele fosse intocável, inclusive ele mesmo. Falatório irresponsável, que pode ter magoado a certos dos nossos amigos importantes, foi o problema dele.

Jimmy sabia que 'o cavalheiro' a quem eu me referia era o seu bom amigo Sam 'Momo' Giancana, o chefão de Chicago que acabara de ser assassinado. Muitas vezes eu levei e trouxe 'recados' — sempre mensagens verbais; nada por escrito — trocados entre Momo e Jimmy.

Antes que cuidassem dele, Giancana fora uma figura de grande importância em certos círculos — e um verdadeiro figurão na mídia. Momo havia caído fora de Chicago e se mudado para Dallas. Jack Ruby era integrante do esquema de Momo. Momo tinha cassinos em Havana. Momo abriu um cassino com Frank Sinatra em Lake Tahoe. Ele namorava uma das irmãs cantoras McGuire, aquelas que cantavam no Arthur Godfrey. Ele compartilhava uma amante com John F. Kennedy, chamada Judith Campbell. Isso foi no tempo em que JFK era presidente, e ele e seu irmão Bobby usavam a Casa Branca como se fosse o motel particular deles. Momo ajudou JFK a ser eleito presidente. O problema foi que Kennedy, então, apunhalou Momo pelas costas. Ele pagou pela ajuda recebida permitindo que Bobby começasse a pegar no pé de todo mundo.

O que aconteceu com Giancana foi que, na semana anterior à que ele foi liquidado, a revista *Time* publicou que Russell Bufalino e Sam 'Momo' Giancana haviam trabalhado em nome da CIA, em 1961, no episódio da invasão à Baía dos Porcos, em Cuba, e haviam participado, em 1962, de um complô para matar Castro. Se havia uma coisa que deixava Russell Bufalino maluco era ver o nome dele na imprensa.

O Senado dos Estados Unidos havia intimado Giancana a testemunhar sobre a CIA ter contratado a Máfia para assassinar Castro. Quatro dias antes da data em que deveria prestar seu depoimento, cuidaram de Giancana na cozinha de sua própria casa — com seis tiros, na parte de trás da cabeça e sob o queixo, ao estilo siciliano, para demonstrar que ele fora muito descuidado com sua língua. A coisa toda pareceu ter sido feita por um velho amigo, que fosse suficientemente íntimo para fritar salsichas em azeite de oliva em companhia dele. Russell vivia me dizendo: 'Em caso de dúvida, não tenha dúvida.'

— Nosso amigo de Chicago poderia ter magoado a muita gente; até mesmo a você e a mim! —, berrou Jimmy. Afastei o fone para longe do ouvido, mas ainda podia ouvi-lo claramente. — Ele deveria ter mantido registros. Castro, Dallas... Mas o cavalheiro de Chicago jamais mantinha nada por escrito. Eles sabem que Hoffa mantém registros. Se qualquer coisa fora do comum acontecer comigo, os registros aparecerão.

— Eu não sou capacho de ninguém, Jimmy. Então, por favor, não me venha com esse papo de 'eles não ousariam'. Depois do que aconteceu ao nosso amigo em Chicago, você deve saber muito bem 'o que isto é'.

— Preocupe-se consigo mesmo, meu amigo irlandês. Você é próximo demais de mim, aos olhos de certas pessoas. Lembre-se do que eu disse a você: 'Olhe para o seu próprio rabo.' Arranje alguns guarda-costas para você mesmo.

— Jimmy, você sabe que é hora de nos sentarmos à mesa, juntos. O velho está fazendo sua oferta de ajuda.

— Estou de acordo quanto a este ponto.

Jimmy estava sendo o negociador sindical, fazendo uma pequena concessão.

— Bom —, disse eu, aproveitando a pequena brecha. — Nós vamos de carro até o lago no sábado, por volta de meio-dia e meia. Diga a Jo que não precisa se preocupar com nada. Vamos deixar as mulheres em um restaurante.

— Estarei pronto e esperando por vocês, ao meio-dia e meia —, respondeu Jimmy.

Eu sabia que ele estaria pronto ao meio-dia e meia. Russ e Jimmy eram, ambos, rigorosamente pontuais. Se você não é pontual, não demonstra respeito. Jimmy dava quinze minutos de tolerância; não mais. Depois disso, você perderia o agendamento. Não interessava quanto você fosse importante, ou achasse que fosse.

— Vou preparar um banquete irlandês para você: uma garrafa de Guinness e um sanduíche de mortadela. Tem mais uma coisa —, disse Jimmy. — Venham só vocês dois.

Jimmy não estava pedindo; ele estava mandando. — Nada de trazer o homenzinho.

— Eu sei bem disso. Você não quer saber do homenzinho.

Saber do homenzinho? Até onde eu sabia, tudo o que Jimmy queria era ver o homenzinho morto. O homenzinho era Tony 'Pro' Provenzano, um homem-forte e capitão da família Genovese no Brooklyn. No passado, Pro fora um dos homens de Jimmy, mas tornara-se líder de uma facção dos Caminhoneiros que era contrária à volta de Jimmy ao sindicato.

A pendenga que Pro tinha com Jimmy começara com um arranca-rabo que eles tinham tido na cadeia, quando quase chegaram a sair na mão no refeitório. Jimmy havia se recusado a ajudar Pro a contornar uma lei federal que lhe permitiria resgatar sua pensão de 1,2 milhão quando foi para a cadeia, enquanto Jimmy recebeu sua pensão de 1,7 milhão quando ele também foi em cana.

Um par de anos depois, ambos foram libertados e houve uma tentativa de fazer com que eles se sentassem à mesa, durante uma convenção dos Caminhoneiros, em

Miami, para que pusessem fim à briga. Só que Tony Pro ameaçou arrancar as tripas de Jimmy com as mãos nuas e, depois, matar até os netos dele. Àquela época, Jimmy me disse que iria pedir a Russell que desse permissão para que eu cuidasse do homenzinho. Uma vez que Pro era um homem-forte — e até mesmo um capitão —, ninguém poderia cuidar de Pro sem obter a aprovação de Russell. Mas eu jamais ouvi um pio. Então, imaginei que tudo não tivesse passado de uma coisa dita de cabeça quente, durante um acesso do temperamento de Jimmy. Se alguém estivesse falando a sério, eu teria ouvido sobre o dia que eles quisessem que eu fizesse o serviço. É assim que as coisas são feitas. Você é avisado cerca de um dia antes, quando eles querem que você cuide de algum assunto.

Tony Pro dirigia o Comitê Local dos Caminhoneiros no norte de Jersey, no mesmo lugar onde foi filmada a série de TV dos Sopranos. Eu gostava dos irmãos dele. Nunz e Sammy eram boa gente; mas nunca liguei muito para o Pro, pessoalmente. Ele seria capaz de matar você por nada. Certa vez, ele abotoou o paletó de um sujeito apenas porque recebera mais votos do que ele. Isto porque ambos concorriam pela mesma chapa. O nome de Pro encabeçava a cédula, concorrendo à presidência de seu comitê local, enquanto o do outro pobre coitado vinha bem abaixo do dele, concorrendo a um cargo de secretário de qualquer coisa, nem me lembro o quê. Quando Tony Pro viu quanto o tal sujeito era mais popular do que ele mesmo, mandou que Sally Bugs e um ex-boxeador da máfia judaica, 'Nocaute' Konigsberg, o estrangulassem com uma corda de *nylon*. Essa foi uma tremenda bola fora. Quando eles fizeram o pacto diabólico de envolver como suspeitos alguns dos homens ligados a Hoffa, acusando-os de qualquer coisa que pudessem inventar, alguém arranjou um dedo-duro para testemunhar contra Pro. Ao final das contas, essa bola fora acabou rendendo a Pro uma sentença de prisão perpétua. Pro morreu na cadeia.

— Eu não vou me reunir com o homenzinho —, disse Jimmy. — Foda-se o homenzinho.

— Você está me fazendo trabalhar duro, aqui, Jimmy. Não estou tentando ganhar o Prêmio Nobel da Paz, mas...

— Ajude Hoffa a resolver essa treta e eu dou um prêmio da paz para você. Lembre-se: apenas nós três. Cuide-se.

Tive de me contentar com o fato de que nós três ao menos iríamos nos sentar juntos, à beira do lago, no sábado. Jimmy se sentaria a uma mesa com 'Russ & Frank', tal como nossos nomes estavam escritos naquele bloco de papel amarelo que ele mantinha ao lado do telefone, para que fosse encontrado por qualquer pessoa.

A manhã seguinte foi a da segunda-feira, dia 28. Minha segunda esposa, Irene, mãe da minha filha mais nova, Connie, falava com uma de suas amigas, usando sua própria linha telefônica. Elas discutiam sobre o que Irene deveria vestir para o casamento quando o telefone conectado à minha linha particular tocou e ela o atendeu.

— É o Jimmy —, disse Irene.

O FBI mantinha um registro de todas as ligações interurbanas que ele fazia para mim e eu fazia para ele. Mas eu não achava que Jimmy tivesse em mente esse tipo de registro quando fez ameaças quanto a revelar isto e aquilo. As pessoas não conseguem tolerar ameaças como essas por muito tempo. Mesmo que você não as tenha tido em mente quando as proferiu, você acaba por enviar a mensagem errada às pessoas que ocupam posições na base da cadeia de comando. Afinal de contas, que poder detêm os líderes se eles toleram gente que fica fazendo ilações sobre deduragem?

— Quando é que você e o seu amigo irão chegar? —, perguntou Jimmy.

— Terça-feira.

— Isto é, amanhã.

— É. Amanhã à noite, por volta da hora do jantar.

— Ótimo. Telefone para mim quando chegar.

— Por que eu não faria isso? —, respondi. Sempre que chegava a Detroit, eu telefonava ao sujeito, só pelo devido respeito.

— Eu tenho uma reunião marcada para quarta-feira à tarde —, disse Jimmy. E, tendo feito uma pausa, ele continuou: — Com o homenzinho.

— Com qual homenzinho?

— *Aquele* homenzinho.

— Você não se importa se eu perguntar o que o fez mudar de ideia quanto a participar de uma reunião com aquele indivíduo?

Minha cabeça girava.

— O que é que eu tenho a perder? —, disse Jimmy. — Acho que McGee espera que Hoffa tente resolver suas tretas por si mesmo, antes de qualquer coisa. Eu não me importo de fazer uma última tentativa antes que vocês venham até o lago, no sábado.

— Devo insistir para que leve com você o seu irmão caçula —, disse eu. Ele sabia o que eu queria dizer: uma arma, um ferro. Não um prêmio da paz: um pacificador. — Só por precaução.

— Não se preocupe com Hoffa. Hoffa não precisa de um irmão caçula. Foi Tony Jack quem marcou a reunião. Nós iremos a um restaurante. Um lugar público. O Red Fox, na Telegraph; você conhece o lugar. Cuide-se.

Anthony 'Tony Jack' Giacalone integrava o esquema de Detroit. Tony Jack era muito próximo de Jimmy, de sua esposa e filhos. Mas Jimmy não era o único na fita de quem Tony Jack era próximo. A esposa de Tony Jack era prima em primeiro grau do homenzinho, Tony Pro. Isto é uma coisa muito séria entre os italianos.

Eu podia compreender por que Jimmy confiaria em Tony Jack. Tony Jack era muito boa gente. Ele morreu na cadeia, em fevereiro de 2001. As manchetes disseram:

'Renomado Mafioso Americano Leva o Segredo de Hoffa para o Túmulo'. Ele poderia ter contado algumas coisas.

Durante muito tempo, correu um boato de que Tony Jack viria tentando arranjar outra oportunidade para que Jimmy e Tony Pro voltassem a sentar-se a uma mesa, depois do fiasco em Miami. Mas Jimmy era tão avesso à ideia quanto Siskel e Ebert[3]. Agora, de repente, Jimmy concordava em reunir-se com Pro; o mesmo Pro que ameaçara arrancar as tripas dele com suas mãos nuas.

Analisando retrospectivamente — você sabe, pondo os fatos em perspectiva e tudo mais —, talvez fosse Jimmy quem estivesse armando para mandar Pro em viagem para a Austrália. Talvez Jimmy estivesse contando com que Pro agisse como Pro. Tony Jack estaria sentado lá, à mesa de um restaurante, assistindo a Jimmy agir de maneira razoável e a Pro comportar-se como uma verdadeira besta. Talvez Jimmy quisesse fazer com que Russell soubesse, no sábado, à beira do lago, que ele havia tentado fazer tudo o que fosse humanamente possível para contemporizar com o sujeito, mas, então, Pro teria de ser mandado à Austrália.

— Num restaurante, em público? Isso é bom. Talvez esse casamento realmente esteja aproximando todo mundo —, disse eu. — Fazendo com que todos fumem o cachimbo da paz e enterrem as velhas machadinhas de guerra. Eu apenas ficaria mais tranquilo se pudesse estar lá, para dar um apoio moral...

— Está tudo bem, Irlandês —, disse ele, como se estivesse tentando fazer com que eu me sentisse melhor; embora, para início de conversa, tivesse sido ele quem me pedira que o avisasse quando chegasse a Detroit. Assim que ele me pediu que o avisasse quando chegasse, eu soube o que ele estava querendo. — Que tal se você desse um passeio e me encontrasse lá, na quarta-feira, às duas horas? Eles devem chegar às duas e meia.

— Só por precaução. Mas, pode ter certeza de que eu vou levar meu irmão caçula comigo. Ele é um negociador danado de bom.

Telefonei a Russ imediatamente e contei a ele as alentadoras novas sobre a reunião de Jimmy com Jack e Pro, e informei-o de que eu estaria lá com Jimmy, para dar-lhe apoio moral.

Já pensei um bocado sobre isso tudo desde então, mas não consigo me lembrar de ter ouvido Russell dizer qualquer coisa. ”

---

3 A partir de 1975, a dupla de críticos cinematográficos norte-americanos Gene Siskel e Roger Ebert estrelou uma série televisiva de grande sucesso chamada *At the Movies*, produzida pela Disney-ABC, na qual ambos opinavam — sem jamais concordarem entre si — sobre filmes recém-lançados. (N.T.)

Capítulo Dois

O que isto é

"Quando eu e minha esposa, Irene, chegamos a Kingston, no interior do Estado da Pensilvânia, perto de Wilkes-Barre, na noite daquela segunda-feira, tínhamos planos para jantar em companhia de Russell, sua esposa, Carrie, e a irmã desta — mais velha e viúva —, Mary. Irene e eu passaríamos a noite em um motel da rede Howard Johnson, do qual Russ era dono de uma parte. Então, na manhã da terça-feira, bem cedinho, nós cinco partiríamos rumo a Detroit, a bordo do meu novo Lincoln Continental preto. (Aquele era um carro que disseram que eu tinha 'guardado na manga'. Quando eles estavam tentando implicar oito de nós em qualquer coisa relativa ao caso Hoffa que pudessem, usaram o carro como pretexto para me mandarem para a cadeia, em 1981, sob a alegação de chantagem trabalhista.)

A viagem nos tomaria doze horas, porque Russell não permitia que se fumasse dentro do carro. Russ deixara de fumar devido a uma aposta feita com Jimmy Blue Eyes — que trabalhava com Meyer Lansky — a bordo de um barco no qual eles haviam partido para Cuba, em 1960, quando Castro os chutou de lá e tomou-lhes os cassinos que possuíam. Eles perderam um milhão de dólares em um único dia, por conta de Castro. Todos eles ficaram putos da vida com Castro; especialmente Russell e seus dois amigos muito chegados, Carlos Marcello, o chefe de Nova Orleans, e Santo Trafficante, chefe da Flórida. Castro chegou mesmo a ter o desplante de botar Trafficante na cadeia. Ouvi dizer que Sam 'Momo' Giancana teve de enviar Jack Ruby a Cuba para que distribuísse algumas 'verdinhas' e tirasse Trafficante da cadeia e de Cuba.

Sentindo-se tão loucamente enfurecido, Russell fumava um cigarro atrás do outro enquanto amaldiçoava Castro em voz baixa, a bordo do barco. Foi então que Jimmy Blue Eyes viu uma oportunidade de apostar e ganhar vinte e cinco mil de Russ, dizendo-lhe que ele não conseguiria passar um ano sem fumar. No mesmo instante, Russ atirou o cigarro que fumava ao mar e jamais tornou a acender outro, mesmo depois de transcorrido um ano da aposta e de Jimmy Blue Eyes haver-lhe pago o que devia.

Porém, as senhoras que viajavam no carro jamais haviam feito aposta semelhante com ninguém. Assim, tivemos de fazer várias paradas ao longo do caminho para que elas pudessem fumar, o que nos atrasou. (Fumar foi um vício que jamais tive de confessar ao padre quando eu era garoto. Nunca comecei a usar tabaco: nem mesmo durante a guerra, nem mesmo quando encurralado em Anzio por quatro meses, em uma trincheira, com nada para fazer além de jogar cartas, rezar a Deus e fumar. Você precisa conservar o seu fôlego nesta vida.)

Outro motivo para que demorássemos tanto foi o fato de Russell sempre ter de fazer paradas por razões de negócios ao longo do caminho, aonde e quando quer que viajássemos juntos: havia instruções que ele tinha de dar acerca de certos assuntos, dinheiro a ser recolhido e coisas desse tipo.

Na segunda-feira à noite, Irene e eu jantamos com Russell, Carrie e sua irmã Mary no Brutico's, em Old Forge, Pensilvânia. Russ tinha certos restaurantes especiais aos quais ia, por satisfazerem seus padrões de exigência. De outro modo, caso ele mesmo não cozinhasse, na maior parte das vezes ele simplesmente deixava de comer.

Não fosse pelos cabelos grisalhos de Russ, você não diria que ele já andava pela casa dos setenta anos de idade. Ele era muito vigoroso. Ele nascera na Sicília, mas falava inglês perfeitamente. Ele e Carrie jamais tiveram filhos. Muitas vezes, Russ se aproximava, beliscava minhas bochechas e dizia: 'Você deveria ter nascido italiano.' Foi ele quem me apelidou como 'O Irlandês'. Antes disso, eles costumavam me tratar por 'Cheech', que é a pronúncia do apelido Frank, do prenome Francis, em sua forma italiana, Francesco.

Depois de terminarmos a refeição — constituída de uma carne parecida com a de vitela com pimentas e *spaghetti marinara*, além de um prato de acompanhamento de brócolis e couve-flor e de uma bela salada cujo molho o próprio Russell preparara, na cozinha do restaurante —, nos sentamos para relaxar um pouco, sorvendo um café temperado com Sambuca.

Então, o dono do restaurante veio até nós e sussurrou alguma coisa ao ouvido de Russ. Isto foi antes da era dos telefones celulares, e Russ teve de se ausentar da mesa para atender ao telefonema. Quando voltou, ele já ostentava um ar de quem estava ali a trabalho. Ele trazia aquele sorriso em seu rosto redondo e rugoso, como quem semicerra os olhos quando sai sob a luz intensa do sol. Ele sofria de uma degeneração muscular no rosto que fazia com que um de seus olhos ficasse permanentemente semicerrado. Se você não o conhecesse, acharia que ele estivesse piscando ou que estivera bebendo demais. Com seu olho bom, ele fitou meus olhos azuis através das lentes de seus grandes óculos.

A princípio, Russell nada disse, como se estivesse tentando pensar em como dizê-lo mediante a análise do meu olhar. Russell tinha uma voz rascante que soava como um chocalho; mas, quanto mais enfurecido ficava, mais suave soava a voz de Russell. Ele falou muito macio na noite anterior, ao jantar oferecido em minha homenagem na Noite de Agradecimento a Frank Sheeran, quando preveniu a Jimmy para que deixasse de tentar retomar o controle do sindicato.

Àquela mesa no Brutico's, Russell falava tão macio que eu tive de inclinar minha cabeça tamanho extragrande até bem próximo dele. Em um sussurro áspero, ele disse:

— Teremos de fazer uma ligeira mudança nos planos. Nós não partiremos amanhã. Teremos de ficar plantados aqui, até a manhã de quarta-feira.

A notícia me atingiu como uma carga de morteiro. Eles não queriam a minha presença em Detroit na tarde de quarta-feira, naquele restaurante. Eles queriam que Jimmy estivesse sozinho.

Permaneci com o tronco inclinado, bem próximo de Russell. Talvez ele me dissesse algo mais. Você ouve; você não faz perguntas. Pareceu-me que ele tivesse levado um longo tempo. Ou, talvez, apenas tivesse-me parecido uma demora excessiva antes que ele voltasse a falar.

— Seu amigo chegou tarde demais. Não será mais preciso que você e eu nos encontremos com ele no sábado, à beira do lago.

O penetrante olho bom de Russell Bufalino estava fixo nos meus. Movi o corpo para trás na cadeira em que me sentava. Eu não podia demonstrar nada em meu semblante. Eu não podia dizer sequer uma palavra. Não é assim que as coisas funcionam. Bastaria uma simples expressão errada em meu olhar e a minha casa seria pintada.

Jimmy me dissera para cuidar de mim mesmo em outubro, no Warwick Hotel, em Philly, quando tentei dizer a ele o que isto é. Ele respondeu: 'Olhe o seu rabo... Você pode terminar sendo a caça.' Ainda no dia anterior ele me prevenira, pelo telefone, de que eu era demasiadamente próximo dele 'aos olhos de certas pessoas'. Aproximei a xícara de café com Sambuca do meu nariz. O aroma do alcaçuz não era suficientemente forte em contraposição ao do café, então acrescentei mais um pouco de Sambuca à mistura.

Não seria preciso que me dissessem para que eu nem pensasse em telefonar a Jimmy quando Irene e eu estivéssemos de volta ao motel Howard Johnson para passarmos a noite. Daquele ponto em diante, quer isso fosse verdade ou não, eu teria de presumir que estava sendo vigiado. Russell era dono de parte daquele Howard Johnson. Se eu usasse o telefone naquela noite, seria muito provável que Irene e eu jamais chegássemos sequer ao pátio de estacionamento na manhã seguinte. Então, eu teria recebido o que algumas pessoas achavam que eu receberia, de qualquer forma; e a pobre Irene apenas teria estado no lugar errado, no momento errado, em companhia do irlandês errado.

E não havia maneira no mundo com que Jimmy telefonasse para mim. Para o caso de os federais estarem ouvindo, você jamais diz onde está se hospedando enquanto está a caminho do lugar para onde deve ir. Não havia telefones celulares, na época. Jimmy simplesmente não receberia um telefonema meu na noite de terça-feira em Detroit, e assim seriam as coisas. Ele jamais saberia por quê. Ele iria sozinho à sua reunião na quarta-feira. Meu irmão caçula e eu jamais estaríamos lá, para dar-lhe algum apoio moral.

Fiquei sentado ali, em silêncio, em meio às mulheres que conversavam entre si, sobre quem sabe o quê. Elas bem poderiam ter estado do outro lado da ponte, sobre a cascata no subsolo da casa de Bill Bufalino.

Eu revisava as coisas rapidamente. Logo após ter telefonado a Russell naquela manhã e falado a ele sobre Jimmy haver telefonado para mim, Russell deve ter telefonado a certas pessoas importantes. É provável que ele tenha contado a essas pessoas que eu iria àquele restaurante com Jimmy, levando comigo o meu irmão caçula. Certo ou errado, o melhor que pude imaginar naquele momento foi que essas pessoas tivessem telefonado a Russell e dito a ele que queriam que nós permanecêssemos onde estávamos por um dia, de modo que pudessem encontrar Jimmy sozinho.

Antes de telefonarem para Russell, eles devem apenas ter revisado as coisas por sua própria conta. Durante todo o dia, pessoas em Nova York, Chicago e Detroit devem ter ponderado sobre se permitiriam que eu estivesse lá, com Jimmy, na quarta-feira. Dessa maneira, um dos colaboradores mais próximos de Hoffa em toda a América teria ido para a 'Austrália' em companhia de Jimmy. Quaisquer que fossem os segredos que Jimmy pudesse ter revelado a mim após aquela noite no Broadway Eddie's, no Warwick Hotel ou ao longo dos anos, teriam morrido comigo. No fim das contas, eles decidiram me poupar por respeito a Russell. Esta não teria sido a primeira vez que Russell me salvara de problemas sérios.

Não importa quão durão você seja ou quão durão você pense que é; se eles querem a sua cabeça, sua cabeça é deles. Geralmente é o seu melhor amigo que chega até você, falando sobre uma aposta que fez no futebol, e você já era. Tal como aconteceu com Giancana, enquanto fritava ovos e salsichas em azeite de oliva em companhia de um velho amigo em quem ele confiava.

Aquele era o momento errado para que eu parecesse estar preocupado com Jimmy. Contudo, eu não podia evitar. Sem fazer parecer que estivesse tentando salvar Jimmy, eu me aproximei do ouvido de Russell:

— O abrigo nuclear dos federais.

Eu disse isso me esforçando para não gaguejar, mas é provável que tenha gaguejado. Ele estava acostumado a isso. Esta era a maneira como eu falava, desde a infância. Eu não estava preocupado com a possibilidade de ele notar algum sinal de que eu estivesse tendo algum problema quanto a este assunto em particular, uma vez que eu era tão leal a Jimmy e tão próximo dele e de sua família. Baixei a cabeça e a meneei de um lado para outro:

— A merda do abrigo nuclear vai atingir o ventilador. Você sabe, Jimmy mantém registros escondidos para o caso de alguma coisa não muito natural acontecer a ele.

— Seu amigo fez uma ameaça a mais do que devia na vida —, disse Russell, encolhendo os ombros.

— Estou apenas dizendo que a merda do abrigo nuclear irá atingir o ventilador quando encontrarem o corpo dele.

— Não haverá um corpo —, sentenciou Russell, pressionando a ponta do polegar de sua mão direita sobre a mesa. Russell perdera o polegar e o dedo indicador de sua mão esquerda quando ainda era jovem. Ele girou o polegar que lhe restara como se estivesse esmagando alguma coisa sob ele na toalha de mesa branca e disse:

— Do pó ao pó.

Recostei-me e beberiquei meu Sambuca com café.

— Isto é o que é —, disse eu, tomando outro gole. — Então, chegaremos na quarta-feira à noite.

O velho avançou a mão e beliscou minha bochecha como se soubesse o que passava pelo meu coração.

— Meu caro Irlandês... Nós fizemos tudo o que podíamos pelo homem. Ninguém poderia ter dito àquele homem o que isto é. Nós chegaremos a Detroit juntos, na noite de quarta-feira.

Depositei minha xícara de café sobre o pires e Russell pousou sua mão quente e áspera sobre a minha nuca, deixando-a ali enquanto suspirava.

— Vamos dirigir até um certo ponto e faremos uma parada para as mulheres, em algum lugar. Nós sairemos para fazer negócios. Deixaremos as mulheres em algum restaurante à beira da estrada e iremos fazer nossos negócios, enquanto elas fumam e tomam café.

Russell inclinou-se na minha direção e eu me inclinei para próximo dele. Ele sussurrou:

— Haverá um piloto à espera. Você dá uma sobrevoada rápida pelo lago e, depois, vai dar umas voltas por Detroit. Então, você voa de volta e apanha as mulheres. Elas nem se darão conta de que teremos nos ausentado por tanto tempo. Então, teremos todo o tempo que quisermos para dirigir sem pressa, curtindo todo o resto do caminho até Detroit. Vamos tomar a rota cênica. Nós não teremos pressa. Isto é o que é. ”

Capítulo Três

Arranje outro saco de pancadas

"Quais foram as voltas e reviravoltas que me trouxeram àquele exato momento em um pequeno restaurante italiano numa cidade de mineração de carvão na Pensilvânia, onde eu ouvia atentamente a ordens sussurradas? Ordens às quais eu teria de obedecer, para cumprir a parte que me cabia no complô movido contra meu amigo Jimmy Hoffa.

Eu não havia nascido em meio àquele estilo de vida da Máfia, como os jovens italianos provenientes de lugares tais como o Brooklyn, Detroit ou Chicago. Eu era um irlandês católico da Filadélfia e antes que voltasse para casa, vindo da guerra, eu jamais fizera nada de errado; não recebera sequer um puxão de orelhas por conduta desordeira.

Eu nasci durante tempos difíceis — não apenas para os irlandeses, mas para todo mundo. Dizem que a Depressão começou quando eu contava nove anos de idade, em 1929; mas, até onde posso me lembrar, nossa família nunca teve dinheiro. Nem a família de ninguém tampouco o tinha.

A primeira vez que experimentei o sabor do fogo inimigo, este me foi servido por fazendeiros de Nova Jersey, quando eu ainda era um garoto. Filadélfia fica na margem oposta do caudaloso Rio Delaware à cidade de Camden, Nova Jersey. Ambas as cidades surgiram como entrepostos portuários a caminho do oceano, e são conectadas pela Ponte Walt Whitman. É difícil acreditar, hoje em dia, quando você passa por Camden e mal pode avistar um lote de terra livre — a não ser pelo pequenino jardim Victory — que, nos Frenéticos Anos 1920, quando eu era menino, tudo aquilo era uma sucessão de plantações e fazendas, separadas apenas por cercas rudimentares. Nova Jersey não passava de um aglomerado de casebres, em comparação a Filadélfia. Aquele era um lugar realmente muito tranquilo, então.

Meu pai, Tom Sheeran, apanhava emprestada uma velha carroça desajeitada com um estribo e me levava até onde ficavam as plantações das fazendas, nos arredores de Camden, quando eu ainda era muito pequeno. Ele me fazia descer da carroça onde hoje fica o Aeroporto de Camden, para que eu fizesse alguma colheita.

Nós chegávamos ali no comecinho da noite, quando ainda havia luz suficiente para enxergar, mas já estaria quase escurecendo. Essa era a hora do dia em que se supunha que os fazendeiros estivessem jantando. Eu pulava a cerca da propriedade de algum deles e atirava para o meu pai algumas amostras do que quer que estivessem cultivando ali. Podiam ser algumas espigas de milho, tomates, ou quaisquer que fossem os frutos da estação. Isso era o que você tinha de fazer para ir tocando a vida e botar comida na mesa. '

Porém, os fazendeiros não se mostravam muito contentes com as nossas ideias quanto a compartilhar as dádivas da natureza. Em algumas noites, eles ficavam à nossa espera, portando escopetas. Alguns fazendeiros corriam atrás de mim e eu pulava a cerca para fora de seus domínios, sendo alvejado na bunda por tiros de chumbo miúdo.

Uma das minhas primeiras memórias de infância é a de ter chumbinho retirado das minhas costas pela minha mãe, Mary. Minha mãe dizia: 'Tom, por que é que eu tenho de estar sempre catando e tirando essas coisas das costas do Francis?' E meu pai, que costumava tratá-la de Mame, respondia: 'Porque o garoto não corre rápido o bastante, Mame.'

Herdei o meu tamanho do lado sueco da família da minha mãe. O pai dela era um minerador e um trabalhador em estradas de ferro, na Suécia. O irmão dela era um médico, na Filadélfia: Dr. Hansen. Minha mãe media cerca de 1,80 m de altura e jamais pesou menos de noventa quilos. Ela tomava um litro de sorvete por dia, todos os dias. Eu costumava ir à sorveteria para ela, toda noite. Você levava seu próprio vasilhame e eles lhe vendiam um tanto de sorvete. Eles sabiam que podiam esperar por mim. Minha mãe adorava cozinhar e fazia, em casa, seu próprio pão. Ainda posso sentir o aroma do porco assado que ela fazia, com chucrute e batatas, sempre cozinhando sobre o fogão a carvão. Minha mãe era uma mulher muito calada. Acho que ela demonstrava o amor que sentia pela gente através da sua comida.

Meus velhos se casaram muito tarde, para os padrões daqueles dias. Minha mãe contava 42 anos de idade e meu pai 43 quando eu nasci; o primeiro filho deles. Eles tiveram seus outros filhos, com cerca de um ano de intervalo: meu irmão era treze meses mais jovem do que eu; e minha irmã, treze meses mais jovem do que ele. Nós éramos o que chamavam de 'gêmeos irlandeses', porque os irlandeses católicos costumavam ter filhos pipocando muito próximos uns dos outros.

Embora minha mãe fosse de origem sueca, meu pai nos criou como irlandeses. A família dele provinha de um lugarejo nas proximidades de Dublin, mas eu jamais conheci a nenhum dos meus avós, de ambos os lados da minha família. Naquele tempo, as pessoas não costumavam demonstrar afeição tal como fazem hoje em dia. Eu mesmo ainda estou aprendendo a demonstrar afeto pelos meus netos. Sequer posso me lembrar de haver recebido um beijo da minha mãe. E jamais a vi beijar o meu irmão mais novo ou a minha irmã mais nova, Margaret. Não é que houvesse favoritismos: mas Tom era o filho favorito do meu pai e Peggy era a favorita da minha mãe. Acho que eu era tão grande e, sendo o mais velho, eles esperavam que eu fosse mais adulto do que os dois mais jovens. Eu recebi o mesmo tipo de tratamento na escola, dos professores, que se dirigiam a mim como a um garoto mais velho, de quem eles esperavam que entendesse perfeitamente sobre o que eles falavam.

Meus pais fizeram o melhor que puderam com o que dispunham. Toda Páscoa, Tom e Peggy ganhavam roupas novas para usar na ocasião, mas meus pais nunca tinham dinheiro suficiente para me dar qualquer coisa. Ganhar um novo traje para usar na Páscoa era uma coisa muito importante nas vizinhanças católicas onde eu cresci. Lembro-me de uma Páscoa em que me queixei ao meu pai sobre não possuir nenhuma roupa nova para vestir, e ele me disse: 'Pegue o chapéu novo do Tom, bote na sua cabeça e fique parado diante da janela. Assim os vizinhos irão pensar que você ganhou um chapéu novo, também.'

Não consigo me lembrar de nenhum de nós, os garotos Sheeran, termos possuído um brinquedo só nosso. Em um Natal, nós ganhamos um par de patins de rodinhas, para que compartilhássemos. Eram patins feitos de metal, e você podia ajustar-lhes o tamanho em seus pés. Nós aprendemos a passar sem essas coisas. Se quiséssemos alguma coisa, teríamos de consegui-la por nós mesmos. Arranjei meu primeiro trabalho quando contava sete anos de idade, ajudando um sujeito a limpar cinzas de porões. Se eu conseguisse arranjar um trabalho, aparando o gramado da casa de alguém, para ganhar algum dinheiro para gastar, e meu pai descobrisse isso, ele esperaria por mim, quarteirão acima, até que eu fosse pago e, então, viria ao meu encontro e recolheria todas as moedas graúdas, talvez deixando dez centavos para mim.

Nós moramos em uma porção de vizinhanças católicas diferentes, mas quase sempre na mesma paróquia. Passávamos alguns meses em um determinado lugar até que meu pai ficasse com o aluguel em atraso, então saíamos às pressas e nos mudávamos para outro apartamento. Depois, fazíamos a mesma coisa novamente, quando vencesse o prazo do aluguel. Quando conseguia emprego, meu pai trabalhava com aço e metalurgia, bem lá no alto, na construção de arranha-céus. Ele caminhava sobre aquelas vigas de aço como os índios Mohawk. Era um trabalho perigoso: havia sempre gente despencando para a morte, lá de cima. Ele trabalhou na construção da Ponte Ben Franklin, na Filadélfia, e nas obras dos poucos edifícios altos que puderam ser erguidos durante a Depressão. Ele era cerca de cinco centímetros mais baixo do que a minha mãe, medindo 1,75 m talvez, e pesando por volta de 65 quilos. Por um longo período, meu pai trabalhou no único emprego que conseguiu arranjar, como zelador e faxineiro da Escola da Igreja da Abençoada Virgem Maria, em Darby, Pensilvânia.

A religião católica era parte importante das nossas vidas. Era uma coisa obrigatória. Se eu tivesse de dizer qual era o *hobby* da minha mãe, eu diria que ela era uma religiosa praticante. Eu mesmo passei um bocado de tempo dentro de igrejas católicas. Meu pai havia estudado por cinco anos em um seminário para se tornar padre, antes que desistisse da carreira eclesiástica. Duas das irmãs dele eram freiras. Eu aprendi tudo sobre a confissão como uma maneira de obter a absolvição de seus pecados. Se você morresse a caminho de se confessar, antes que pudesse contar ao padre o que fizera de errado, você iria arder no inferno por toda a eternidade. Se morresse no caminho de volta para casa, após ter confessado seus pecados, você iria direto para o paraíso.

Eu fui coroinha na Igreja de Nossa Senhora das Dores — até ser expulso de lá, por haver experimentado um pouco do vinho sacramental. Eu não culpo o outro garoto, também um coroinha, que me dedurou. Ele não era, realmente, um dedo-duro. O padre O'Malley — acredite se quiser, este era o seu verdadeiro nome, exatamente igual ao do padre que Bing Crosby sempre representava — notou que estava faltando vinho e disse ao garoto que quem quer que o tivesse bebido não iria para o paraíso. Acho que o outro garoto viu nisso uma chance de ir para o céu, então, abriu o bico. O pior de tudo é que eu nem gostei do vinho que eles usavam.

Meu pai gostava de tomar a sua cerveja. E ele costumava apostar um bocado de dinheiro em mim, nos *speakeasies*[4]. Quando nos mudávamos para alguma nova parte da Filadélfia onde os outros ainda não nos conhecessem muito bem, ele entrava em um *speakeasy* e apostava com alguém, dizendo que tinha um garoto de dez anos de idade que poderia dar uma surra em qualquer menino de catorze ou quinze. Ele apostava 25 centavos de cerveja com o pai de algum garoto, e nós, os moleques, tínhamos de lutar diante de uma plateia de homens adultos. Se eu vencesse a luta — o que quase sempre acontecia —, ele atirava uma moeda de dez centavos para mim. Se perdesse, ele me dava um belo cascudo, com toda força, atrás da cabeça.

Durante algum tempo, nós vivemos em uma vizinhança predominantemente italiana, onde eu tinha de lutar para chegar em casa, vindo da escola, todos os dias. Aprendi a falar um bocado de palavras em italiano quando era garoto, o que me foi de grande ajuda durante as campanhas da Sicília e da Itália, durante a guerra. Quando estive lá, aprendi a falar italiano bastante bem. Enquanto aprendia — principalmente para me dar bem com as mulheres italianas — eu não podia imaginar que os sujeitos com quem eu me envolveria depois da guerra ficariam tão impressionados com a minha fluência no idioma italiano. Eles interpretavam isso como um sinal de respeito e uma deferência da minha parte para com eles. Isso facilitou muito para que eles se sentissem à vontade para confidenciar coisas a mim, para que confiassem em mim e me respeitassem.

Meu pai, Thomas Sheeran, era um boxeador amador no Clube Católico de Shanahan. Ele era um lutador médio-ligeiro bem durão. Vários anos mais tarde, após a guerra, eu fui jogar futebol americano pelo time do Shanahan. Quando eu era garoto, grande parte das nossas atividades esportivas era patrocinada pela igreja. Isto foi quando ainda não havia televisão. Pouquíssimas pessoas possuíam um aparelho de rádio, e

4 Bares e estabelecimentos clandestinos que comercializavam bebidas alcoólicas contrabandeadas e/ou artesanalmente produzidas nos Estados Unidos durante os anos de vigor do Volstead Act (1920–1933), popularmente conhecido como a "Lei Seca" — período coincidente com o apogeu do gangsterismo e da ascensão de legendários contraventores como Al Capone. (N.T.)

o cinema custava um dinheiro precioso. Então, as pessoas iam assistir aos eventos proporcionados pela igreja ou participar deles. Meu pai competiu um bocado sobre o ringue.

Ele também competia um bocado em casa. Sempre que ele achava que eu havia feito alguma coisa errada, atirava para mim as suas luvas de boxe. Mas eu não tinha permissão para revidar os golpes dele: meu pai era intocável. Ele mandava uns *jabs* no meu rosto e, então, soltava ganchos e diretos de direita. Sendo um trabalhador acostumado a lidar com aço, ele sabia bater com força. Eu me esquivava e gingava, tentando me defender dos golpes com as luvas; mas, se fosse suficientemente tolo para tentar acertá-lo, ele me cobriria de porrada. Eu era o único membro da família para quem ele atirava suas luvas. Não importava o que Thomas Jr. (que herdara o nome dele) fizesse de errado, ele jamais foi estapeado ou esmurrado.

Porém, Tom nunca aprontou as 'artes' que eu aprontei, também. Nada muito mau, mas eu sempre fui um rebelde. Certa vez, na sétima série, quando eu estudava na escola elementar Abençoada Virgem Maria, eu apanhei um pouco de queijo Limburger que havia em uma bandeja na caixa refrigerada que tínhamos em casa e levei para a escola. As escolas eram muito frias até que a calefação fosse ligada e aquecesse os ambientes, e logo que chegávamos, pela manhã, nós nos sentávamos nas classes ainda vestidos com nossos suéteres e jaquetas, durante o inverno. Eles tinham um sistema de calefação a vapor, na nossa escola. O calor emanava de radiadores, e nós tínhamos de esperar até que eles aquecessem. Eu enfiei um bocado de Limburger no radiador. Quando ele esquentou, o queijo começou a derreter e o fedor empesteou a sala inteira. Eles chamaram o meu pai, que era o faxineiro da escola. Ele seguiu o cheiro, até que encontrou o Limburger; e, então, outro garoto me dedurou. Meu velho disse que nos veríamos quando ele chegasse em casa.

Quando cheguei em casa e esperei por ele, eu sabia que, tão logo pusesse os pés ali, ele apanharia suas luvas de boxe e as atiraria para mim. E, sem dúvida, assim que cruzou a soleira da porta, ele disse, muito calmamente: 'O que você quer fazer? Comer antes, ou comer depois que eu chutar a sua bunda?' Eu respondi: 'Vou comer antes.' Eu sabia que não me sentiria com muita disposição para jantar depois. Apanhei para valer, naquela noite. Mas ao menos já tinha alguma comida na barriga.

Eu gaguejava um bocado quando era um jovem em crescimento; e ainda faço isso, quando falo muito depressa, mesmo hoje em dia, aos 83 anos de idade. Quando se é um garoto, gaguejar é motivo suficiente para arranjar um bocado de brigas. Garotos que não sabiam quanto eu era bom de briga tiravam um sarro da minha cara; mas todos eles pagaram por isso.

Nós, garotos, lutávamos um bocado apenas por diversão, também. Toda sexta-feira à noite nós promovíamos disputas de boxe na esquina. Ninguém se machucava seriamente. Era tudo pelo esporte, e era assim que aprendíamos a lutar: tendo alguém que chutava a nossa bunda, de vez em quando. Cheguei a pensar em me tornar um boxeador, mas eu sabia que jamais seria tão bom quanto Joe Louis; e, se você não puder ser um campeão, o boxe não lhe dará uma vida que valha a pena. Os garotos de hoje em dia jogam futebol e beisebol. Eu adoro ir assistir aos jogos de futebol dos meus netos. Mas, naquele tempo, tínhamos de arranjar diversão por nossa própria conta, e lutar era tudo o que conseguíamos. Analisando retrospectivamente, aquilo foi bom para nós. Você exige um bocado do seu organismo, e você aprende muito. E, então, quando o nosso país precisou de soldados, nós estávamos em plena forma. Nós já possuíamos uma grande resistência mental.

Graduei-me depois de concluir a oitava série na Abençoada Virgem Maria, onde meu pai trabalhava e onde eu tinha de vigiar meus passos. Para que fizesse o curso médio, fui transferido para uma escola pública, onde havia uma atmosfera menos restritiva. Eles me matricularam para cursar a nona série na Darby High School. Contudo, eu não avancei muito ao longo da nona série. Certa manhã, reunidos no pátio, o diretor sobre o palco nos conduzia enquanto entoávamos a velha canção 'On the Road to Mandalay'. Ele enfatizava o final de cada verso da canção com uma piscadela, como um velho cantor de *vaudeville*. Sendo tão alto, eu me destacava em meio aos outros estudantes, de modo que o diretor podia ver claramente o meu rosto. A cada vez que ele piscava, eu o imitava, piscando de volta para ele.

Quando a reunião terminou, ele disse para que eu esperasse por ele em seu escritório. Fui até lá e sentei-me em uma cadeira diante da mesa dele. Ele era um homem bastante grande; da mesma altura que eu, mas muito mais pesado. Ele adentrou o escritório e, chegando por trás de mim, aplicou-me um cascudo atrás da cabeça com toda força, do mesmo jeito que meu pai costumava fazer quando eu perdia uma luta e ele perdia a cerveja que apostara.

— Seu gordo filho da puta —, disse eu, pulando da cadeira, lançando-me sobre ele e atirando-o ao chão. Quebrei-lhe a mandíbula e eles me expulsaram da escola permanentemente, no ato.

Naturalmente, eu sabia pelo que poderia esperar, quando meu pai chegasse em casa. Tive um bocado de tempo para pensar sobre tudo o que ocorrera, mas tudo em que eu podia realmente pensar era no fato de ter quebrado o queixo do diretor — um homem adulto — com um único soco.

Meu pai atravessou a soleira da porta fumegando, louco da vida, e atirou as luvas de boxe para mim, com força. Eu as apanhei, mas, desta vez, atirei-as de volta para ele. Eu disse:

— É melhor pensar duas vezes.

Eu contava dezesseis anos de idade, quase dezessete, na época.

— Eu não vou bater em você —, disse eu. — Você é meu pai. Mas é melhor que você arranje outro saco de pancadas.

Capítulo Quatro

Universidade de Little Egypt

"Então, eu me juntei ao circo. O ponto alto de toda primavera na Filadélfia era a chegada do espetáculo itinerante de variedades Regent. Eles armavam suas tendas na Rua 72, perto da Avenida Island. Não havia absolutamente nada lá, além de vastas extensões de capim. Aquelas terras estavam exatamente do jeito que os índios as deixaram. Hoje em dia, está tudo tomado, de ponta a ponta, por lojas de comércio de automóveis.

Embora fosse uma metrópole — como já era, na época —, por estar tão próxima da cidade de Nova York, Filadélfia conservava o caráter de uma cidade pequena. A organização comercial da Pensilvânia tinha leis muito rígidas, que não permitiam que os bares abrissem aos domingos. As outras lojas também não abriam. Aquele era o dia de culto. Mesmo tempos depois, quando os jogos de beisebol disputados à noite se tornaram comuns, as equipes do Philadelphia Phillies e do Philadelphia Athletics só podiam jogar beisebol no Shibe Park aos domingos enquanto houvesse luz do dia. Não lhes era permitido que mandassem acender as luzes do estádio aos domingos. Assim, muitos jogos dominicais tiveram de ser adiados devido à escuridão. Você não leria em nenhum jornal local sobre a Lei Seca e a carnificina provocada pelas guerras entre gangues ou coisas desse tipo, que aconteciam comumente em Nova York — que ficava apenas a um par de horas de distância de trem, pela Pennsylvania Railroad. Por isso, a chegada do espetáculo de variedades itinerante era garantia de muita diversão.

Após ter sido expulso da Darby High, arranjei uma porção de empregos ocasionais; embalando frutas e verduras na Penn Fruit, e, dependendo do clima, pegando carona até o campo de golfe de Paxon Hollow para trabalhar como *caddy*. Eu ainda morava em casa, com os meus pais, o que significava ter de fazer mudanças constantemente, por causa do aluguel. Talvez todas essas mudanças, a cada vez que o prazo do aluguel vencia, tenham me dotado da minha característica inquietação; e essa inquietação desabrochou e floresceu como os brotos nas árvores naquela primavera, quando o espetáculo itinerante chegou.

Meu melhor amigo àquela época era Francis 'Yank' Quinn. Ele era um ano mais velho do que eu e já havia concluído o ensino médio. Alguns anos depois, ele ingressou em uma faculdade e prestou o serviço militar, servindo como segundo-tenente. Ele presenciou um bocado de ação em combate, na Europa; mas eu jamais o encontrei quando estive por lá. Mais tarde, depois do fim da guerra, nós viemos a jogar futebol americano juntos, pelo time do Clube Católico de Shanahan. Yank era o *quarterback*.

Em uma noite quente, Yank e eu — com um dólar para gastarmos entre os dois, mas sem que nenhum de nós tivesse um emprego com que nos sustentar — fomos até o espetáculo itinerante para darmos uma olhada; e a próxima coisa que soubemos foi que estávamos contratados como trabalhadores auxiliares, para viajarmos com o espetáculo em sua turnê pela Nova Inglaterra. Durante toda a minha juventude eu quisera sair da Filadélfia e conhecer o mundo; e ainda seríamos pagos para fazer isso.

Eu trabalhava para o anunciador da atração das dançarinas exóticas. O Regent tinha duas garotas dançarinas; algo como as antigas dançarinas go-go, que surgiram nos anos 1970. Só que no espetáculo itinerante elas vestiam mais roupas. Elas deixavam um bocado da atração por conta da imaginação dos espectadores. As duas dançarinas exóticas eram Little Egypt — a 'Pequena Egito', uma morena que se vestia como se tivesse acabado de surgir de dentro da lâmpada do Aladim — e Neptune of the Nile — a 'Netuno do Nilo', a loira que surgia envolta em uma série de véus azuis, como se tivesse borbulhado das profundezas do oceano. Elas se apresentavam individualmente, executando suas danças exóticas sobre um palco armado no interior de sua própria tenda. O anunciador promovia a atração e eu recebia cinquenta centavos de cada espectador, entregando-lhes os ingressos.

As atrações do Regent eram do mais puro estilo de espetáculo de variedades, tais como as que eram apresentadas no velho programa do Ed Sullivan, na televisão. Havia malabaristas, acrobatas, jogos em que as pessoas podiam ganhar bonecas Kewpie, um atirador de facas, um engolidor de espadas e uma banda, que tocava canções circenses. Não havia jogos de azar. A clientela, de todo modo, não tinha dinheiro para apostar em coisa alguma. Vivíamos o auge da Depressão. Não importa o que digam, mas a Depressão não terminou senão quando a guerra começou. Nós, trabalhadores, certamente não tínhamos dinheiro para apostar. Em sua maioria, os funcionários eram gente que fugira de casa ou que vivia desenraizada no mundo. Apesar disso, todos eram pessoas muito decentes; ninguém criava problemas.

Yank e eu ajudávamos a armar as tendas e a colocar as cadeiras para os espectadores; e recolhíamos tudo quando tínhamos de viajar. Se houvesse algum problema — talvez uma briga que estourasse entre os clientes —, as autoridades locais simplesmente nos mandariam apanhar as tralhas e sair da cidade. Se os negócios estivessem indo bem e nós fôssemos bem recebidos pelas multidões, permanecíamos por até dez dias em um mesmo lugar. De outro modo, se não estivéssemos ganhando dinheiro, embalaríamos as coisas e nos mudaríamos, em busca de uma recepção melhor. Nós nos apresentamos em uma porção de cidades pequenas, em lugares como Connecticut, Vermont, New Hampshire e nos arredores de Boston.

Nós nos locomovíamos em caminhões combalidos e em velhas carretas surradas, e dormíamos ao relento, enrolados em cobertores sob as estrelas. Aquilo não era o Ringling Brothers; era apenas um cirquinho mambembe. Acho que poderia dizer que a minha infância, mudando-me com minha família como nômades no deserto, me preparou para os inconvenientes desse tipo de vida.

Eles não nos pagavam muito, mas nos alimentavam; e a comida era boa e sólida. Havia sempre bastante de um substancial cozido de carne, que tinha um aroma maravilhoso ao ar livre. É claro que não chegava aos pés da comida da minha mãe, mas, de todo modo, pouca coisa chegaria. Se chovesse, nós dormíamos debaixo dos caminhões. Experimentei uísque caseiro pela primeira vez na estrada, com aquele circo, sob um caminhão, debaixo de chuva. Não dei muita importância a isso. Na verdade, eu só desenvolvi o hábito de beber durante a guerra. Tomei minha primeira bebedeira de verdade em Catânia, na Sicília. Desde a primeira vez que provei vinho tinto, esta tornou-se a minha bebida preferida; e mantive esse gosto por toda a minha vida.

Certa manhã, durante uma parada à beira da estrada em Brattleboro, Vermont, a chuva começou a cair e não parou mais, ao longo do dia todo. Havia lama por todos os lados e nenhuma clientela à vista: nada de cinquenta centavos para receber nem ingressos para entregar. Little Egypt avistou-me por ali, respirando o ar quente que eu soprava nas minhas mãos em concha para manter-me aquecido. Ela me puxou de lado e sussurrou no meu ouvido, perguntando-me se eu gostaria de passar a noite em sua tenda, em companhia dela mesma e de Neptune. Eu sabia que elas gostavam de mim, e respondi: 'Sim, é claro.' Yank teria de dormir debaixo de um caminhão, mas eu passaria a noite bem confortável e seco.

Depois da apresentação, apanhei meus cobertores e fui para o camarim delas, onde era impossível deixar de sentir o cheiro de perfume, desde o primeiro segundo em que você pisasse lá. O camarim ficava na mesma tenda em que elas dormiam. Little Egypt estava lá, em sua cama, refestelada sobre vários travesseiros colocados às suas costas, quando me disse: 'Por que você não tira as suas roupas e fica mais à vontade? Elas devem estar molhadas.'

Por essa época eu contava dezessete anos de idade. Hesitei um pouco, sem saber direito se ela não estaria apenas brincando. Então, ela perguntou: 'Você já esteve com uma mulher?'

Eu respondi a ela dizendo a verdade, que era: 'Não.'

'Bem, você estará com uma, esta noite', disse Little Egypt, rindo. Ela levantou-se da cama e tirou-me a camisa por sobre minha cabeça. Fiquei ali parado, de peito nu.

'Vamos dizer que ele estará com duas mulheres, esta noite', ecoou Neptune, às minhas costas, também rindo. Então, ela assobiou maliciosamente para mim. Eu devo ter corado dos pés à cabeça.

Aquela foi a noite em que dei adeus à minha virgindade. Eu havia guardado tudo por anos, antes desse momento. Eu não acreditava em satisfação através da masturbação. A igreja era contra essa prática, mas eu também era. Havia algo quanto àquilo que não me parecia certo.

Depois de ter tido minha primeira sessão de fazer amor, com Little Egypt no controle, Neptune chamou-me para a cama dela; e Little Egypt me deu um empurrãozinho. Quando me instalei lá, Neptune of the Nile pediu-me para que eu fizesse sexo oral nela, primeiro. Gaguejando, eu disse: 'Esperei tempo suficiente por tudo isto que acabo de ter. Acho que posso esperar mais um pouco para ter de fazer isso.' Naquele tempo — acredite se quiser —, fazer sexo oral em uma mulher era considerado um pecado e uma coisa escandalosa. Ao menos na Filadélfia.

Quando penetrei Neptune of the Nile, ela olhou para o meu rosto como se esperasse notar alguma reação. Quando viu que eu arregalei meus olhos ao máximo, Neptune disse: 'Aproveite tudo isto enquanto você pode, meu jovem. Isto vai fazer de você um homem completo. Eu sou mestre em pompoarismo. Não será todo dia que você irá encontrar uma ventosa, por aí.' E, Mãe Misericordiosa, ela era mesmo capaz de contrair a vagina! Rapaz, eu achava que era eu quem tinha músculos...

Durante a noite toda, eu recuperei um bocado do tempo perdido, pulando de uma cama para outra com aquelas duas mulheres adultas e altamente experientes. Aquelas duas mulheres eram selvagens, enquanto eu era jovem e vigoroso. Na manhã seguinte, pensei: 'Há quanto tempo essas coisas acontecem? Que diabos eu estava perdendo?' Little Egypt e Neptune of the Nile me deram uma educação de nível superior quanto às maneiras de agradar a uma mulher. Não havia livros sobre esse assunto, naquele tempo; e, pela vizinhança, toda a educação sexual que você recebia vinha da fanfarronice de amigos que sabiam ainda menos do que você.

Passei muitas noites naquela tenda, a maioria das quais em companhia de Little Egypt; caindo no sono na cama dela, com seus longos cabelos castanhos nos cobrindo, cheirando a perfume e dormindo abraçadinhos. O pobre Yank tinha de dormir lá fora, no frio, sobre o chão molhado. Acho que ele jamais me perdoou por isso. (Yank foi um bom homem, que viveu uma boa vida. Ele jamais fez nada de errado. Ele morreu antes do tempo, enquanto eu ainda estava na cadeia. Eles não me deram uma licença para que eu assistisse ao funeral dele. Nem mesmo para que eu assistisse aos funerais do meu irmão e da minha irmã. Yank gerenciou o Restaurante O'Malley, na autoestrada West Chester, e escrevera para mim, na cadeia, dizendo que daria uma grande festa de boas-vindas, quando eu saísse em liberdade. Mas o pobre Yank sofreu um ataque do coração que o matou.)

Quando chegamos ao Maine com o espetáculo itinerante, o verão já estava quase terminando. Era por volta de setembro, e o espetáculo do Regent sempre rumava para o sul, em direção à Flórida, para passar o inverno por lá. Nós estávamos em Camden, no Maine, quando o espetáculo encerrou suas atividades. A pouco mais de sessenta quilômetros dali havia um campo explorado por uma madeireira, que, segundo ouvimos dizer, estaria contratando pessoal. Então, Yank e eu tomamos a estradinha de terra batida, a pé, e nos embrenhamos floresta adentro. Eu sabia que iria sentir a falta de Little Egypt, mas não havia mais trabalho para mim junto ao espetáculo itinerante quando terminamos de desmontar o acampamento e carregamos os caminhões pela última vez.

A companhia madeireira nos contratou, a nós dois. Eles botaram Yank na cozinha, como auxiliar do cozinheiro; e, graças ao meu tamanho, fui designado para ajudar outro homem no manejo de uma serra de vai-e-vem. Eu ainda era jovem demais para derrubar as árvores grandes, mas podia serrar os galhos das árvores já derrubadas e transformá-los em toras. Então, tratores rolavam essas toras até o rio, onde elas flutuavam correnteza abaixo até um ponto onde eram interceptadas e carregadas em caminhões. Serrar aquelas árvores o dia inteiro era um trabalho duro. Naquela época, eu media apenas cerca de 1,85 m de altura e pesava pouco menos de 80 quilos; mas após nove meses daquele trabalho, não havia sequer um grama de gordura no meu corpo.

Nós dormíamos em pequenos barracões construídos pela companhia, com uma fornalha de ferro fundido, alimentada a pedaços de madeira, que servia como fogão, onde preparávamos — você adivinhou — tachos e mais tachos de cozido de carne. Depois de um dia inteiro serrando toras manualmente, você juraria que jamais havia provado comida tão boa.

Nós economizávamos o pouco dinheiro que recebíamos porque não havia onde gastá-lo. Nem Yank nem eu jogávamos cartas com os outros homens, ou eles nos teriam limpado.

Havia uma espécie de futebol americano 'selvagem' que eles jogavam, aos domingos. Eu também joguei um bocado daquilo, sem jamais atentar para as regras, se é que havia alguma. Tudo se resumia a derrubar o maior número possível de jogadores adversários ao chão.

Desde que não estivesse nevando, nós disputávamos lutas de boxe em um pedaço de chão cercado por cordas, como se fosse um ringue. Eles não dispunham de luvas, lá; por isso os lutadores envolviam seus punhos com bandagens e faixas de gaze. Todo mundo queria assistir ao garoto grandalhão lutar com homens que andavam pelo final da casa dos vinte ou dos trinta anos de idade. Assim, por exigência do público, eu participei de muitas dessas lutas. Elas me faziam lembrar do meu pai botando-me para lutar com garotos mais velhos, para ganhar suas apostas de cerveja. Incluindo meu próprio pai, parecia-me que eu tinha sempre de enfrentar adversários mais velhos do que eu. Só que aqueles lenhadores podiam bater com muito mais força do que o meu pai. Eu perdi muitas lutas, mas sempre bati firme, também; e aprendi um bocado de truques.

Acho que um sujeito já nasce com a habilidade necessária para bater. Rocky Marciano não começou a boxear senão depois da guerra, quando já contava 26 anos de idade. Mas ele possuía uma habilidade natural, inata, para bater. É preciso treinamento, claro; mas um bocado do seu poder vem do seu antebraço e desce até o seu pulso. Há um estalo no seu soco que vem do seu pulso para o seu punho, e é isso que bota o outro sujeito a nocaute. Esse estalo pode realmente ser ouvido: quando o soco funciona perfeitamente, ele soa como um tiro de pistola. Joe Louis tinha o seu famoso soco de quinze centímetros. Ele nocauteava um sujeito com um soco que viajava no ar por apenas quinze centímetros. Seu poder vinha do estalo. É como quando você chicoteia a bunda de alguém com uma toalha enrolada, fazendo-a estalar: não é preciso fazer força com o seu braço.

Então, você aprende mais um truque ou dois, além deste, e está feito na vida. Dizem que Jack Dempsey aprendeu todos os truques que empregava como lutador quando era um garoto de treze anos de idade e trabalhava nos campos de mineração do Colorado. Eu posso acreditar nessa história sobre Dempsey, depois de ter passado nove meses nas profundezas das florestas do Maine.

Nós apanhamos carona de volta para Philly no verão seguinte; e, de repente, nos demos conta de que tínhamos um novo interesse além do boxe: correr atrás das garotas. Tive mais dois ou três empregos, onde quer que conseguisse arranjar trabalho, antes de ser admitido como aprendiz na vidraçaria Pearlstein Glass Company, na esquina da Quinta com a Lombard. Eu estava estudando para me tornar um vidraceiro, e aprendi tudo sobre a colocação de vidraças e janelas em todos os grandes edifícios da cidade. Às vezes, eu trabalhava na oficina, esculpindo entalhes decorativos nos vidros. Eu aprendi um bocado, e o trabalho não era, nem de longe, tão duro quanto o de lenhador. Ao término de um dia de trabalho, eu ainda tinha energia de sobra para competir com Yank pelas garotas da vizinhança.

Minha arma secreta contra Yank era a minha habilidade para dançar. A maioria dos homens grandes são desengonçados e arrastam os pés pesadamente; mas eu não. Eu tinha um bom senso de ritmo e podia movimentar qualquer parte do meu corpo com facilidade. Eu tinha mãos muito ágeis, também; além de uma boa coordenação. A música do *swing* estava varrendo o país, e os clubes sociais de dança estavam 'na crista da onda'. Eu dançava seis noites por semana (exceto aos domingos), em um salão de baile diferente a cada noite. Foi assim que eu aprendi todas as danças: você aprende a dançar frequentando os bailes e dançando. Todas elas tinham seus passos certos — diferentemente das danças de hoje em dia, em que você inventa os passos à medida que dança. Depois da guerra, um dos trabalhos que arranjei foi como instrutor de dança de salão.

Em 1939, quando eu contava dezenove anos de idade, minha parceira de dança, Roseanne De Angelis, e eu tiramos o segundo lugar em uma competição de foxtrote disputada contra outros cinco mil casais no Madison Square Garden, no concurso de dança chamado Harvest Moon Ball. Roseanne era uma dançarina muito graciosa. Eu a conheci no Garden antes do concurso, quando o parceiro dela se machucou na pista de dança durante o treinamento. A minha parceira, por sua vez, cansou-se e 'jogou a toalha'; então, Roseanne e eu formamos um novo par. O Harvest Moon era o maior evento de dança de todo o país, e era patrocinado, todos os anos, pelo jornal *New York Daily News*. Muitos anos depois, eu ensinei minhas filhas a dançar — todos os tipos de dança, até mesmo o tango e a rumba.

Eu ganhava um bom dinheiro na Pearlstein: quase 45 dólares por semana. Isso era mais do que o meu pai ganhava na Abençoada Virgem Maria. Com esse dinheiro, eu pagava o aluguel e meu sustento em casa, de modo que não precisássemos mais ficar nos mudando a todo momento. Minha irmã, Peggy, ainda estava na escola; e, depois das aulas, trabalhava como estoquista na A&P. Meu irmão, Tom, já havia saído de casa. Ele abandonara a escola e se juntara ao CCC[5], uma corporação de preservacionistas criada por Roosevelt, visando proporcionar algum trabalho para os jovens durante a Depressão. Os jovens rapazes eram enviados a acampamentos em áreas rurais espalhadas por todo o país, onde trabalhavam em projetos de preservação do meio-ambiente.

Depois de pagar aos meus pais, quase todo o dinheiro que sobrava do salário que eu recebia da Pearlstein era gasto em salões de dança. Sobrava bastante para gastar em encontros com garotas, mas Yank e eu sempre encontrávamos maneiras de nos divertirmos sem gastar dinheiro algum. Certa tarde, eu convenci uma bela jovem irlandesa, com sardas no rosto, a vir comigo nadar — nós dois nus, em pelo — no riacho à margem da Estrada Darby, onde hoje se localiza o Mercy Fitzgerald Hospital. O riacho ficava a cerca de cem metros da estrada. Yank nos seguiu, escondendo-se, e surrupiou as nossas roupas. Depois, ele subiu até o alto do barranco, perto da estrada, e gritou para a garota para que saísse da água, se vestisse e fosse embora com ele, ou ele partiria levando suas roupas, também. Então, ela saiu da água e se foi com ele, que deu 25 centavos a um garoto para que ficasse com as minhas roupas até que eu tivesse perdido Yank e a garota de vista. O garoto, em seguida, deveria jogar as roupas à beira do riacho e correr como se o diabo estivesse em seu encalço.

Claro que eu devolvi a brincadeira a ele, na mesma moeda; só não me lembro bem como... Teria eu espalhado o boato de que havia uma garota grávida, sem que ele sequer soubesse que isso era de sua responsabilidade? Provavelmente. Eu o deixei em maus lençóis? Sem dúvida. Mas isso era tudo o que fazíamos: brincadeiras. Nós andávamos por aí, e fazíamos bagunça. Nós não éramos mais boxeadores, brigões ou guerreiros da estrada; nós éramos amantes e dançarinos. Eu havia frequentado a Universidade de Little Egypt e a Escola de Graduação de Neptune of the Nile, e era

5 O CCC — sigla para Civilian Conservation Corps; algo como "Corporação Civil de Conservação" — foi uma agência federal do governo norte-americano, ativa entre 1933 e 1943, que visava utilizar a força de trabalho da juventude desempregada para construir estradas, plantar árvores, promover o melhoramento de parques etc. (N.T.)

meu dever para com as jovens donzelas da Cidade do Amor Fraternal[6] não permitir que toda essa boa educação fosse desperdiçada.

Eu vivia o ideal de vida livre para um homem jovem — a Vida de Riley[7]. Eu era popular entre as garotas, tinha bons amigos e não muitas responsabilidades: uma vida em que meu único verdadeiro trabalho era o de construir lembranças que guardaria pelo restante dos meus dias. Só que eu não conseguia parar quieto. Eu era impaciente. Eu tinha de mudar. Muito rapidamente, encontrei-me a meio caminho de dar a volta ao mundo. Mas, então, eu já não podia me dar ao luxo de ser impaciente. Eu tinha de fazer as coisas à maneira do Exército: apressar-me e esperar. ”

6 Epíteto associado à cidade da Filadélfia. (N.T.)

7 A origem da expressão "Life of Riley" — a "Vida de Riley" — é incerta, mas seu uso já era frequente em meio à comunidade irlandesa nos Estados Unidos (onde é provável que ela tenha surgido) durante o período da Primeira Guerra Mundial. O sentido da expressão é atribuído a alguém que supostamente viva uma vida tranquila e confortável. (N.T.)

Capítulo Cinco

411 dias

"Eu ouvi a canção 'Tuxedo Junction' pela primeira vez em 1941. Eu servia junto à Polícia Militar[8] no Colorado, montando guarda no Campo Lowry, da Divisão Aerotransportada do Exército. A maioria das pessoas acha que foi Glenn Miller quem primeiro tornou famosa esta música; mas, na verdade, foi um *bandleader* negro, chamado Erskine Hawkins. Foi ele quem compôs a canção e com ela obteve seu primeiro sucesso. Ela permaneceu comigo, como se fosse a trilha sonora da minha vida, ao longo de toda a guerra. Depois da guerra, quando tive meu primeiro encontro com Mary, minha futura esposa, fomos assistir a uma apresentação de Erskine Hawkins, no velho Earl Theater, em Philly.

Em uma noite fria de dezembro de 1941, eu venci um concurso de dança, bailando o *jitterbug* ao som de 'Tuxedo Junction', no Denver Dance Hall. A próxima coisa de que me lembro foi estar embarcado em um trem de transporte de tropas, às quatro horas da manhã, rumando para a Costa Oeste, para defender a Califórnia. Os japoneses haviam bombardeado Peral Harbor. Eu acabara de completar 21 anos de idade, e media 1,88 m de altura. Quatro anos depois, quando a guerra acabou e eu obtive a minha dispensa — um dia antes de completar 25 anos —, eu media 1,93 m. Eu crescera cinco centímetros. As pessoas se esquecem de quão jovens nós éramos. Alguns de nós ainda não estávamos completamente crescidos.

Eu passei a guerra servindo como fuzileiro na Europa, integrando a Divisão Thunderbird; a 45ª Divisão de Infantaria. Dizem que o tempo médio de combate passado por um veterano gira em torno de oitenta dias. Quando a guerra acabou, o Exército me informou que eu havia passado por 411 dias de combate, o que me garantia o direito de receber vinte dólares a mais em meu soldo. Eu fui um dos sujeitos sortudos. Os verdadeiros heróis — alguns dos quais viveram apenas um dia de combate — ainda estão lá. Mesmo sendo um alvo tão grande como eu era, e tendo me envolvido em tantos combates travados em meio a fogo cerrado, jamais fui atingido por uma bala alemã ou por estilhaços de granadas. Eu fiz muitas orações em trincheiras, especialmente quando estive encurralado numa delas, em Anzio. E o que quer que alguém queira dizer sobre a minha infância, uma coisa que minha infância me ensinou foi a tomar conta de mim mesmo; como sobreviver."

8 Diferentemente do que ocorre no Brasil, a Polícia Militar nos Estados Unidos trata de casos policiais que envolvam militares em serviço ativo e de operações de segurança nacional e inteligência. Os equivalentes brasileiros desta corporação seriam a Polícia do Exército, da Aeronáutica e da Marinha. (N.T.)

Extrair informações de Frank Sheeran acerca de suas experiências em combate foi a parte mais difícil do processo de entrevistá-lo. Passaram-se dois anos antes que ele pudesse aceitar o fato de que suas experiências como combatente merecessem ser discutidas. Então, o trabalho tornou-se penoso e estressante, tanto para um indagador respeitoso quanto para seu relutante interlocutor, com muitas interrupções e recomeços.

Para auxiliar-me na compreensão dos dias de Sheeran como combatente, examinei detalhadamente os passos da 45ª Divisão de Infantaria através das 202 páginas do volume encadernado, com capas duras, do Relatório de Combate, editado poucos meses após o término da Segunda Guerra Mundial. Quanto mais informado eu me tornava, tanto por meio do relatório quanto pelo próprio Frank, mais claramente me parecia que fora durante sua prolongada e impiedosamente árdua experiência em combate que Frank Sheeran aprendera a matar a sangue frio.

O Relatório de Combate afirma que "a 45ª pagou caro pela manutenção do nosso legado americano: 21.899 baixas em combate". Considerando-se que uma divisão completa é composta por 15.000 integrantes, Sheeran testemunhou de maneira cotidiana a substituição de soldados que marchavam incessantemente do e para o campo de batalha. O relatório atribui o registro de "511 dias de combate" para a divisão, como um todo — ou seja, 511 dias atirando e sendo alvejada nas linhas de frente. A Divisão Thunderbird lutou bravamente, desde o primeiro dia de guerra na Europa até o último.

Tendo tido tempo para repousar e reabilitar-se ao longo do caminho, o Soldado Frank Sheeran, com 411 dias de combate, vivenciou mais de 80% do total de dias de combate de sua divisão. Sheeran foi condicionado, para o restante de sua vida, pela experiência de matar e mutilar outros seres humanos dia após dia, imaginando quando chegaria sua vez de ser morto. Nem todas as pessoas são afetadas da mesma maneira pelos mesmos eventos. Cada um de nós é, individualmente, o resultado da soma das próprias experiências de vida. Outros combatentes veteranos que eu viria a entrevistar mostraram-se tão chocados quanto incrédulos quando mencionei uma experiência de combate de 411 dias.

"— Eu devia te dar um chute na bunda —, disse-me Charlie 'Diggsy' Meiers. Eu era dois anos mais velho do que Diggsy, e uns trinta centímetros mais alto. Nós tínhamos sido amigos desde que frequentávamos a escola primária.

— O que eu fiz de errado? Por que você quer chutar a minha bunda, Digs? —, perguntei, sorrindo para ele.

— Você tinha um trabalhinho fácil, lá com a Polícia Militar, sem se envolver em combates. Você poderia ter passado a porra da guerra inteira lá nos States! Você tem de ser maluco para se transferir para cá. Eu sempre soube que você tinha um parafuso solto, mas isto já é demais! Você acha que estamos nos divertindo, aqui?

— Eu queria ver um pouco de ação —, disse eu, já me sentindo como um completo idiota.

— Bem, você vai ver.

Houve uma tremenda explosão e um silvo estridente cortou o céu.

— O que foi isso?

— Aí está a sua ação —, disse ele, passando uma pá às minhas mãos. — Pegue!

— Para que diabos é isto? —, perguntei.

— Para a sua trincheira. Comece a cavar. Bem-vindo à Sicília.

Depois que terminei de cavar, Charlie explicou-me que quando uma carga explosiva é detonada seus estilhaços são projetados em um ângulo ascendente. Então, você se atira no chão e permanece ali, deitado, e deixa que eles voem pelos ares, por cima de você. De outro modo, eles cortariam você em duas partes, pela altura do seu peito. Quando éramos crianças, eu costumava tomar conta de Diggsy; mas, agora, nossos papéis haviam sido trocados.

Como é que eu fui terminar segurando uma pá em minhas mãos, na Sicília, em 1943?

Em agosto de 1941 eu havia me alistado no Exército. O restante do mundo já estava em guerra, mas o nosso país ainda mantinha sua neutralidade e não havia se envolvido.

Foi em Biloxi, no Mississippi, que eu fiz meu treinamento básico. Certo dia, um sargento sulista dirigiu-se aos recrutas dizendo que poderia dar uma surra em qualquer um de nós, e que se alguém pensasse de maneira diferente poderia dar um passo à frente, naquele mesmo momento. Dei um largo passo adiante e ele me botou para esvaziar as latrinas por cinco dias. Tudo não passara de um truque para nos ensinar a respeitar sua patente e a hierarquia, de modo geral. Eles estavam nos preparando para uma guerra.

Ao término do meu treinamento básico, o Exército deu uma olhada em mim e avaliou que eu tinha o tamanho exato para ser um perfeito espécime de policial militar. Eles não lhe perguntam sobre o que você acha das suas novas atribuições, e antes que a guerra começasse, para mim não havia maneira de escapar ao serviço com a Polícia Militar.

Mas, depois de Pearl Harbor, com a guerra em curso, eles permitiam que você se transferisse da Polícia Militar, se desejasse entrar em combate. Eu gostava da ideia de saltar de paraquedas, lá do céu, para o meio do combate; então, alistei-me no Exército Aerotransportado e fui transferido para o Forte Benning, na Geórgia, para receber treinamento como paraquedista. Eu me encontrava em excelente forma física, por isso o treinamento rígido dos paraquedistas foi moleza para mim. Eu gostava, muito mesmo, da ideia geral de finalmente vir a presenciar alguma ação. Quando o seu paraquedas chega ao solo, você está por sua própria conta, dependendo apenas da sua autoconfiança. Eu achava que, de algum modo, era um sujeito especial — até saltar de uma torre, durante uma sessão de treinamento, e deslocar meu ombro direito. Eu aterrissei de maneira incorreta, e eles não lhe dão mais do que uma única chance de cometer um erro, por lá. Fui cortado da equipe. Então, teria de servir como um soldado de infantaria, deslocando-me a pé.

No entanto, nenhum grau de autoridade ou de disciplina militar podia me impedir de tirar minhas casquinhas. Então, eu fui tirando, uma casquinha após outra, ao longo de toda a minha carreira militar. Ingressei no Exército como um soldado raso, e saí de lá — quatro anos e dois meses depois — como um soldado raso. Eles me concediam algumas promoções em combate, de vez em quando; mas, então, eu aprontava alguma das minhas e era novamente rebaixado. No fim das contas, eu perdi cinquenta dias por estar ASLO — 'ausente sem licença oficial' —, a maioria dos quais passei bebendo vinho tinto e correndo atrás de mulheres italianas, francesas e alemãs. Porém, eu jamais estive ASLO quando a minha turma teve de voltar às linhas de frente. Se você estivesse ASLO quando a sua companhia tivesse de retornar ao combate, era melhor que você continuasse andando porque, se fosse apanhado, seus próprios oficiais dariam cabo de você, e eles nem precisariam dizer que tudo fora obra dos alemães. Isso seria considerado como deserção diante do inimigo.

Enquanto eu aguardava para ser enviado ao além-mar, eles me mantiveram no Campo Patrick Henry, na Virgínia, onde dei algumas respostas atravessadas àqueles sargentos sulistas, que me botaram na PC — 'patrulha da cozinha' —, descascando batatas. Na primeira oportunidade que tive, comprei um bocado de laxante no posto comercial do campo e joguei tudo na gigantesca cafeteira que havia na cantina. Todo mundo foi vitimado por um violento surto de diarreia, incluindo os oficiais. Infelizmente, eu fui o único sujeito que não baixou à enfermaria, adoentado. Eles descobriram o autor da brincadeira antes mesmo que fizessem uma requisição para um suprimento adicional de papel higiênico. Será que você adivinha quem foi o brilhante criminoso que acabou de joelhos esfregando o piso dos banheiros?

Fui embarcado no dia 14 de julho de 1943, para Casablanca, no Norte da África, designado para integrar a 45ª Divisão de Infantaria, como fuzileiro. Embora você não pudesse escolher em que divisão serviria, era possível escolher uma companhia em particular, dentro dessa divisão, se houvesse uma vaga disponível. Uma companhia contém cerca de 120 homens. Nossa igreja, em Philly, publicava um boletim indicando onde cada um dos rapazes da nossa vizinhança era alocado, de modo que eu sabia que Diggsy estava com a Thunderbird. Eu pedi para integrar essa companhia e fui atendido. Isso não significava, no entanto, que eu terminaria integrando o pelotão dele, composto por cerca de 32 homens, ou que viria a integrar seu esquadrão de oito homens, dentro do pelotão. Mas isso foi o que acabou acontecendo, e nós permanecemos juntos, integrando o mesmo esquadrão. ”

No outono de 1942, quando ainda estavam sendo treinados para o combate nos Estados Unidos, antes que fossem enviados para além-mar, o General George S. Patton dirigiu um discurso a Diggsy e aos homens da 45ª do palco de um teatro em Forte Devens, Massachusetts. O General Patton disse aos impressionáveis rapazes da 45ª — garotos que se encontravam longe de casa pela primeira vez na vida, prestes a serem enviados a outro continente para lutar e morrer — que ele reservara um papel especial no teatro da guerra para a divisão deles.

Tal como foi relatado pelo Coronel George E. Martin, chefe do pessoal junto ao oficial-comandante da 45ª Divisão de Infantaria:

> [O General Patton] teve muito a dizer, sendo tudo permeado por um linguajar chocantemente rude e profano [...] Ele falou sobre o que ocorrera quando a infantaria britânica, em seu avanço para atacar, ultrapassara bolsões ocupados pelo inimigo, apenas para ser surpreendida por esse mesmo inimigo atacando-a pela retaguarda. Então, quando os britânicos se voltaram para dar-lhes combate, os soldados alemães depuseram suas armas e ergueram as mãos, em sinal de rendição. Se tal coisa acontecesse conosco, disse o General Patton, nós não deveríamos aceitar a rendição deles; e, em vez disso, deveríamos matar até o último daqueles bastardos F.D.P.s.
>
> Então, fomos informados de que a nossa Divisão provavelmente se veria envolvida em mais combates do que qualquer outra divisão americana, e que ele desejaria que fôssemos conhecidos pelos alemães como a 'Divisão Assassina'.

Em um discurso subsequente, proferido no dia 27 de junho, em Argel, no Norte da África, tal como foi relatado por um oficial da divisão presente à ocasião, Patton disse aos seus homens da 'Divisão Assassina':

> [...] para que matassem e continuassem a matar, e que quanto mais matássemos, menos teríamos de matar mais tarde, e melhor se sairia a Divisão, a longo prazo. [...] Ele disse que quanto mais prisioneiros fizéssemos, mais homens teríamos para alimentar; e que não deveríamos 'brincar' com os prisioneiros. Ele disse que havia somente um tipo de alemão bom, que seria um alemão morto.

Outro oficial que ouvia ao discurso relatou a posição de Patton quanto à morte de civis: 'Ele disse algo sobre se a população que vivia nas cidades insistisse em permanecer nas proximidades de um campo de batalha e que se essas pessoas fossem inimigas, nós deveríamos matá-las impiedosamente, e tirá-las do caminho.'

"Quando terminei de cavar minha trincheira, Diggsy falou-me sobre dois grandes escândalos que estavam acontecendo. Todo mundo odiava os atiradores de precisão. Ambos os lados contavam com atiradores de precisão, e se você capturasse um deles, estaria tudo bem se o matasse sumariamente, ali mesmo. Tinha havido alguma ação por parte de atiradores de precisão nos arredores do aeródromo de Biscari e vários soldados americanos foram alvejados. Quando cerca de quarenta soldados italianos afinal se renderam, não fora possível distinguir quem, dentre eles, seriam atiradores de precisão; então, todos foram alinhados e fuzilados. Depois, um sargento conduziu cerca de trinta prisioneiros à nossa retaguarda. Quando todos estavam a uma boa distância da linha de frente, o sargento apanhou uma metralhadora e deu-lhes uma boa dose de chumbo quente. Essas coisas chamaram minha atenção tanto quanto a carga de explosivos que passara sibilando sobre as nossas cabeças. Elas faziam com que você pensasse duas vezes quanto a se render ao inimigo, caso isto se fizesse necessário."

No último discurso que dirigiu à 45ª Divisão de Infantaria, em agosto de 1943, depois do bem-sucedido combate desta na Sicília, em um pronunciamento ao ar livre, Patton disse aos soldados e oficiais da 45ª: 'A sua é uma das melhores divisões, senão a melhor, da História bélica norte-americana.' Com seu elogio, Patton reforçava a fé que depositava em sua 'Divisão Assassina'. Eles estavam fazendo as coisas da maneira como ele queria que as coisas fossem feitas pela divisão, e eles faziam as coisas do modo como haviam sido instruídos a fazer nos discursos anteriores.

Quando ele dirigiu essas palavras aos homens da 45ª, dois de seus camaradas enfrentavam cortes marciais, sendo julgados por assassinatos. O Capitão John T. Compton ordenara a um pelotão de fuzilamento para que disparasse contra aproximadamente quarenta prisioneiros de guerra anônimos, dentre os quais havia dois civis, em seguida ao desfecho da batalha para tomar o aeródromo de Biscari, na Sicília, no dia 14 de julho de 1943. Em um incidente diferente, o Sargento Horace T. West metralhara pessoalmente 36 prisioneiros de guerra desarmados naquele mesmo dia, subsequentemente à mesma batalha.

Nas anotações do diário pessoal de Patton datadas do dia 15 de julho de 1943 — o dia seguinte às matanças — pode-se ler:

> [O General Omar] Bradley — um homem extremamente leal — chegou, muitíssimo agitado, por volta das nove horas da manhã para relatar que um capitão da 180ª Equipe Regimental de Combate, da 45ª Divisão [o regimento ao qual pertencia o próprio Sheeran, dentro da divisão], levara ao pé da letra minha injunção para que matássemos os homens que continuassem a atirar contra nós até que estivéssemos a 200 metros de distância, e fuzilara cerca de cinquenta prisioneiros a sangue frio, perfilados, o que fora um erro ainda

> maior. Eu disse a ele que provavelmente se tratava de um exagero, mas que, em todo caso, dissesse ao oficial para que se certificasse de que todos os mortos eram atiradores de precisão, ou que haveriam tentado empreender fuga ou algo assim, pois tal coisa cheiraria mal na imprensa e faria com que a população civil ficasse louca da vida conosco.

O General Bradley — que detinha a mesma patente de Patton — não fez tal coisa. Bradley não se envolveu em nenhuma manobra de acobertamento, e a investigação que conduziu levou às acusações de assassinato contra o capitão e o sargento.

O Capitão John T. Compton foi julgado por uma corte militar, mas foi absolvido com base na argumentação de que se limitara a seguir as instruções explícitas de Patton à 45ª, para que matassem os prisioneiros a sangue frio.

O Sargento Horace T. West também foi julgado por uma corte militar, por assassinato, e empregou os mesmos argumentos do Capitão Compton em sua defesa. Um tenente testemunhou em favor do sargento, afirmando que, na noite anterior à invasão da Sicília, o Tenente-Coronel William H. Schaefer havia se dirigido aos homens a bordo do navio, através dos alto-falantes, relembrando as palavras de Patton: eles 'não deveriam fazer prisioneiros'.

O Sargento Horace T. West, contudo, foi condenado a passar o resto de sua vida na prisão. Então, elevou-se uma voz de protesto insistente em seguida à absolvição de um oficial e à condenação de um homem alistado com patente inferior, por haverem ambos apresentado o mesmo padrão de conduta — no mesmo dia, em sequência à mesma batalha, durante a mesma campanha, lutando pela mesma 45ª Divisão de Infantaria. Isto resultou na pronta liberação do sargento e seu retorno às frentes de combate, onde ele serviria ao sabor dos eventos da guerra sob a patente de soldado raso. Quatro meses depois de sua absolvição, o Capitão Compton foi morto a tiros ao se aproximar de soldados alemães que agitavam uma bandeira branca de rendição como um truque para atrair o inimigo para a morte certa.

Houve relatos velados de outras atrocidades cometidas na Sicília. Em seu livro *General Patton: A Soldier's Life* ("General Patton: A Vida de um Soldado"), Stanley P. Hirschson cita o relato de um jornalista britânico, muito conhecido à época, que testemunhou dois ônibus lotados com cerca de sessenta prisioneiros que foram todos fuzilados, embora a história não tenha sido divulgada depois que Patton empenhou sua palavra quanto a pôr fim a todas as atrocidades. O jornalista, porém, relatou o caso a um amigo, que preparou um memorando em que recontava todos os acontecimentos. O memorando afirma: 'A sede de sangue de Patton, que transparece em sua maneira de falar e de ditar suas instruções, antes de desembarcar na Sicília, foi interpretada de maneira literal pelas tropas americanas, particularmente pela 45ª Divisão.'

"Mais tarde, naquele dia, Diggsy perguntou-me sobre um boato que ouvira de um amigo da nossa vizinhança, a quem ele havia encontrado em solo estrangeiro, que dava conta de que eu havia me alistado porque Yank engravidara uma garota e jogara a culpa sobre mim. Você consegue imaginar uma coisa dessas? A meio mundo de distância e boatos a meu respeito ainda corriam. Eu sabia que Yank estava lá, cursando uma faculdade em algum lugar, ainda fazendo as suas brincadeiras."

Capítulo Seis

Fazendo o que eu tinha de fazer

"Para mim, o período mais fácil da guerra transcorreu na Sicília. Os italianos eram péssimos soldados. Eram os alemães que mantinham ereta a espinha dorsal dos italianos. Nós avançávamos e, às vezes, encontrávamos soldados italianos simplesmente parados, à nossa espera, com as mochilas já prontas para partir. Enquanto eu estava na Sicília, Mussolini rendeu-se, e os alemães se encarregaram da guerra pelos italianos. O povo siciliano era muito amigável. Assim que repelimos os alemães, eu fui visitar Catania, onde em todas as casas havia espaguete caseiro secando nos varais. Depois da guerra, Russell Bufalino gostou de saber que eu passara por sua cidade natal.

O primeiro novo amigo que fiz era um sujeito durão que integrava o nosso esquadrão, vindo da vizinhança judaica do Brooklin, chamado Alex Siegel. Tiraram uma fotografia de nós dois juntos, na Sicília, em que eu apareço com um braço sobre os ombros dele; mas ele foi morto um mês depois, em um bombardeio a uma cabeça de praia em Salerno.

Salerno é uma cidade que fica logo abaixo de Nápoles, na costa ocidental da Itália. Em setembro de 1943, nós saltamos de lanchas de desembarque no Mar Mediterrâneo, sob um intenso bombardeio alemão que explodia ao nosso redor. O de Salerno foi o pior dos três desembarques e invasões de que participei. Aqueles dentre nós que conseguíssemos chegar vivos à areia tínhamos o objetivo de avançar cerca de mil metros para estabelecer uma cabeça de praia. Cada soldado levava uma pá em sua mochila, então começamos a cavar. Não importa quão cansado você esteja, quando ouve o estrondo da artilharia inimiga, você cava com verdadeira paixão.

A nossa posição foi martelada pela artilharia e bombardeada pelos aviões alemães. Se você avistasse soldados alemães vindo em sua direção, você simplesmente atirava neles com o seu fuzil. Eu sei que estava lá, atirando. Eu sei que perguntei a mim mesmo por que diabos fui me voluntariar para fazer aquilo; mas não tenho qualquer recordação da primeira vez que atirei contra um soldado inimigo em Salerno.

Nós quase fomos varridos da praia pelos alemães. Mas sei que permaneci lá, tanto quanto os outros soldados. Todos tínhamos muito medo. Havia quem não quisesse admitir, mas isso não faz qualquer diferença: quer você admita ou não, você ainda sente muito medo."

O Relatório de Combate cita um general de outra divisão, também presente à mesma ocasião, que afirma: 'A 45ª impediu que os alemães obrigassem os Aliados a voltarem para o mar.'

"Quando a artilharia da nossa Marinha chegou, com seu poder de fogo pesado, os alemães recuaram para além do alcance do canhoneiro naval. Isso nos deu a oportunidade para que nos movêssemos, avançando para além da praia, e pudéssemos nos juntar a outras divisões para empreender uma ofensiva em direção ao norte.

Fuzileiros fazem o que quer que lhes tenha sido designado. Se você não obedecesse a uma ordem em combate, eles poderiam lhe fuzilar imediatamente. Jimmy Hoffa jamais prestou serviço militar. Ele tinha algum tipo de deficiência que o manteve fora do serviço ativo. Em combate, você aprende as coisas depressa: se você ainda não soubesse, certas regras são muito estritas, e ninguém estaria acima das regras. Antes de ter entrado em combate, eu mesmo nunca havia sido muito afeito a cumprir ordens; mas lá eu aprendi a obedecer ordens. Não havia alternativa."

Sheeran esteve lá, obedecendo ordens, experimentando o que o Relatório de Combate se referiu como 'o mal-estar e a exaustão que se instalaram em meio às tropas', na 'fatigante e desalentadora luta por terreno devastado', no avanço para o norte de Salerno, em direção a Venafro. Em sucessão inclemente, veio o 'penoso engajamento em uma campanha de inverno em meio às vastidões geladas' dos Montes Apeninos, sob o fogo dos canhões disparados de um monastério no topo do Monte Cassino, tomado pelos alemães.

"Na Itália, nós avançamos em direção ao norte, de Nápoles rumando para Roma; e, em novembro de 1943, chegamos até o sopé das montanhas onde começamos a ser bombardeados pela artilharia alemã postada nos picos ao redor de Monte Cassino. Ficamos encurralados ali por mais de dois meses. Havia um monastério no cume do Monte Cassino que os alemães utilizavam como posto de observação, de modo que eles podiam ver cada movimento que fizéssemos. Tratava-se de um monastério muito antigo, e certas facções relutavam em bombardeá-lo. Mas quando, afinal, eles o bombardearam, tornaram a situação ainda pior, pois os alemães podiam proteger-se em meio aos escombros. Em janeiro de 1944, nós tentamos um assalto às linhas alemãs, mas fomos rechaçados e empurrados montanha abaixo. Em algumas noites, nós saíamos em patrulha, na tentativa de capturar um soldado alemão para que fosse interrogado; mas na maior parte das noites nós apenas tentávamos nos manter secos, sob tanta chuva, cuidando para não sermos atingidos por nenhuma bala.

Àquela época, eu estava aprendendo a não me tornar próximo de muitas pessoas. Você começa a gostar de certas pessoas e, então, as vê serem mortas. Um garoto de dezenove anos de idade chegou com a turma de substitutos, e antes que suas botas tivessem tido tempo para secar, ele já estava morto. Essas coisas afetam você, mentalmente. Eu já era bastante próximo de Diggsy, e isso era suficiente. Eu tive de ser durão o bastante para ver Diggsy ser baleado duas vezes.

Então, veio o pior de tudo. Eles decidiram nos mandar para a retaguarda, para um lugar de descanso nas cercanias de Nápoles, em Casserta. Aquele fora um palácio do rei da Itália. Ficamos uns dez dias numa boa, por ali, então partimos para efetuar um desembarque por mar em Anzio. Aquela era uma cidade costeira situada ao norte das linhas alemãs em Monte Cassino, mas ao sul de Roma. A ideia era a de que atacássemos as posições alemãs pelo flanco, concedendo ao grosso das nossas forças uma chance de romper as linhas inimigas em Monte Cassino. ”

A 45ª Divisão fora demovida dos repetidos ataques malsucedidos — e custosos aos Aliados — ao monastério de Monte Cassino para que abrisse uma nova linha de frente no flanco alemão através da operação anfíbia de invasão a Anzio. Ao deslocar a 45ª da linha de frente em Monte Cassino, o General Mark Clark escreveu: 'Pelos últimos 72 dias, a 45ª Divisão de Infantaria esteve envolvida em um combate ininterrupto contra forças inimigas superiores, sob condições extremas.' O General Clark ponderou sobre 'o frio cortante, a umidade e o quase incessante fogo de artilharia e morteiros inimigos' aos quais a 45ª Divisão — e o Soldado Frank Sheeran — foi submetida em Monte Cassino. O que o general não sabia era que ao tirar a 45ª da 'frigideira' de Monte Cassino a estaria submetendo diretamente ao 'fogo do inferno' em Anzio.

“ Antes de uma batalha ou de um desembarque, você sente uma certa tensão nervosa. Mas, tão logo o tiroteio comece, a tensão se esvai. Você não tem tempo para pensar. Você apenas faz o que tem de fazer. Depois da batalha é que 'cai a sua ficha.'

Nós pegamos os alemães de surpresa na praia de Anzio, e fizemos cerca de duas centenas de prisioneiros. Tudo estava calmo e silencioso nas primeiras 24 horas, enquanto nos movíamos para além da praia. Mas em vez de continuarmos avançando, estacionamos em um determinado ponto pois o general em comando achou que toda aquela tranquilidade pudesse se tratar de uma armadilha. Ele optou por agir com segurança e esperar pelo desembarque dos nossos tanques e nossa artilharia. Esse nosso atraso no avanço deu aos alemães o tempo de que precisavam para posicionar seus tanques e sua artilharia acima da nossa posição, e para que se entrincheirassem de modo a poder nos encurralar e impedir o desembarque dos nossos tanques e peças de artilharia. ”

Tal como disse Winston Churchill — embora expressando seus desejos em contrário —, 'Então, adveio o desastre. [...] As forças defensivas na cabeça de praia estavam aumentando, mas a oportunidade para que fosse feito qualquer avanço significativo havia-se ido.' Hitler enviou reforços, encurralou os Aliados e ordenou ao seu exército que eliminasse o que chamou de 'abcesso' da cabeça de praia estabelecida pelos Aliados em Anzio.

"Então, eles vieram com sua artilharia pesada e seus aviões, bombardeando-nos. Nós tivemos de cavar realmente fundo, pois as trincheiras convencionais não nos serviam de nada. Nós terminamos enfiados em buracos que chegavam a quase dois metros e meio de profundidade, que escavamos com as nossas pás. Nós usávamos escadas improvisadas para sair dos buracos, os quais cobríamos com tábuas e galhos de árvores para nos proteger da chuva e dos estilhaços do bombardeio constante.

Ficamos nessa situação, sob um ataque que parecia jamais terminar, por quatro meses inteiros. Você não podia sair do buraco à luz do dia, ou eles o acertariam. Mas, para onde iríamos, de todo modo? Nós nos arriscávamos e saíamos à noite, para nos aliviarmos ou para esvaziarmos nossos capacetes dos nossos próprios dejetos. Se não conseguisse se segurar durante o dia, você teria de fazer suas necessidades fisiológicas no seu capacete. Você tinha de comer as suas rações de campanha diretamente das latas, pois não haveria outro tipo de alimento disponível para ser preparado. Os alemães haviam bombardeado nossos navios de suprimentos. Você jogava cartas e conversava sobre o que iria fazer depois da guerra. E, mais do que qualquer outra coisa, você rezava. Não interessava quem você fosse, ou quem você pensasse ser, você rezava. Eu rezei mais Ave Marias e mais Pai Nossos do que seria capaz de contar. Você prometia jamais voltar a pecar, se apenas pudesse escapar vivo dali. Você jurava que se afastaria das mulheres, do vinho e que deixaria de praguejar e de fazer qualquer outra coisa de que pudesse se lembrar de oferecer em sacrifício nas suas preces.

Os piores bombardeios ocorriam à noite, com o que chamávamos de 'Expresso de Anzio'. Tratava-se de uma peça de artilharia gigantesca, que os alemães mantinham camuflada durante o dia, de modo que os nossos aviões não podiam localizá-la. Ela ficava estacionada em uma estrada de ferro nos arredores de Roma, e eles a traziam e a posicionavam depois do anoitecer, quando os nossos aviões estavam no solo. Então, disparavam carga após carga sobre nós. Cada carga lançada soava como os vagões de um trem de carga passando sobre as nossas cabeças, rasgando o céu noturno. O barulho era tão alto e assustador que nos desmoralizava um pouco mais a cada vez que o ouvíamos. E você jamais se detinha a pensar por muito tempo que alguns pobres soldados, não muito distantes de onde você se encontrasse, receberiam seu impacto e seriam destroçados e iriam direto para o inferno, sem que seus corpos pudessem ser recuperados e enviados de volta às suas famílias. E você sempre poderia ser o próximo.

Você assumia seu turno de vigia, patrulhando o perímetro em um raio de cem metros, como em um posto avançado, para que os outros rapazes pudessem dormir um pouco; mas ninguém conseguiu dormir muito, ao longo daqueles quatro meses.

Eu encontrava lugares melhores para ficar, em vez de lá fora, talvez sob a mira de um fuzil, durante a noite toda. As horas noturnas eram sempre mais assustadoras do que enquanto houvesse luz do dia. Mesmo sem o 'Expresso de Anzio' à noite, nós vivíamos sob bombardeio convencional durante o dia inteiro. Isso abala seus nervos, e você se enrijece por dentro, para evitar que seu corpo todo seja assolado por tremores. Isso afeta você de maneira inapelável, a menos que você seja completamente maluco. Por duas vezes os alemães avançaram sobre a nossa posição, tentando nos expulsar da praia; mas nós resistimos. ”

O Relatório de Combate atesta que a 45ª 'reduziu a frangalhos' a tentativa alemã de 'eliminar a cabeça de praia'. Este período de repulsão ao assalto alemão foi seguido pelos 'longos meses de contenção e espera' em Anzio, o constante bombardeio e a perda de mais de 6.000 vidas dos Aliados. Em maio, a força principal que estivera retida conseguiu romper as linhas alemãs em Monte Cassino. Ao final daquele mês, 150.000 soldados exaustos, porém felizes, puderam sair de seus buracos em Anzio e juntarem-se às forças principais que avançavam do sul dirigindo-se para Roma. Enquanto isso, no dia 6 de junho, os Aliados desembarcaram na Normandia, abrindo uma nova frente de combate.

“ Nós marchamos através de Roma sem combater. Roma era, então, o que eles chamavam de 'cidade aberta', o que significava que nenhum dos lados a bombardeariam; contudo houve alguns poucos bombardeios. Foi em Roma que vi, pela primeira vez, cafés que atendiam os clientes em mesas colocadas nas calçadas. Nós nos sentávamos a elas e relaxávamos; almoçávamos e bebíamos um pouco de vinho. Vi, pela primeira vez em minha vida, uma italiana loira em Roma, enquanto flanava pelos cafés. Tive algumas aventuras por lá. Não era difícil obtê-las. Nós recebíamos barras de chocolate e latas de queijo e ovos em conserva. Isso era tudo o que era preciso. As pessoas não possuíam nada, por isso você não poderia questionar seu senso de moral. Confraternizar com as mulheres locais era contra os regulamentos, mas o que eles poderiam fazer com a gente? Enviar-nos para uma unidade de combate?

Nós combatemos os alemães na Itália por algum tempo e, depois, fomos enviados em lanchas de desembarque para a invasão do sul da França, na chamada Operação Dragoon, no dia 14 de agosto de 1944. Nós encontramos alguma resistência ao desembarcarmos; mas tudo foi mais como enfrentarmos um ligeiro incômodo do que algum poder de fogo significativo. Mas, fogo é fogo. Dois balaços ainda são algo suficientemente ruim de receber.

Enquanto corria sobre a arrebentação das ondas na praia de St. Tropez, achei que havia sido atingido. Olhei para baixo e vi que meu uniforme se tingia de vermelho. Berrei a plenos pulmões chamando por um médico, e o Tenente Kavota, que era de

Hazelton, na Pensilvânia, veio correndo até mim e, então, gritou: 'Seu filho da puta, isso é vinho. Você não foi baleado. Levante-se e vá andando. Eles acertaram o seu cantil!' Ele era um sujeito bacana.

Afinal, conseguimos fazer com que os alemães recuassem e adentramos a região da Alsácia-Lorena, que é parte francesa e parte alemã. Eu tinha um amigo, do Kentucky, a quem chamávamos Pope ('Papa'). Ele era um soldado danado de bom. Você não pode dizer que fulano ou beltrano seja covarde. Você pode apenas aturar as coisas até certo ponto. Na Alsácia-Lorena, eu vi Pope esticar uma perna para fora do esconderijo que arranjara detrás de uma árvore, para arranjar um 'ferimento de um milhão de dólares' e ser mandado de volta para casa. Porém, uma carga explosiva pesada foi lançada e arrancou-lhe a perna fora. Ele sobreviveu e foi enviado de volta para casa, com uma perna a menos.

Também vi alguns sujeitos 'quebrarem' quando chegava o momento de fazer prisioneiros. Ali estavam aqueles alemães, que haviam estado atirando em você, tentando matar você, explodir você e seus amigos, mandando a todos para o inferno, e quando você tinha a chance de revidar, eles queriam se render. Algumas pessoas levavam aquilo para o lado pessoal. Então, talvez fosse porque você não compreendesse o que eles falavam, ou porque se você os levasse vivos para as linhas de sua própria retaguarda eles pudessem tentar fugir. Não me refiro a massacres. Se você tem um carregamento de prisioneiros, você os conduz à sua retaguarda; mas caso se tratasse apenas de um punhado de alemães ou ainda menos do que isso, você fazia o que tinha de fazer, e isso era o que todos esperavam que você fizesse. O tenente me entregou um bocado de prisioneiros e eu fiz o que tinha de fazer.

Em um tiroteio na Alsácia, Diggsy foi atingido nas costas, a meio caminho de chegar ao topo de uma colina. Os médicos o alcançaram e começaram a trazê-lo de volta, colina abaixo. Àquela altura da guerra, não havia me restado muita emotividade, mas devo dizer que ver o pequenino Diggsy ser alvejado naquela colina me emocionou profundamente. Eu avistei o fuzil dele largado no chão, no lugar onde ele tombara. Eles não querem que você perca o seu fuzil, lá. Naquele momento, acho que eu 'quebrei', ou alguma coisa assim. Então, pedi aos outros rapazes que me dessem cobertura, rastejei até ali e apanhei o fuzil de Diggsy para ele. Quando todos nós rastejamos de volta, chegando ao sopé da colina, Digs me disse: 'Você deve ser maluco, mesmo. Você poderia ter sido morto por causa deste maldito M-1.' Eu disse a ele: 'Ora, os alemães não sabiam que nós estávamos em menor número.' Aquela fora a segunda vez que eu o vi ser baleado.

Na Alsácia-Lorena ouvimos dizer que os alemães haviam lançado uma contraofensiva desesperada ao norte, em meio a uma floresta na Bélgica, para tentar deter o nosso avanço a partir da Normandia, naquela que viria a ser conhecida como a Batalha do Bulge. Os alemães avançavam em uma grande formação cerrada, e, então, soldados Aliados tiveram de ser enviados da frente de batalha no sul para reforçar as linhas ao norte. A nossa companhia foi deixada para cobrir todo o *front* ao sul da divisão, o que significava que 120 homens deveriam dar cobertura a uma linha que deveria ser coberta por uma divisão inteira de dez ou quinze mil homens.

Tudo o que fizemos foi bater em retirada. Nós caminhamos durante toda a noite da véspera do Ano-Novo de 1945. Nós assistimos à população francesa da Alsácia retirar as bandeiras americanas de suas casas e tornarem a colocar bandeiras alemãs em seu lugar. Porém, logo chegaram reforços e nós recuperamos nossa força, adentrando novamente à parte alemã da Alsácia.

A partir dali, abrimos caminho combatendo, até as Montanhas Harz. Os alemães ocupavam o cume. Certa noite, nós interceptamos um comboio de mulas que transportava comida quente para os alemães, lá no topo da montanha. Comemos tudo o que quisemos e inutilizamos o que restou poluindo-o com os nossos dejetos. Mas nós deixamos as mulheres alemãs em paz. Elas eram o equivalente das nossas WACs[9]. Elas haviam preparado a comida; e nós apenas as deixamos ali. As parelhas de mulas, no entanto, eram conduzidas por um punhado de soldados alemães. Nós não tínhamos qualquer intenção de levá-los de volta, montanha abaixo, e não poderíamos levá-los conosco à medida que progredíamos em nosso avanço para o alto; então, demos pás a eles, para que cavassem suas próprias covas rasas. Você pode ficar imaginando por que alguém se dá ao trabalho de cavar a própria cova, mas acho que é porque você se agarra a alguma vaga esperança de que as pessoas que o mantém sob a mira de armas possam mudar de ideia; ou que o pessoal do seu lado possa chegar até onde você está, enquanto cava; ou que, talvez, se você cooperasse e cavasse a sua própria cova, eles lhe dariam um único tiro, preciso e limpo, sem brutalidade ou sofrimento. Àquela altura, eu não pensava em nada além de fazer o que eu tinha de fazer.

Das montanhas Harz, fizemos uma mudança de rumo para a direita e, então, seguimos adiante em linha reta, para o sul, adentrando o território alemão e tomando Bamberg e, depois, Nuremberg. Aquela cidade havia sido tão severamente bombardeada que praticamente restavam apenas escombros sobre o solo. Nuremberg fora o lugar em que Hitler fizera seus maiores comícios. Um por um, foram sistematicamente destruídos todos os símbolos nazistas que tivessem sobrevivido aos bombardeios.

Nossa meta era chegar a Munique, na Baviera, no sul da Alemanha, a cidade em que Hitler iniciara sua carreira política, em uma cervejaria. Porém, no caminho para lá, fizemos uma parada para liberarmos o campo de concentração de Dachau. ”

9 Sigla para Women's Army Corps, algo como "Corporação Feminina do Exército", uma força auxiliar do exército norte-americano, que teve atuação especialmente significativa durante a Segunda Guerra Mundial. (N.T.)

O Relatório de Combate afirma que havia, dentro das dependências do campo, 'cerca de mil corpos. [...] A câmara de gás e os crematórios eram convenientemente dispostos lado a lado. Roupas, sapatos e corpos eram separados e arrumados em pilhas muito bem organizadas.'

"Nós havíamos ouvido rumores sobre as atrocidades cometidas nesses campos, mas não estávamos preparados para o que vimos lá; nem para o cheiro. Quando você vê algo como aquilo, fica com a imagem impressa para sempre em sua mente. Aquelas cenas e aquele odor jamais se vão embora, desde quando você os presencia pela primeira vez. O jovem e loiro comandante alemão encarregado do campo e todos os seus oficiais foram embarcados em jipes e levados dali. Nós ouvimos tiros sendo disparados, ao longe. De imediato, todo o restante do pessoal deles — cerca de quinhentos soldados alemães que guardavam Dachau — ficaram sob nossos cuidados. Algumas das vítimas do campo que ainda tinham forças suficientes tomaram emprestadas as nossas armas e fizeram o que tinham de fazer. E ninguém sequer piscou um olho quando tudo foi feito.

Logo depois disso, nós nos pusemos novamente em marcha e tomamos Munique; e, cerca de duas semanas depois, a guerra na Europa terminou, com a rendição incondicional da Alemanha.

Depois de todos esses anos passados, ao rememorar esses assuntos, voltei a sonhar com situações de combate; só que nos sonhos as coisas se misturavam a outras coisas que comecei a fazer, para certas pessoas, depois da guerra.

Eu fui desmobilizado no dia 24 de outubro de 1945, um dia antes de completar meu 25º aniversário. Mas isto apenas de acordo com o calendário."

Capítulo Sete

Despertando na América

"Por coincidência, encontrei meu irmão mais novo, Tom, nas docas de Havre de Grace, na França, em outubro de 1945. A guerra terminara e nós dois estávamos sendo embarcados de volta para casa, ainda que em navios diferentes. Tom havia vivenciado um tanto de ação em combate. Eu disse: 'Olá, Tom.' E ele disse: 'Olá, Frank. Você está mudado! Você não é mais o mesmo irmão de quem me lembro de antes da guerra.' Eu sabia o que ele queria dizer. Aquilo era o que 411 dias de combate faziam a você. Ele podia ver aquilo em meu rosto; ou, talvez, apenas no meu olhar.

Pensando sobre o que o meu irmão me disse no porto de Havre de Grace, fico imaginando se ele não estaria olhando diretamente à minha alma. Eu sabia que havia algo diferente comigo. Eu não ligava mais tanto para as coisas. Eu havia passado por praticamente toda a guerra; o que mais alguém poderia fazer a mim? Em algum lugar, nas terras além-mar, eu havia me endurecido por dentro e jamais voltei a me abrandar. Você se acostuma com a morte. Você se acostuma a matar. É claro, você vai para lá e se diverte um bocado; mas até para isso há um limite. Não que eu esteja reclamando ou algo assim, uma vez que fui um dos sortudos que voltaram de lá inteiro. Mas, se eu não tivesse me voluntariado para a ação, jamais teria de ter visto o que vi ou ter feito o que tive de fazer. Eu teria permanecido nos States, como um PM, dançando o *jitterbug* ao som de 'Tuxedo Junction'.

Chegando de além-mar, você pisa novamente em terra firme, olha ao redor e vê americanos. Eles não estão usando uniformes e eles falam inglês. Isto dá um belo impulso para cima no seu moral.

O Exército lhe paga cem dólares mensais, por três meses. Os homens que não foram para lá parecem ter pegado todos os bons empregos, e a você resta voltar ao ponto onde havia deixado as coisas e tentar retomar o fio da meada. Eu voltei a morar com os meus pais, na zona oeste de Philly, e voltei a trabalhar na Pearlstein, de onde havia saído como aprendiz. Mas eu não conseguia mais ficar engaiolado em um emprego, após ter vivido ao ar livre por todos aqueles anos, no estrangeiro. A família Pearlstein era boa comigo, mas eu não podia suportar sua supervisão; então, deixei o emprego após um par de meses.

Não foram poucas as manhãs em que me encontrei despertando na América e me surpreendendo por estar em uma cama. Eu vinha tendo pesadelos recorrentes e não sabia bem onde me encontrava. Era preciso algum tempo para que eu me ajustasse, apenas porque não conseguia acreditar que estava deitado em uma cama. O que eu estaria fazendo em uma cama? Depois da guerra, jamais consegui dormir mais do que três ou quatro horas por noite.

Naqueles dias, não se falava sobre coisas desse tipo. Não existia algo como síndrome ou trauma de guerra, mas você sentia que alguma coisa estava diferente. Você tentava não se lembrar das coisas que haviam acontecido lá, mas as coisas sempre lhe voltavam à lembrança. E você havia feito todo maldito tipo de coisas, lá no estrangeiro: desde matar a sangue-frio, até destruir propriedade alheia, roubar tudo quanto quisesse e beber tanto vinho e ter tantas mulheres quantas pudesse. Você vivia cada minuto de cada dia arriscando perder sua vida, ou ao menos algum dos seus membros. Você não podia dar chances para o azar. Muitas vezes, você não dispunha de mais do que uma fração de segundo para decidir ser, você mesmo, o juiz, o júri e o carrasco. Havia apenas duas regras a obedecer: você tinha de se reintegrar à sua unidade quando voltasse da linha de frente; e você deveria obedecer cegamente a uma ordem direta em combate. Se desobedecesse a uma dessas duas regras, você poderia ser executado imediatamente, onde quer que estivesse. Em contrapartida, você emanava autoridade. Então, você perde as habilidades morais que desenvolvera em sua vida civil e as substitui pelas suas próprias regras sociais. Você desenvolve uma carapaça rígida, como se tivesse sido encapsulado em chumbo. Você se sente mais apavorado do que jamais esteve em sua vida, e faz certas coisas — talvez até mesmo contra a sua vontade, às vezes; mas você as faz. E, se permanecer lá por tempo o bastante, você deixa de dar qualquer importância para essas coisas. Você apenas as faz; com a mesma naturalidade com que coça a sua cabeça, quando sente coceira.

Você vê as coisas mais terríveis. Corpos anormalmente emagrecidos, empilhados como toras de lenha, em um campo de concentração; jovens garotos, praticamente imberbes, sendo enviados para combater e serem explodidos; e até mesmo alguns dos seus amigos serem mortos e seus corpos atirados na lama. Imagine como você se sente ao ver o cadáver de alguém em um funeral: lá, você vê cadáveres e mais cadáveres.

Eu costumava pensar um bocado sobre a morte, quando voltei para casa. Todo mundo fazia isso. Então, pensei comigo mesmo: 'Com que você se preocupa? Você não tem nenhum controle sobre isso.' Cheguei à conclusão de que todo mundo é posto neste mundo com duas datas determinadas: uma data para nascer e outra para morrer. Você não tem qualquer controle sobre nenhuma dessas datas; então, 'que será, será' tornou-se meu lema. Eu havia passado pela guerra inteira; assim, o que poderia acontecer comigo? Eu já não ligava muito para as coisas. O que tivesse de ser, seria.

Eu bebi um bocado de vinho enquanto estive no estrangeiro. Lá, eu costumava consumir vinho do mesmo modo que os jipes consumiam gasolina. E conservei o hábito, quando voltei para casa. Ambas as minhas esposas se queixavam do meu consumo de álcool. Eu costumava dizer que, quando me botaram na cadeia, em 1981, os homens do FBI podem não ter tido essa intenção, mas eles me salvaram a vida. Havia somente sete dias na semana, mas, àquela época, eu vinha bebendo por oito.

Naquele primeiro ano, após ter retornado, tentei me acertar em diferentes empregos. Trabalhei para a Bennett Coal and Ice, sempre que eles precisaram de mim. Eu carregava blocos de gelo no verão — dois deles para cada geladeira doméstica comum —, pois muita gente ainda não possuía refrigeradores elétricos em suas casas, após a guerra. No inverno, eu entregava carvão em domicílio, para o aquecimento. É engraçado que meu primeiro emprego, aos sete anos de idade, tenha sido o de limpador das cinzas que o carvão deixava nas casas e, então, eu fechara o ciclo tornando-me um entregador de carvão. Trabalhei para uma companhia de mudanças, por um mês. Empilhei sacos de cimento, por dias inteiros, em uma fábrica. Trabalhei na construção civil, como ajudante geral. Fiz tudo quanto pude arranjar. Só não roubei um banco. Eu era um 'pé-de-valsa', então fui ensinar dança de salão no Wagner's Dance Hall, como um emprego de tempo parcial, nas noites de quinta, sexta e sábado. Eu mantive aquele emprego por quase dez anos.

Eu tive empregos demais para que possa me lembrar de todos. Em um dos que me lembro, minha função era despejar geleia de mirtilos quente, retirada de um tacho enorme, em um grande recipiente de alumínio super-resfriado. Quanto mais geleia eu raspava do tacho, mais os mirtilos podiam ser resfriados antes de servirem como recheio das tortas Tastykake. O supervisor do trabalho vivia me instando a raspar o tacho mais rapidamente. Ele dizia: 'Você está meio lerdo com essa raspagem.' Eu tentava apenas ignorá-lo, mas ele insistia: 'Você ouviu o que eu disse, rapaz?' Perguntei a ele com quem diabos ele achava que estava falando, e ele respondeu-me: 'Estou falando com você, moleque.' Ele também me disse que se eu não fizesse um pouco mais de esforço para raspar aquele tacho, ele enfiaria o cabo do raspador no meu rabo. Respondi a ele que eu podia fazer melhor, enfiando o raspador pela goela dele abaixo. Ele era um sujeito negro, grandalhão, e partiu para cima de mim. Eu o derrubei e larguei-o sobre a esteira rolante, inconsciente. Enfiei também um bom punhado de mirtilos pela boca dele adentro. Isso deu um jeito nele; e os tiras tiveram de me levar para fora dali.

Depois disso, minha mãe foi falar com um senador pelo nosso Estado, chamado Jimmy Judge. Minha mãe tinha algumas conexões políticas. Um dos irmãos dela era um médico, em Philly. Outro era um figurão no sindicato dos vidraceiros e um grande proprietário de imóveis, o que equivalia a ser um conselheiro municipal, em Camden. Foi ele quem arranjou para mim, através do sindicato, o trabalho como aprendiz na Pearlstein. De todo modo, certa manhã, quando acordei, ela me disse que arranjara com o senador uma colocação para mim, na Polícia Estadual da Pensilvânia. Tudo o que eu tinha a fazer era ser aprovado no exame de seleção física. Eu queria poder demonstrar minha gratidão, mas aquele trabalho era a última coisa que eu queria fazer, de modo que jamais fui apresentar meus respeitos ao senador. Anos depois, quando contei esse episódio ao meu advogado, F. Emmett Patrick, ele comentou: 'Que policial você teria sido...' E eu respondi: 'É... Um policial rico.' Eu teria prendido, sem perdão, estupradores, molestadores de crianças ou caras assim. Mas outros tipos de contraventores eu teria deixado que fossem embora livres, mediante um pequeno 'acordo' entre nós, feito longe dos tribunais.

Tentei voltar a ser o sujeito calmo e despreocupado que eu era antes de ir para a guerra, porém não consegui mais retomar o jeito. Não era preciso muito para me provocar: eu simplesmente entrava em combustão por qualquer coisa. Beber me ajudava a amenizar isso, um pouco. Voltei a me juntar à minha antiga turma. O futebol americano também ajudava um pouco. Joguei como atacante, na linha e no meio de campo, para o time do Shanahan. Meu velho amigo Yank Quinn era o *quarterback*, uma espécie de zagueiro ofensivo. Eles usavam capacetes de couro para jogar futebol, naqueles tempos. Mas, com a minha cabeça enorme, eu não conseguia me sentir confortável com um deles; então, eu jogava com uma touca de lã na cabeça — não por fanfarronice ou qualquer coisa assim, mas aquilo era a única coisa que podia conter a minha cabeçorra. Sem dúvida, se eu tivesse nascido mais tarde, em tempos melhores, eu teria adorado tentar seguir uma carreira como jogador de futebol profissional. Eu não era apenas grande: eu era muito forte, muito rápido, muito ágil e um jogador muito esperto. Todos os meus colegas — com exceção de um deles — já se foram, agora. Como eu disse, todos temos uma 'data de validade': só não sabemos quando essa data chegará. Tal como todos os jovens, nós achávamos que viveríamos para sempre, àquela época.

Certa tarde, alguns de nós fomos ao centro da cidade para vendermos nosso sangue, por dez dólares a bolsa de meio litro, para arranjarmos mais dinheiro para uns tragos e umas cervejas. No caminho de volta, avistamos uma placa que anunciava um espetáculo de variedades. O anúncio dizia que se você aguentasse boxear ao menos três *rounds* com um canguru, você ganharia cem dólares. Aquela era uma proposta que poderia nos render mais dinheiro do que havíamos conseguido com o nosso sangue. Então, rumamos para onde o espetáculo era apresentado.

Eles tinham um canguru amestrado, lá, postado sobre um ringue e usando luvas de boxe. Meus amigos me botaram para lutar com o canguru. Ora, um canguru tem 'braços' curtos; então, achei que eu poderia nocauteá-lo com facilidade, e ainda chutar o rabo dele. Eles calçaram luvas nas minhas mãos e eu comecei a lançar *jabs* contra o canguru. Mas o que eu não sabia era que um canguru tem a mandíbula frouxa, de modo que, quando você a acerta, o impacto não chega ao cérebro do bicho com força suficiente para nocauteá-lo. Eu estava apenas aplicando *jabs*, porque, afinal de contas, quem machucaria intencionalmente um canguru? Porém, quando me dei conta de que não chegaria a lugar algum apenas com meus *jabs*, mandei-lhe um tremendo cruzado de direita; um golpe realmente devastador. Então, o canguru foi à lona. Logo em seguida, senti um forte golpe na parte de trás da minha cabeça, bem no lugar em que o meu velho costumava me acertar. Balancei a cabeça para clarear as ideias e voltei a lançar *jabs* contra o canguru, que já estava saltitando outra vez, dando voltas em torno do lugar onde se encontrava, enquanto eu ainda tentava imaginar quem teria sido o F.D.P. que me golpeara pelas costas.

Veja só... outra coisa que eu não sabia é que o canguru se defende usando sua cauda. Ele tem uma cauda de uns dois metros e meio com a qual chicoteia você pelas costas, quando você o derruba na lona. Quanto mais forte eu o acertava, mais forte e mais rápido a cauda dele me apanhava pelas costas. Eu jamais consegui ver aquela cauda me chicoteando por trás, nem prestei atenção à luva de boxe que havia acoplada à extremidade desta. O bicho podia acertar golpes a dois metros e meio de distância e eu sequer sabia disso.

Na verdade, minhas atenções estavam voltadas para uma bela garota irlandesa sentada na plateia, com o sorriso mais doce em seu rosto. Eu estava tentando me mostrar para ela. Seu nome era Mary Leddy e eu já a vira pela vizinhança, mas jamais havia falado com ela. Muito em breve ela viria a mudar seu nome para Sra. Francis J. Sheeran, embora ainda não soubesse disso enquanto se sentava ali, na terceira fileira, rindo a valer com o resto da multidão.

No intervalo entre o primeiro e o segundo *round*, meus amigos estavam 'rachando o bico' de tanto rir, mas eu ainda não sabia o que estava acontecendo. Parti para o segundo *round*, que foi muito parecido com o primeiro; só que, desta vez, mandei o canguru à lona duas vezes — o que não é uma coisa fácil de se fazer, para começar — e fui acertado na parte de trás da cabeça duas vezes. Eu estava começando a me sentir um tanto grogue, por ter andado bebendo o dia todo, vendido o meu sangue e sido golpeado na cabeça por trás. Eu também já não parecia muito bonito para a garota sentada na terceira fileira. Entre o segundo e o terceiro *round*, perguntei aos meus amigos o que diabos estava acontecendo. 'Quem foi que me acertou na cabeça?' Eles me disseram que fora o juiz, e que este era um sujeito que não gostava de irlandeses. Caminhei até o juiz e disse a ele que se me acertasse detrás da cabeça mais uma vez eu iria botá-lo a nocaute. Em resposta, ele me disse: 'Volte para lá e lute, novato.'

Voltei ao ringue, desta vez com um olho no canguru e outro no juiz. Eu estava realmente furioso, então, e 'baixei a porrada', sem dó, naquele canguru. E a cauda dele me acertou com tanta força que a minha cabeça doeu por três dias. Parti para cima do juiz e o 'enquadrei', direitinho. Os amigos do juiz saltaram para dentro do ringue, para me 'enquadrar', também, e os meus amigos também adentraram o ringue, para 'enquadrarem' a esses últimos. Os tiras passaram um mau bocado naquele ringue, até conseguirem distinguir as coisas.

Fui levado para a Moko, que era o nome que dávamos à cadeia municipal, na esquina da Décima Avenida com a Moyamensing. Naqueles dias, eles mantinham você ali informalmente, por uns tempos, antes de deixarem você ir embora, sem quaisquer procedimentos legais. Eles não batiam nem maltratavam você — a menos que você pedisse por isso. Eles escolhiam seus sacos de pancadas. Quando acharam que eu já havia sido suficientemente punido, eles me soltaram.

Rumei direto para a casa de Mary Leddy, bati à porta dela e a convidei para sairmos juntos. Combinamos um encontro para assistirmos à apresentação da *big band* de Erskine Hawkins, no Earl Theater. Nós nos divertimos a valer. Ela era uma católica realmente conservadora, e eu fui muito respeitoso. Ela tinha um belo cabelo castanho-escuro e o mais lindo rostinho irlandês que eu já vira. E, cara... ela sabia dançar! Naquela noite, eu soube que ela era a garota com quem eu iria me casar. Eu queria me estabelecer e sossegar. Já tinha tido a minha cota de farras. Eu tinha boas intenções.

Dizem que as garotas boas gostam dos sujeitos maus. Os opostos se atraem. Mary me amava; mas a família dela me odiava. Eles achavam que eu era o que costumavam chamar de 'irlandês rampeiro'; e penso que eles acreditavam que eu os chamava de 'irlandeses cheios de frescuras'. Ou, talvez, eles pudessem ter visto algo em mim; e que, não importava com quanto empenho eu tentasse, ainda seria errático demais para a sua Mary.

Mary ia à igreja todos os domingos e eu a acompanhava. Eu me empenhava, mesmo. Em 1947, nós nos casamos, na Igreja de Nossa Senhora das Dores, de onde eu havia sido expulso quando era coroinha, por roubar o vinho da Eucaristia. Eu ainda não tinha um emprego fixo; por isso fazia qualquer trabalho que aparecesse, e dava expediente no salão de danças Wagner.

Fui a quatro financeiras e arranjei cem dólares emprestados de cada uma, para que pudéssemos nos casar. Então, quando os cobradores começaram a rondar, eu os persuadi de que não poderiam me localizar. Um deles, a quem eu havia convencido, levou meu caso ao conhecimento de seu supervisor, que, por sua vez, decidiu não cooperar com o meu desparecimento e apareceu, pessoalmente, lá no Wagner, procurando por Frank Sheeran. Ele não sabia que era eu mesmo quem o recepcionara à entrada. Disse a ele para que me seguisse e eu o levaria até à presença do Sr. Sheeran. Ele me seguiu até um banheiro, e eu lhe apliquei um direto no corpo e outro na mandíbula, antes que ele fosse ao chão. Depois, eu não o chutei nem nada disso. Eu apenas pretendia fazer com que ele entendesse que o Sr. Sheeran estaria ocupado demais para recebê-lo naquela noite ou em qualquer das noites seguintes. Ele compreendeu a mensagem.

Mary tinha um bom emprego, como secretária, na Faculdade de Farmácia da Filadélfia. Nós não podíamos pagar por um lugar só nosso, no início, então — tal como fazia a maioria dos nossos amigos — fomos morar com os pais dela, ao principiarmos nossa vida de casados. Eu não aconselharia ninguém a fazer o mesmo, se for possível evitar. Na noite do nosso casamento, demos uma recepção na casa dos pais dela e, depois de haver tomado alguns drinques, eu anunciei que devolveria todos os presentes que recebera do lado da família dela. Se eles não me desejavam, eu também não quereria seus presentes. Eu também não aconselharia ninguém a fazer isso. Eu ainda conservava aquela sensação de manter sempre uma arma engatilhada, desde a guerra.

Segundo a minha ficha criminal, meu primeiro registro de problemas com a Lei data do dia 4 de fevereiro de 1947. Dois sujeitos grandalhões viajando a bordo de um bonde fizeram algo de que eu não gostei, ou, talvez, apenas tenham olhado para mim de um jeito errado. Não era preciso muita coisa para me deixar irritado, naqueles tempos. Nós três descemos do bonde para brigar, e eu estava dando uma surra nos dois, quando os tiras chegaram e nos mandaram sair andando, dali. Os dois brutamontes ficaram felizes pela chance que lhes ofereciam de sair andando daquela esquina. Eu disse ao tira que não iria a lugar nenhum antes de acabar com eles. A próxima coisa de que me lembro foi de estar engalfinhado com três tiras. Desta vez, eles me ficharam por conduta desordeira e por resistência à prisão. Eu portava um canivete no bolso. Então, para elevar o valor da fiança, eles me acusaram de portar uma arma branca escondida. Se eu tivesse de usar uma arma contra eles, não seria um canivete. Paguei a fiança e eles me deixaram sair, sob liberdade condicional.

Nós economizávamos dinheiro, por isso não precisamos viver muito tempo em companhia da família Leddy, embora eu ainda procurasse por um emprego em que pudesse me manter. Fui trabalhar para a Budd Manufacturing, uma empresa que fabricava autopeças. Aquilo era uma verdadeira senzala; um açougue, melhor dizendo. Não havia padrões decentes de segurança laboral. Com muita frequência, alguém perdia um dedo, ou uma mão. Hoje em dia, as pessoas se esquecem de quanto bem os sindicatos lhes fizeram, ao garantir-lhes boas condições de trabalho. Eu não me sentia muito disposto a doar um braço para a Budd, então aquele foi mais um emprego que abandonei. Porém, aquele foi um serviço que me deu vivência, quando passei a trabalhar sindicalizado, depois.

Desesperado por arranjar um emprego, fui à Avenida Gerard, para trabalhar em meio aos verdadeiros açougueiros. Avistei um sujeito negro carregando quartos de boi para dentro de um caminhão, para a companhia Swift. Perguntei a ele sobre a possibilidade de um emprego e ele me levou à presença de um sujeito que me perguntou se eu seria capaz de carregar quartos de boi. Três dias por semana eu frequentava um ginásio de esportes, onde esmurrava sacos de areia, levantava pesos e jogava handebol. Além disso, eu era instrutor de dança de salão. Por isso, levantar um quarto de boi era como erguer uma bisteca de porco, para mim; então, consegui o emprego.

O sujeito negro chamava-se Buddy Hawkins e nos tornamos amigos. Todas as manhãs, Buddy tomava um trago triplo de Old Grand-Dad e comia um pedaço duplo de torta de maçã à francesa, como café da manhã. Buddy foi quem me apresentou a Dusty Wilkinson, um peso-pesado negro que, certa vez, lutara contra o campeão

Jersey Joe Wolcott. E ele fizera Wolcott cortar um dobrado, naquela luta. Dusty era gente boa e nós nos tornamos amigos também. Ele era um bom lutador, mas não gostava muito de treinar. Ele também trabalhava como instrutor de dança em um clube para negros, chamado Nixon Ballroom, e como atendente em um bar, o Red Rooster, na esquina da Décima com a Wallace. Eu costumava ir até lá, e tomava uns drinques grátis, por conta do Dusty.

Com um salário fixo assegurado e um bebê a caminho, Mary pôde dar aviso prévio em seu emprego e nós pudemos pagar por um lugar onde vivermos. Alugamos uma casa em Upper Darby, e pagávamos metade do valor do aluguel em troca dos serviços de Mary como babá da filha da senhoria, durante o dia.

Então, tivemos nossa primeira filha, Mary Ann, nascida no dia do aniversário de Mary. Não há sentimento mais poderoso do que este. Fiz um juramento, de ganhar tanto dinheiro quanto possível para a minha família. Sendo católicos, nós teríamos tantos filhos quantos Deus nos desse. Fizemos um belo batizado para Mary Ann, em nossa casa. Dusty veio à nossa casa — o que era algo um tanto incomum, para a Filadélfia de 1948. Os Phillies foram o último time da liga principal a admitir um jogador negro.

Depois de carregar caminhões por algum tempo, afinal consegui um emprego sindicalizado, como motorista de caminhão, para a Food Fair. Mantive aquele emprego por dez anos. Eu entregava quartos bovinos e frangos, na maior parte do tempo. Dusty me ensinou como ganhar algum extra, por fora. Eu separava algumas galinhas e substituía o peso delas por gelo, de modo que a tara da carga permanecesse a mesma. Então, eu dirigia até o bar Red Rooster, onde Dusty já mantinha os clientes em fila, para comprarem os meus frangos. Ele vendia os frangos inteiros, recém-abatidos, por um dólar cada; e nós dividíamos o dinheiro, igualmente. Se eu arranjasse sessenta frangos por fora, seriam trinta dólares a mais, por viagem, no meu bolso.

Minha filha Peggy nasceu pouco mais de um ano depois. Com o emprego fixo na Food Fair, o extraordinário no salão de danças Wagner e o dinheiro dos frangos, as coisas pareciam ir de vento em popa no lar dos Sheeran. A mãe de Mary nos ajudava a cuidar das duas bebês.

Então, eu troquei, por uma noite ou duas, a minha frequência ao salão de danças Wagner pelo Nixon Ballroom, como instrutor de dança, ao lado de Dusty. As garotas negras caíam em cima de mim, apenas para enciumar seus namorados negros, aos quais eu tive de acalmar, algumas vezes. Certo dia, Dusty surgiu com uma ideia. Ele me disse que alguns homens estavam começando a pensar que eu tivesse medo de lutar com eles, para valer, porque deveria apenas mantê-los sossegados. Então, fizemos um acordo: eu apenas recuaria, e continuaria a recuar, enquanto Dusty aumentava as apostas de que eu poderia 'tirar a poeira' do rabo de qualquer um, ali. Quando o volume das apostas parecesse satisfatório, Dusty acenaria com a cabeça e eu derrubaria o sujeito. Não sei se você já nocauteou alguém, mas o melhor lugar para bater é onde a mandíbula encontra o ouvido. Se você acertar de jeito, o sujeito vai, inevitavelmente, à lona. Eles sempre se agarravam às minhas camisas, enquanto caíam como bananas podres, e as rasgavam. Então, fechei um acordo com a administração do Nixon, para que incluíssem uma camisa branca, nova, toda noite, como parte do meu pagamento. De todo modo, Dusty e eu sempre dividíamos a apuração das apostas. Infelizmente, essa situação não durou muito. Logo, não havia mais voluntários dispostos a me enfrentar.

Tivemos nossa terceira filha, Dolores, em 1955. Mary e eu íamos à igreja todos os domingos, e as crianças tinham uma missa só para elas. Mary comparecia às novenas e cumpria todos os sacramentos. Mary era uma mãe excepcional. Ela era uma garota quietinha, tal como a minha mãe, mas demonstrava toda a sua afeição para com nossas filhas. Isso era algo difícil para mim, porque jamais tivera coisa semelhante, quando criança. Aprendi a ser mais afetuoso com meus netos do que o fui para com as minhas filhas. Mary se encarregava da criação das meninas. Nunca alguma das minhas filhas me deu uma só dor de cabeça, por causa de seu comportamento. Nem por causa da atenção que dediquei a elas. Foi a mãe delas quem lhes proveu a atenção de que necessitavam, enquanto cresciam.

Eu costumava levar minha segunda filha, Peggy, comigo, ao clube do Johnny Monk. Mary Ann preferia ficar em casa, com sua mãe e o novo bebê, Dolores. Johnny Monk era o conselheiro, o líder da vizinhança. O boteco dele tinha uma cozinha excepcional. Nós íamos lá, toda véspera de Ano-Novo, embora Mary não bebesse. Mary gostava de organizar piqueniques com as crianças, então, íamos todos ao parque de diversões Willow Grove. Nem sempre eu me mostrava muito entusiasmado, por isso. Quando elas eram pequenas, eu costumava sair com elas, para passear. Eu era muito próximo de Peggy, mas ela já não fala mais comigo, desde o desaparecimento de Jimmy.

As coisas mudaram quando eu comecei a andar pelo centro da cidade. Alguns dos motoristas da Food Fair eram italianos, e eu comecei a frequentar os bares e restaurantes do centro da cidade, que certas pessoas frequentavam. Eu me imiscuí em uma cultura diferente.

Sinto-me muito mal, quanto a isso, agora. Jamais fui um pai enérgico, mas comecei a me sentir um tanto negligente; e Mary foi uma boa esposa, mas condescendente demais, comigo. Então, a certa altura dos acontecimentos, eu simplesmente adotei a nova cultura e deixei de voltar para casa. Mesmo assim, eu levava dinheiro para casa, toda semana. Se eu estava bem, por Mary também tudo bem. Mas eu era uma porra de um bastardo egoísta. Eu achava que estava fazendo bem, ao dar dinheiro; mas não dedicava às garotas suficiente tempo de vida familiar. Eu não dedicava à minha esposa tempo suficiente. As coisas eram diferentes, nos anos 1960, quando me casei com minha segunda esposa, Irene, e tive minha quarta filha, Connie. Àquela época, eu já estava com Jimmy Hoffa e os Caminhoneiros; tinha dinheiro fixo entrando em caixa e já era macaco velho. Eu não estava mais manobrando para sobreviver: eu já estava em meu próprio comando.

Em algum momento dos anos 1950, lembro-me de ter assistido a *On the Waterfront*, no cinema, com Mary, e de haver pensado que eu era como o personagem de Marlon Brando; e, daquele dia em diante, achei que deveria trabalhar para o sindicato. Os Caminhoneiros me proporcionavam um bom trabalho, estável, com a Food Fair. A empresa só poderia demitir você se o apanhasse roubando, em flagrante. E se pudesse provar isso. ”

Capítulo Oito

Russell Bufalino

Foi em 1957 que a Máfia "saiu do armário". Involuntariamente, mas foi. Antes de 1957, homens de bom senso divergiam sobre a existência ou não de uma rede organizada de criminosos nos Estados Unidos. Por anos, o diretor do FBI, J. Edgar Hoover, assegurou à nação de que não havia uma organização semelhante, e dedicou os melhores esforços do FBI a investigações sobre suspeitos simpatizantes do comunismo. No entanto, como resultado da focalização da publicidade sobre a Máfia, em 1957, até mesmo Hoover teve de ceder. A organização foi apelidada como "La Cosa Nostra", uma expressão que significa, literalmente, "coisa nossa", que vinha sendo ouvida com frequência nas gravações obtidas secretamente por órgãos do Governo.

Ironicamente, Russell Bufalino — sempre avesso à publicidade — teve algo a ver com toda a publicidade não solicitada de que a Máfia foi alvo, em 1957. Foi Russell Bufalino quem ajudou a organizar o famoso encontro de "chefões", vindos de todas as regiões do país, na cidade de Apalachin, no Estado de Nova York, em novembro de 1957. A reunião fora convocada com o intuito de sanar eventuais problemas que pudessem ter surgido após o episódio do fuzilamento do chefão Albert Anastasia em uma cadeira de barbeiro, enquanto se encontrava com uma toalha aquecida colocada sobre seu rosto, no hotel Park-Sheraton, em Nova York.

O encontro em Apalachin causou muito mais mal do que bem à Máfia. A polícia local suspeitou de tamanho movimento de figurões da Máfia por ali, e botou sob vigilância estrita a casa onde a reunião teve lugar. Isto aconteceu antes que a Suprema Corte dos Estados Unidos mudasse as leis relativas às buscas e apreensões. Cinquenta e oito dentre os mais poderosos mafiosos americanos foram encurralados e apreendidos pela polícia. Outros cinquenta e tantos conseguiram evadir-se, correndo em meio à floresta.

Ainda em 1957, o grande público podia formar uma opinião mais abalizada sobre o crime organizado pela televisão, todos os dias, através das transmissões das audiências do Senado da Comissão McClellan sobre o Crime Organizado. Ao vivo, para que todo o país assistisse — em preto e branco, tal como nenhum jornal impresso seria capaz de mostrar — apresentavam-se mafiosos durões, usando anéis de pedras preciosas em seus dedos mínimos, conferenciando em voz baixa com seus advogados e, depois, girando em suas cadeiras para defrontar-se com os senadores e o promotor designado por estes, Bobby Kennedy, apelando para a Quinta Emenda com vozes roufenhas, a cada pergunta que lhes era dirigida. O teor da maioria dessas perguntas era embebido de acusações veladas de assassinatos, tortura e outros crimes de maior potencial ofensivo. A litania tornou-se parte da cultura dos anos 1950: "Senador, a conselho do meu defensor, devo respeitosamente abster-me de responder a perguntas cujo conteúdo possa tender a me incriminar." Naturalmente, o grande público aceitava tais afirmações como confissões de culpa.

Nenhuma decisão importante a partir da Comissão da Cosa Nostra foi tomada sem a expressa aprovação de Russell Bufalino — embora o grande público jamais tivesse ouvido nada a respeito dele, antes das audiências da Comissão McClellan. Diferentemente de Al Capone e outros sujeitos com os cabelos besuntados de brilhantina, que alardeavam seu status, o discreto Bufalino nunca teria sido confundido com um típico imigrante italiano.

Nascido Rosario Bufalino, em 1903, na Sicília, nos anos subsequentes ao encontro em Apalachin e às audiências de McClellan, o Departamento de Justiça quase obteve sucesso ao tentar deportar Bufalino — juntamente com seu amigo chegado, Carlos Marcello, o chefão do crime de Nova Orleans. Com passagens aéreas previamente adquiridas e arranjos feitos para que tivesse acesso a dinheiro em espécie, Bufalino conseguiu derrubar as ações legais movidas contra si, que lhe previam a deportação.

Não desejando correr o risco de fazer com que Carlos Marcello e Bufalino se encontrassem no mesmo tribunal de justiça, o FBI providenciou para que o bom amigo de Russell fosse embarcado em um avião com destino à Guatemala. Carlos possuía uma certidão de nascimento guatemalteca — o que, segundo o FBI, lhe negaria o direito à cidadania norte-americana. Fumegando de raiva, Marcello ainda conseguiria voar de volta aos Estados Unidos, derrotando as ações judiciais que lhe questionavam o direito à cidadania.

A despeito das pressões governamentais, Bufalino seguiu conduzindo seus negócios e fazendo-os prosperar. O Relatório da Comissão sobre o Crime Organizado na Pensilvânia, de 1980 — intitulado "Uma Década de Crime Organizado" — revela que, àquele tempo: "Não há mais Magaddino ou Genovese. Todos os membros dessas famílias criminosas encontram-se, agora, sob o controle de Russell Bufalino."

Bufalino foi identificado pela Comissão para o Crime Organizado na Pensilvânia como o "sócio oculto" do maior fornecedor de munições para o governo dos Estados Unidos: as Indústrias Medico. Russell Bufalino tinha investimentos velados em cassinos de Las Vegas e mantinha conexões não tão secretas com o ditador cubano Fulgencio Batista, a quem Fidel Castro derrubou, em 1959. Sob o beneplácito de Batista, Bufalino era o proprietário de uma pista de corridas hípicas e de um grande cassino em Havana. Bufalino perdeu muito dinheiro e propriedades — incluindo a pista hípica e o cassino — quando Castro botou a Máfia para correr da Ilha.

Em junho de 1975, a revista *Time* relatou — uma semana antes do assassinato de Sam "Momo" Giancana, em Chicago; um mês antes do desaparecimento de Jimmy

Hoffa, em Detroit; e durante as audiências da Comissão Church do Senado, sobre as conexões da CIA com o crime organizado — que Russell Bufalino havia sido bem-sucedido ao recrutar o auxílio da CIA em um suposto e mirabolante plano desta organização para assassinar Castro. A comissão, presidida pelo senador Frank Church, concluiu que Bufalino teria sido parte de uma bizarra conspiração para assassinar Castro com pílulas de veneno, pouco antes de abril de 1961, antes que o episódio da Baía dos Porcos se tivesse desenrolado.

Bufalino contava com três testas de ferro para acobertar suas atividades criminosas nos anos 1970. A última das acusações que lhe eram imputadas — um caso de extorsão em âmbito federal — emergiu apenas cinco dias antes do desaparecimento de Jimmy Hoffa. O *Buffalo Evening News* assim o reportou, em 25 de julho de 1975: "Aconteceu com ele o que eu já havia antecipado", disse Bufalino, cujo nome esteve implicado no complô da CIA para a invasão à Baía dos Porcos. Naquele mesmo dia, os diários *Democrat* e *Chronicle*, de Rochester, Nova York, noticiavam: "Ao ser indagado sobre se iria aposentar-se, Bufalino disse: 'Eu gostaria de me aposentar, mas eles não irão me tirar de circulação. Ainda preciso pagar aos meus advogados.'"

O território dominado pelo crime organizado controlado por Bufalino abrangia toda a Pensilvânia, para além da Filadélfia; também o interior do Estado de Nova York — incluindo Buffalo —, afora investimentos na Flórida, no Canadá e em certos bairros da cidade de Nova York e da zona norte de Nova Jersey. Contudo, seu verdadeiro poder jazia no respeito de que ele gozava dentre todas as famílias mafiosas do país. Além disso, sua esposa, Carolina Sciandra — mais conhecida como Carrie — era aparentada da linhagem dos Sciandra, da Cosa Nostra. Ainda que nenhum Sciandra haja ascendido à condição de chefão da Máfia, há membros vivos da família que datam dos primeiros dias da Máfia norte-americana.

Talvez o amigo mais chegado de Bufalino tenha sido o chefão do crime na Filadélfia, Angelo Bruno. Os homens da lei referiam-se a Bufalino como "o discreto Don Rosario". Bruno era conhecido como "O Dócil Don", graças à sua maneira informal de dirigir os negócios de um ramo muito importante da família. Tal como fazia a família Bufalino, a família Bruno não permitia que seus membros negociassem drogas ilícitas. Talvez devido aos seus princípios antiquados, Bruno foi assassinado em 1980, por parentes gananciosos. O passamento de Bruno inaugurou a permanente instauração da anarquia no seio de sua família. Seu sucessor, Philip "Chicken Man" Testa, foi — literalmente — explodido, um ano depois de ter assumido o controle. O sucessor de Testa, Nicodemus "Little Nicky" Scarfo, atualmente cumpre múltiplas condenações à prisão perpétua por assassinato, tendo sido traído e denunciado por seu próprio subchefe e sobrinho. O sucessor de Little Nicky, John Stanfa, cumpre cinco sentenças consecutivas de prisão perpétua. Frank Sheeran sempre recebeu um cartão de Natal de John Stanfa, em sua cela de prisão em Leavenworth. O sucessor de

John Stanfa, Ralph Natale, tornou-se o primeiro chefão a converter-se em informante do Governo, testemunhando contra seus próprios homens. Frank Sheeran chama a Filadélfia de "cidade dos ratos, dedos-duros". Por outro lado, Russell Bufalino viveu uma longa vida. Ele morreu bastante idoso, em 1994, em um asilo, aos noventa anos de idade. Ele controlou sua *família* até o dia em que morreu. E, diferentemente do que aconteceu no seio da família Bruno, na Filadélfia, nenhum sinal de discórdia pôde ser notado em meio à família Bufalino, desde a morte dele.

Frank Sheeran afirmou que todos os supostos chefões criminosos que já conheceu tinham o mesmo estilo e os maneirismos do personagem interpretado por Marlon Brando, em *The Godfather* ("O Poderoso Chefão"); e que todos eles se assemelhavam a Russell Bufalino.

Um dos relatórios produzidos pela Comissão McClellan sobre o Crime Organizado nos Estados Unidos referia-se a Russell Bufalino como "um dos mais brutais e poderosos líderes da Máfia no país".

No verão de 1999, dei carona a um homem, sua esposa e seu filho em uma estrada interestadual, no interior da Pensilvânia. O carro deles havia quebrado e eles precisavam chegar a uma área onde dispusessem de socorro. O homem revelou ter sido o chefe de polícia da localidade onde Russell Bufalino vivera, e onde sua viúva, Carrie, ainda vivia. Identifiquei-me como ex-promotor e pedi a ele se poderia me contar alguma coisa sobre Russell Bufalino. O policial aposentado sorriu para mim e disse que "o que quer que ele tivesse feito em outros lugares, estaria fora da nossa jurisdição. Ele era um sujeito de modos antiquados. Muitíssimo educado e um perfeito cavalheiro. Você não diria que ele tivesse dois tostões para gastar, se olhasse para a casa dele e para o carro que ele dirigia."

Capítulo Nove

Pão de *prosciutto* e vinho caseiro

"O dia em que conheci Russell Bufalino alterou o curso da minha vida. E, tempos depois, apenas o fato de ter sido visto por certas pessoas em companhia dele salvou-me a vida, em uma ocasião particular em que ela estava, definitivamente, em risco. Para melhor ou para pior, ter conhecido Russell Bufalino e ser visto em sua companhia colocou-me mais profundamente imerso na cultura do centro da cidade do que eu jamais conseguiria ter feito por mim mesmo. Após a guerra, ter conhecido Russell foi a coisa mais importante que me aconteceu — depois do meu casamento e do nascimento das minhas filhas.

Eu transportava carne em um caminhão frigorífico para a Food Fair em meados da década de 1950; 1955, talvez. Eu rumava para Syracuse quando o motor começou a ratear em Endicott, Nova York. Estacionei em uma parada de caminhoneiros e abri o capô para verificar a situação, quando surgiu esse sujeito italiano baixinho, que se aproximou do meu caminhão e disse: 'Posso lhe dar uma mãozinha, rapaz?' Eu disse a ele que certamente poderia, então ele deu uma fuçada geral. Acho que o problema era com o carburador. Ele tinha suas próprias ferramentas, e eu falei um pouco com ele em italiano, enquanto trabalhava. O que quer que fosse, ele botou o meu 'cavalo' para funcionar novamente. Quando o motor passou a roncar macio, desci da boleia dei-lhe um aperto de mão e o agradeci. Ele tinha um bocado de força em seu aperto de mão. A julgar pelo modo como apertávamos as mãos — calorosamente — você poderia dizer que ambos nos agredíamos mutuamente.

Tempos depois, quando viemos a nos conhecer melhor, ele disse que quando me viu pela primeira vez gostou do modo como eu me portava. Eu disse a ele que também percebera algo de especial em sua pessoa, como se ele fosse o proprietário da parada de caminhoneiros ou algo assim. Na verdade, ele poderia ser o dono de toda a estrada, mas era mais do que isso. Russell ostentava a confiança de um campeão, de um vencedor, embora se portasse de maneira humilde e respeitosa. Quando você vai à igreja aos sábados para confessar seus pecados, você sabe qual padre procurar para ser atendido. Você sempre procura o padre mais afável, para que ele não lhe faça passar maus bocados. Russell era como um desses padres. Quando apertei a mão dele naquela primeira vez em que botei os olhos nele, eu não fazia ideia de quem ele fosse ou mesmo se voltaria a vê-lo. Mas aquele encontro mudaria a minha vida.

Àquela época, eu já havia começado a frequentar o Bocce Club, no centro da cidade, na esquina da Quinta com a Washington, em companhia de um bando de rapazes italianos que trabalhavam comigo na Food Fair e moravam na zona sul de Philly. Aquele era um novo círculo de amizades para mim. Dali nós íamos ao Friendly Lounge, na esquina da Décima com a Washington, que pertencia a um sujeito chamado John, que tinha o apelido de 'Navalha Fina'. A princípio, eu não sabia nada sobre John, mas alguns dos rapazes da Food Fair faziam algumas cobranças de dinheiro para ele, ao longo de seus itinerários. Se, por exemplo, a garçonete de algum restaurante fizesse um empréstimo de cem dólares, ela pagaria doze dólares por semana, por dez semanas. Se ela não pudesse pagar os doze dólares em determinada semana, pagaria apenas dois, embora ainda permanecesse devendo os mesmos doze daquela semana, que seriam acrescidos ao final de seu débito. Se não pagasse a dívida em dia, os juros só iriam se acumulando. A parte dos dois dólares era chamada de 'vigor', enquanto seu débito não fosse saldado. Era isso o que gerava o dinheiro.

Meus amigos italianos da Food Fair ganhavam alguns trocados assim, fazendo as cobranças e recebendo comissões. Certa vez, quando estávamos no Friendly Lounge, eles me apresentaram ao Navalha Fina, e eu comecei a fazer o mesmo que eles faziam, em meus itinerários. Era um dinheiro fácil, que não requeria que se fizesse qualquer esforço para ganhá-lo, ao mesmo tempo que proporcionava um serviço às pessoas que não possuíam crédito. Isto aconteceu antes da popularização dos cartões de crédito, que as pessoas que não têm a quem recorrer utilizam para levantar alguns dólares entre o recebimento de um contracheque e outro. Contudo, tecnicamente, emprestar dinheiro a juros era uma atividade ilegal, já que poderia ser considerada como crime de agiotagem.

Entregar e receber dinheiro era algo natural para mim, pois eu já vendia bilhetes de uma loteria dos jogos de futebol americano nas lanchonetes White Tower que ficavam no meu itinerário, para um irlandês parrudo, ex-boxeador, chamado Joey McGreal, que era um dirigente sindical dos Caminhoneiros no meu comitê local, o 107. Meus amigos italianos da Food Fair compravam seus bilhetes comigo. Eu não bancava as apostas da loteria, pois não teria cacife para pagar a alguém que tirasse a sorte grande. Era McGreal quem bancava o esquema todo, e eu recebia minha parte em comissões. Eu mesmo apostava em alguns bilhetes, e logo passei a vendê-los no centro da cidade, aos frequentadores dos bares. Os verdadeiros corretores de apostas ilegais, como o Navalha Fina, não se importavam que eu vendesse meus bilhetes em seus estabelecimentos porque eles não se envolviam com apostas de futebol. Aquilo era coisa pequena. Mesmo assim, essas loterias eram ilegais, naqueles tempos. Acho que ainda o são.

Poderia se dizer que o Navalha Fina era bem-sucedido em seu ramo de atividades, como corretor de apostas clandestinas e como agiota, pela maneira como conduzia seus negócios e pelo respeito que lhe dedicavam as pessoas que o procuravam. Ele se parecia com um oficial graduado ou algo assim, enquanto todos os outros não passavam de recrutas. Contudo, nenhum dos meus amigos italianos o identificava como alguma espécie de figurão gângster ou coisa semelhante. Que tipo de figurão teria o apelido de Navalha Fina?

John ganhou a apelido de Navalha Fina porque ele era proprietário de uma avícola, onde as senhoras italianas iam escolher as galinhas vivas que desejavam, acondicionadas em uma série de gaiolas enfileiradas. Então, John apanhava a galinha escolhida e, sacando uma navalha, degolava o animal. Essas eram as galinhas que as senhoras italianas levariam para casa, depenariam e as preparariam para o jantar.

Navalha Fina era muito benquisto e tinha um grande senso de humor. Ele chamava a todo mundo de 'mãezinha' — de uma maneira afetuosa, não do modo como o termo é empregado hoje em dia. Ele era muito esguio e media mais de 1,80 m, o que fazia dele um sujeito muito alto para os padrões do centro da cidade. Ele se parecia, mesmo, com uma navalha aberta. O Fininho era bom demais para a ralé. Se você cometesse alguma bobagem, sempre poderia apelar a ele, a menos que tivesse feito algo 'muito grave'. Caso se tratasse de um pequeno delito, ele livraria a sua cara — mas não o adotaria, como a um filho.

Por mais difícil que seja acreditar nisso, hoje em dia, as pessoas realmente não sabiam que existia uma organização mafiosa naqueles tempos. Ouvíamos falar, é claro, a respeito de gângsteres individuais, como Al Capone e os homens de seu próprio bando; mas nunca de uma Máfia em âmbito nacional, com um dedo em praticamente tudo. Não havia muita gente que soubesse disso. Eu sabia de uma porção de coisas, mas jamais desconfiara da existência disso. Tal como todo mundo, eu não sabia que o corretor de apostas da esquina tinha conexões com o ladrão que roubara a joalheria ou com o bandido que sequestrava caminhões para roubar-lhes as cargas ou com o líder trabalhista ou com o político. Eu não sabia da existência dessa grande estrutura à qual eu era exposto, pouco a pouco, no início, à medida que me expunha a essa cultura. De certa maneira, eu era como um estivador que é exposto ao contato com amianto todos os dias, sem ter consciência do perigo disso. Eles não queriam que as pessoas soubessem.

Os rapazes italianos com quem eu trabalhava na Food Fair e que coletavam dinheiro para ele sequer faziam ideia de quão grande era o sujeito que eles chamavam de Navalha Fina.

Jogando conversa fora ao compartilhar uma garrafa de vinho tinto caseiro, eu me vangloriei aos meus colegas da Food Fair sobre o acordo que fechara com Dusty, sobre os frangos desviados, e fui informado por eles que havia muito mais dinheiro que poderia ser ganho. Depois que o seu caminhão tivesse sido carregado com quartos traseiros bovinos, o supervisor do pátio de carga aplicava um lacre de alumínio à tranca da sua carroceria, antes de mandar você pegar a estrada. Quando você chegava à loja da Food Fair com o seu carregamento de quartos traseiros, o gerente da loja romperia o lacre de alumínio e você transferiria a carne para os refrigeradores do estabelecimento. Uma vez que o lacre tivesse sido rompido, não era mais possível recolocá-lo. Assim, você não podia romper o lacre da sua carroceria a meio caminho da loja onde a carne seria entregue. Somente o gerente da loja poderia romper o lacre. Porém, nos dias mais frios do inverno, o supervisor do pátio que deveria colocar os lacres depois que os caminhões fossem carregados, podia ficar um tanto preguiçoso e entregar o lacre para que você mesmo o colocasse. Se você embolsasse o lacre, poderia entregar, digamos, cinco quartos traseiros a um sujeito que já estaria esperando por eles em um restaurante. Este, então, repassaria a carne a outros restaurantes, e vocês dois dividiriam o dinheiro. Depois que você entregasse ao sujeito do restaurante seus cinco quartos traseiros, você colocaria o lacre na carroceria do seu caminhão. Quando você chegasse à loja, o lacre estaria intacto, quando seria rompido pelo gerente, e tudo pareceria estar na mais perfeita ordem. Então, você se mostraria um sujeito gentil e diria ao açougueiro que você mesmo levaria os quartos traseiros para dentro do frigorífico dele. Você entraria lá, onde haveria quartos traseiros pendendo dos ganchos pendurados no trilho à direita. Você apanharia cinco deles e os transferiria para o trilho à esquerda. Então, em vez de entregar vinte e cinco quartos traseiros, você apenas adicionaria os vinte que trouxera aos outros cinco que transferira para o trilho da esquerda. O gerente da loja viria contar as vinte e cinco peças de carne, assinaria o recibo e liberaria você. No momento em que fosse feito um inventário, eles notariam a falta de algumas peças de carne, mas não saberiam a quem responsabilizar por isso, ou como tal coisa acontecera. O supervisor do pátio de carga jamais admitiria ter dado o lacre em sua mão para que você mesmo o aplicasse, porque ele era preguiçoso demais para sair lá fora, em um dia frio, e fazer seu trabalho do jeito certo.

Era assim que as coisas funcionavam, na teoria; porque, na prática, quase todo mundo tinha participação no esquema e recebia sua fatia do bolo, apenas por olhar para outro lado.

Antes da guerra eu conquistei tudo o que jamais tive. Durante a guerra, você aprende a pegar o que quer que precise, o que quer que você consiga carregar; embora não tivesse muito que valesse a pena ser apanhado, lá. De todo modo, você apanhava mulheres e vinho; e, se precisasse de um carro, apanharia um, também — coisas assim. Depois da guerra, apenas passou a me parecer natural apanhar tudo o que quisesse. Afinal, existe apenas uma quantidade limitada de sangue que você possa vender por dez dólares a bolsa de meio litro.

Eu me deixei entusiasmar demais, certo dia, e vendi todo o carregamento de carne que levava, a caminho de fazer uma entrega em Atlantic City. Coloquei o lacre na tranca da minha carroceria depois de ter passado toda a carga a um sujeito. Quando cheguei a Atlantic City e o lacre foi rompido pelo gerente, não havia carne alguma na carroceria e eu pareci estupefato. Talvez os sujeitos que carregavam o caminhão tivessem esquecido do fazer isso. O gerente da loja me perguntou se eu não estranhara o fato de estar dirigindo um caminhão tão leve. Eu disse a ele que pensava estar dirigindo um carro muito bom. Depois desse incidente, a Food Fair distribuiu comunicados aos gerentes de todas as lojas, recomendando-lhes que me mantivessem sob estrita vigilância. No entanto, como já disse, uma porção deles também participava do esquema.

Os comunicados não conseguiram me deter. Eles sabiam que sempre haveria coisas faltando aonde quer que eu fosse fazer minhas entregas, mas jamais puderam provar nada contra mim. Eles sabiam que eu estava fazendo aquilo, mas não sabiam como eu fazia. E, estando sob contrato, nenhum gerente poderia demitir um companheiro Caminhoneiro, a menos que tivesse bases sólidas para fazê-lo — e eles não tinham nenhuma. Roubo seria uma base sólida para motivar minha demissão, mas somente se eles pudessem provar isso. Além do mais, eu trabalhava duro para eles, quando não os estava roubando.

Porém, no dia 5 de novembro de 1956, eles resolveram tentar a sorte com o que dispunham e conseguiram fazer com que eu fosse indiciado por roubar durante transações comerciais interestaduais. Meu advogado quis que eu apelasse e entregasse as pessoas que participavam comigo do esquema. Mas eu sabia que todas aquelas pessoas que estavam comigo eram as mesmas testemunhas que o governo planejava usar em sua ação contra mim. Se eles me botassem na cadeia, teriam de levar um vagão ao tribunal para transportar todas as suas testemunhas. Se eles me apanhassem, apanhariam todo mundo. Tudo o que eles queriam era que eu dissesse alguns nomes e eles me deixariam ir. Falei apenas o suficiente para manter as bocas deles fechadas e agirem como se não soubessem de nada. Nesse ínterim, arranjei uma oportunidade de invadir o escritório e subtrair todos os registros sobre as coisas que a Food Fair não pudesse contabilizar, além da carne que eu roubara.

As testemunhas do governo, uma após outra, não puderam me acusar de coisa alguma. Fiz com que o meu advogado apresentasse os registros da Food Fair das coisas que eles viviam dando por falta; todos os desfalques nos estoques. O governo objetou alegando que eu havia roubado os registros. Contra-argumentei, dizendo que um sujeito anônimo roubara os registros e os deixara na minha caixa de correspondência. O juiz deu o caso por encerrado e disse que se tivesse ações da Food Fair, ele as venderia. A Food Fair, então, fez-me uma oferta, através do meu advogado, propondo que eu desistisse de tudo em troca de 25.000 dólares. Eu disse a eles que não poderia dar-me ao luxo de ter meu salário cortado.

Fomos celebrar no centro da cidade, e eu pude perceber que o Navalha Fina e outros sujeitos que se sentavam em sua companhia estavam muito impressionados por eu não ter dedurado ninguém. Não haver dedurado era mais importante para eles do que eu ter ganhado a causa.

Pela época em que eu comecei a frequentar mais assiduamente o centro da cidade, íamos jantar no Villa d'Roma, na Rua Nove. Certa noite, avistei ali aquele sujeito a quem reconheci como o homem que consertara meu caminhão naquela parada de caminhoneiros. Fui até ele, prestar-lhe meus respeitos, e ele convidou-me para que me sentasse com ele e seu amigo. Revelou-se que este amigo era Angelo Bruno, que, como eu viria a saber, tempos depois, era o chefe do Navalha Fina e o chefe de toda Filadélfia. Angelo Bruno era um 'sócio oculto' de quase tudo o que havia no centro da cidade, incluindo o Villa d'Roma.

Tomei uma taça de vinho com eles e Russell me disse que costumava vir a Philly com frequência para apanhar pão de *prosciutto*. Trata-se de um tipo de pão que é assado com *prosciutto* e *mozzarella* em meio à massa. Você o fatia e come como se fosse um sanduíche. É quase como um sanduíche, mas, na verdade, não é. Achei que ele estava falando a sério quando disse que aquele era o único motivo pelo qual ele vinha a Philly, e, na vez seguinte em que fui fazer uma entrega nas proximidades de sua casa, levei uma dúzia de pães de *prosciutto*. Isto demonstrava que eu 'sabia das coisas'. E ele ficou muito contente.

Então passei a ver Russell em diferentes lugares do centro da cidade, e ele sempre se encontrava em companhia de seu amigo Angelo Bruno. Quando quer que eu fosse ao encontro dele, levava-lhe linguiças Roselli, porque ele disse que vinha a Philly por causa disso, também. Nesse ínterim, quanto mais pão de *prosciutto* e linguiças eu levava, mais frequentemente eu parecia encontrá-lo em Philly. Ele sempre me convidava para sentar à sua mesa e tomar vinho tinto, no qual ele mergulhava pedaços de pão. Ele adorou saber do fato de que eu, durante a guerra, havia estado em Catânia, a cidade onde ele nascera, na Sicília. Contei a ele sobre os fios de macarrão que pendiam dos varais das casas, como se fossem roupas postas para secar aos domingos, em Catânia. Às vezes ele me convidava para comer em sua companhia e nós conversávamos um pouco em italiano. Ele chegou mesmo a comprar um dos meus bilhetes de loteria de dois dólares, e fez sua 'fezinha'. Tudo era estritamente social.

Então, meus planos de tornar-me um sócio permanente da cadeia de lojas da Food Fair tiveram um fim abrupto. Eles botaram a agência de detetives Globe para vigiar um restaurante de que suspeitavam, e apanharam o sujeito que entregava a carne no varejo. Ele não trabalhava para a Food Fair; ele era apenas um sujeito que costumava frequentar o centro da cidade, passando tempo no bar do Navalha Fina. Ele dirigia uma caminhonete, que estava completamente lotada com a carne da Food Fair que eu havia passado às mãos dele. Mais uma vez, eles não puderam arranjar qualquer prova contra mim, porque não conseguiram identificar a carne, a não ser como sendo carne que qualquer motorista poderia transportar em seu caminhão. Tudo o que eles tinham para comigo era o desejo de apanhar-me. Mas eles sabiam que eu estava metido naquilo e propuseram que eu pedisse demissão em troca de eles deixarem o sujeito se safar. Perguntei pelos 25.000 que haviam me oferecido, caso eu me demitisse, e eles riram da minha cara. Eles imaginaram que eu não permitiria que o outro sujeito fosse para a cadeia — e imaginaram certo. Eu me demiti.

A próxima coisa que eu soube, quando fui ao Villa d'Roma e lá encontrei Russell, foi que ele já havia sido informado de tudo e me disse que eu fizera a coisa certa. Ele disse que o tal sujeito tinha esposa e filhos e que eu havia feito a coisa certa ao livrá-lo da cadeia. No entanto, eu também tinha esposa e crianças para sustentar, e agora não tinha mais um emprego.

Comecei a pegar trabalhos avulsos no comitê do sindicato. Você trabalharia em turnos para algumas empresas, sempre que um motorista delas ficasse doente. O lance era trabalhar como os estivadores do filme *Sindicato de Ladrões*. Em alguns dias vocês trabalhava, em outros, não; e o tempo todo você esperava arranjar um emprego fixo. Eu ainda tinha meu trabalho nos salões de dança. Mas sem percorrer meus itinerários para a Food Fair, era muito difícil cobrar dívidas para o Navalha Fina e vender bilhetes de loteria para Joey McGreal.

Estar desempregado significava ter mais tempo disponível para vaguear pelo centro da cidade e tentar faturar uns trocados aqui e ali. Meus amigos italianos da Food Fair fanfarronavam sobre como eu podia erguer halteres de duzentos quilos deitado sobre uma prancha e fazer uma série de até 275 levantamentos de pesos erguendo os braços acima da cabeça a partir do nível dos ombros, sem me cansar, quando nos exercitávamos no ginásio de esportes. Certo dia, um apontador de apostas chamado Eddie Rece veio até mim perguntando se eu queria ganhar algum dinheiro. Ele desejava que eu cuidasse de um probleminha para ele. Eu recebi alguns dólares para que fosse até Jersey e encontrasse um sujeito que andava se assanhando para cima da namorada de um de seus parentes. Ele me deu uma arma para que eu a exibisse para o sujeito, mas recomendou-me para que não a usasse: apenas me limitasse a mostrá-la. Assim eram as coisas, naqueles tempos. Você apenas mostrava que tinha uma arma. Agora, eles não mostram a você que estão armados: eles simplesmente atiram em você. Naqueles tempos, eles queriam o dinheiro deles para hoje. Atualmente, eles querem o dinheiro deles para ontem. A metade de todos eles usa drogas, e isso os torna impulsivos. Isso distorce o pensamento deles. Acho que mais da metade deles. E alguns dos chefes, também.

Eu fui a Jersey e falei com o sujeito. Disse a ele para que não cortasse a grama do vizinho, mas a dele próprio, em seu quintal. Disse a ele em nome de quem eu falava e para que mantivesse seu gramado aparado — era assim que dizíamos, naqueles tempos: aparado. Disse-lhe para que fosse aparar em outro lugar. Desde o início, eu podia afirmar que o Romeu não queria arranjar problemas comigo, de modo que nem precisei me dar ao trabalho de mostrar-lhe a arma. Ele sabia que eu tinha uma ali, bem à mão.

Essa pequena missão cumprida para Eddie Rece foi muito bem-sucedida — o que me levou a cumprir missões para outras pessoas. Talvez algum sujeito devesse dinheiro a um dos homens do centro da cidade e eu iria coletá-lo. Certa vez, o Navalha Fina me disse para que fosse a Atlantic City e trouxesse à sua presença um sujeito que atrasara o pagamento do 'vigor' de um empréstimo que fizera. Fui até lá e apanhei o sujeito. Para este, eu tive de mostrar a arma, para fazer com que ele entrasse no meu carro. Ele estava mijando nas calças quando chegamos ao Friendly Lounge. Navalha Fina deu uma olhada para ele e disse-lhe para que voltasse com seu dinheiro. O sujeito perguntou ao Fininho como ele voltaria a Atlantic City para apanhar o dinheiro e o Fininho disse a ele para que tomasse um ônibus.

Sem dúvidas eu estava criando uma reputação por ser eficiente, mas também por ser alguém em quem se podia confiar. O assunto de eu ter me demitido do emprego na Food Fair para salvar aquele sujeito da cadeia continuava a ser trazido à baila pelas pessoas, como prova de que eu era um sujeito confiável. Eles passaram a me chamar de 'Cheech' que é o modo como se pronuncia o apelido de Frank, em italiano — Francesco. Eles passaram a me convidar ao Messina Club, na esquina da Décima com a Tasker, que é um lugar exclusivo, apenas para sócios, onde se podia encontrar as melhores linguiças com pimentas que eu já comera. Podia-se jogar cartas, ali; e você poderia sentar-se na mesa ao lado de uma ocupada por distintas figuras públicas. O clube ainda está lá, e ainda tem as melhores linguiças com pimentas de toda a zona sul de Philly.

Algumas vezes, quando eu me encontrava com Russell em uma quarta-feira, ele me dizia para que fosse para casa e apanhasse a minha esposa. Então, ele e sua esposa, Carrie, nos encontrariam para jantar no Villa d'Roma. As noites de quarta-feira eram reservadas para que você saísse com sua esposa, de modo que ninguém seria flagrado em companhia de sua *cumare*, sua amante, ou como quer que você queira chamar a essas mulheres. Todo mundo sabia que não se saía em companhia de uma *cumare* em uma noite de quarta-feira. Isto era como uma regra não escrita. Mary e eu tivemos várias noites de quarta-feira muito agradáveis com Russ e Carrie.

Automaticamente, passei a frequentar o centro da cidade sempre que não arranjasse um trabalho no comitê do sindicato. Lá era um lugar confortável. Eu sempre tinha um copo de vinho tinto em minhas mãos. Passei a ficar por lá até mais tarde, e mais tarde, até esquecer-me completamente de voltar para casa, às vezes. Nas noites de domingo eu ia ao Latin Quarter, que era um clube noturno chique em Cherry Hill, Nova Jersey, onde eu revia todo mundo que frequentava o centro da cidade durante a semana. Frank Sinatra se apresentava lá; todos os grandes astros o faziam. Eu levava Mary comigo, de vez em quando, mas a frequência do lugar não era o público de que ela mais gostava. Além disso, uma babá não era um luxo a que podíamos nos dar com muita frequência, comigo ainda sem trabalho fixo. Mary acendia velas para que eu arranjasse um emprego. Passei a dormir até mais tarde nas manhãs de domingo, depois das noites de sábado passadas no Nixon Ballroom, com Dusty, de modo que Mary ia assistir à missa sozinha, enquanto as crianças assistiam à missa delas.

De vez em quando, Russell telefonava para mim, do interior do Estado, para que fosse apanhá-lo de carro e levá-lo a algum lugar. Ele tinha negócios por toda parte: de Endicott a Buffalo, em Nova York; de Scranton a Pittsburgh, na Pensilvânia; na zona norte de Jersey e na cidade de Nova York. Ele parecia sempre saber onde eu estaria durante o dia, quando telefonava para que eu fosse apanhá-lo. Eu gostava da companhia dele e jamais lhe pedi um centavo. Ele sabia que me fazia bem ser visto na companhia dele. Eu não sabia quanto bem, até um dia em novembro de 1957. Ele me pediu que o levasse até uma cidadezinha, logo passando a divisa de Nova York, chamada Apalachin. Ele me disse que assim que resolvesse as coisas em Apalachin, iria para Erie, na Pensilvânia, e, depois, para Buffalo, mas que já havia providenciado uma carona entre Erie e Buffalo, e de volta para sua casa, em Kingston. Assim, eu o levaria apenas até essa casa em Apalachin e o deixaria lá. Não vi nada de incomum nisso.

No dia seguinte, o encontro ocorrido em Apalachin foi considerado o maior evento de todos os tempos envolvendo gângsteres italianos nos Estados Unidos. Repentinamente, cerca de cinquenta gângsteres vindos de todas as partes do país foram presos. E um deles era o meu novo amigo Russell Bufalino. O assunto estampou as primeiras páginas dos jornais por quatro dias. Era o material mais quente da televisão. Havia realmente uma Máfia, cujas atividades ocorriam por todo o país. Todos aqueles gângsteres, individualmente, controlavam seus próprios territórios. Agora eu compreendia por que Russell me pedia que o levasse a lugares diferentes e esperasse por ele no carro, enquanto fazia algum negócio na casa de alguém, em um bar ou um restaurante. Eles faziam todas as suas transações pessoalmente e com dinheiro vivo, jamais por telefone ou envolvendo bancos. Russell Bufalino era um figurão tão grande quanto Al Capone o fora; talvez ainda maior. Eu não podia acreditar naquilo.

Eu li cada artigo publicado. Alguns daqueles sujeitos usavam ternos de seda; outros vestiam-se de maneira comum, tal como Russell. Mas todos eles eram homens poderosos, com extensas fichas criminais das quais poderiam se gabar: não apenas brigar com tiras na rua, por causa de uma discussão iniciada a bordo de um bonde; nem por roubar algumas peças de carne da Food Fair. Aqueles parceiros de Russell Bufalino e Angelo Bruno estavam envolvidos com todos os tipos de crimes, de assassinato à exploração de prostituição, de tráfico de drogas a sequestros. Agiotagem e exploração de jogos de azar eram descritos como grandes negócios por esses homens. Do mesmo modo que negociações trabalhistas e previdenciárias fraudulentas. Russell não vinha à Philly com tanta frequência apenas em busca de pão de *prosciutto* e das delicadas linguiças Roselli. Nem mesmo por linguiças extra picantes. Ele tinha interesses e negócios com Angelo Bruno.

Russell Bufalino era um dos maiores chefões em seu ramo de negócios, e eu era seu amigo. Eu era visto em companhia dele. Eu bebia vinho com ele. Eu conhecia a esposa dele. Ele conhecia a minha esposa. Ele sempre me perguntava sobre as minhas filhas. Eu conversava em italiano com ele. Eu levava pão de *prosciutto* e linguiças para ele. Ele me dava galões de vinho tinto feito em casa. Nós mergulhávamos pedaços de pão de *prosciutto* no vinho. Eu o levava de carro a alguns lugares. Eu até mesmo o levei ao local daquele encontro em Apalachin.

Mas quando tudo isso chegou aos jornais, eu deixei de vê-lo no centro da cidade por uns tempos, e ele não me pediu para que o levasse a lugar algum. Imaginei que ele estivesse tentando evitar publicidade. Então li a notícia de que estariam tentando deportá-lo, pois ele tinha quarenta dias de idade quando chegou à América, vindo da Sicília. Os procedimentos para a deportação de Russell e as apelações em contrário se estenderiam por quinze anos, mas essas coisas sempre pairaram como uma ameaça sobre a cabeça dele. No fim, quando ele perdeu sua última apelação, fez suas malas e comprou as passagens, recomendei-lhe um advogado que tinha trânsito junto ao governo italiano, que distribuiu algumas liras e conseguiu fazer com que o governo da Itália se recusasse a receber Russell de volta. E tudo ficou por isso mesmo: a América teve de manter Russell consigo. Russell mostrou-se profundamente grato pela minha recomendação quanto ao assunto de sua deportação, mas quando li sobre isso nos jornais pela primeira vez, quem poderia imaginar que eu tivesse ascendido tão alto ao ponto de ajudar a salvar Russell Bufalino de ser deportado?

Além disso, o pessoal do centro da cidade andava dizendo que parecia ter sido Russell o chefão que promovera o encontro em Apalachin para evitar que fosse desencadeada uma guerra entre 'famílias', em decorrência do assassinato do chefão das docas de Nova York, Albert Anastasia, em uma cadeira de barbeiro, ocorrido um mês antes. Russell Bufalino, o mecânico que consertara meu 'cavalo' em uma parada de caminhoneiros em Endicott, Nova York, ficava cada vez maior, aos meus olhos, a cada dia. E, devo dizer: se você já esteve na presença de um astro do cinema ou de alguém muito famoso, havia um quê disso. Embora odiasse isso, Russell era uma tremenda celebridade; e qualquer um que fosse visto com ele no centro da cidade ou onde quer que fosse absorveria um pouco desse *status*.

Então, certo dia, esse sujeito, 'Sussurro' DiTullio, veio à minha mesa no Bocce Club e pagou-me uma taça de vinho. Eu já o vira por ali, mas não o conhecia muito bem. Ele tinha o mesmo sobrenome do Navalha Fina, mas os dois não eram parentes. Eu sabia que ele administrava o dinheiro dos empréstimos para o Navalha Fina, só que ele lidava com quantias muito mais elevadas do que eu e meus colegas. Ele cuidava de empréstimos feitos para restaurantes e outros negócios legítimos, não apenas dos trocados emprestados às garçonetes das lanchonetes White Tower. Sussurro me disse para que o encontrasse no Melrose Diner, que é o tipo de lugar onde as pessoas vão apanhar qualquer coisa para comer antes de irem ao estádio assistir a um jogo dos Phillies. Mas você pode conseguir um bom pedaço de torta de maçã com calda quente de baunilha, por lá. Sussurro sentou-se e perguntou-me se eu estaria interessado em ganhar dez mil dólares. Eu disse a ele para que continuasse a falar. ”

Capítulo Dez

O caminho até o centro da cidade

"Sussurro era um desses sujeitos italianos baixinhos, pelo início da casa dos trinta anos de idade, que você pode ver por todos os lugares da zona sul de Philly, tentando se dar bem com um golpezinho ou outro. Este não é o mesmo Sussurro que eles explodiram quando botaram uma bomba em seu carro, por essa mesma época. Este é o outro Sussurro. Eu não conhecia aquele que foi explodido; só ouvi falar a respeito.

Eu não sabia nada sobre 'homens feitos', àquela época. Este é um *status* obtido em meio à assim chamada Máfia, quando você passa por uma cerimônia e, a partir de então, torna-se intocável. Ninguém pode dar sequer um tapa em você sem aprovação superior. Você ganha uma respeitabilidade extraordinária, onde quer que vá. Você se torna um integrante do 'círculo interno'. Esta deferência é concedida exclusivamente a italianos. Mas, tempos depois, quando me tornei muito mais próximo de Russell, desfrutei de uma posição mais elevada do que a de um 'homem feito'. Russell chegou mesmo a dizer-me isso. Ele me disse: 'Ninguém jamais poderá tocar em você, porque você está comigo.' Ainda posso senti-lo beliscando minha bochecha, com aquele seu aperto forte, e me dizendo: 'Você deveria ter nascido italiano.'

Se eu tivesse sabido algo sobre 'homens feitos', então saberia que Sussurro não estava sequer perto de vir a ser um deles. Ele apenas vagueava pelo centro da cidade e fazia o que quer que tivesse de fazer. Ele conhecia todo mundo, e tinha muito mais experiência com o que acontecia no centro da cidade do que eu. Nas noites de domingo, ele se sentava com o Navalha Fina e sua esposa a uma mesa do Latin Casino. Àquela altura, depois de Apalachin, eu já sabia que o Navalha Fina era o subchefe de Angelo. Isto significava que o Navalha Fina, do Friendly Lounge, era o 'homem número dois' em toda a Filadélfia.

Tendo o mesmo sobrenome, tenho certeza de que o Sussurro queria fazer com que as pessoas pensassem que ele era 'unha e carne' com John 'Navalha Fina' DiTullio. Ele pretendia elevar seu *status* e parecer-se com um 'homem feito'.

O único problema era que o Sussurro tinha o pior hálito já exalado por qualquer ser humano ou animal. Ele sofria de um caso tão terrível de halitose que você poderia pensar que ele cultivasse uma plantação de alho em sua barriga. Nenhuma quantidade de goma de mascar ou balas de menta conseguia amenizar o problema dele. Por isso, ele se permitia apenas sussurrar quando falava com alguém. Ninguém aguentaria uma exposição integral ao bafo do Sussurro quando ele abria a boca. Naturalmente, por uma questão de respeito e por conhecer seu lugar na estruturação das coisas, ele jamais falava muito quando se sentava à mesa com o Navalha Fina e sua esposa, no Latin.

Depois de termos comido alguma coisa — o que não foi algo fácil de fazer, sentando-me diretamente diante dele —, Sussurro e eu deixamos o Melrose para darmos uma volta pelo quarteirão. Sussurro explicou-me que havia emprestado um bocado de dinheiro a uma empresa de lavanderia industrial — mais dinheiro do que ele já emprestara a alguém, antes. Aquele deveria ser o maior negócio que ele já fizera, mas estava se revelando seu maior erro.

Serviços de lavanderia industrial costumavam ser uma boa fonte de renda. Eles abasteciam hotéis e restaurantes com roupas de cama e mesa. Aquilo era, de fato, uma grande lavanderia de dinheiro. Eles apanhavam as roupas usadas, as lavavam, passavam a ferro e as devolviam aos estabelecimentos, frescas e limpas. Era como ter uma licença para imprimir dinheiro.

Porém, a lavanderia à qual Sussurro havia emprestado dinheiro estava atravessando uma fase difícil. A empresa enfrentava uma concorrência ferrenha com a Cadillac Linen Service, do Estado de Delaware, que lhe ganhava todos os clientes que possuía. Se as coisas continuassem desse modo, levaria uma eternidade para que o Sussurro recuperasse o dinheiro que investira. O único dinheiro que a empresa conseguia pagar-lhe era o 'vigor'; e, mesmo assim, às vezes ainda atrasava os pagamentos. Sussurro estava mais do que apenas um tanto preocupado com a possibilidade de vir a perder totalmente o capital que lhes emprestara.

Eu não sabia onde ele pretendia chegar comigo, mas o ouvi. Ele queria que eu dirigisse até Delaware, exibisse uma arma a alguém e apanhasse seu dinheiro de volta? Ninguém pagaria dez mil dólares por um serviço como esse. Delaware fica apenas a cerca de cinquenta quilômetros ao sul de Philly. Dez mil dólares, àquela época, seriam algo como cinquenta mil, hoje em dia.

Então, ele sacou dois mil dólares do bolso e os deu a mim.

— Para que é isso? —, perguntei.

— Quero que você exploda, incinere, queime aquela porra até as cinzas, ou faça o que você achar melhor, para tirar a Cadillac Linen Service do mapa. Bote aqueles filhos da puta para fora do mercado. Dessa maneira, meu pessoal vai conseguir seus clientes de volta e eu vou tirar a minha grana desse buraco de merda. Quero essa tal de Cadillac permanentemente fora dos negócios. Não se trata apenas de lhes furar um pneu, ou arranhar a pintura deles. Quero que eles despareçam. Que se tornem coisa do passado, mortos, para sempre. Sem delicadeza. Deixe que eles recebam a grana do seguro deles, se tiverem — o que, sendo judeus, você sabe que eles têm —, e faça com que aprendam a deixar os meus clientes em paz.

— Você disse dez mil...

— Não se preocupe. Você receberá seus outros oito mil quando tiver sucesso em fechar as portas deles, de uma vez por todas. Não quero saber de vê-los reabrindo o negócio em duas ou três semanas, depois de ter gasto dez paus!

— Quando é que eu receberei os outros oito paus?

— Isso depende de você, Cheech. Quanto maior o estrago que você puder causar, mais rápido eu saberei se eles estarão permanentemente fora do mercado. Quero que você queime aquela merda de casa de lavadeiras judias até não restar nada dela. Você esteve na guerra. Você sabe que porra tem de fazer.

— Parece bom, para mim. A parte da grana é legal. Vou dar uma olhada no lugar. Verei o que posso fazer.

— Você esteve na guerra, Cheech. Ouça, eu trouxe você aqui, até o Melrose, longe da vizinhança, para conversarmos porque isto tem de ficar somente entre nós dois. Você compreende o que eu estou tentando dizer?

— Claro...

— Não quero que você use ninguém mais para lhe ajudar, também. Ouvi dizer que você sabe manter sua boca fechada. Ouvi dizer que você trabalha sozinho. E ouvi dizer coisas muito boas sobre o seu trabalho. É por isso que eu estou lhe pagando uma grana respeitável. Dez paus são uma grana respeitável por isto. Eu poderia mandar que o serviço fosse feito por mil ou dois mil dólares. Assim, não diga nada ao Navalha Fina, nem nada a ninguém mais. Jamais. Você ouviu? Comece a dar com a língua nos dentes sobre o que você anda fazendo e isso pode repercutir mal para você. Ouviu?

— Você me parece um tanto nervoso, Sussurro. Se você acha que não pode confiar em mim, arranje outra pessoa.

— Não, não, Cheech. Eu jamais usei os seus serviços antes, é só isso. Que tudo fique apenas entre mim e você. Se tivermos de voltar a conversar, viremos para cá e conversaremos. Lá no centro da cidade, diremos apenas alô um ao outro, como sempre fizemos.

Naquela noite, voltei direto para casa. Apanhei os dois mil e passei 1.500 diretamente às mãos de Mary, para o sustento das crianças. Disse a ela que havia acertado um número 'na cabeça', com uma aposta de quatro dólares. Os banqueiros de apostas pagam seiscentos-para-um, mas você sempre dá ao corretor uma gorjeta de cem dólares para cada dólar apostado. Muitos corretores de apostas já fazem esse desconto automaticamente. Ela mostrou-se muito agradecida, mesmo sabendo que eu estava guardando quinhentos paus para mim mesmo. Mary estava acostumada a receber dinheiro em diferentes quantidades, em diferentes períodos, sempre que eu recebesse algum.

Na manhã seguinte, eu dirigi até a Cadillac Linen Service e comecei a analisar as instalações da empresa. Dei algumas voltas em torno do quarteirão, então estacionei no lado oposto da rua, fui até o portão da frente e dei uma rápida espiada no interior do terreno. A princípio, me pareceu fácil entrar no lugar. Um lugar como aquele, naqueles tempos, não possuía qualquer espécie de alarme contra ladrões ou nenhum outro tipo de dispositivo de segurança. Não havia nada para ser roubado, ali; e ainda não existiam sem-tetos ou viciados em *crack* que pudessem representar algum risco de invasão da propriedade. Parecia ser um trabalho grande, mas eu receberia uma grande soma por ele; não apenas as duzentas pratas habituais para dirigir até Jersey e botar alguém na linha.

Então, eu voltei à noite, para avaliar a aparência do lugar depois que escurecesse. Enquanto voltava para casa, eu pensei sobre o assunto e comecei a elaborar um plano. No dia seguinte, voltei para dar mais uma olhada, passando diante do lugar mais algumas vezes. Pensei em incendiar o lugar todo, até derrubá-lo ao chão. Deste modo, eu receberia meus outros oito mil imediatamente. A estrutura só precisava queimar suficientemente rápido, para que os bombeiros não tivessem tempo de extinguir o fogo. Para isso, eu deveria ensopar o lugar todo com querosene.

No dia seguinte, quando entrei no Friendly Lounge, o Navalha Fina me disse que havia alguém nos fundos do bar que desejava falar comigo. Entrei na sala que havia nos fundos em companhia do Navalha Fina, que vinha logo atrás de mim. Dentro da sala, dei-me conta de que não havia mais ninguém ali. Virei-me para sair e o Fininho barrou-me o caminho. Ele fechou a porta atrás de si e cruzou os braços.

— Que porra você está fazendo, rondando a Cadillac? —, perguntou-me ele.

— Tentando ganhar algum dinheiro, só isso.

— Fazendo o quê?

— Um trabalhinho para um sujeito.

— Qual sujeito?

— Ei! O que é que há?

— Eu gosto de você, Cheech. Angelo gosta de você. Mas você tem algumas explicações a dar. Eles viram um Ford azul, com placas da Pensilvânia, e um filho da puta gigantesco saltar de dentro dele. Esse era você. Está vendo como foi fácil descobrir? Isto é tudo que direi a você, neste momento. Você fez a coisa certa não tentando negar nada. Angelo quer ver você, agora mesmo.

Então, fui caminhando até ele enquanto pensava que diabos estaria acontecendo? Em que tipo de merda o Sussurro haveria me metido?

Entrei no Villa d'Roma e lá estava Angelo, sentado à sua mesa habitual, a um canto. Quem também se sentava à mesma mesa era Russell. Aí, eu comecei a pensar seriamente. Em que eu teria me metido, e haveria alguma maneira possível de sair disso? Aqueles eram os mesmos homens poderosos sobre os quais tanto havia sido escrito, mas, agora, não mais se sentavam ali na condição de meus amigos. Como já disse, ter crescido em companhia do meu pai me ensinou a perceber quando havia algo de errado. Havia alguma coisa de muito errado, mesmo, ali; e eu era a bola da vez. Aquilo se parecia com uma corte marcial. Mas uma corte marcial por deserção diante do inimigo, não por alguma bobagem como ser apanhado ASLO, em meio a uma bebedeira homérica.

Talvez eu não soubesse de muita coisa quando comecei a frequentar o centro da cidade com os meus amigos italianos da Food Fair; mas, então, depois de Apalachin e depois que as audiências do Senado haviam sido transmitidas pela televisão, eu sabia que aquelas não eram pessoas a quem se poderia desapontar.

Então, subitamente dei-me conta de que o restaurante estava vazio, exceto pelo *bartender* na sala da frente; e eu podia ouvir o *bartender* fazendo movimentos para sair detrás do balcão do bar. Cada som parecia ter sido amplificado para mim, tal como quando se está a bordo de uma barcaça de desembarque a caminho de uma invasão em uma cabeça de praia. Todos os seus sentidos ficam superaguçados nessas ocasiões. Com clareza cristalina, eu ouvi os passos do *bartender* caminhando em torno do balcão do bar, trancando a porta da frente e dependurando nesta um cartaz em que se lia a palavra 'Fechado'. O estalido da fechadura da porta ao ser trancada foi tão alto que quase produziu eco.

Angelo disse para que eu me sentasse.

Sentei-me na cadeira que ele indicara para mim. Então, ele disse:

— Tudo bem. Vamos ouvir a história toda.

— Eu ia botar a Cadillac fora de ação, por dinheiro.

— Para quem você faria isso?

— Para o Sussurro. O outro Sussurro.

— O Sussurro? Ele sabe muito bem do que isto se trata.

— Eu só estava tentando ganhar algum dinheiro...

Olhei para Russell, mas nenhuma expressão denunciava algo em seu rosto.

— Você sabe quem é o dono da Cadillac?

— Sim. Alguns judeus, que atuam no ramo de lavanderias.

— Você sabe quem é dono de parte da Cadillac?

— Não.

— Eu sei.

— Você conhece quem é?

— Não. Eu sei que eu tenho uma parte do negócio. Isto não quer dizer que eu saiba quem seja dono da outra parte do negócio.

Quase mijei nas minhas calças.

— E-eu não sabia disso, Sr. Bruno. Isso é algo que eu não sabia.

— Você não confere essas coisas, antes de sair por aí, aprontando qualquer coisa nesta parte do país?

— Achei que o Sussurro já tivesse conferido tudo...

— Ele não disse nada a você que se tratava da Máfia judaica?

— Ele não me disse sequer uma palavra sobre isso. Ele me disse apenas que o negócio pertencia a uns judeus. Eu achei que fossem apenas judeus que atuassem no ramo de lavanderias...

— O que mais ele disse a você?

— Disse para que eu não conversasse com ninguém sobre o assunto e que fizesse o trabalho sozinho. Isto foi tudo.

— Aposto meu próximo prato de comida como ele disse a você para manter tudo em segredo. Assim, você seria o único que apareceria mal na foto, quando fosse avistado rondando lá pelas bandas de Delaware.

— Devo devolver a ele o dinheiro que já recebi?

— Não se preocupe. Ele não irá mais precisar dele.

— Eu realmente sinto muito por não ter conferido. Não acontecerá novamente.

— Você cometeu um erro. Não cometa outro. E agradeça ao seu amigo, aqui. Não fosse por Russ, eu não estaria desperdiçando meu tempo. Eu teria deixado que os judeus cuidassem de você. Como você acha que eles chegaram até aqui? Eles não são idiotas. Eles não permitiriam que alguém ficasse rondando pelo quarteirão deles sem conferir de quem se tratava.

— Sinceramente, eu peço desculpas. Obrigado a você também, Russell. Isto não voltará a acontecer.

Eu não sabia se deveria tê-lo chamado de Sr. Bufalino, mas estava tão acostumado a chamá-lo de Russell que, àquela altura dos acontecimentos, se me referisse a ele como 'Sr. Bufalino' eu teria soado falso. Já era ruim demais referir-me a Angelo como 'Sr. Bruno'.

Russell meneou a cabeça e disse, muito suavemente:

— Não se preocupe quanto a isto. Esse tal Sussurro tinha ambições. Eu conheço esse tipo de gente: de repente, torna-se ambiciosa demais. Eles querem o bolo inteiro. Eles sentem inveja das outras pessoas que seguem em trajetória ascendente. Ele viu você sentar-se à mesa comigo, beber e comer comigo, e nossas esposas sentarem-se conosco... E acho que ele não gostou disso. Não gostou nem um pouco disso. Agora, você deve resolver este assunto, aqui e neste momento, e fazer a coisa certa. Ouça ao Angelo, aqui. Ele sabe do que se trata.

Russell levantou-se e afastou-se da mesa. Então eu ouvi o *bartender* abrir a porta para ele, que se foi embora.

Angelo me disse:

— Quem mais está envolvido nisto, além de você e Sussurro?

— Ninguém, que eu saiba. Não disse uma só palavra a ninguém mais.

— Bom. Isto é bom. Esse puto do Sussurro pôs o seu rabo na reta, meu jovem amigo. Agora, é sua responsabilidade acertar esta situação.

Meneei a cabeça afirmativamente e disse:

— Farei o que quer que eu tenha de fazer.

Angelo sussurrou:

— É sua responsabilidade cuidar deste assunto até amanhã pela manhã. Esta é a chance que você tem. *Capisce*?

Acenei afirmativamente com a cabeça e respondi:

— *Capish*.

— Você tem de fazer o que tem de fazer.

Não seria preciso que eu descesse a rua e me matriculasse em algum curso na Universidade da Pensilvânia para que soubesse o que ele queria dizer. Era como quando um oficial dizia a você para cuidar de um par de prisioneiros alemães, conduzindo-os até a retaguarda, e voltar depressa. Você fazia o que tinha de fazer.

Entrei em contato com o Sussurro e disse a ele onde me encontrar, mais tarde, naquela mesma noite, para falarmos sobre o negócio.

Na manhã seguinte, a notícia estava na primeira página. Ele fora encontrado jazendo sobre uma calçada. Ele fora alvejado a queima-roupa com uma arma que poderia ser de calibre .32 — do tipo que os tiras chamam de 'arma de mulher', porque é mais fácil de manejar e tem um coice menos potente do que uma .38. Devido ao calibre menor, uma arma dessas não causa o mesmo dano que uma .38; mas tudo o que é preciso é que você faça um buraco no lugar certo. A vantagem é que ela é um pouco menos barulhenta do que uma .38; e muito menos barulhenta do que uma .45. Às vezes você quer, mesmo, fazer um bocado de barulho; tal como quando, em plena luz do dia, é preciso afastar alguns transeuntes curiosos. Outras vezes, você não deseja fazer barulho algum, tal como no meio da noite. Para que você sairia por aí, perturbando o sono das pessoas?

O jornal disse que se tratava de obra de um assaltante desconhecido e que o fato não tivera testemunhas. Assim, caído lá naquela calçada, ele realmente não precisaria mais de seu dinheiro de volta. Jamais pude recuperar minha .32 depois daquilo — a mesma arma que Eddie Rece me dera, para que eu a mostrasse ao Romeu de Jersey. Ela deve ter ido parar em algum lugar...

Naquela manhã, eu apenas pude sentar-me e olhar fixamente para o jornal. Devo ter ficado ali sentado por mais de uma hora. Eu não podia parar de pensar: 'Poderia ter sido eu.'

E teria, mesmo, sido eu, não fosse por Russell. O Sussurro sabia o que estava fazendo. Eu sequer sabia que uma suposta Máfia judaica fosse proprietária da Cadillac. Eu achava que os donos fossem apenas uns judeus comuns. O Sussurro iria me deixar exposto, lá. Seria eu quem a Máfia judaica avistaria xeretando por lá, e eu é que seria apanhado, depois que tudo acontecesse. O Sussurro botaria fogo no lugar, e, depois que os judeus tivessem cuidado de mim, ele nunca teria de me pagar os outros oito paus.

Perguntas jamais seriam feitas, de um modo ou de outro — tanto antes, quanto depois que eu fizesse o trabalho; e eu teria ido para a Austrália. Não fosse por Russell, perguntas não teriam sido feitas e já pertenceria à História desde aquele momento, e não estaria aqui, agora, falando sobre essas coisas. Eu devia minha vida àquele homem. E aquela foi apenas a primeira vez em que a devi a ele.

O Sussurro conhecia as regras. Ele quebrou a regra errada, e isto é tudo.

Quando afinal consegui levantar-me de cima do meu rabo e voltei ao Friendly Lounge, eu poderia dizer que todo mundo que se sentava ali, em companhia do Navalha Fina, tinha um respeito ainda maior por mim. O próprio Navalha Fina pagou-me alguns drinques. Fui ao Villa d'Roma e encontrei-me com Angelo, para fazer-lhe um relatório detalhado. Ele mostrou-se satisfeito. Ofereceu-me um jantar, por conta da casa, e disse-me apenas para que eu fosse mais cuidadoso com quem me envolvesse, na próxima vez. Ele disse que o Sussurro sabia o que estava fazendo, e que ele fora um sujeito ganancioso.

Então, dois homens vieram e sentaram-se à mesa conosco. Angelo apresentou-me a Cappy Hoffman e a Woody Weisman. Eles eram os mafiosos judeus proprietários da Cadillac, juntamente com Angelo. Ambos se mostraram realmente amigáveis para comigo; homens muito corteses, de boas personalidades. Quando Angelo foi-se embora em companhia deles, permaneci no bar, na sala da frente. O mesmo *bartender* que trancara a porta atrás de mim na noite anterior não quis aceitar meu dinheiro pelas taças de vinho que tomei. Até mesmo as garçonetes podiam notar que eu estava ganhando toda aquela respeitabilidade e começaram a flertar comigo. Distribuí gorjetas generosas a todos.

Analisando retrospectivamente aquele período de 24 horas, entre o momento em que me encontrei com Angelo e Russell e o momento em que voltei a me encontrar com Angelo — após resolver aquele assunto particular com o Sussurro, na calçada —, vejo que se tornava cada vez mais fácil para mim não voltar mais para casa. Ou, talvez fosse melhor dizer que se tornava cada vez mais difícil para mim retornar a um lar. De todo modo, eu deixei de ir para casa.

Uma vez que ultrapassei o limite para dentro de uma nova cultura, para mim não houve mais confissões aos sábados nem mais igreja com Mary aos domingos. Tudo ficou diferente. Até então, eu havia apenas vagueado pelo centro da cidade; mas, agora, percorrera o caminho todo até lá. Foi um mau momento para ter abandonado as meninas. Aquele foi o pior erro que cometi na vida. Porém, nenhum momento é um bom momento para abandonar sua esposa e filhos.

Arranjei um quarto para mim, logo dobrando a esquina do bar do Navalha Fina, e levei minhas roupas para lá. Eu ainda ia ao comitê dos Caminhoneiros para dirigir caminhões e ainda conservava meu trabalho nos salões de dança; mas recebia cada vez mais requisições de trabalho vindas do centro da cidade. Agora, eu estava na correria. Eu era parte daquela cultura.

Capítulo Onze

Jimmy

Sem dúvida, é difícil para algumas pessoas, hoje em dia, avaliar a amplitude da fama — ou da infâmia — desfrutada por Jimmy Hoffa desde os dias do apogeu de sua carreira até antes de sua morte, um período de aproximadamente duas décadas, compreendido entre meados dos anos 1950 e meados dos anos 1970.

Embora no auge ele tenha sido o líder trabalhista mais poderoso da nação, como isto poderia significar alguma coisa nestes tempos em que os líderes trabalhistas são praticamente desconhecidos do grande público norte-americano? O que dizer de conflitos sindicais? Sangrentas disputas trabalhistas? O que há de mais próximo de uma disputa trabalhista hoje em dia é uma ameaça de greve dos jogadores de um time de beisebol, que provocaria um encurtamento da temporada de jogos e acarretaria a possibilidade de cancelamento do campeonato nacional. Todavia, nos primeiros dois anos subsequentes ao término da Segunda Guerra Mundial — os anos durante os quais Frank Sheeran buscou arranjar um emprego fixo e se casou — houve um total de oito mil greves, em 48 Estados. Isto significa mais de 160 greves por ano, em cada um dos Estados; e muitas dessas greves tiveram abrangência nacional.

Hoje em dia, Jimmy Hoffa é conhecido principalmente por haver sido vítima do mais famoso caso de desaparecimento da História dos Estados Unidos. Contudo, ao longo de um período de vinte anos, não havia um só cidadão norte-americano vivo que não reconhecesse Jimmy Hoffa imediatamente, do mesmo modo que o personagem Tony Soprano é reconhecido atualmente. A imensa maioria dos americanos seria capaz de reconhecê-lo apenas pelo som de sua voz. Entre 1955 e 1965, Jimmy Hoffa foi tão famoso quanto Elvis. Entre 1965 e 1975, Jimmy Hoffa foi tão famoso quanto os Beatles.

Jimmy Hoffa alcançou notoriedade por sua atividade sindical pela primeira vez ao liderar a bem-sucedida greve dos "Rapazes do Morango", com a qual seu nome passou a ser indissociavelmente identificado. Em 1932, o jovem Jimmy Hoffa, aos dezenove anos de idade, trabalhava como carregador de frutas e legumes em caminhões, na plataforma da Kroger Food Company nas docas de Detroit, recebendo 32 centavos de dólar por hora. Vinte desses 32 centavos eram pagos na forma de vales para serem trocados por gêneros alimentícios nos armazéns da própria companhia Kroger. Porém, os trabalhadores recebiam esse pagamento apenas se houvessem efetivamente trabalhado. Todos tinham de entrar às quatro e meia da tarde para cumprir uma jornada de doze horas de trabalho, sem que lhes fosse permitido deixar a plataforma nesse período. Quando não havia caminhões para serem carregados ou descarregados, os homens limitavam-se a sentar-se por ali, sem receber qualquer pagamento por isso. Em uma memorável tarde quente de primavera, um carregamento de morangos frescos chegou da Flórida, e a carreira do mais famoso líder trabalhista norte-americano teve início.

Respondendo a um sinal dado por Hoffa, os trabalhadores que viriam a se tornar conhecidos pela alcunha de "Rapazes do Morango" cruzaram os braços e se recusaram a carregar os morangos vindos da Flórida para o interior de caminhões refrigerados, até que seu sindicato fosse reconhecido e suas reivindicações por melhores condições de trabalho fossem atendidas. Tais reivindicações incluíam a garantia do pagamento mínimo de quatro horas trabalhadas, a cada turno diário de doze horas, aos trabalhadores da plataforma. Temendo pela perda de toda a carga de morangos sob o calor daquele dia, a companhia Kroger cedeu às exigências do jovem Jimmy Hoffa e concedeu aos integrantes do recém-formado "sindicato" de trabalhadores — de uma única e mesma empresa — a garantia de estabilidade no emprego por um ano.

Nascido no dia de São Valentim — 14 de fevereiro — em 1913, Jimmy Hoffa era sete anos mais velho do que Frank Sheeran. Contudo, ambos chegaram à idade adulta durante a mesma Grande Depressão, um período em que o patronato normalmente exercia um controle tirânico sobre as pessoas que tentavam apenas botar comida em suas mesas. O pai de Jimmy Hoffa, um minerador de carvão, morreu quando ele contava sete anos de idade. Sua mãe trabalhava em uma fábrica de automóveis para sustentar os filhos. Jimmy Hoffa abandonou a escola aos catorze anos de idade para trabalhar e ajudar sua mãe.

A vitória de Hoffa e seus "Rapazes do Morango" em 1932 foi uma rara conquista da classe trabalhadora naqueles dias. Naquele mesmo ano, um grupo de combatentes veteranos da Primeira Guerra Mundial e as reivindicações que faziam viriam a simbolizar a impotência dos trabalhadores durante a Depressão. Em 1932, milhares de veteranos, cansados de receberem promessas jamais cumpridas, marcharam em Washington e se recusaram a abandonar o Mall até que os bônus de guerra que haviam recebido — que não venceriam senão em 1945 — fossem garantidos pelo Congresso imediatamente, quando eles mais necessitavam resgatá-los. O presidente Herbert Hoover, então, ordenou ao general Douglas MacArthur que dissolvesse a "Marcha dos Bônus" e expulsasse dali seus integrantes, com o emprego de força bruta. MacArthur, montado em um cavalo branco, liderou uma investida com tropas, tanques e bombas de gás lacrimogêneo contra os veteranos, sem dar-lhes qualquer chance de se dispersarem pacificamente. O Exército dos Estados Unidos abriu fogo contra seus próprios ex-soldados desarmados, matando dois e ferindo vários outros — todos veteranos de uma guerra sangrenta, terminada catorze anos antes; a, assim chamada, "Guerra para Salvar a Democracia".

Frank "O Irlandês" Sheeran, por volta do ano de 1970.
Cortesia de Frank Sheeran

Frank Sheeran (à esquerda) com seu companheiro de batalhão Alex Siegel, um mês antes de Siegel ser morto durante um bombardeio a uma cabeça de praia em Salerno.
Cortesia de Frank Sheeran

Frank Sheeran, segurando um copo, celebrando o fim da Segunda Guerra Mundial, com seu colega Charlie "Diggsy" Meiers. *Cortesia de Frank Sheeran*

Sheeran *(em pé, primeiro à esquerda)* com seus colegas dos Caminhoneiros, em Detroit, em seu primeiro emprego no sindicato.
Cortesia de Frank Sheeran

Sheeran (*primeiro* à direita), como oficial encarregado da segurança da Convenção de Caminhoneiros de 1961, em Miami. *Cortesia de Frank Sheeran*

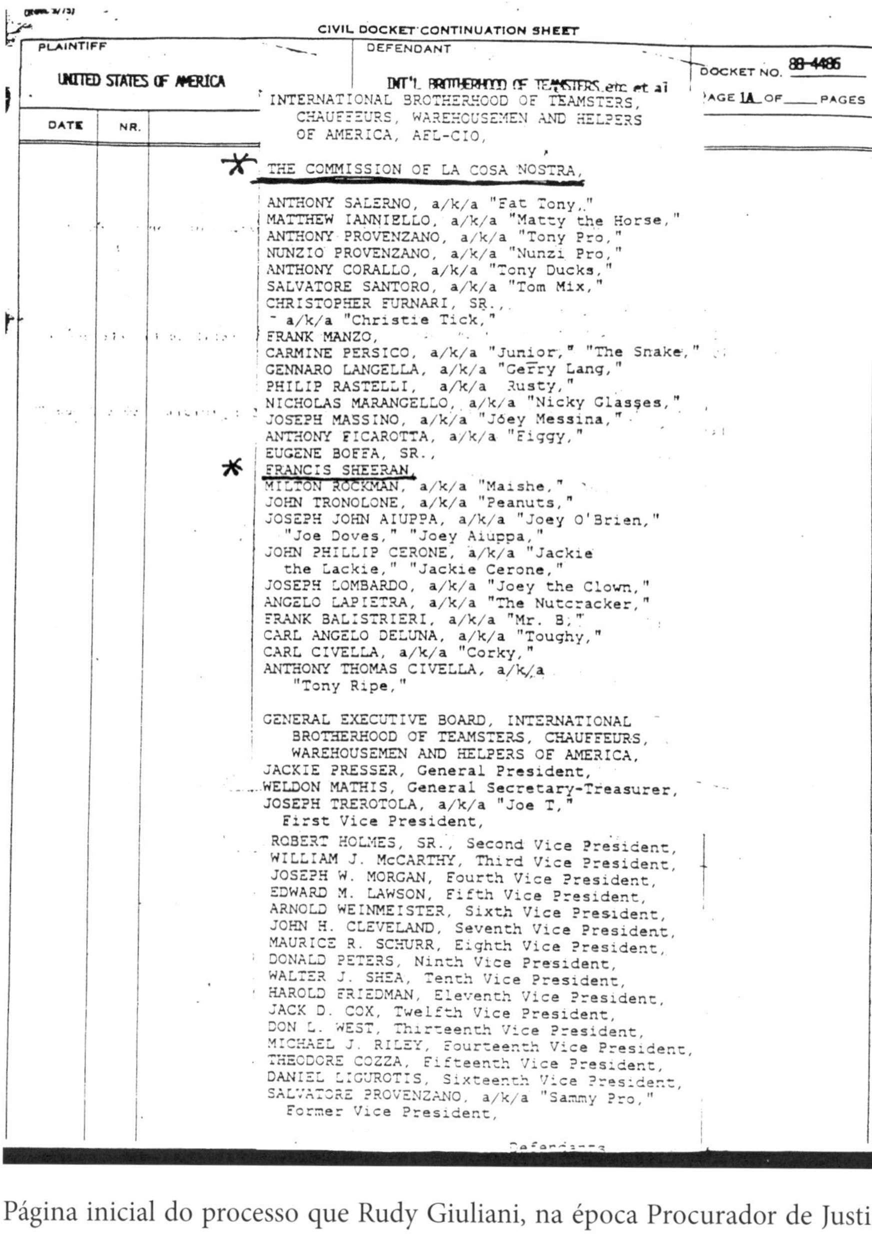

CIVIL DOCKET CONTINUATION SHEET

PLAINTIFF	DEFENDANT	DOCKET NO. 88-4486
UNITED STATES OF AMERICA	INT'L BROTHERHOOD OF TEAMSTERS etc et al	PAGE 1A OF ___ PAGES

DATE	NR.	

INTERNATIONAL BROTHERHOOD OF TEAMSTERS,
CHAUFFEURS, WAREHOUSEMEN AND HELPERS
OF AMERICA, AFL-CIO,

* THE COMMISSION OF LA COSA NOSTRA,

ANTHONY SALERNO, a/k/a "Fat Tony,"
MATTHEW IANNIELLO, a/k/a "Matty the Horse,"
ANTHONY PROVENZANO, a/k/a "Tony Pro,"
NUNZIO PROVENZANO, a/k/a "Nunzi Pro,"
ANTHONY CORALLO, a/k/a "Tony Ducks,"
SALVATORE SANTORO, a/k/a "Tom Mix,"
CHRISTOPHER FURNARI, SR.,
a/k/a "Christie Tick,"
FRANK MANZO,
CARMINE PERSICO, a/k/a "Junior," "The Snake,"
GENNARO LANGELLA, a/k/a "Gerry Lang,"
PHILIP RASTELLI, a/k/a Rusty,"
NICHOLAS MARANGELLO, a/k/a "Nicky Glasses,"
JOSEPH MASSINO, a/k/a "Joey Messina,"
ANTHONY FICAROTTA, a/k/a "Figgy,"
EUGENE BOFFA, SR.,
* FRANCIS SHEERAN,
MILTON ROCKMAN, a/k/a "Maishe,"
JOHN TRONOLONE, a/k/a "Peanuts,"
JOSEPH JOHN AIUPPA, a/k/a "Joey O'Brien,"
"Joe Doves," "Joey Aiuppa,"
JOHN PHILLIP CERONE, a/k/a "Jackie
the Lackie," "Jackie Cerone,"
JOSEPH LOMBARDO, a/k/a "Joey the Clown,"
ANGELO LAPIETRA, a/k/a "The Nutcracker,"
FRANK BALISTRIERI, a/k/a "Mr. B,"
CARL ANGELO DELUNA, a/k/a "Toughy,"
CARL CIVELLA, a/k/a "Corky,"
ANTHONY THOMAS CIVELLA, a/k/a
"Tony Ripe,"

GENERAL EXECUTIVE BOARD, INTERNATIONAL
BROTHERHOOD OF TEAMSTERS, CHAUFFEURS,
WAREHOUSEMEN AND HELPERS OF AMERICA,
JACKIE PRESSER, General President,
WELDON MATHIS, General Secretary-Treasurer,
JOSEPH TREROTOLA, a/k/a "Joe T,"
First Vice President,
ROBERT HOLMES, SR., Second Vice President,
WILLIAM J. McCARTHY, Third Vice President,
JOSEPH W. MORGAN, Fourth Vice President,
EDWARD M. LAWSON, Fifth Vice President,
ARNOLD WEINMEISTER, Sixth Vice President,
JOHN H. CLEVELAND, Seventh Vice President,
MAURICE R. SCHURR, Eighth Vice President,
DONALD PETERS, Ninth Vice President,
WALTER J. SHEA, Tenth Vice President,
HAROLD FRIEDMAN, Eleventh Vice President,
JACK D. COX, Twelfth Vice President,
DON L. WEST, Thirteenth Vice President,
MICHAEL J. RILEY, Fourteenth Vice President,
THEODORE COZZA, Fifteenth Vice President,
DANIEL LIGUROTIS, Sixteenth Vice President,
SALVATORE PROVENZANO, a/k/a "Sammy Pro,"
Former Vice President,

Defendants

Página inicial do processo que Rudy Giuliani, na época Procurador de Justiça, moveu contra a máfia, trazendo Frank Sheeran como um dos dois únicos não ítalo-americanos da lista com vinte e seis proeminentes figurões da Cosa Nostra.

254

Richard Nixon

President of the United States of America

To all to whom these presents shall come, Greeting:

Whereas James R. Hoffa, also known as James Riddle Hoffa, was convicted in the United States District Court for the Eastern District of Tennessee on an indictment (No. 11,989) charging violation of Section 1503, Title 18, United States Code, and on March twelfth, 1964, was sentenced to serve eight years' imprisonment and to pay a fine of ten thousand dollars ($10,000); and

WHEREAS the said James R. Hoffa was convicted in the United States District Court for the Northern District of Illinois on an indictment charging violation of Sections 371, 1341 and 1343, Title 18, United States Code, and on July fourteenth, 1969, was sentenced to serve five years' imprisonment consecutive to the aforesaid sentence imposed by the United States District Court for the Eastern District of Tennessee and to pay a fine of ten thousand dollars ($10,000); and

WHEREAS the aforesaid convictions were affirmed on appeal; and

WHEREAS the said James R. Hoffa paid the aforesaid fines and was committed to the United States Penitentiary, Lewisburg, Pennsylvania, on March seventh, 1967, and will be eligible for release therefrom with credit for statutory good time on November twenty-eighth, 1975; and

WHEREAS it has been made to appear that the ends of justice do not require that the aforesaid sentences be served in their entirety: ——————

Primeira página do perdão presidencial de Hoffa, outorgado por Nixon.

I, JOHN N. MITCHELL, being duly sworn, depose and say:

1. That neither I, as Attorney General of the United States, nor, to my knowledge, any other official of the Department of Justice during my tenure as Attorney General initiated or suggested the inclusion of restrictions in the Presidential commutation of James R. Hoffa.

2. That President Richard M. Nixon did not initiate with or suggest to me nor, to my knowledge, did he initiate with or suggest to any other official of the Department of Justice during my tenure as Attorney General that restrictions on Mr. Hoffa's activities in the labor movement be a part of any Presidential commutation for Mr. Hoffa.

John N. Mitchell

JOHN N. MITCHELL

Sworn to before me this 15th day of October, 1973

Rose L. Schiff

Notary Public

ROSE L. SCHIFF
Notary Public, State of New York

Declaração juramentada escrita por John Mitchell, para auxiliar Hoffa, visando remover as restrições do perdão presidencial concedido por Nixon.

Noite de Agradecimento a Frank Sheeran, no Latin Casino, em 1974. O prefeito Frank Rizzo (*que está apertando a mão de Hoffa*) estava lá, assim como John McCullough (*segundo à direita*), chefe do sindicato dos telheiros, e Cecil B. Moore (*primeiro à esquerda*), líder dos direitos civis para o progresso do povo negro (NAACP). *Cortesia de Frank Sheeran*

Frank Sheeran: "Eu serei um aliado de Hoffa até o dia em que acertarem a minha cara com um pá e roubarem as minhas abotoaduras." As abotoaduras de Sheeran foram um presente de Russell Bufalino. *Cortesia de Frank Sheeran*

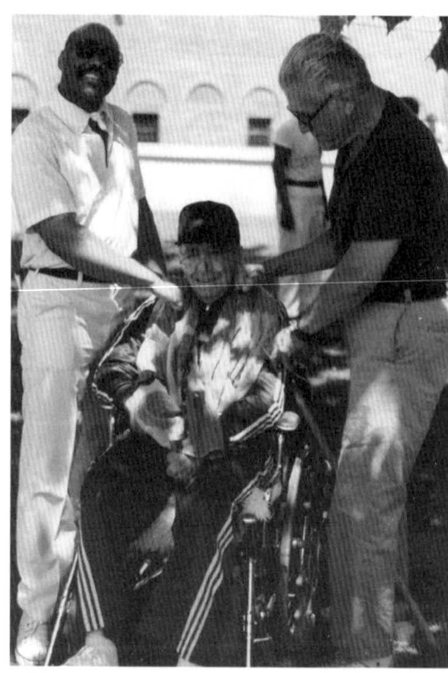

Russell Bufalino, na cadeira de rodas, recebendo um soco "amigável" de Sheeran, por volta de 1986. *Cortesia de Frank Sheeran*

Sheeran, apontando para o antigo imóvel onde ficava a entrada do restaurante Machus Red Fox. No espelho retrovisor, vemos a imagem da loja de ferragens onde Hoffa utilizou o telefone público que ficava na área externa para fazer uma ligação à sua esposa. *Cortesia de Charles Brandt*

A casa onde Jimmy Hoffa entrou pela última vez, antes de morrer, no dia 30 de julho de 1975. *Cortesia de Charles Brandt*

"O Irlandês" na varanda de sua casa, em outubro de 2001, poucos meses antes de ir para uma casa de repouso para idosos. *Cortesia de Charles Brandt*

Hoffa e Sheeran na Noite de Agradecimento a Frank Sheeran, no Latin Casino, em 1974. *Cortesia de Frank Sheeran*

No ano seguinte, a Kroger recusou-se a negociar um novo contrato, fazendo com que a vitória de Hoffa tivesse curta duração. Mas, pela tenacidade e a intransigência que demonstrara na condução do episódio dos "Rapazes do Morango", Hoffa viria a ser recrutado pelo Comitê Local 299 dos Caminhoneiros, de Detroit, como sindicalista. O trabalho de Hoffa seria o de encorajar os homens a filiarem-se ao sindicato que, através da solidariedade e da organização, lhes asseguraria melhores condições de vida para si mesmos e suas famílias. Detroit era a sede da indústria automobilística norte-americana. Como o principal porta-voz da indústria automobilística em nível mundial, Henry Ford considerava o movimento trabalhista, de maneira geral, como "a pior coisa que já aconteceu sobre a face da Terra".

Para combater mal tão monstruoso quanto os sindicatos de trabalhadores, as empresas acreditavam que quaisquer meios seriam justificáveis. Grandes e pequenas empresas não tinham escrúpulos quanto a contratar capangas e outros criminosos violentos para que atuassem como "fura-greves", abatendo o ânimo e quebrando as cabeças dos grevistas e líderes de atividades sindicais.

Uma vez organizado, a única "arma" de que um sindicato dispõe para negociar é a greve; e uma greve não pode ser bem-sucedida se uma quantidade suficiente de pessoas comparecer aos seus postos de trabalho, para trabalhar. Como os empregos fossem escassos durante a ascensão de Hoffa, o patronato encontrava pouca dificuldade para contratar "pelegos" e substituí-los pelos trabalhadores sindicalizados. Quando os grevistas sindicalizados faziam piquetes, impedindo que "pelegos" não sindicalizados ultrapassassem suas barreiras e assumissem seus postos de trabalho, os capangas e bandidos a serviço dos patrões infiltravam-se nos piquetes e abriam caminho à força. O mafioso siciliano Santo Perrone, que atuava em Detroit, fornecia capangas a soldo à classe patronal daquela cidade. Perrone enviava jagunços sicilianos armados com cassetetes para que dissolvessem manifestações de grevistas em Detroit, enquanto a polícia local fazia vistas grossas ou contribuía com a ação dos "fura-greves".

Segundo as palavras de Hoffa, "Ninguém pode descrever as greves em que todos sentavam-se no chão, os tumultos, as brigas que tiveram lugar no Estado de Michigan — particularmente aqui, em Detroit — a menos que tenha participado dessas atividades." Em outra ocasião, ele disse: "Meu couro cabeludo foi aberto, de modo a fazer com que eu precisasse receber pontos de sutura, não menos do que seis vezes durante o primeiro ano em que fui o agente de negociações do Local 299. Fui agredido por policiais ou fura-greves ao menos duas dúzias de vezes, naquele ano."

No outro prato da balança, organizações sindicais tais como os Caminhoneiros frequentemente também empregavam a força bruta, instaurando seus próprios "reinados do terror", promovendo atentados a bomba, incêndios criminosos, agressões e assassinatos. As táticas de guerra e a violência não eram empregadas exclusivamente entre os trabalhadores e o patronato. Não era incomum que organizações sindicais rivais disputassem entre si a filiação de uma mesma categoria de trabalhadores. Tristemente, a violência também costumava ser dirigida contra membros das próprias fileiras, que clamassem por reformas democráticas nas organizações sindicais que integrassem.

As alianças feitas por Hoffa com mafiosos de todo o país, enquanto ele mesmo e sua organização sindical ascendiam, hoje em dia são apenas uma questão de registros históricos. Porém, na década de 1950 estas constituíam um assunto que apenas começava a ser exposto à luz da consciência pública.

Em maio de 1956, Victor Riesel, um repórter investigativo do diário *New York Journal American*, deu voz a integrantes dos Caminhoneiros contrários à atuação de Hoffa no programa cotidiano de rádio que apresentava. Riesel vinha empreendendo uma verdadeira cruzada contra os elementos criminosos que existiam em meio aos sindicatos trabalhistas. Na noite do dia em que o programa de rádio foi levado ao ar, Riesel saía do famoso restaurante Lindy's, na Broadway, próximo à Times Square, quando foi abordado na calçada por um facínora que lhe atirou um frasco de ácido no rosto. Riesel ficou cego em decorrência do efeito do ácido sobre seus olhos. Logo, tornou-se óbvio que o ataque havia sido ordenado pelo aliado de Hoffa e agitador sindical John Dioguardi, mais conhecido como Johnny Dio. Dio foi acusado de ter ordenado o insidioso crime; porém, quando o perpetrador do atentado com ácido foi encontrado morto e outras testemunhas que entenderam a mensagem se recusaram a cooperar, as acusações foram retiradas.

A imagem de Victor Riesel cego, usando óculos escuros, aparecendo na televisão e ainda corajosamente clamando por reformas no trabalhismo norte-americano, chocaram de tal maneira a nação que o Senado dos Estados Unidos respondeu ao conduzir, com transmissões ao vivo, as audiências relativas à influência de "agitadores profissionais" no seio dos movimentos e manifestações trabalhistas. Esta série de audiências viria a ser conhecida como as Audiências da Comissão McClellan, devido ao nome do senador pelo Estado do Arkansas, John L. McClellan, que as presidiu. Os futuros candidatos presidenciais, senador Barry Goldwater, do Arizona, e o senador John F. Kennedy, de Massachusetts, eram integrantes da Comissão McClellan. O conselheiro-chefe da comissão e seu principal interrogador era o irmão mais novo do futuro presidente — e, ele mesmo, futuro procurador-geral do país —, Bobby Kennedy. Como resultado de seu trabalho agressivo na comissão, Bobby Kennedy se tornaria um inimigo mortal de Jimmy Hoffa.

Johnny Dio apelou à Quinta Emenda para evitar responder a cada pergunta que lhe foi dirigida — inclusive quando lhe perguntaram se ele conhecia Jimmy Hoffa. Jimmy Hoffa não poderia apelar à Quinta Emenda devido ao cargo que ocupava no sindicato, sob risco de perdê-lo. Então, ele respondeu às perguntas que lhe foram endereçadas com palavras de interpretação dúbia e, alegadamente, com uma memória que parecia impossível de ser "refrescada". Quando confrontado com gravações —

obtidas através de grampos telefônicos — de conversas que mantivera com Johnny Dio, Hoffa não conseguiu se lembrar sequer de ter solicitado a Johnny Dio que lhe fizesse alguns favores. A certa altura, Hoffa disse a Bobby Kennedy, relativamente às gravações: "O máximo que consigo recordar, apelando à minha memória, é que não consigo me lembrar de coisa alguma."

O ultraje teria sido muito maior se o público viesse a saber o que Hoffa dissera aos seus colaboradores mais próximos quando foi informado de que Riesel ficara cego: "Aquele filho da puta do Victor Riesel... Só jogaram um pouco de ácido na cara dele... É uma pena que não tenham jogado ácido também nas malditas mãos com que ele datilografa."

Quando perguntado por Bobby Kennedy onde ele conseguira vinte mil dólares, em dinheiro vivo, para investir em um determinado empreendimento comercial, Hoffa respondeu: "Com alguns indivíduos." Quando instado a citar os nomes destes, Hoffa disse: "Sem considerações prévias, quanto a esta quantia de dinheiro em particular, neste momento em particular, não sei de nada. Mas possuo registros dos empréstimos que fiz, os quais já requisitei; e foi da soma de todas as quantias em dinheiro que tomei de empréstimo nesse período de tempo que saiu o capital que investi nesses empreendimentos."

Bem, isso explicava aquilo.

Bobby Kennedy chamou Jimmy Hoffa de "o homem mais poderoso do país, depois do presidente".

Parte da mística de Hoffa, quando se tornou famoso nos anos 1950, advinha da imagem de rebelde durão e cínico que ele projetava pela televisão. Ele era um sujeito "*antiestablishment*", antes que o povo começasse a empregar este termo. Hoje em dia, o que há de mais próximo da imagem que Hoffa projetava, talvez seja a imagem intencional e calculadamente projetada por alguma banda de *heavy metal*. Simplesmente não existem, atualmente, figuras públicas que desafiem tão abertamente a elite empresarial e o *establishment* governamental e, ao mesmo tempo, posem como paladinos da classe trabalhadora com os mesmos modos arrogantes de Jimmy Hoffa, em suas aparições quase diárias na mídia.

A televisão estava em sua infância quando Jimmy Hoffa se tornou presidente da Fraternidade Internacional dos Caminhoneiros, no dia 14 de outubro de 1957 — um mês antes do evento ocorrido em Apalachin. Hoffa era uma celebridade frequentemente convidada a aparecer em programas noticiosos e *talk-shows* da época, tais como o *Meet the Press* (algo como "Encontro com a Imprensa"). Microfones eram colocados diante de seu rosto onde quer que ele fosse, e se Jimmy Hoffa dissesse que concederia uma entrevista coletiva, a imprensa do mundo todo compareceria, em peso.

Jimmy Hoffa tinha duas "filosofias" que orientavam seus atos. De uma maneira ou de outra, ele as expressava diariamente, através de palavras ou de ações. A primeira dessas "filosofias" era relativa aos "fins"; e a segunda, aos "meios". Os "fins" constituíam o cerne de sua filosofia trabalhista. Hoffa costumava dizer que sua filosofia trabalhista era simples: "O trabalhador americano é cotidianamente logrado, nos Estados Unidos." Os "meios", sua segunda "filosofia", poderiam ser resumidos em uma frase dita por ele a Bobby Kennedy, em uma festa em que os dois casualmente se encontraram: "Eu faço aos outros o que os outros fazem a mim; só que pior." Dito em outras palavras, Jimmy Hoffa acreditava que os "fins" que levariam à melhoria das condições de vida dos trabalhadores americanos — conduzidos pelo seu sindicato — justificariam quaisquer "meios" empregados para obtê-la.

Sua popularidade junto aos membros de sua própria organização era refletida pela disposição destes em arrebatar avidamente quaisquer benefícios tangíveis que Hoffa obtivesse para eles, sob a forma de salários, férias, pensões, planos de saúde e de bem-estar social. Tal como disse Hoffa a Johnny Dio, em uma daquelas conversas das quais ele não conseguia se lembrar, cujas gravações foram grampeadas: "... trate-os bem e você não terá com que se preocupar".

Ainda que outros possam ter compartilhado de seu empenho para melhorar as vidas dos trabalhadores e trabalhadoras dos Estados Unidos — bem como as das famílias destes —, Jimmy Hoffa tinha a capacidade de capitalizar isso. Seu ardoroso apoiador Frank Sheeran disse que "Jimmy Hoffa estava adiante do seu tempo, quando se tratava de trabalhismo. Havia apenas duas coisas que importavam em sua vida: o sindicato e a sua família. Acredite ou não, por mais que ele se dedicasse ao sindicalismo, sua esposa, sua filha e seu filho sempre vieram antes, para ele. Os sindicatos, para ele, eram algo que auxiliava não apenas aos trabalhadores, mas às famílias dos trabalhadores, também. Todos falavam muito sobre valores familiares, na época. E nisto, também, Jimmy estava adiante do seu tempo. Essas duas coisas constituíam toda a vida dele."

Jimmy Hoffa certa vez disse, entusiasticamente, a Frank Sheeran: "Se você recebeu, Irlandês, foi porque um motorista de caminhão trouxe até você. Não se esqueça disto. Este é o verdadeiro segredo do que fazemos." A parte relativa a "você recebeu" referia-se a tudo, ou quase isso: alimentos, vestuário, medicamentos, materiais para construção, combustíveis para uso doméstico e industrial etc. Assim, uma greve nacional de motoristas de caminhão poderia, literalmente, matar de fome e parar o país. Por isso, Bobby Kennedy referiu-se aos Caminhoneiros de Hoffa como "a instituição mais poderosa do país, afora o governo dos Estados Unidos. [...] E a maneira como o Sr. Hoffa exerce seu controle sobre ela é uma verdadeira conspiração do mal." O senador John L. McClellan conduziu essa imagem um passo além. McClellan referiu-se aos "Caminhoneiros sob a liderança do Sr. Hoffa" como "uma superpotência dentro deste país; com um poder maior que o do povo e maior que o do governo."

A partir de 1957, desde a ocasião em que seu antecessor e mentor, Dave Beck, abdicou da presidência e foi para a cadeia, por haver desviado 370.000 dólares da

Conferência do Oeste dos Caminhoneiros — para financiar, entre outras coisas, a construção de uma casa para seu filho —, Jimmy Hoffa, o novo presidente, exerceu seu poder de maneira absoluta. Talvez seja verdade que todo poder corrompe, e que o poder absoluto corrompa absolutamente. Se assim for, Jimmy Hoffa jamais procurou justificar as fichas criminais dos homens com os quais procurou associar-se para alcançar seus objetivos.

Certa vez, Hoffa declarou a uma plateia televisiva: "Agora, quando vocês abordam essa questão de capangas e gângsteres, saibam que as primeiras pessoas a contratarem jagunços e gângsteres são os patrões. Se existem forças ilegais na comunidade, eles as usarão a seu favor, sejam estas armadas ou não. E, se você pretende permanecer no negócio de organizar os desorganizados, mantendo a união que você obtém, é melhor que crie uma força de resistência."

A "resistência" de Hoffa consistia-se de alianças muito próximas com os mais poderosos chefões da recém-descoberta e intrincada rede de gângsteres exposta pelo evento de Apalachin, que havia repartido os Estados Unidos em 24 áreas de atuação do crime organizado. Esses gângsteres dirigiam organizações criminosas (chamadas "famílias") estruturadas segundo os moldes de instituições militares. Havia os "chefões" ou "padrinhos", que seriam equivalentes a generais; os "subchefes" e os "*consiglieri*", equivalentes a oficiais de alta patente; os "capos", equivalentes a capitães; e os "soldados", que, tal como os verdadeiros soldados militares, apenas obedeciam a ordens superiores. Além disso, havia os associados como Frank Sheeran, que a despeito do *status* que conquistassem jamais seriam admitidos como "oficiais" na estruturação militar das famílias italianas.

A partir da análise dos registros históricos, restam poucas dúvidas de que Hoffa soubesse muito bem que a maioria dos mafiosos que compunham sua "resistência" tinha pouco apreço pelos seus ideais. O próprio Johnny Dio era proprietário e administrador de uma oficina de confecção de roupas na qual trabalhavam operários não sindicalizados. Muitas dessas figuras obscuras viam os sindicatos apenas como outros instrumentos que pudessem contribuir para a perpetração de mais crimes, proporcionando-lhes a acumulação de mais riquezas e poder.

Nesse ínterim, em discursos e mais discursos dirigidos aos seus companheiros de luta, Hoffa disse aos seus irmãos Caminhoneiros: "Toda essa baboseira sobre agitadores e bandidos não é mais do que uma cortina de fumaça lançada para levar vocês de volta aos dias em que eles podiam descartar vocês em uma pilha de sucata, tal como descartam um caminhão velho e imprestável."

Por outro lado, em seu livro *The Enemy Within* (título que poderia ser traduzido como "O Inimigo Dentro de Casa"), Bobby Kennedy escreveu sobre as experiências que teve e as observações que pôde fazer como conselheiro-chefe das audiências da Comissão McClellan sobre o crime organizado e os sindicatos trabalhistas, dizendo:

"Estivemos diante e questionamos alguns dos gângsteres e contraventores mais notórios do país. Porém, não há nenhum grupo que se encaixe melhor no protótipo do antigo 'sindicato' de Al Capone do que Jimmy Hoffa e seus principais tenentes, dentro e fora das organizações sindicais."

A Twentieth Century Fox encomendou uma adaptação do livro de Bobby Kennedy para o cinema. Budd Schulberg, o aclamado escritor de *On the Waterfront*, escreveu o roteiro, mas o projeto foi abandonado pelo estúdio. A Columbia Pictures, então, mostrou interesse em levar adiante o projeto, mas também terminou por abandoná-lo. Na introdução que escreveu em 1972 para um livro sobre Hoffa — de autoria de Walter Sheridan, o primeiro-secretário de Bobby Kennedy —, Budd Schulberg explicou por que os dois estúdios abandonaram o projeto: "Um sujeito durão do sindicato caminhou diretamente para o escritório do novo diretor [da Twentieth Century Fox] para preveni-lo de que se o filme fosse realizado, os motoristas de caminhão [dos Caminhoneiros] se recusariam a transportar e entregar as cópias aos cinemas. E se estas chegassem a elas de quaisquer outras maneiras, bombas de efeito moral expulsariam as plateias das salas de projeção."

Esta ameaça à Twentieth Century Fox foi corroborada por uma carta de advertência enviada à Columbia Pictures pelo advogado dos Caminhoneiros, Bill Bufalino, que, à época, também representava juridicamente a Jimmy Hoffa. Acerca da carta de Bufalino, Budd Schulberg escreveu: "Ele afirmava, com todas as letras, que a Twentieth Century Fox sensatamente abandonara o projeto tão logo algumas eventuais possibilidades lhes haviam sido apontadas, e que ele confiava que a Columbia seria suficientemente prudente para agir da mesma maneira."

Capítulo Doze

"Ouvi dizer que você pinta casas"

"Minha vocação para o corre-corre jamais arrefeceu. Parece que tem sido assim a minha vida toda; e ainda consigo me manter tão bem em cima das minhas pernas que acho que tenho um bocado de sangue cigano correndo nas veias.

Conseguindo trabalho no comitê do sindicato, como autônomo, sem maiores comprometimentos, eu tinha a liberdade de estar onde eu precisasse estar, em qualquer dia determinado. Nos dias em que eu arranjava algum 'bico' para fazer no centro da cidade, sequer me dava ao trabalho de ir até o pátio do comitê para ver se arranjava um caminhão para dirigir. Pouco a pouco, minha reputação crescia, e eu arranjava cada vez mais 'bicos' para fazer no centro da cidade. Eu conseguia me manter e ainda dava uma passadinha em casa para deixar algum dinheiro com Mary, para o sustento das crianças, dependendo de quanto eu faturasse em determinada semana. Todos os trabalhos que eu fazia no centro da cidade eram pagos em dinheiro vivo. Até mesmo pelo trabalho que fazia nos salões de dança eu recebia em dinheiro vivo.

No entanto, se eu pegasse um caminhão para dirigir pelo dia todo, não havia dinheiro em espécie envolvido na transação. E não dá para fazer nenhuma grana 'por fora' com um caminhão que você dirige por apenas um dia. É preciso mais do que um dia, aqui ou ali, para estabelecer um esquema, tal como o negócio com os quartos de boi da Food Fair. Assim, ir ao centro da cidade e ficar moscando pelos bares era a melhor maneira de conseguir arranjar uma graninha extra.

Eu aprendi as manhas do negócio com o Navalha Fina e o pessoal dele. Era como se, nesse ramo de trabalho, eles fossem combatentes veteranos enquanto eu era o recruta novato, recém-entrado no esquema. Aos olhos dos outros, eu parecia ser muito mais próximo de Angelo e de seu pessoal do que de Russell. Mas minha lealdade era para com Russell. Eu apenas via Angelo e seu pessoal mais frequentemente porque ele vivia no centro da cidade, enquanto Russell vivia a maior parte do tempo no interior. Angelo dizia que ele havia me emprestado a Russell, mas a verdade era exatamente o oposto: Russell é que me emprestara para Angelo. Russell achava que isso seria bom para mim, para que eu aprendesse as manhas e ganhasse algum dinheiro trabalhando no centro da cidade, junto com o pessoal de Angelo. Certo dia, Russell referiu-se a mim como 'seu irlandês'; então, todo mundo no centro da cidade passou a me tratar por 'Irlandês', ou a referir-se a mim como 'O Irlandês', em vez de 'Cheech'.

Depois do caso com o Sussurro, comecei a ter sempre comigo uma 'máquina' com que eu pudesse contar para qualquer finalidade, a qualquer momento. Se eu estivesse dirigindo, teria uma sempre à mão, no porta-luvas do carro. Certa noite, no caminho de volta para casa, ao deixar o Nixon Ballroom, às duas horas da manhã, parei em um sinal vermelho numa esquina escura da Rua Spring Garden, onde a lâmpada do poste de iluminação havia estourado. Eu estava sozinho no carro e a janela do meu lado estava baixada. Então, um jovem negro surgiu, enfiando um cano debaixo do meu nariz. Imaginei que tivesse sido ele quem estourara a lâmpada que iluminava a rua. Aquela era a esquina dele. Ele tinha um parceiro, postado atrás dele, para lhe dar cobertura, mas que obviamente não portava uma arma. O que portava o berro mandou que eu lhe entregasse minha carteira. Eu disse a ele: 'Claro. Mas eu preciso apanhá-la no meu porta-luvas.' Disse a ele para que ficasse tranquilo e não fizesse 'nenhuma besteira, meu jovem'. Inclinei-me para alcançar o porta-luvas e apanhei meu .38 de cano curto, que o bandido não podia ver porque meus ombros largos lhe bloqueavam o campo visual. Quando me voltei para ele, ainda não lhe era possível ver a arma oculta em minha mão grande, e porque eu me voltara tão rápido quanto a cauda de um canguru. Ele estendeu a mão livre para apanhar o que pensou ser a minha carteira e eu o acertei em um dos joelhos. Quando ele começou a dobrar-se sobre si mesmo, acertei sua outra rótula. Pelo espelho retrovisor, ao arrancar com o carro, vi quando ele começou a se contorcer e a rolar pelo chão, enquanto seu amigo disparava pela Rua Spring Garden abaixo. Algo me disse que o amigo não estava correndo em busca de socorro para ele nem em busca de mais alguém para lhe dar cobertura. Algo me disse que o sujeito que rolava pela rua jamais iria fazer suas correrias outra vez. Daquele momento em diante, a cada vez que ele tentasse dar um passo vacilante, com seus joelhos estourados, certamente iria se lembrar de mim.

Só por segurança, livrei-me daquele .38. Se você mantém um 'ferro' no carro ou em casa, é melhor que seja uma peça novinha em folha; uma que jamais tenha disparado sequer um tiro. Dessa maneira, ela jamais poderá implicar você em nada. Com uma arma usada, você nunca tem certeza de quem a usou antes e para quê; certamente terá sido para algo que você nunca fez. Por isso é que eu recomendo a posse de uma arma nova, recém-retirada da caixa.

Eu estava ficando cada vez melhor no negócio de entregar e coletar dinheiro de empréstimos, e começava a lidar com somas mais vultosas. As pessoas sabiam onde me encontrar e vinham a mim para receber ou fazer seus pagamentos. Eu não precisava mais de um caminhão para percorrer um itinerário. Os dias dos empréstimos de dez pratas para as garçonetes das lanchonetes White Tower haviam chegado ao fim.

Mas havia esse sujeito a quem eu fizera um empréstimo que eu achei que viesse me evitando. Eu não conseguia encontrá-lo em lugar algum. Certa noite, um dos rapazes entrou no Friendly e me disse que vira o sujeito que eu procurava no bar de

Harry 'O Corcunda' Riccobene, chamado Yesteryear Lounge. Quando eu o encontrei, jogando cartas no bar do Harry, o sujeito me disse que sua mãe morrera e ele tivera de gastar todo o dinheiro que economizara para que pudesse me pagar, com as despesas do funeral. Senti pena dele, voltei ao Friendly e contei ao Navalha Fina que o encontrara no bar do Harry. O Fininho perguntou-me: 'Ele pagou a você ao menos uma parte do seu dinheiro?' Respondi-lhe: 'Ainda não.' Então, o Fininho disse: 'Não diga nada! Deixe-me adivinhar... A mãe dele morreu?' Eu disse: 'É... Pobre sujeito... Acho que você já soube do ocorrido...' O Fininho explodiu: 'A porra da mãe desse sujeito vem morrendo, não sei quantas vezes, há dez anos!'

Eu me senti mais do que simplesmente tapeado porque eu era novo no negócio. Imagine, um sujeito usar o nome de sua própria mãe desse jeito? Então, voltei ao bar do Harry e disse ao imprestável que se levantasse da mesa do carteado. Ele tinha a minha altura, mas era um tanto mais pesado do que eu. Ele se levantou pronto para me dar um murro, e eu bati nele por isso. Derrubei-o, ele caiu de costas e lá se foram a mesa do carteado e cadeiras voando para todo lado. Ele se levantou e veio para cima de mim, brandindo uma cadeira. Arranquei a cadeira de sua mão e a mandei para cima dele, continuando a bater até transformá-lo em uma massa sanguinolenta e deixá-lo inconsciente, estirado no chão.

De repente, Harry apareceu, deu uma olhada em torno e ficou maluco. Ele tinha uma corcunda, mas era um sujeito durão e, ainda por cima, era um 'homem feito', tido em alta consideração por Angelo. Ele começou a berrar comigo por ter esculhambado seu bar, espirrando o sangue do sujeito pelo piso todo. Eu disse a ele que pagaria por todos os estragos. Ele disse que isso não importava, e perguntou que espécie de respeito eu demonstrava quando esculhambava todo o bar dele? Eu poderia ter levado o sujeito para fora e acabado com ele na rua; não dentro do bar. Eu não conhecia o Harry muito bem, mas disse a ele que o sujeito tentara me acertar, primeiro. Contei a ele que o cara me devia dinheiro e não aparecia com a grana. Harry disse: 'Esse vagabundo teve coragem de sair à rua para tomar mais dinheiro emprestado? Ele já está devendo a todo mundo, aqui!' Eu disse: 'Não sabia disso quando eu emprestei dinheiro a ele...' Então, Harry 'O Corcunda' foi até o sujeito estirado no chão, ergueu-lhe pelos cabelos e começou a bater na cara dele, também.

Nesse ínterim, a cada vez que eu ia ao bar dele, o Navalha Fina começava a comentar comigo que eu não deveria apenas dirigir caminhões. O Fininho disse: 'Como é que você não está fazendo nada, mãezinha? Você precisa fazer alguma coisa.' Ele disse que eles deveriam fazer algo por mim. Eu não deveria apenas ficar lá, manobrando para me virar. Eu deveria subir na escala. Deveria estar em meio aos figurões. Ele veio com esse tipo de papo algumas vezes. Em uma dessas vezes, eu disse a ele que gostara do filme *Sindicato de Ladrões*, e que não me importaria de começar a trabalhar diretamente para o sindicato. Eu apreciava a maneira como os líderes sindicais, tal qual Joey McGreal e os agentes comerciais, se dedicavam à melhoria das condições dos trabalhadores no meu sindicato, os Caminhoneiros. Navalha Fina deve ter falado com Angelo, e Angelo deve ter falado com Russell. Pouco tempo depois, comecei a receber indiretas de Russell, sempre que nos sentávamos para mergulhar pedaços de pão no nosso vinho. Russell começou a dizer coisas como 'você não irá dirigir caminhões para sempre, meu irlandês'.

Então, certa vez, outro sujeito sequestrou um caminhão com uma carga de joalheria e jamais apareceu com a grana. Quando você faz uma coisa dessas, sabe que haverá problemas. Mas há um bocado de gente assim, que simplesmente não consegue dizer a verdade ou agir de maneira correta com os outros e, por isso, vive no fio da navalha. Tirar vantagem dos outros é um hábito para essas pessoas, tal como ruminar goma de mascar. Algumas delas têm problemas com bebida ou com jogo, e essas coisas afetam seu senso de julgamento. Não sei se esse sujeito fazia qualquer dessas coisas; não sei qual era o problema dele. Só o que eu sei é que ele tinha um problema.

Fui enviado para dar um recado ao imprestável. Eu sabia que outras pessoas já haviam tentado dizer a ele o que isto é, mas ele sempre contava uma história diferente a cada um que falasse com ele. No centro da cidade, me disseram para ficar na cola dele. Então passei a andar na companhia dele. Certa noite, estávamos no Haverford Diner, na esquina da Rua 63 com a Harrison. Deixei-o lá às oito e meia da noite, porque ele disse que estava à espera de outro sujeito a quem conhecia.

Mais tarde, naquela noite, o imprestável foi morto no próprio porão em que vivia, baleado por uma Magnum .357. À época, eu estava morando na Avenida City Line. Os tiras vieram, deram uma busca no meu apartamento e me levaram com eles para que eu fosse interrogado. Eles podiam fazer isso, naquela época, mas depois a Suprema Corte mudou as regras. Agora, eles têm de lidar com toda essa gente à solta por aí, que mata suas esposas ou suas namoradas, e ninguém pode ser levado sequer para que lhes perguntem seus nomes. Naquele tempo, eles nos apanhavam sempre que achassem que deviam fazer isso. Eles nos faziam sentar e nos fulminavam com perguntas disparadas de todos os cantos de uma sala de interrogatório. Aquilo sim, era um verdadeiro inquérito de terceiro grau.

Eles encontraram uma Magnum .357 no meu apartamento, mas esta jamais havia sido utilizada; este era o meu argumento. Eles arranjaram uma testemunha no Haverford que disse que eu ficara pedindo incessantemente à garçonete, em voz alta, para que me informasse as horas, durante todo o tempo que permaneci em companhia do falecido. Disseram que perguntei a ela ainda mais uma vez, até que me levantei e saí dali às oito e meia da noite.

Segundo eles, esta seria minha tentativa de 'plantar' meu álibi na mente da garçonete, de modo que ninguém pudesse dizer que eu estava com o sujeito mais tarde, naquela noite, quando ele foi 'apagado'. Então, eles disseram que haviam encontrado uma impressão digital minha no corrimão da escada que levava ao porão em que ele morava. Eu disse a eles que, no dia anterior, havia apanhado um berço de bebê emprestado dele, no apartamento em que ele vivia. Foi uma coisa boa eu ter me aproximado do sujeito antes, ou aquela digital poderia ter sido usada contra mim. Eles perguntaram se havia alguma coisa que eu desejasse desabafar, para aliviar meu peito, e eu respondi: 'Não tenho nada para tirar do meu peito porque eu não fiz coisa alguma.' Eles pediram para que eu me submetesse a um detector de mentiras, e eu lembrei-lhes de que eu não havia nascido ontem e, respeitosamente, disse-lhes que achava que eles mesmos deveriam se submeter a um detector de mentiras, tão logo tivessem oportunidade de fazer isso, e falassem acerca de quaisquer produtos de roubo que tivessem apreendido e recuperado, nos últimos dias.

À medida que eu aprendia as manhas, saquei que, por vários bons e consistentes motivos, os chefes e capitães enviavam alguém que fosse seu amigo próximo, se quisessem que você fosse 'apagado'. O fator mais evidente era que o atirador poderia chegar muito próximo de você em um lugar isolado. Um fator menos evidente é que para qualquer elemento encontrado que pudesse incriminar o atirador, caso ele fosse seu amigo, haveria muitas explicações perfeitamente inocentes sobre como aquilo poderia ter ido parar na sua casa, no seu carro ou mesmo no seu corpo.

Tome, por exemplo, o fio de cabelo de Jimmy Hoffa que foi encontrado no carro. Jimmy era muito próximo de Tony Giacalone e de sua família. Um fio de cabelo de Jimmy poderia facilmente ter ido parar nas roupas de algum membro da família Giacalone. Das roupas dessa pessoa, o fio de cabelo poderia ter sido transferido para o estofamento do carro do filho dos Giacalone. Ou mesmo o próprio Jimmy poderia ter viajado naquele carro, em uma ocasião anterior. O fio de cabelo poderia ter vindo das roupas de Chuckie O'Brien para o estofamento daquele carro. Haveria milhões de possibilidades além daquele carro ter sido utilizado, naquele dia, para apanhar Jimmy e levá-lo para algum lugar.

De qualquer maneira, eu havia estado na casa do sujeito no dia anterior e apanhado um berço. Os tiras acharam que eu tinha estado lá para sondar o terreno, por assim dizer; para familiarizar-me com aquele porão onde o corpo dele fora encontrado, ou, talvez, para deixar uma janela ou uma porta destrancada ou algo que permitisse ou facilitasse o acesso àquele porão. Porém, eles jamais conseguiram acusar ninguém naquele caso, embora tenham se esforçado como o diabo para jogar a culpa sobre mim.

Se um sujeito é capaz de dar sumiço em uma carga de joias roubadas, não há como dizer o que mais ele é capaz de fazer. E não é possível prever o que ele seria capaz de dizer se fosse submetido a algum grau de pressão. Ele é um dedo-duro em potencial. Se você pretende viver em uma sociedade organizada, esse tipo de coisa é comparável à traição. Até mesmo o governo pode executar você por traição. Esse tipo de erro é considerado 'grave', especialmente quando eles dão a você uma chance de acertar as coisas, tal como deram ao sujeito. Há certas regras que você não discute; apenas as obedece, e é isso aí.

Por essa época, eu já era grandemente parte dessa cultura, e sendo amigo tanto de Russell quanto de Angelo, gozava de uma boa dose de respeito. Sei que isso me subiu um pouco à cabeça. Porque éramos católicos, Mary e eu não nos divorciamos, mas estávamos separados, e eu vivia a vida do jeito que queria viver.

O Golden Lantern era um restaurante que ficava no outro lado da rua, diretamente em frente ao Nixon Ballroom. Certo verão, entre o Dia do Memorial e o Dia do Trabalho[10], o lugar teve 44 garçonetes, e eu fiz sexo com 39 delas. Little Egypt e Neptune of the Nile tinham sido boas professoras, e eu era muito popular com as mulheres. A propaganda boca a boca espalhou-se entre elas, e cada uma quis experimentar por si mesma. As mulheres me achavam atraente e eu gostava de sentir-me assim. Eu estava solteiro. Mas, afinal, do que se trata tudo isso? Ego; nada além disso. Não havia amor naquilo. Somente um bocado de bebida e um bocado de ego. Ambas essas coisas podem matar você.

Eles arranjaram um emprego para mim em um clube noturno chamado Dante's Inferno. O proprietário do lugar era um sujeito chamado Jack Lopinson; mas Lopinson devia um bocado de dinheiro por aquele lugar a um agiota chamado Joseph Malito, que vivia rondando por ali. Meu trabalho era ficar de olho no dinheiro — tanto para Lopinson quanto para Malito, o sujeito que realmente botara seu dinheiro ali —, para assegurar que o que entrasse fosse parar na caixa registradora, em vez de nos bolsos dos *bartenders*, e para manter os clientes na linha, caso algum deles resolvesse sair da linha.

Um sindicalista — mas, também, um boca-mole — dos Caminhoneiros no Local 107, chamado Jay Phalen, que era um dos homens de Joey McGreal, costumava ir àquele lugar e embebedar-se. Tive de avisar aos *bartenders* para que deixassem de servi-lo sempre que ele chegasse ao seu limite. Certa noite, Phalen sacou uma arma e apontou-a para outro cliente e eu tive de intervir, derrubando-o. Levantei-o do chão e atirei-o porta afora para a rua, dizendo-lhe para que nunca mais voltasse ali. Ele estava banido, para o resto da vida. E, de fato, ele jamais voltou a entrar no Dante's Inferno enquanto eu permaneci lá.

Sempre que eu pensava sobre o que o Navalha Fina me dissera quanto a eles fazerem algo por mim, mais cansado eu ficava de gente como Phalen e de empregos como o que eu tinha no Dante's Inferno. De certa maneira, eu não me sentia confinado o tempo todo em uma rotina monótona; mas a coisa toda era muito parecida com o

---

10 Nos Estados Unidos, o *Memorial Day* — a última segunda-feira do mês de maio — é a data em que se celebra a memória dos militares que morreram em serviço ativo. Enquanto em todos os países que celebram o Dia do Trabalho fazem-no no dia 1º de maio, nos Estados Unidos e no Canadá o *Labor Day* é comemorado na primeira segunda-feira do mês de setembro. (N.T.)

Exército, onde você se apronta e espera e há sempre um bocado de tédio entre um combate e outro. Com muita frequência eu pensava sobre como seriam as coisas se eu arranjasse um trabalho com o sindicato, com um salário garantido e a possibilidade de ascensão dentro da organização. Dessa maneira, eu certamente teria mais dinheiro para dar a Mary, toda semana; ou poderia, ao menos, estipular uma quantia fixa para dar a ela toda semana, em vez de mantê-la oscilando entre a opulência e a miséria. E eu estaria em algum outro lugar em vez de um bar, o tempo todo. Talvez, dessa maneira, eu pudesse maneirar um pouco na bebida, também.

Sempre que Russell dizia alguma coisa sobre eu não ter de dirigir um caminhão pela vida toda, comecei a dizer francamente a ele que gostaria de trabalhar com o sindicato. Então, ele me disse:

— E por que você não faz isso, Irlandês?

— Já me informei sobre o assunto — disse eu. — Falei com Joey McGreal, o sujeito das loterias de futebol. Ele é um líder sindical dos Caminhoneiros, no Comitê Local 107. McGreal me disse que eles não tinham vagas. Contei a ele que eles tinham um sindicalista que eu havia expulsado do Dante's, e que eles fariam melhor se o mandassem embora, também. McGreal me disse que isso não iria adiantar nada: eles têm uma fila de sujeitos à espera da abertura de uma vaga. Ele me disse que é preciso que você conheça alguém muito importante, lá de dentro. É preciso ter um 'rabino' que o recomende e encaminhe você. Além do próprio McGreal, a única outra pessoa do sindicato que eu conheço é o representante comercial do lugar onde eu trabalho, mas ele não tem cacife suficiente para abrir caminho para mim. Ele mesmo pretende se tornar um sindicalista, também.

Russell disse algo em siciliano sobre um clima tempestuoso, que poderia ser aproximadamente traduzido como 'Você nunca pode saber como as coisas irão acontecer. O tempo está nas mãos de Deus.'

Dei uma passada no Friendly, certa tarde, antes de ir para o trabalho no Dante's. Navalha Fina veio até mim e disse:

— Russell está vindo esta noite, e ele quer que você esteja aqui antes das oito. Ele irá receber um telefonema de um sujeito e quer que você fale com alguém.

Eu não sabia o que Russell queria comigo, ou com quem ele queria que eu falasse, mas isso era suficiente para que eu soubesse que teria de estar ali, pontualmente.

Voltei ao bar mais ou menos às sete e meia, e Russell já estava ali, do lado de fora, conversando com algumas pessoas. Ele disse para que eu entrasse e voltasse para chamá-lo, quando recebesse um telefonema. Exatamente às oito horas da noite, o telefone do bar tocou e o Navalha Fina o atendeu. Levantei-me da mesa à qual estava sentado para avisar a Russell, mas ele já vinha entrando no bar. Ele devia ter ouvido o telefone tocar, lá de fora. Eu me sentara à mesa mais próxima do aparelho de telefone e podia ouvir a conversa que o Fininho mantinha com a pessoa na outra ponta da linha.

— Como vai você?... Ótimo. E a família?... Sim, estamos todos bem. Bata na madeira!... Oh, sim. Angelo vai bem... Ele passou por um exame físico, com um médico, semana passada. Ele está ótimo... Bata na madeira, outra vez!... Deixe-me botar McGee na linha... Cuide-se bem, ouviu?

Fininho passou o telefone a Russell, que apanhou o aparelho sem falar ao fone. Ele trouxe o aparelho até a mesa que eu ocupava e sentou-se, depositando também um envelope sobre a mesa. Então, ele falou:

— Estou com aquele amigo sobre o qual falei com você... Sim, ele está sentado aqui, comigo... Ele é um bom trabalhador do sindicato. Eu gostaria que ele conhecesse seu presidente... Veja o que você acha dele...

Russell olhou para mim e disse, passando-me o fone:

— Diga alô a Jimmy Hoffa.

Apanhei o fone pensando comigo mesmo: 'Dá para imaginar uma coisa dessas? Jimmy Hoffa telefonando para falar comigo?'

— Alô —, disse eu. — Prazer em conhecê-lo.

Jimmy Hoffa sequer disse alô. Ele foi direto ao assunto, e a próxima coisa que ouvi foram as primeiras palavras que Jimmy Hoffa dirigiu a mim.

— Ouvi dizer que você pinta casas —, disse Jimmy.

— É-é-é... E f-faço meu próprio trabalho de carpintaria, também — respondi, muito embaraçado porque eu estava gaguejando.

— Era isso o que eu queria ouvir. Pelo que entendi, você é um dos meus irmãos...?

— Correto —, respondi, tentando manter minhas frases curtas, articulando o menor número possível de palavras. — Sou do Comitê Local 107. Desde 1947.

— Nosso amigo fala muito bem de você.

— Obrigado.

— Ele não é um homem fácil de agradar...

— Faço o melhor que posso —, disse eu.

— A melhor coisa, e a coisa mais importante, sem a qual o movimento trabalhista não pode sobreviver e pela manutenção da qual devemos lutar, é a solidariedade. Os grandes empresários têm estado no ataque, e eles são bastante ofensivos. Eles estão financiando vários pequenos grupos cujo verdadeiro objetivo é dilacerar a união sindical. Os grandes empresários estão, neste momento, por trás das táticas agressivas empregadas por certos sindicatos da AFL-CIO[11] que tentam se apoderar dos nossos comitês locais até mesmo aqui, na minha própria base local, em Detroit, além de vários outros lugares. Os grandes empresários estão trabalhando em conjunto com

---

11 Sigla da associação formada entre as instituições norte-americanas *American Federation of Labor and Congress of Industrial Organizations* ("Federação Americana do Trabalho e Congresso das Organizações Industriais"), uma central sindical unificada que, alegadamente, chegou a ser a maior organização trabalhista do mundo. (N. T.)

o governo, agora mesmo, para bloquear cada uma das nossas ações e nos deixar embaraçados perante o público e os nossos próprios companheiros, plantando, desta maneira, as sementes da discórdia justamente no momento em que mais precisamos estar unidos. Nós precisamos de solidariedade, agora, mais do que já precisamos em nossa história. Não apenas na nossa história, mas na história das lutas dos trabalhadores da América. Você quer tomar parte nesta luta?

— Sim, eu quero.

— Você quer ser parte desta história?

— Sim, eu quero.

— Você pode começar amanhã, em Detroit?

— Claro.

— Venha ao Comitê Local 299 e apresente-se a Bill Isabel e Sam Portwine. Eles são os encarregados das relações públicas da Fraternidade Internacional.

Desligamos e eu pensei: 'Rapaz! Esse sujeito é um orador! Por um momento, pensei estar falando com Patton.'

— Russ —, disse eu. — Esta foi uma surpresa e tanto. Não achei que o Natal chegasse tão cedo, e sei que não é meu aniversário...

— Não se preocupe. Ele precisa de você tanto quanto você deseja trabalhar para ele. Detesto perder você. Espero que ele não mantenha você lá em Detroit por muito tempo.

— Certo, é isso aí. Eu disse a ele que estaria em Detroit, amanhã. É melhor eu pegar a estrada agora mesmo...

— Não tenha tanta pressa —, disse Russ, passando-me o envelope que pusera sobre a mesa quando se sentou. — Vá em frente. Abra.

Dentro do envelope havia uma passagem aérea para Detroit e um monte de notas de cem dólares. De repente, eu comecei a rir. Eu apenas fiquei sentado ali, rindo incontrolavelmente.

— O que eu posso dizer? Ninguém jamais fez uma coisa dessas para mim, em toda a minha vida —, disse eu. — Jamais irei esquecer isto.

— Você mereceu, Irlandês. Ninguém está lhe dando nada. Você ganhou isto. Agora, vamos comer e nos encontrar com Angelo.

— E quanto ao Dante's? —, perguntei. — Eu deveria trabalhar lá, esta noite...

— O Navalha Fina já cuidou disso. Eles arranjaram alguém para substituir você, até que você volte lá de Detroit. E não precisa se preocupar em arranjar um táxi para levá-lo ao aeroporto, também. Angelo mandará alguém para apanhar você amanhã, pela manhã. Você não iria querer chegar atrasado para um encontro com Jimmy Hoffa, não é? Ele é pior do que eu, quando se trata de horários...

Comecei a rir novamente. Temi que Russ pudesse achar que eu estivesse enlouquecendo, mas aquilo tudo me parecia muito engraçado. Não sei por quê. Acho que talvez eu estivesse embaraçado por tanto carinho com que o velho estivesse demonstrando ao cuidar de mim. ”

Capítulo Treze

Eles não fizeram um paraquedas suficientemente grande

À época em que fez uma "entrevista de emprego" com Frank Sheeran através de uma ligação telefônica interurbana, Jimmy Hoffa encerrava um período pleno de realizações e de notoriedade. Entre meados e o fim da década de 1950, Jimmy Hoffa enganou e coagiu em suas passagens pelas audiências da Comissão McClellan, tornou-se presidente da Fraternidade Internacional dos Caminhoneiros e sobreviveu a vários indiciamentos criminais.

Mais significativamente para seu próprio futuro e o dos seus companheiros, em 1955 Jimmy Hoffa criou um fundo de pensão cujo gerenciamento era responsável por fazer contribuições regulares para as aposentadorias dos empregados filiados ao sindicato dos Caminhoneiros. Antes da criação do *Central States Pension Fund*, muitos caminhoneiros podiam contar apenas com o auxílio do Seguro Social quando se aposentassem.

"Jimmy sabia como usar seu temperamento em proveito próprio. Eu não estava com ele quando da criação daquele fundo de pensão, a partir do nada; mas Bill Isabel me contou como ele explodia com os diretores das companhias transportadoras, sempre que participava de uma reunião. Ele os ameaçava com qualquer coisa disponível. Ele exigia que o fundo fosse criado, e queria que este fosse estabelecido segundo suas próprias regras. E pretendia manter o controle de tudo. Ele queria que as coisas fossem organizadas de modo que certas pessoas a quem ele aprovasse pudessem obter empréstimos do fundo. Não me entenda mal: os administradores do fundo cobravam juros sobre os empréstimos; então, esses mesmos empréstimos eram uma fonte de rendimentos para o fundo. Todos os empréstimos eram devidamente segurados. Mas Jimmy administrava as coisas do jeito que ele achava que deveriam ser administradas. Assim, ele podia liberar empréstimos para certas pessoas. No início, o fundo fez apenas crescer e crescer, porque os homens a quem ele cobria ainda estavam longe de se aposentar, e as empresas alimentavam o fundo com dinheiro pago a cada hora trabalhada que cada um dos homens atestassem. À época em que comecei a trabalhar lá, o fundo dispunha de duzentos milhões de dólares. Quando eu saí, o total chegava a um bilhão. Não preciso dizer a você quanto dinheiro uma quantia dessas pode fazer render."

O fundo de pensão dos Caminhoneiros organizado por Hoffa quase imediatamente tornou-se uma fonte de empréstimos para o "sindicato nacional do crime", conhecido pelo público como La Cosa Nostra. Podendo contar com sua própria instituição financeira, o monopólio do crime cresceu e floresceu.

Empreendimentos financiados pelos Caminhoneiros — especialmente a construção de cassinos em Havana e em Las Vegas — eram os sonhos dos chefões empreendedores que se transformavam em realidade. O céu era o limite, e o futuro parecia ainda mais promissor. À época do desaparecimento de Jimmy Hoffa, em 1975, a municipalidade de Atlantic City estava prestes a sancionar a exploração legalizada dos jogos de azar.

"A parte de Jimmy vinha de uma 'bola' que ele levava, por fora dos livros. Ele ganhava a grana dele ao aprovar os empréstimos, 'por debaixo dos panos'. Jimmy facilitava as coisas para certos amigos, tais como Russell Bufalino; ou o chefão de Nova Orleans, Carlos Marcello; ou o chefão da Flórida, Santo Trafficante; ou Sam 'Momo' Giancana, de Chicago; ou Tony Provenzano, de Nova Jersey; ou para o velho amigo de Jimmy, Johnny Dio, de Nova York. E estes traziam novos clientes para ele. Os chefões cobravam 10% do valor dos empréstimos que faziam aos seus clientes, e dividiam essa porcentagem com Jimmy. Jimmy fez muitos negócios com os nossos amigos — mas os fez sempre segundo os termos de Jimmy Hoffa. Aquele fundo de pensão era uma verdadeira galinha que botava ovos de ouro. Jimmy era muito próximo de Red Dorfman, do esquema de Chicago. Red assumira o controle do Sindicato dos Transportadores de Lixo de Chicago, em 1939, quando o presidente daquela instituição fora 'apagado'. Dizem que Red tinha Jack Ruby como seu segundo, na organização do sindicato. Este se trataria do mesmo Jack Ruby que 'apagou' Lee Harvey Oswald. De todo modo, Red mantinha conexões com o chefe de Ruby, Sam 'Momo' Giancana, com Joey Glimco e com todo o restante dos italianos de Chicago. Além disso, Red era figura de destaque em meio a figuras como Johnny Dio e o pessoal da Costa Leste.

Red tinha um enteado chamado Allen Dorfman. Jimmy colocou Red e Allen como responsáveis pela política de seguros do sindicato, e, depois, colocou Allen como responsável pela supervisão de um empréstimo do fundo de pensão. Allen era um herói de guerra, tendo combatido no Pacífico. Era um judeu durão; um *Marine*. E respondia à altura, também. Allen e Red apelaram à Quinta Emenda incríveis 135 vezes, durante as audiências do Congresso às quais foram convocados. Allen Dorfman gozava de considerável prestígio, por direito próprio. Allen coletava os proventos dos juros e os dividia com Jimmy: nada muito grande; só para ter o gostinho. Jimmy sempre viveu a vida de um homem modesto; não pobre, apenas modesto. Mas, comparado a Beck e aos outros que vieram depois dele, você poderia dizer que Jimmy vivia dos 'vales-alimentação' que a empresa lhe dava."

Contudo, Jimmy Hoffa mantinha ao menos dois "segredos comerciais" que viriam a constituir uma fonte de preocupações para si mesmo. Em ambos os casos, nesses empreendimentos secretos de Hoffa seu parceiro seria um amigo chegado, membro dos Caminhoneiros e um aliado, chamado Owen Bert Brennan. Brennan era o presidente de seu próprio comitê local dos Caminhoneiros em Detroit, e possuía uma ficha criminal da qual constavam participações em atos de violência, incluindo quatro incidentes de explosão de caminhões e edifícios de uma companhia. Brennan referia-se a Jimmy como o seu "cérebro".

Hoffa e Brennan fundaram uma empresa transportadora, chamada Test Fleet. O "cérebro" e seu sócio registraram a companhia nos nomes de suas respectivas esposas, mas usando apenas seus sobrenomes de solteiras. A Test Fleet tinha contrato com um único cliente: uma transportadora de automóveis para a Cadillac, que vinha tendo problemas com o sindicato independente de "cegonheiros", o qual, por sua vez, vinha tendo problemas com os Caminhoneiros. Embora fosse oficialmente filiado, este grupo vinha sustentando uma greve à revelia dos Caminhoneiros. Furioso devido a esse rompimento da unidade, Jimmy Hoffa ordenou que todos voltassem ao trabalho. Com as bênçãos de Hoffa, os "cegonheiros" da Cadillac encerraram seus contratos com os sindicatos independentes dos Caminhoneiros, botaram algumas empresas fora dos negócios e conseguiram novos contratos de trabalho com a Test Fleet. Tal arranjo permitiu que as senhoras Josephine Poszywak — também conhecida como Sra. Jimmy Hoffa — e Alice Johnson — também conhecida como Sra. Owen Brennan — amealhassem 155.000 dólares em dividendos, ao longo de dez anos, sem que houvessem trabalhado um único minuto de suas vidas para a Test Fleet.

Hoffa e Brennan também investiram dinheiro em um empreendimento imobiliário na Flórida, chamado Sun Valley, comprometendo 400.000 dólares do capital do fundo de pensão do sindicato — isentos de juros. Quando decidiu tomar parte nessas negociatas, Jimmy Hoffa não tinha motivos para acreditar que viria a ser uma figura de amplitude mundial, exposta ao escrutínio público, tendo de responder por pecados cometidos no passado, não importa quão desimportantes lhe parecessem haver sido.

Quando começou a se preocupar com a possibilidade de a Comissão McClellan expor seus "segredinhos" — incluindo aqueles relativos à manipulação da "galinha dos ovos de ouro" representada pelo fundo de pensão do sindicato —, Jimmy Hoffa tornou-se obcecado por desviar as atenções do comitê sobre sua pessoa.

Quando a comissão foi constituída, no início de 1957, seu alvo principal era o então presidente dos Caminhoneiros, Dave Beck. Segundo Walter Sheridan, o "braço direito" de Bobby Kennedy, foi Hoffa quem proporcionou secretamente a Kennedy informações detalhadas sobre as atividades escusas de Beck. Em seu livro, publicado em 1972, *The Fall and Rise of Jimmy Hoffa* ("A Queda e a Ascensão de Jimmy Hoffa"), Sheridan escreveu: "Ele conseguiu isso ao fazer com que um dos advogados de Beck prestasse a Kennedy informações sobre seu próprio cliente."

A mera publicação desta frase é um ato de coragem da parte do Sr. Sheridan. Embora Hoffa ainda estivesse vivo quando o livro foi publicado — e tivesse sido recentemente libertado da prisão —, Bobby Kennedy, então, já estaria morto havia quatro anos. Caso Kennedy ainda estivesse vivo e alguém tivesse atentado para as implicações de tal afirmação, um processo baseado em alegações éticas teria sido instaurado. Dependendo do desenrolar dos fatos, Kennedy poderia ter sido desqualificado por cumplicidade, ao permitir (ou mesmo incentivar) que o advogado de Beck violasse o dever ético que tinha para com seu cliente e "dedurasse" Beck em benefício de Hoffa.

Sheridan chegou a afirmar que Hoffa "arranjou para que esse mesmo advogado tivesse uma reunião privada com Kennedy, durante a qual ele teria se oferecido para cooperar com o comitê."

Pode haver alguma dúvida quanto ao fato de os amigos chefões de Hoffa terem sido informados dessas duas alegações quando o livro de Sheridan foi publicado, em 1972? Para homens tão impiedosos quanto poderosos — como Bufalino, Trafficante, Marcello, Provenzano e Giacalone —, ser um "dedo-duro" era uma gravíssima falha de caráter; e "dedurar" um aliado era um erro irreparável. A pessoa que fizesse tal coisa jamais voltaria a merecer confiança, e sua ofensa jamais seria perdoada, para dizer o mínimo. Hoffa saiu da prisão para as ruas de Detroit mais ou menos à mesma época em que o livro de Sheridan chegou às livrarias. O livro rotulava Hoffa como um "dedo-duro", e Hoffa emprestava credibilidade a essa imagem, uma vez que, quando lutava para reaver a presidência da Fraternidade Internacional dos Caminhoneiros, ameaçou publicamente expor a influência da Máfia sobre a administração do fundo de pensão do sindicato, então sob a direção de Fitzsimmons. Porém, tudo isso aconteceria muitos anos depois. No fim dos anos 1950, a estratégia maquiavélica de Hoffa de entregar seu "irmão" Dave Beck como "alimento para os lobos" tinha tudo para ser esplendidamente bem-sucedida. Ao concentrar suas investigações sobre as atividades de Beck, a comissão deixou os negócios de Hoffa com a Test Fleet e o Sun Valley em "banho-maria", enquanto Hoffa pôde remover Beck de seu caminho.

"Jimmy gostava de manter seu ambiente sob controle. Ele não bebia; então, ninguém jamais tomava um drinque em sua presença. Ele não fumava; então, ninguém jamais acendia um cigarro perto dele. Às vezes ele tinha uns chiliques. Ele ficava tão impaciente que poderia fazer lembrar um garoto tentando coçar suas feridas de catapora. E você não poderia dizer a ele que caso fizesse isso, acabaria ficando com marcas na pele. Você não poderia dizer uma só palavra. Você poderia apenas ouvi-lo."

Jimmy Hoffa tornou-se impaciente e obcecado por descobrir tudo quanto pudesse sobre os mecanismos internos do funcionamento da Comissão McClellan.

Em fevereiro de 1957, Hoffa fez contato com um advogado de Nova York chamado John Cye Cheasty. Cheasty servira na Marinha e fora agente do Serviço Secreto. Suas práticas legais incluíam uma subespecialidade ao conduzir investigações. Hoffa disse a Cheasty que a comissão estaria contratando investigadores. Se Cheasty aceitasse um emprego junto à comissão e relatasse as atividades desenvolvidas por eles a Hoffa, haveria 24 mil dólares prontos a serem transferidos para os bolsos de Cheasty, à razão de dois mil por mês, ao longo de um ano. Hoffa deu a Cheasty um adiantamento de mil dólares, para as despesas, quando ele aceitou a incumbência. Porém, devido à sua impaciência, Hoffa não havia checado informações suficientes sobre Cheasty. Ele era um investigador honesto e um patriota, de Nova York. Por isso, Cheasty não hesitou em relatar o esquema de suborno imediatamente.

Bobby Kennedy deu a Cheasty um emprego junto à comissão, com um salário anual de cinco mil dólares. O FBI "plantou" microfones e câmeras ocultas. Cheasty notificou a Hoffa que possuiria um envelope cheio de documentos comprometedores para a comissão, que estaria disposto a trocar por outro adiantamento em dinheiro. Os dois homens encontraram-se perto do DuPont Circle, em Washington, D.C., e Cheasty passou um envelope às mãos de Jimmy Hoffa. Hoffa passou às mãos de Cheasty dois mil dólares em dinheiro vivo, e toda a operação de troca foi fotografada. O FBI entrou em cena, apanhando Jimmy Hoffa em posse dos documentos. Jimmy Hoffa foi preso em flagrante.

Quando um repórter perguntou a Bobby Kennedy o que ele faria caso Hoffa fosse inocentado, Kennedy respondeu que "jamais consideraria tal possibilidade", tratando-se de um caso tão "à prova de balas". Mas, de todo modo, afirmou: "Eu saltaria do alto do Capitólio."

Em junho de 1957, Hoffa foi levado a julgamento em Washington, D.C., acusado de subornar um investigador da Comissão McClellan para obter informações sobre as atividades internas dessa mesma comissão.

O júri era composto por oito cidadãos negros e quatro brancos. Hoffa e seu advogado, o legendário Edward Bennett Williams, vetaram apenas os jurados brancos no processo de seleção. Então, Hoffa arranjou para que uma advogada negra, vinda da Califórnia, integrasse a bancada de seus advogados de defesa. Além disso, ele fez publicar um anúncio no jornal *The Afro-American*, dirigido à comunidade negra, afirmando-se como um campeão na luta pela "raça negra". No anúncio, havia uma fotografia do "time negro e branco" dos defensores de Hoffa. Hoffa providenciou para que um exemplar do jornal fosse entregue nas residências de cada um dos jurados negros. Por fim, o amigo de Hoffa, do submundo de Chicago, Red Dorfman, conseguiu fazer com que o lendário campeão de boxe, Joe Louis, viajasse até lá, de sua casa em Detroit, para assistir ao julgamento. Jimmy Hoffa e Joe Louis abraçaram-se diante do júri, como se fossem velhos amigos. Joe Louis permaneceu na cidade e assistiu a dois dias de depoimentos.

Quando Cye Cheasty testemunhou, Edward Bennett Williams perguntou-lhe se ele já houvera investigado oficialmente o NAACP[12]. Cheasty negou que o tivesse feito, mas a semente já fora plantada.

Hoffa foi absolvido.

Edward Bennett Williams enviou um pacote lacrado, envolto com uma fita, a Bobby Kennedy. Dentro, havia um paraquedas, para que Kennedy saltasse do alto do edifício do Capitólio.

"Jimmy jamais vira Joe Louis pessoalmente, antes daquele julgamento. Mas o júri não sabia disso. Jimmy era, sim, um defensor sincero da causa dos direitos civis dos negros. Isso é verdade. O único problema é que, toda vez que ele se dava bem em um julgamento, achava que seria do mesmo modo nos seguintes. E, sem dúvida, ele odiava a Bobby Kennedy, de todo coração. Eu mesmo o ouvi dizer a Bobby, pessoalmente, dentro de um elevador, que ele não passava de um garotão mimado, filhinho de papai, e, em seguida, partir atrás dele. Eu mesmo segurei a Jimmy. Mais de uma vez, Jimmy disse a mim que haviam matado o irmão errado, em 1963. Mas ele odiava o irmão Jack, também. Jimmy dizia que todos eles eram jovens milionários, que jamais haviam trabalhado um só dia, em suas vidas."

No livro *The Enemy Within*, Bobby Kennedy afirmou que Joe Louis, encontrando-se desempregado e profundamente afundado em débitos à época daquele julgamento, fora imediatamente contratado para um alto cargo no sindicato, com um salário vultoso, e adquiriu o direito de levantar um empréstimo de dois milhões de dólares do fundo de pensão dos Caminhoneiros. Joe Louis, então, casou-se com a advogada negra que viera da Califórnia, a quem ele conhecera no tribunal. Quando o "braço direito" de Bobby Kennedy e investigador-chefe, o futuro autor Walter Sheridan, tentou obter uma audiência com Joe Louis para a Comissão McClellan sobre o novo emprego que ele conseguira em tempo recorde, o ex-campeão se recusou a colaborar, enviando o seguinte recado a Bobby Kennedy: "Diga a ele para saltar do alto do Empire State Building."

Contudo, Bobby Kennedy ainda esperava rir por último, em fins de 1957.

A necessidade de Hoffa de manter-se no controle de tudo o levara a ser indiciado por contratar um amigo de Johnny Dio para que instalasse escutas ilegais e "grampeasse" todas as sedes dos comitês dos Caminhoneiros, para assegurar-se de que nenhum dos seus próprios homens estivesse fornecendo informações comprometedo-

12 Sigla para *National Association for the Advacement of Colored People* ("Associação Nacional para o Progresso do Povo Negro"). Instituição nacional afro-americana, especialmente ativa durante as décadas de 1950 e 60, dedicada à supressão da discriminação étnica e à concessão de direitos civis igualitários a todos os cidadãos negros e brancos. (N.T.)

ras à Comissão McClellan, tal como ele mesmo fizera antes com Beck. O cúmplice de Hoffa no caso da instalação das escutas ilegais era Owen Bert Brennan, seu sócio na Test Fleet e no Sun Valley — sem dúvida, um homem suficientemente motivado pelos potenciais problemas legais em que estes dois empreendimentos poderiam vir a envolvê-lo.

Além do indiciamento pendente pelas escutas, Bobby Kennedy arranjou um novo indiciamento para Hoffa, em Washington, sob a alegação de que Hoffa teria mentido em seu testemunho sobre o caso das mesmas escutas diante da Comissão McClellan.

À época em que Hoffa tinha esses dois indiciamentos pendentes sobre sua cabeça, o sindicato dos Caminhoneiros era — e vinha sendo, havia décadas — filiado à AFL-CIO, a maior organização trabalhista de todo o mundo. Em setembro de 1957, a Comissão de Ética da AFL-CIO acusou a Dave Beck e a Jimmy Hoffa de haverem-se "utilizado da posição e dos cargos oficiais que detinham no sindicato para a obtenção de proveitos pessoais". Além disso, a AFL-CIO ainda acusou Hoffa de ter-se "associado, patrocinado e promovido os interesses de notórios agitadores trabalhistas".

A isto, a resposta da Fraternidade Internacional dos Caminhoneiros foi eleger Jimmy Hoffa — apesar de indiciado em duas jurisdições federais diferentes — como seu presidente.

Naqueles dias de "rédeas curtas", o presidente não era eleito pelo grupo que deveria representar, mas sim por "delegados" escolhidos a dedo em uma Convenção Internacional, reunida uma vez a cada cinco anos. E, apenas para garantir que não houvesse surpresas, as votações não eram secretas. Em seu discurso de aceitação do cargo para qual fora "eleito", Jimmy Hoffa disse: "Vamos enterrar nossas diferenças."

Quantos dissidentes Jimmy Hoffa e seus agitadores já haveriam enterrado? Quantas "casas viriam a ser pintadas" no futuro?

O que se sabe é que, como resultado de sua ascensão à presidência, Jimmy Hoffa fez seus aliados mafiosos progredirem. Embora as coisas tivessem mudado nos anos 1970, em 1957 Anthony "Tony Pro" Provenzano era um ferrenho defensor e aliado de Hoffa; e presidente do Comitê Local 560, em Union City. Imediatamente, Hoffa arranjou para que Provenzano passasse a receber um segundo contracheque, nomeando-o presidente da Junta de Conselho 73, de Nova Jersey, com seus cem mil membros. Em 1959, o governo instaurou uma Bancada de Monitores para supervisionar as atividades dos Caminhoneiros. A Bancada de Monitores ordenou a Hoffa que expulsasse Provenzano do sindicato. Em vez disso, em 1961, Hoffa arranjou para que ele recebesse ainda um terceiro contracheque e concedeu enormes poderes ao seu aliado, fazendo dele um dos vice-presidentes da Fraternidade Internacional. Naquele mesmo ano, Provenzano "enterrou suas diferenças" com um popular membro reformista do Comitê Local 560, chamado Anthony "Três Dedos" Castellito, providenciando para que este fosse estrangulado até a morte e enterrando seu cadáver em uma fazenda no interior do Estado de Nova York, tendo encarregado "Nocaute" Konigsberg, Salvatore Sinno e Salvatore "Sally Bugs" Briguglio da execução do trabalho.

Dez dias depois de Hoffa prestar seu juramento formal e assumir a presidência em 1957, a AFL-CIO chutou-o para fora dos Caminhoneiros, dizendo aos membros deste sindicato que só poderiam voltar a pertencer à Federação se pudessem livrar-se do "controle corrupto" exercido por Jimmy Hoffa e seus asseclas agitadores sindicalistas.

No dia 15 de novembro de 1957, o público foi contemplado com notícias sobre a "conferência" de Apalachin. A despeito das declarações em contrário de J. Edgar Hoover, parecia mesmo existir um "sindicato nacional do crime", que operava como um país independente, cuja capital aparentemente era a cidade de Nova York.

Dez dias depois, um júri federal foi instaurado na cidade de Nova York, para julgar a Hoffa e Brennan quanto às acusações das escutas ilegais. Dos doze jurados que o integravam, onze foram suspensos. Um novo júri foi instaurado e, durante o segundo julgamento, um dos jurados adiantou-se e testemunhou sobre uma tentativa de suborno que lhe teria sido oferecida, sendo, por isso, dispensado e substituído por outro. Esta última tentativa de julgamento foi concluída, com a absolvição de Jimmy Hoffa.

Ao enfurecido Bobby Kennedy ainda restava a acusação de perjúrio contra Hoffa à qual dedicar seus esforços. Mas não por muito tempo. O indiciamento por perjúrio baseava-se nas gravações de conversas telefônicas entre Johnny Dio e Jimmy Hoffa, captadas por escutas clandestinas. A obtenção de gravações deste tipo havia sido autorizada pelas leis do Estado de Nova York, constituindo-se de um meio válido para a busca e apreensão de provas através de conversas telefônicas, segundo a lei daquele Estado. Infelizmente, para Bobby, aqueles eram os dias em que a "Corte Warren"[13] começava a expandir seu controle sobre os procedimentos policiais locais e estaduais. A Suprema Corte dos Estados Unidos declarou que tais gravações, ainda que sancionadas por um Estado, seriam inconstitucionais e quaisquer evidências obtidas a partir delas seriam "frutos de uma árvore ruim". Consequentemente, não haveria provas aceitáveis com as quais "enterrar" Jimmy Hoffa em Washington, e a acusação por perjúrio foi retirada.

"Comecei a trabalhar para o sindicato mais ou menos à época em que tudo isso estava acontecendo, logo após Jimmy ter conseguido a vaga de presidente. Depois do julgamento pelos 'grampos' telefônicos, todo mundo dizia que eles não haviam feito um paraquedas suficientemente grande para salvar o rabo de Bobby Kennedy, quando ele saltasse do alto do Capitólio."

13 A expressão "Corte Warren" refere-se ao período entre 1953 e 1969, quando a Suprema Corte dos Estados Unidos foi chefiada por Earl Warren. Warren liderou, de maneira dramática, uma maioria de juízes liberais — para consternação de seus pares conservadores — tendo ampliado consideravelmente os direitos e as liberdades civis e os poderes judiciários e federais. (N.T.)

Capítulo Catorze

O pistoleiro não usava máscara

"Voei para Detroit e me apresentei ao Comitê Local 299, na Avenida Trumbull. Aquela era a base doméstica de operações de Jimmy, situada um pouco abaixo do Tiger Stadium, na mesma avenida. O Local 299 estava organizando uma manifestação para sindicalizar os motoristas de táxi de Detroit. No lado oposto da rua, bem em frente ao salão do comitê do sindicato, havia uma grande garagem de táxis; e, quando saltei daquele que me levara até o Local 299, pude avistar os piqueteiros dos Caminhoneiros diante da garagem. Soube que estava no lugar certo assim que cheguei. Eu me sentia muito feliz por ser um coordenador vinculado ao Local 299; e, se me saísse bem com aquele trabalho, eles fariam de mim um coordenador do Local 107, quando voltasse a Philly — mesmo se tivessem de criar um cargo especialmente para mim. Eu teria a chance de ter o 'rabino-chefe' como meu 'rabino-instrutor' particular.

Eu já tinha em vista vir a tornar-me um coordenador da Fraternidade Internacional, algum dia. Esta é uma posição que está no topo. Você trabalharia no escritório nacional. Você viajaria pelo país todo, nessa posição, indo aonde quer que precisassem de você. Você poderia fazer um bocado de favores — que seriam legítimos — e ainda ajudar a si mesmo. Se aquela coisa não tivesse acontecido a Jimmy, no fim, eu teria sido um coordenador da Internacional.

Em Detroit, fui designado para a turma de Bill Isabel e Sam Portwine. Eles trabalhavam como uma equipe, cuidando das relações públicas; mas, na verdade, Sam via a Bill como o chefe da equipe. Bill media cerca de 1,73 m de altura e era conhecido por sua habilidade no manuseio de 'doces'; não do tipo que serve para comer, mas do tipo que se usa para explodir coisas: dinamite. Bill era muito eficiente quando se tratava de bombas, e andava sempre armado. Bill nascera na Irlanda, mas falava como um americano. Ele começara como um caminhoneiro e subira na hierarquia da organização. Sua base era em St. Louis, onde ele era o organizador do comitê local, e também da Junta de Conselho de St. Louis, que era dirigida por Harold Gibbons, um sindicalista verdadeiramente bom. Harold Gibbons era o homem que Jimmy deveria ter indicado para substituí-lo, em vez de Frank Fitzsimmons, quando Jimmy foi mandado para a 'escola', em 1967.

Sam provinha de Washington, D.C., e era um tanto mais alto e mais pesado — além de ser um bocado mais jovem — do que Bill. À época, eu contava trinta e sete anos, e tínhamos mais ou menos a mesma idade. Creio que Sam tivesse terminado a faculdade e começado imediatamente a trabalhar para o sindicato. Ambos eram muito próximos e extremamente leais a Jimmy Hoffa.

Cerca de oito coordenadores haviam sido designados para trabalhar na manifestação para sindicalizar os taxistas. Nós nos reuníamos todas as manhãs e íamos a algum lugar para fazermos piquetes e distribuir folhetos com os quais Bill e Sam nos abasteciam, sendo eles os encarregados das relações públicas da coisa toda. Às vezes fazíamos piquetes diante da garagem de táxis que ficava do outro lado da rua, defronte à sede do sindicato. Outras vezes, organizávamos piquetes nos alinhando diante de pontos de táxi espalhados por toda a cidade, tais como os que haviam diante do grande centro de convenções Cobo Hall ou do Warner Hotel.

Você puxava de lado os taxistas e explicava a eles os benefícios que teriam ao se tornarem sindicalizados e pedia-lhes que assinassem um cartão de filiação ao sindicato. Se você conseguisse fazer com que 30% dos trabalhadores de uma categoria assinassem seus cartões, a lei trabalhista garantiria que essa categoria pudesse realizar uma votação, para saber se os trabalhadores desejavam ser sindicalizados ou não. Mas Bill me disse que seria melhor nem cogitar a hipótese de realizar uma eleição até que se conseguisse as assinaturas de 50% dos trabalhadores de uma categoria, pois com menos do que isso a derrota seria certa. Bill também me explicou que se você obtivesse o direito de realizar uma votação, outros sindicatos poderiam entrar na jogada e tentar levar a categoria para o lado deles. Se outro sindicato obtivesse 10% dos cartões assinados, poderia intervir na votação e, talvez, ganhá-la do seu sindicato, depois que você tivesse feito todo o trabalho. Como nós havíamos sido chutados para fora da AFL-CIO, estávamos sempre preocupados com a possibilidade de algum dos sindicatos deles intervirem em alguma das votações que pudéssemos promover e roubá-la de nós, ou que eles sugassem um número suficiente dos votos que conseguíssemos, de modo que ninguém vencesse. Foi um jogo do tipo 'lobo come lobo', durante uns tempos. Você nunca sabia em quem podia confiar, mas nós continuávamos a puxar os taxistas de lado e a persuadi-los para que assinassem os nossos cartões. Por algum motivo, havia um bocado de lésbicas que trabalhavam como taxistas em Detroit, àquela época. Elas gostavam de ser tratadas como homens e era melhor que você respeitasse isso ou não conseguiria as assinaturas delas.

Caso você obtivesse uma assinatura, isto não significava que um trabalhador elegeria o seu sindicato na votação, porque estas eram supervisionadas e os votos eram secretos. Assim, um taxista poderia assinar seu cartão e votar como bem entendesse, mais tarde; e não havia nada que você pudesse fazer quanto a isso.

Eu estava morando no Holiday Inn e o sindicato pagava a conta do hotel e me dava um dinheiro para as refeições e as despesas diárias, além de pagar meu salário. Você poderia ter mais de um emprego, em período integral, no sindicato, naqueles tempos, desde que Jimmy ou quem quer que fosse o seu 'rabino' arranjasse para você. Eu só tinha aquele, mas sabia que Bill e Sam eram pagos por várias contas diferentes.

Parecia ser dinheiro fácil, e Detroit se parecia muito com Philly. Havia sempre muita coisa para fazer e jamais tive de passar por algum momento de tédio. Nós íamos assistir a lutas de boxe e jogos de futebol ou a qualquer outro espetáculo que viesse à cidade. Bill e Sam eram sujeitos muito bons de copo e nós bebíamos um bocado, juntos.

Eles me ensinaram que a palavra *união*[14] realmente significa alguma coisa. Todo mundo tem de estar unido, rumando na mesma direção, ou não haverá progresso para a classe trabalhadora. Uma união sindical é apenas tão forte quanto o seu membro mais frágil. Caso haja alguma dissensão, o empregador a percebe e tira vantagem disso. Uma vez que você permita dissensões e a existência de facções rebeldes, estará a caminho de perder sua união e seu sindicato. Você deve ter apenas um chefe. Você pode ter auxiliares, mas não pode permitir que nove sujeitos tentem dirigir um comitê local. Se fizer isso, os empregadores irão fazer acordos colaterais e rachar a união sindical. Os patrões demitirão ilegalmente os sindicalistas mais fortes e tudo irá ficar por isso mesmo, com a união sindical partida ao meio.

'Facções rebeldes são como os colaboracionistas nazistas, durante a guerra; como os que eles tinham na Noruega e na França', disse-me Bill Isabel. 'Jimmy Hoffa jamais tolerará facções rebeldes. Ele trabalhou muito duro para construir o que temos agora. Ele é o primeiro a levantar-se de manhã e o último a ir para a cama, à noite. Veja quão melhor nós todos estamos, hoje. Os rebeldes não ligam a mínima para nós. Foi Jimmy quem conseguiu tudo: a pensão, a cobertura hospitalar para toda a sua família, caso alguém fique doente. Ele está lutando para que haja um Grande Acordo dos Transportadores, que fará com que cada caminhoneiro receba o mesmo pelos fretes, em qualquer parte do país. E o que quer que Jimmy consiga, logo os *bonzinhos* da AFL-CIO o copiarão, oferecendo a mesma coisa aos seus filiados. Então, eles se queixam de que as táticas de Jimmy são rudes demais. Você esteve na guerra; você sabe o que tem de fazer para ir do ponto A até o ponto B. Eu digo que se algumas garrafas de Guinness forem derrubadas ao longo do caminho, paciência. Terá sido mesmo uma pena, meu distinto rapaz colonial[15].'

Certa noite, nós três estávamos passeando pela cidade. Bill nos levava de carro a um restaurante italiano. Eu estava em meu novo emprego havia apenas algumas poucas semanas. Eu viajava no banco traseiro e Bill me vigiava pelo espelho retrovisor. Então, Bill me disse:

— Nós ouvimos de Jimmy que você pinta casas.

---

14 O termo *union*, empregado no texto original, além de significar literalmente "união" também serve para designar "sindicato", neste contexto. (N.T.)

15 *Colonial boy*, no original. Maneira pela qual os irlandeses natos tratam os descendentes de irlandeses nascidos na América. (N.T.)

Sem dizer uma só palavra, limitei-me a acenar afirmativamente com a cabeça. 'Bem, é isso aí', pensei comigo mesmo. É isso o que acontece ao sair da cultura do centro da cidade para entrar em um novo ramo de trabalho.

— Nós temos uma situação que precisa ser acertada, em Chicago. Temos um amigo lá, chamado Joey Glimco. Ele dirige o comitê local, o 777. Ele cuida dos caminhões que transportam cargas no cais do porto, também. Já ouviu falar dele?

Continuei sem dizer nada, apenas meneando negativamente a cabeça. Poucas semanas depois, Russell me diria que Joey Glimco, na verdade, se chamava Giuseppe Primavera. Ele estivera com Al Capone e ainda era um figurão no esquema de Chicago. Ele ostentava uma alentada ficha criminal — que incluía um par de prisões por assassinato — e apelara para a Quinta Emenda a cada pergunta que lhe fora dirigida durante as audiências da Comissão McClellan, até mesmo quando lhe perguntaram se ele conhecia Jimmy Hoffa.

— Tem um sujeito lá, com quem precisamos acertar as coisas —, disse Bill. — Queremos que você tome um voo para Chicago, amanhã pela manhã. Uma pessoa irá apanhar você no aeroporto, quando chegar lá.

E assim foi. Não me pergunte quem ou o quê, porque eu não sei. De todo modo, eu não quero falar sobre esse assunto. Tratava-se de um problema que precisava ser resolvido, e eu o resolvi para eles. Hoje em dia, parece que foi isso que estive fazendo a minha vida toda. Se você contar o tempo em que meu pai me mandava bater nos outros garotos para que ganhasse suas apostas de cerveja, talvez tenha sido isso mesmo.

Evidentemente, eles precisavam de alguém a quem o tal sujeito não conhecesse, porque todo mundo a quem ele conhecesse das ruas seria alguém a quem já tivesse ferrado e contra quem estaria prevenido. Mas o sujeito não se preocuparia com um cara com jeitão de irlandês que passasse por ele, na rua. E eles queriam que o sujeito fosse deixado lá, estirado na calçada, como um recado para quem precisasse saber que o sujeito não sairia impune pelo que quer que tivesse feito.

Toda vez que você ler em um jornal algo sobre um pistoleiro mascarado, pode ter certeza de que o pistoleiro não usava máscara. Se houver testemunhas oculares na rua, elas sempre dirão que foi obra de um pistoleiro mascarado; assim, quem estiver ao lado do pistoleiro saberá que ninguém viu coisa alguma e as testemunhas oculares não terão nada com que se preocupar.

Eu estava acostumado a ser transportado em barcaças de desembarque na guerra, e agora eu me movia pelo mundo, invadindo Chicago enquanto era aerotransportado. Em cerca de uma hora, eu estava em Chicago. Eles me forneceram um *cano* e havia um sujeito à minha disposição para me tirar dali quando a coisa estivesse resolvida, me botar em um carro e dirigir para longe da cena. O único trabalho dele, depois de tudo, seria sumir com a arma. Eles também tinham outros sujeitos pilotando carros velhos que forjariam um acidente de trânsito ao se colocarem propositalmente diante dos carros dos tiras que eventualmente pudessem perseguir o carro em que eu estaria. O carro em que eu estivesse deveria me levar de volta ao aeroporto.

Comecei a me sentir mais relaxado quando vi que nos aproximávamos do aeroporto. Eu sabia que eles usavam *cowboys*, às vezes; e, depois, cuidavam dos *cowboys*, quando o assunto estivesse resolvido. Os *cowboys* eram descartáveis. Russell me contara como Carlos Marcello gostava de ir à Sicília em busca de órfãos de guerra, sem outros familiares. Ele os fazia entrar clandestinamente no país através do Canadá, passando por Windsor, na margem oposta do lago, bem diante de Detroit. Os órfãos de guerra sicilianos pensariam que teriam de cuidar de alguma coisa e, então, poderiam permanecer na América. Talvez eles fossem colocados como encarregados de uma pizzaria, ou algo assim. Para tanto, eles teriam de pintar uma casa e serem recolhidos por um carro de fuga, a bordo do qual seriam levados para algum lugar — onde alguém pintaria a casa deles. Ninguém sentiria a falta deles, na Sicília. Uma vez que fossem órfãos e não tivessem outros familiares próximos, não haveria nenhuma *vendetta* — coisa muito comum, na Sicília.

Carlos Marcello e os órfãos de guerra passaram pela minha cabeça durante a viagem até o aeroporto e eu não tirei os olhos do motorista do carro, ao longo do caminho todo. Ele era um sujeito pequeno e franzino, mas se ousasse tirar suas mãos do volante, eu estaria pronto para tirar a cabeça dele de seu pescoço. Voei de volta à Detroit, onde Bill e Sam já esperavam por mim, no aeroporto. Fomos todos jantar. Bill passou-me um envelope, mas eu o passei de volta para ele. E disse:

— Fiz um favor a um amigo.

Russell me ensinara bem. Não se deprecie. 'Se você faz um favor a um amigo', disse-me Russell, 'às vezes ele faz um favor a você'.

Bill e Sam tiveram uma oportunidade de avaliar meu trabalho, e eles recomendaram a Jimmy Hoffa para que me deixasse permanecer com eles. Dessa maneira, eu teria uma chance melhor para aprender.

Voamos para Chicago e ficamos no Edgewater Beach Hotel. O sindicato mantinha uma suíte no 18º andar, com dois quartos intercomunicantes e duas camas em cada quarto. Sam e Bill ficaram em um deles e eu dormi no outro. Na segunda noite em Chicago, fui apresentado a Joey Glimco. Bill me disse que Joey cuidava de problemas importantes para todos os comitês locais em Chicago, não apenas do que ele mesmo dirigia e para o qual provavelmente eu seria enviado, no futuro.

Na noite seguinte, Jimmy Hoffa veio a Chicago e eu o conheci no Joe Stein's, no lado oposto da rua, defronte ao Edgewater. Jimmy Hoffa foi muito amigável. Ele era um homem encantador e um excelente ouvinte, apesar do tanto que falava. Ele me perguntou tudo acerca das minhas filhas. Ele me contou o motivo pelo qual o sindicato fora chutado para fora da AFL-CIO e por que os líderes dessa instituição temiam cruzar o caminho daquele 'moleque mimado' do Bobby Kennedy, que certamente os colocaria sob investigação e arranjaria para eles o mesmo tipo de embaraços jurídicos que Jimmy tinha de enfrentar. A despeito de toda a pressão com que tinha de lidar, ele parecia estar bastante à vontade: o tipo do sujeito que você gostaria de ter ao seu lado em uma trincheira.

Quando o garçom chegou, eu pedi uma taça de Chianti e Bill chutou-me por debaixo da mesa, movendo a cabeça em sinal de negativa. Mantive o pedido e bebi o meu vinho, mas percebi que uma certa tensão ficava visível no semblante de Bill a cada vez que eu erguia a taça para tomar um gole. Bill e Sam limitaram-se a beber *ginger ale*. Mais tarde, Bill me diria que ele havia me recomendado a Jimmy antes daquele jantar, e queria que eu causasse uma boa impressão.

Durante o jantar, Bill disse uma coisa a Jimmy da qual jamais me esquecerei: 'Nunca vi um homem caminhar direto de encontro e através de uma multidão como o Irlandês faz, sem jamais tocar em ninguém. Todo mundo automaticamente abre caminho para ele. Ele parece Moisés abrindo o Mar Vermelho.'

Jimmy olhou para mim e disse: 'Acho que você deveria permanecer em Chicago, por uns tempos.'

E que cidade aquela revelou ser! Se você não conseguisse ganhar dinheiro em Chicago, não o ganharia em mais lugar algum. Eles deixavam os corpos nas calçadas, mesmo. Se você estivesse com o seu cachorro, seu cachorro morreria, também.

Eles me mandaram ir a Cicero, para falar com Joey Glimco acerca de um problema que ele estava tendo, mas eu me perdi e entrei em um bar. Cicero era a cidadela da qual Al Capone fora dono. Assim que entrei no bar, para pedir informações, me vi cercado por vinte sujeitos mal-encarados — cada um deles portando um *berro*. Algo me disse que eu estava na vizinhança certa. Disse a eles que estava procurando por um amigo e eles disseram para que eu me sentasse, até que fizessem algumas ligações telefônicas. Então, Joey Glimco em pessoa entrou no bar para me apanhar e levar-me até o bar certo, onde eu deveria ter ido encontrá-lo.

Glimco estava tendo problemas com uma transportadora que resistia a se sindicalizar e recusava-se a recontratar um atendente de loja que havia demitido. Isto fazia com que Joey Glimco ficasse mal aos olhos dos seus homens e ele queria que eu cuidasse da situação. Disse a ele que ninguém precisaria pintar a casa de ninguém. Pedi para que ele me arranjasse um engradado de Coca-Cola, que, àquela época, era comercializada naquelas antigas garrafas de vidro, e que deixasse um dos seus homens à minha disposição para que cuidássemos de tudo. Fomos até uma ponte sobre a rua, logo abaixo da entrada da companhia transportadora. Quando um caminhão saía pelo portão da empresa e começava a descer a rua, passando por baixo da ponte, eu e o outro sujeito soltávamos as garrafas de Coca-Cola sobre eles. As garrafas explodiam como bombas e os caminhões desorientados batiam contra as pilastras da pontes, sem saber o que os havia atingido. Por fim, os motoristas passaram a se recusar sequer a tirar os caminhões do pátio da empresa, e a transportadora teve de voltar atrás e recontratar o atendente que demitira, ainda que ele não tenha conseguido receber seus pagamentos atrasados. Talvez eu devesse ter usado dois engradados de Coca-Cola.

Eu passava as noites no Edgewater, na maior parte das vezes dividindo o quarto com Jimmy Hoffa, sempre que ele vinha de Detroit. Sam, Bill e eu fazíamos buracos em melancias, retirávamos toda a polpa e as enchíamos com rum, para que Jimmy não soubesse que estávamos bebendo. 'Caras! Vocês gostam, mesmo, de melancia, hein?', dizia Jimmy. Certa noite em que não esperávamos que Jimmy viesse, eu deixei um garrafão de vinho no parapeito da janela, para mantê-lo fresco. Jimmy chegou quando eu já estava dormindo, mas o ruído de sua entrada no quarto me despertou. Quando deitou-se na cama, ele disse: 'O que é aquilo, na janela?' Eu respondi: 'Acho que é a Lua, Jimmy.' Sam e Bill diziam que eu conseguia embromar Jimmy mais do que qualquer um que eles já tivessem visto.

Jimmy era sempre o primeiro a se levantar, todas as manhãs. O café da manhã era tomado às sete horas em ponto. E era melhor que você estivesse lá, prontinho, ou ficaria sem o seu café da manhã. Seu filho, o jovem Jimmy, também vinha ao Edgewater. Ele era um bom garoto e respeitava muitíssimo a seu pai. Jimmy se orgulhava muito de que seu filho iria cursar Direito, o que ele realmente fez. Atualmente, ele é o presidente dos Caminhoneiros.

Eu pude conhecer um bocado de gente importante. Sam 'Momo' Giancana vinha ao Edgewater. No início, eu não ficava presente durante as reuniões de negócios entre eles. Mas eu estava sempre lá, para cumprimentá-lo, quando ele chegava à suíte de Jimmy. Giancana aparecia com frequência nos jornais, naqueles dias, como namorado de várias celebridades. Ele era o extremo oposto de Russell no tocante à publicidade.

Mais tarde, quando Jimmy veio a conhecer por si mesmo o meu trabalho, eu passei a permanecer no quarto onde quer que qualquer coisa estivesse acontecendo. De vez em quando, Giancana trazia consigo um sujeito de Dallas, chamado Jack Ruby. Encontrei-me com Jack Ruby algumas vezes. Sei que o filho de Jimmy também o encontrou, no Edgewater. Ruby estava com Giancana, bem como com Red Dorfman. Certa vez, todos saímos juntos para comer e Ruby estava acompanhado de uma loira, a qual ele trouxera de Dallas para Giancana. Não resta qualquer dúvida de que Jimmy Hoffa tivesse conhecido Jack Ruby. Ele conheceu Jack Ruby; e não apenas por intermédio de Giancana, mas através de Red Dorfman, também. ”

Em setembro de 1978, Dan E. Moldea, autor de *The Hoffa Wars* ("As Guerras de Hoffa"), gravou em fita magnética uma conversa com James P. Hoffa, o filho de Jimmy. Moldea escreveu no posfácio de seu muito ponderado e meticulosamente pesquisado livro sobre Jimmy Hoffa e suas muitas guerras: "Quando lembrei a[o jovem Jimmy] Hoffa que ele havia me contado sobre as relações de seu pai com Jack Ruby, Hoffa confirmou [a existência de tais relações]. Sem o conhecimento de Hoffa e para minha própria proteção, secretamente eu gravei esta conversação telefônica mantida com Hoffa."

Um dos assuntos mais calorosamente discutidos entre Jimmy e Sam Giancana era a iminente campanha do senador John F. Kennedy para a presidência. Isso era motivo de grande controvérsia entre eles. Giancana recebera a promessa do pai de Kennedy de que manteria Bobby sob controle, e que ninguém precisaria se preocupar com Bobby caso Jack fosse eleito. O velho patriarca Kennedy fizera sua fortuna lado a lado com os italianos, como um contrabandista de bebidas nos dias de vigor da Lei Seca. Ele trazia *whiskey* através do Canadá e o distribuía aos italianos. O velho conservara seus contatos entre os italianos ao longo dos anos, à medida que seus negócios se encaminhavam cada vez mais para a legitimidade, fazendo coisas tais como financiar a carreira de estrelas do cinema — como Gloria Swanson, com quem ele mantinha um caso amoroso.

Sam Giancana iria apoiar John F. Kennedy contra Nixon — tal como o faria seu amigo Frank Sinatra e praticamente todo mundo em Hollywood. Giancana disse que manipularia a eleição em Illinois, de modo que Kennedy vencesse naquele Estado. Jimmy mal podia acreditar em seus ouvidos, e tentou dissuadi-lo. Jimmy disse a ele que ninguém poderia controlar Bobby, porque ele era um débil mental. Jimmy disse que muita gente fora procurar o velho durante as audiências da Comissão McClellan e ele nada pudera fazer com relação a ambos os seus garotos milionários.

Giancana disse a Jimmy que Kennedy os ajudaria a tirar Castro de Cuba, de modo que eles pudessem reaver seus cassinos. Jimmy disse que eles eram loucos ao confiar nos garotos Kennedy, depois do que eles haviam feito nas audiências de McClellan. Jimmy disse que Nixon ainda derrotaria Kennedy, e Nixon os ajudaria em Cuba. Giancana disse que a coisa toda havia acontecido em Cuba sob o governo de Eisenhower e Nixon; portanto, de que valiam os Republicanos? Eram coisas a que valia a pena ouvir. Tudo isso aconteceu apenas dois anos depois que o incidente de Apalachin fez com que todo mundo soubesse da existência de algo como La Cosa Nostra. E ali estavam eles, discutindo sobre se o esquema de Chicago deveria ou não deveria manipular uma eleição presidencial. Onde quer que você tenha crescido, deve saber que as eleições locais são sempre manipuladas. Você sabe que as eleições locais de Philly ou as de qualquer outro lugar são manipuladas; mas aquilo era outra coisa. E todo esse papo sobre as altas esferas se desenrolava bem diante de mim.

No fim das contas, os Caminhoneiros foram o único sindicato a prestar apoio a Nixon na eleição de 1960. Hoje em dia, o History Channel não faz rodeios ao tratar desse assunto: uma das razões pelas quais Kennedy venceu aquela eleição foi porque

Sam Giancana manipulou a eleição em Illinois em favor dele, com votos falsos, de pessoas já mortas, cujos nomes foram colhidos de lápides de cemitérios.

Eu sabia quão importante Cuba fora para os meus amigos da Costa Leste e para os amigos deles de todo o país. Russell havia me levado com ele para Cuba exatamente quando Castro estava começando a chutar todo mundo para fora dali, confiscando seus cassinos, seus hipódromos, suas casas, suas contas bancárias e o que mais tivessem possuído lá. Eu nunca vira Russell tão louco da vida quanto naquela viagem a Cuba; e eu sequer estava presente quando ele fez sua última viagem para lá e ficou ainda mais louco da vida, porque seu amigo Santo Trafficante, da Flórida, fora preso e mantido atrás das grades pelos comunistas. Ouvi rumores de que Sam Giancana teve de enviar Jack Ruby a Cuba para distribuir algum dinheiro e tirar Santo de lá.

Por essa época, eu estava começando a avançar em meu trabalho para o sindicato, e vivia indo e voltando entre o Local 107, na Filadélfia, e o Local 777, em Chicago, para estar com Bill, Sam e Joey Glimco. Eu não apenas formava linha nos piquetes ou pedia aos trabalhadores que assinassem cartões de filiação ao sindicato. Eu fora encarregado de assegurar que os piquetes realmente acontecessem. Eu era o que eles chamavam de 'braço' nas linhas dos piquetes. Eu deveria garantir que a linha estava em ordem. Se um grevista não comparecesse ou fugisse ao seu dever durante um piquete, ele não seria pago por integrar aquele piquete. Eu me assegurava de que ele não recebesse seu 'cheque-greve' por aquele dia.

O Local 107, em Philly, era o quarto maior comitê local do país e estava sempre tendo um bocado de problemas. Simplesmente, a coisa toda era grande demais para ser administrada. Eles estavam sob investigação por corrupção pelo Senado dos Estados Unidos, e seu presidente, Raymond Cohen, estava constantemente metido em encrencas. Sempre havia facções rebeldes no 107. Joey McGreal tinha sua própria equipe de 'braços' e tentava insistentemente semear a dissensão, para que pudesse assumir o poder. Eu não podia aturar Raymond Cohen. Ele tentava dirigir tudo com mão de ferro e não demonstrava nenhum respeito pelas pessoas. Todos os meses eu fazia uma moção para que lhe tirassem o carro ou cortassem sua verba para as despesas ou qualquer outra coisa que pudesse ferrar com a vida dele. Cohen era um grande apoiador de Jimmy Hoffa, em público; por isso, Cohen queixava-se de mim para Jimmy.

Porém, o que Cohen não sabia era que Bill e Sam estavam me encorajando a fazer essas coisas sob as ordens de Hoffa. Cohen era um figurão na Internacional. Ele era um dos três fiduciários. Mas Cohen era o tipo do sujeito que apoiava Jimmy da boca para fora, apenas publicamente, enquanto internamente ele se opunha a Jimmy quando este queria que alguma coisa fosse feita. Por exemplo, ele era contrário à realização do maior sonho de Jimmy: a formação de um Grande Acordo dos Transportadores.

Cohen era um verdadeiro embaraço; ele terminou sendo indiciado por apropriação indébita, o que proporcionou ao sindicato a oportunidade para se livrar dele.

Jimmy contava com um apoiador leal em Porto Rico, chamado Frank Chavez. No entanto, Frank Chavez era um autêntico criador de problemas. Ele era muito 'cabeça quente'. Foi ele quem enviou a Bobby Kennedy uma carta — de seu comitê local, em Porto Rico — no dia em que John F. Kennedy foi assassinado. Na carta ele dizia que em honra de todas as coisas ruins que Bobby Kennedy fizera a Jimmy Hoffa, seu comitê local porto-riquenho iria depositar flores sobre o túmulo de Lee Harvey Oswald e cuidar para que estas fossem sempre mantidas frescas e renovadas. Isso ainda faz a gente estremecer um pouco. Deixe os mortos descansarem em paz. Você honra os mortos; especialmente um homem como aquele. Ele foi um herói de guerra, que salvou a vida de sua tripulação naquele incidente com a lancha PT-109. Bobby era um filho da puta, mas o sujeito havia acabado de perder seu irmão; e ele devia saber que tudo estava conectado a si mesmo e achar que fosse por sua culpa, além do mais.

Frank Chavez estava em meio a uma disputa jurisdicional com o grande Paul Hall, do Sindicato Internacional dos Marítimos, em Porto Rico. Paul Hall pertencia à AFL-CIO e eles pretendiam representar os caminhoneiros que trabalhavam nas docas, transportando as cargas que eram embarcadas e desembarcadas dos navios que atracavam nos portos. Porém, uma vez que se tratasse de motoristas, Frank Chavez queria que estes se filiassem aos Caminhoneiros. Hoffa e Hall odiavam-se mútua e reciprocamente. Paul Hall fora uma das pessoas na AFL-CIO que chutara para fora os Caminhoneiros; e, agora, Jimmy Hoffa acreditava que Hall estaria tentando fazer tudo o que pudesse para derrubar Jimmy Hoffa e os Caminhoneiros. Era uma guerra sangrenta; e ambos os lados possuíam suas 'tropas de choque'.

Certa noite, na Filadélfia, recebi um telefonema de Jimmy dizendo-me para que eu voasse na manhã seguinte para Porto Rico, para acertar uma ou duas coisas; então, para que voasse para Chicago e resolvesse um assunto; e, depois, voasse para San Francisco e me encontrasse com ele, Jimmy, no Fairmont Hotel, às oito horas da noite.

Somente nos filmes ou nas histórias em quadrinhos alguém diz a outra pessoa para que vá e mate alguém. Entre nós, eles dizem a você para que vá 'acertar uma coisa' ou 'resolver um assunto'. Quando você chega lá, há gente que já preparou o terreno e está à sua espera, e você faz o que tem de fazer. Então, você volta e se encontra com quem o enviou, para fazer seu relatório e saber se há algo mais que eles querem que você faça. Era como compor um relatório de combate ao retornar de uma patrulha noturna. Depois de tudo, você pode voltar para casa.

Em um único dia, eu voei para Porto Rico e cuidei de dois assuntos. Então, voei para Chicago e resolvi outro assunto. Depois, voei para San Francisco e parei em um bar para beber uns copos de vinho, porque sabia que não haveria nada para beber quando chegasse ao Fairmont para me encontrar com Jimmy e passar-lhe o relatório.

Entrei no quarto de hotel ocupado por Jimmy pontualmente às oito horas da noite e ele berrou comigo por tê-lo feito esperar.

— Eu estou no horário, Jimmy —, argumentei. — São oito horas...

— Você não podia ter chegado um pouco mais cedo? —, berrou Jimmy.

Pouco tempo depois, naquele mesmo ano, John F. Kennedy foi eleito presidente, por uma margem estreita. A primeira coisa que fez foi indicar seu irmão como procurador-geral dos Estados Unidos. Isto deu a Bobby ascendência sobre o Departamento de Justiça, sobre todos os advogados dos Estados Unidos, sobre o FBI e sobre o próprio diretor do FBI, J. Edgar Hoover. E a primeira coisa que Bobby Kennedy fez foi voltar-se contra os mesmos homens que haviam ajudado a eleger seu irmão. Pela primeira vez na História dos Estados Unidos um procurador-geral empenhava os esforços de todo o seu gabinete para a erradicação do crime organizado.

Visando este fim, Bobby Kennedy formou um esquadrão de advogados e investigadores dentro do Departamento de Justiça. E para liderar esse esquadrão ele designou seu antigo 'braço direito' do tempo das audiências da Comissão McClellan, Walter Sheridan. Bobby Kennedy escolheu pessoalmente os integrantes de seu esquadrão. Ele incumbiu o esquadrão da execução de uma tarefa bastante limitada e específica, e, com muita sutileza, batizou a equipe com o nome de "Esquadrão Peguem Hoffa".

Tudo — e eu quero dizer tudo, mesmo — foi resultante disso.

Capítulo Quinze

Consideração através de um envelope

"Quando estivesse em casa, trabalhando para o Local 107, sempre que tinha algum tempo eu ia ver meus velhos amigos de Darby e visitar os meus pais. Aquelas eram as únicas oportunidades que eu tinha de sorrir um pouco para irlandeses católicos, porque Jack Kennedy estava para ser empossado. Na velha vizinhança de Darby, para alguns dos meus amigos de longa data como Yank Quinn, aquele novo presidente irlandês, John F. Kennedy, era um grato presente. Ele foi o primeiro irlandês católico a se tornar presidente. Isto para não dizer que também servira durante a guerra, como nós. Quando eu era garoto, havia somente outro político irlandês católico, chamado Al Smith, que tentara se eleger presidente. Ele era de Nova York. Foi Al Smith quem disse a célebre frase: 'Prefiro estar certo do que ser presidente.' Mas, àquela época, vários segmentos da população ainda se mostravam preocupados com a possibilidade de que Al Smith, sendo católico, recebesse ordens diretamente do papa. Dizem que foi por isso que o sujeito perdeu as eleições.

Não é preciso dizer que quando estivesse perto de Jimmy Hoffa eu não proferia uma só palavra acerca de Jack Kennedy ser bom. Eu sequer mencionava o nome dele em uma conversa, depois que Jack Kennedy anunciou que iria fazer de Bobby seu procurador-geral. Mesmo antes dessa indicação, Jimmy sabia que a eleição de Kennedy não seria algo bom para ele; mas Jimmy, Russell e todo mundo interpretaram tal indicação como um golpe baixo da parte do velho Joe Kennedy contra seus velhos amigos. Jimmy sabia que se tratava apenas de uma questão de tempo para que as ações legais movidas contra ele se tornassem ainda piores.

Jimmy dizia coisas do tipo: 'Aquele rato do Bobby sabe muito bem que o único motivo de ele ter sido feito procurador-geral é o seu irmão. Sem o irmão, ele não é nada. Bobby já estava lá, esfregando as mãos, enquanto os votos eram contados em favor deles. Eles são a pior espécie de hipócritas. Nossos amigos de Chicago fizeram papel de idiotas quando se deixaram iludir pelo *glamour* de Hollywood e toda aquela merda do Frank Sinatra. Eu tentei avisar Giancana. *Rat pack*[16] é um nome bem adequado. Um bando de ratos imprestáveis, é o que eles são.'

---

16 Entre meados dos anos 1950 e meados dos 60, um grupo de atores e/ou cantores norte-americanos reuniu-se —informalmente — para fazer filmes, gravações e shows ao vivo por todo o país, mas gravitando principalmente no "eixo" Nova York-Las Vegas-Hollywood. Os membros mais assíduos, que caracterizaram o estilo da atuação do grupo *Rat Pack* (algo como "Bando de Ratos", ou, na acepção brasileira, "Ninho de Ratos") foram Frank Sinatra, Dean Martin, Sammy Davis Jr., Peter Lawford e Joey Bishop. (N.T.)

O próprio Russell não via muita utilidade em Frank Sinatra. Sei que Russell não era um trouxa para 'cair' pelo *glamour* de Hollywood, e ele não gostava nem um pouco da pose de mafioso fanfarrão adotada por Sinatra. Frank Sinatra se comportava muito bem na presença de Russell Bufalino. Certa noite, no 500 Club, em Atlantic City, ouvi Russell dizer a Sinatra: 'Sente-se aí ou eu vou arrancar a sua língua e enfiá-la no seu rabo.' Se estivesse de pileque, Sinatra era um verdadeiro asco. Ele vestia uma 'fantasia de gorila' quando bebia. Ele provocava alguém para brigar sabendo que outra pessoa impediria que qualquer coisa acontecesse. Ele era um mau bebedor. Eu, quando bebo, quero cantar e dançar. Acho que ele sabia que já era um cantor e dançarino.

Bill Isabel me disse que Jimmy jamais fora o mesmo depois que Bobby Kennedy cruzara o caminho dele. É como naquela velha história do sujeito que fica perseguindo a baleia branca. Só que Bobby e Jimmy eram, ambos, o cara que persegue a baleia branca; e, ao mesmo tempo, ambos eram a própria baleia branca perseguida. E, realmente, havia uma coisa que Jimmy adorava fazer: pescar em alto-mar. A Internacional mantinha um barco para pesca esportiva de quarenta pés em Miami Beach, para Jimmy. Havia um capitão que trabalhava em tempo integral e o barco tinha dormitórios e acomodações para seis pessoas. Jimmy convidou-me para uma pescaria em alto-mar, certa vez, e eu disse a ele: 'Não vou a nenhum lugar de onde eu não possa voltar a pé.'

Certa noite, em 1961, quando eu estava em Philly, fui jantar com Russell. Sei que foi bem antes da Páscoa, porque toda Páscoa e todo Natal você se encontrava com um chefe em particular e demonstrava o respeito que dedicava a ele com um envelope. Russell havia feito um bocado por mim naquele ano, e eu dera a ele um envelope na festa de Natal, mas ainda não lhe dera um envelope na Páscoa. Na verdade, tudo deve ter acontecido poucas semanas depois da festa de Natal. No ano seguinte, Russell deixou de receber envelopes da minha parte. Em vez disso, ele passou a me dar presentes — tais como joias.

Naquela noite em particular, Russell e eu jantávamos sozinhos no Cous' Little Italy, e Russell me disse que o presidente Kennedy faria alguma coisa quanto a Cuba. Eu já suspeitava, pelos 'recados' — invariavelmente, mensagens verbais — que eu levava, trocados entre Jimmy e Sam Giancana, que alguma coisa estaria para acontecer em Cuba.

Russell contou-me que durante a Lei Seca, o velho Kennedy lucrou um dólar de cada garrafa de *scotch* que entrou no país. Ele me disse que o velho controlava o presidente, e que ele esperava que este último os ajudasse em Cuba, que contribuísse para fazer cessar as audiências de McClellan e que fizesse o governo largar do pé de todo mundo.

Analisando retrospectivamente, acho que o velho disse ao presidente Kennedy para que levasse adiante aquele assunto de Cuba apenas para pagar a ajuda que recebera de Sam Giancana para elegê-lo. A ação em Cuba seria uma maneira de demonstrar respeito pelo que fora feito por eles: seria como entregar um envelope. Assim, pareceria que Kennedy estaria ajudando as pessoas a reaverem seus cassinos, seus hipódromos e outros negócios que tinham tido lá. E havia de tudo: até mesmo barcos de pesca de camarão e negócios legítimos.

Russell tinha um problema de catarata e não gostava de dirigir. Se ele tivesse de percorrer uma distância longa e eu estivesse no Leste, ainda atuava como seu motorista, levando-o aos lugares, porque dispunha de um bocado de tempo livre. Não era sempre que eu tinha algo a fazer no Local 107, em Philly; e quando havia alguma coisa a ser feita, Raymond Cohen não confiava suficientemente em mim para incumbir-me. Àquela época, no 107, eu agia mais como um bombeiro à espera de que algum eventual incêndio começasse. Quando eu estava em Chicago e Detroit parecia sempre haver um incêndio em pleno curso. O Local 107 se tornaria muito agitado alguns meses depois.

Russell entrava no meu Lincoln e 'apagava' imediatamente. Russ era muito bom para dormir. Ele era muito disciplinado quanto a isso, e sempre tirava uma soneca à tarde. Ele tentou fazer com que eu lhe imitasse o hábito, mas eu jamais consegui fazer isso. Depois da guerra, nunca mais consegui dormir mais do que três ou quatro horas por noite. A guerra me condicionou a viver com menos horas de sono. Você tinha de aprender a fazer isso, lá, porque constantemente tinha de despertar e pular em pé. Quando Russell passava uma noite em meu apartamento, próximo do hipódromo da Filadélfia, ele assistia às lutas e, às onze horas da noite, entrava em seu quarto e ia diretamente para a cama. Eu ficava ouvindo o rádio, bebendo vinho e lendo, até bem depois das duas horas da manhã.

Certa noite, Russell pediu-me para que o levasse a Detroit. Ele entrou no carro e já dormia antes que eu tomasse a autoestrada. Eu tinha um rádio que captava a frequência 'faixa do cidadão' e ficava atento para saber onde haveria eventuais bloqueios ou policiais rodoviários. Aquela era uma noite tranquila, então pude viajar entre 140 e 160km/h pelo caminho todo. Quando Russell acordou e abriu os olhos, já estava em Detroit. Ele olhou para o seu relógio de pulso e disse: 'Da próxima vez, vou tomar um avião.'

Por todo o tempo em que o conheci, Russell gostou que eu o levasse de carro para o oeste, à região de Pittsburgh, para que visitasse seu amigo chegado, Kelly Mannarino, em New Kensington. Os dois, então, punham-se a cozinhar molho de tomate, ao qual chamavam *salsa*. O processo de cozimento levava o dia inteiro e, às vezes, podia avançar pela noite. No jantar, você tinha de comer o que quer que Russell tivesse preparado, e o que quer que Kelly tivesse preparado, também. Você não podia comer a comida de um sem comer a comida do outro. E, no final, você não poderia estar tão cheio ao ponto de deixar de raspar o molho do prato com um pedaço de pão. Russell fazia um bom molho com *prosciutto*, e Kelly não era mau cozinheiro, também. Era como uma competição. Mas, em termos de gosto pessoal, o vencedor era sempre o vinho caseiro e o relaxamento, depois. Ambos tinham um senso de humor afiado e um fazia piadas sobre o que o outro estivesse cozinhando. Russell me tratava como a um filho. Ele e Carrie jamais tiveram filhos. Não sei se para ele eu era como um filho ou não. Sei que ele gostava de me manter por perto, senão eu não estaria sentado aqui, agora. Eu já teria partido, há muito tempo.

A única vez em que vi Russell demonstrar alguma emoção foi quando Kelly teve um câncer, em 1980, pouco antes do meu primeiro julgamento na Filadélfia. Em seis meses, Kelly chegou apesar 45 kg, e Russell chorava apenas de olhar para ele.

Kelly tinha uma fábrica de doces. Os gigantescos ovos de Páscoa recobertos de chocolate que ele fabricava, recheados com *nougat* de coco ou de manteiga de amendoim, eram uma coisa de outro mundo. Eu sempre enviava esses ovos de Páscoa às esposas dos meus advogados, enquanto estive na 'escola'.

Kelly e seu irmão eram sócios de Meyer Lansky no cassino San Souci, em Havana. Quando as pessoas pensam numa suposta Máfia, pensam nos italianos; mas os italianos eram apenas uma parte de algo muito maior. Havia uma Máfia judaica e diversas outras. Todas eram partes de um mesmo todo. Kelly e Russell eram muito próximos de Meyer Lansky, e este gozava de um bocado de respeito.

Vincent 'Jimmy Blue Eyes' Alo, o sujeito que apostara com Russell que ele não conseguiria abandonar os cigarros na viagem que fizeram ao se retirar de Cuba, era associado de Meyer Lansky. Jimmy Blue Eyes era italiano; e ele era o melhor amigo de Meyer Lansky. Os dois eram como Kelly e Russell.

Eu fui apresentado a Meyer Lansky certa vez no Gold Coast Lounge, de Joe Sonken, em Hollywood, Flórida. Adentrei o lugar para ir-me encontrar com Russell, e Meyer estava se levantando para deixar a mesa. Não conversei com ele, exceto pelas poucas palavras de apresentação; mas, enquanto eu estava na 'escola', meu irmão estava morrendo de câncer e o médico da Administração dos Veteranos recusava-se a lhe dar morfina; Russell telefonou a Meyer Lansky, da prisão, e ele enviou um médico para ajudar a aliviar o sofrimento do meu irmão. Meyer Lansky, Kelly e seu irmão perderam um bocado de coisas que possuíam em Cuba, tal como Russell.

Russell tinha vários negócios com Kelly; e ambos — tal como Angelo — eram terminantemente contra as drogas ilícitas. Não havia drogas onde eles estivessem. Kelly tinha um bom coração, tal como Russell e Angelo. Russell cuidava bem das pessoas pobres de sua área: ele sempre lhes dava comida no Dia de Ação de Graças e no Natal, e, realmente, quando quer que necessitassem; e todos sempre tinham carvão para o aquecimento, no inverno. Kelly agia da mesma maneira.

Com muita frequência, eu costumava dirigir até Hollywood, na Flórida, com Russell, para levá-lo a reuniões no Gold Coast Lounge, de Joe Sonken. De vez em quando, nós tomávamos um avião, quando houvesse uma emergência; mas, na maior parte das vezes, eu dirigia um carro até lá. Joe Sonken era um associado da família de Russell. Todo mundo ia ao Gold Coast para fazer reuniões. Todas as pessoas 'diferentes', de todas as partes do país, se encontravam no Gold Coast. Eles tinham os melhores siris de toda a Flórida. Ali, Russell se reunia com Santo Trafficante, da Flórida, ou com Carlos Marcello, de Nova Orleans, várias vezes no decorrer de um ano. Eu conheci o advogado de Trafficante, Frank Ragano, lá. Eles cederam Frank Ragano de empréstimo a Jimmy, para ajudá-lo a safar-se nos julgamentos em que ele terminou metido por conta de Bobby e seu 'Esquadrão Peguem Hoffa'.

Lá eu também conheci o piloto de Carlos Marcello, um sujeito chamado Dave Ferrie. Tempos depois, me disseram que ele era *gay*; mas, quer ele fosse ou não, jamais tentou me passar nenhuma 'cantada'. Ele ainda tinha cabelo quando eu o conheci. Dizem que ele ficou meio maluco, depois; e que carregava sempre consigo um estojo de maquiagem. Mas se poderia dizer que ele odiava Castro apaixonadamente, e era muito próximo dos cubanos anticastristas da Flórida.

Certa manhã, algumas semanas depois da reunião no Gold Coast quando conheci Dave Ferrie, eu estava de volta à Filadélfia, no Local, quando recebi um telefonema de Jimmy Hoffa, que pediu para que eu conferisse aquele negócio do qual havíamos falado. Isso significava que eu deveria ir até o telefone público que utilizávamos e esperar por um novo telefonema dele. Fui até o telefone público e, quando o aparelho tocou, atendi e ouvi a voz de Jimmy dizendo: 'É você?'. Respondi: 'Sou.'

Ele disse: 'Falei com o seu amigo e ele me disse para que falasse com você. Arranje um caminhão *quente* para amanhã e vá até a fábrica de cimento Harry C. Campbell, na Avenida Eastern, em Baltimore. Não há como errar. Leve alguém para lhe ajudar. Você vai pegar a estrada. E não se esqueça de telefonar ao seu amigo.'

Desliguei e telefonei para Russell do mesmo telefone público. Disse a ele que recebera notícias daquele sujeito, e Russell disse que isso era bom. Desligamos.

Dirigi até Philly para falar com Phil Milestone, da Transportadora Milestone. Ele devia um bom dinheiro que não estava conseguindo pagar, então, em vez disso, ele fazia alguns favores, tais como me manter em sua folha de pagamento sem que eu tivesse de trabalhar para ele. Ele havia sido um contrabandista de bebidas, nos velhos tempos. Boa gente. Dele seria seguro obter um caminhão emprestado: ele não era nenhum dedo-duro. Phil terminou 'puxando uma cana' por haver tentado subornar um agente da Receita.

Phil arranjou-me o caminhão e eu arranjei um rapaz, chamado Jack Flynn, para dirigir comigo. (Jack morreu jovem, sentado em seu carro, de um ataque cardíaco, enquanto eu fui mandado de volta à 'escola' por uma violação da minha liberdade condicional, em 1995. Dei um telefonema e consegui fazer com que sua namorada recebesse um prêmio de seguro por morte, do sindicato.) Dirigimos o caminhão da Transportadora Milestone até Baltimore e o estacionamos no pátio da fábrica de cimento Campbell. Estive lá de volta, há pouco tempo, e a empresa mudou de nome. Agora se chama Bonsal. As instalações parecem maiores, com mais prédios; mas a velha edificação de pedras ainda está lá. Quando estivemos lá, em 1961, a propriedade contava com uma pequena pista de pouso. Na pista estava um avião pequeno do qual saltou o piloto de Carlos Marcello que eu conhecera recentemente no Gold Coast, Dave Ferrie. Ele veio até o nosso caminhão e pediu para que o estacionássemos mais próximo de alguns caminhões do Exército. Assim que fizemos isso, um bando de soldados surgiu de dentro de um dos prédios e começou a transferir uma carga de uniformes, armas e munições dos caminhões do Exército para o nosso caminhão.

Dave Ferrie me disse que o material bélico que era carregado provinha da Guarda Nacional de Maryland. Ele passou às minhas mãos a papelada relativa à carga, para o caso de sermos parados na estrada, e disse-me para que eu a levasse para a pista de corridas de cachorros in Orange Grove, na Flórida, nos arredores de Jacksonville. Ele disse que lá eu seria recebido por um sujeito com orelhas grandes, chamado Hunt.

Nós dirigimos direto pela Rota 13. Eu costumava transportar café para a Flórida, quando trabalhava para a Food Fair, e voltar de lá trazendo uma carga de laranjas. E eu costumava fazer uma parada para comer alguns cachorros-quentes com *chili* da Lums. Não era possível encontrá-los no Norte. Chegamos lá em cerca de vinte e uma horas, e entregamos a carga para Hunt e alguns cubanos anticastristas. Jack Flynn ficou na Flórida para trazer o caminhão de volta, e eu voei para Philly. Tempos depois, Hunt apareceria na televisão como um dos invasores do edifício Watergate: E. Howard Hunt; mas, na época, ele estava ligado à CIA de algum modo. Hunt também devia ter feito algum tipo de operação nas orelhas, pois na segunda vez em que o vi suas orelhas estavam muito mais próximas do crânio.

Dirigi até Kingston, para fazer a Russell um relatório sobre o assunto e ele me disse que algo estava para acontecer em Cuba, por isso Jimmy me pedira para que levasse aquele caminhão até a Flórida. Ele me contou que Jimmy Hoffa estava mantendo sua mente aberta quanto aos Kennedy. Jimmy estava colaborando com isso devido ao respeito que tinha para com Sam Giancana e para com o próprio Russell — e porque seria bom para todo mundo retomar Cuba das mãos dos comunistas. Mesmo que isto se revelasse como algo bom para os Kennedy.

Então, a próxima coisa de que ouvi falar, pela televisão, naquele mês de abril, foi que o presidente Kennedy havia estragado tudo na invasão da Baía dos Porcos, atentando contra o regime de Castro. No último minuto, Kennedy decidiu não enviar apoio aéreo norte-americano ao desembarque anfíbio da infantaria. Eu achei que John F. Kennedy devia saber muito bem o que estava fazendo, tendo combatido na guerra e tudo mais. Você não pode desembarcar uma força de invasão terrestre sem apoio aéreo. Os cubanos anticastristas que invadiram a ilha também não podiam contar com navios ao largo que bombardeassem o interior para além da cabeça de praia. Os homens que desembarcaram na praia, então, eram como patinhos imóveis em um estande de tiro ao alvo. Os que não foram mortos imediatamente, foram capturados pelos comunistas; e ninguém sabe o que aconteceu a um bocado daqueles sujeitos, depois.

'Esses Kennedy conseguem estragar até mesmo um funeral', pensei comigo.

Voei com Russell até o Gold Coast para uma reunião com Santo Trafficante e algumas outras pessoas. Jamais ouvi de qualquer uma dessas pessoas, incluindo Russell, uma só palavra acerca de um complô armado em conluio com o governo Kennedy para assassinar Castro, quer fosse empregando veneno ou uma bala; mas alusões relativas a isso saíram nos jornais, cerca de dez anos depois. Eles costumavam dizer que a suposta Máfia só mata entre os seus pares. Talvez eles tenham achado que Castro era muito parecido com eles mesmos. À sua maneira, ele era um chefão. Castro tinha sua equipe e comandava um território. Ele violou os limites de seu território e invadiu o território deles, tomando para si propriedades valiosas e chutando-os para fora dali. Nenhum chefão poderia esperar sair impune depois de fazer algo assim.

Posso dizer que muita gente 'diferente' no bar de Joe Sonken via o velho patriarca Kennedy como um de seus pares. E, de certa maneira, sem dúvida eles viam os filhos dele, Jack e Bobby, como membros da equipe do velho. ”

No verão de 1975, o Senado dos Estados Unidos conduziu uma série de audiências, a portas fechadas, sobre o envolvimento da Máfia, tanto no episódio da invasão da Baía dos Porcos quanto em um complô para assassinar Fidel Castro, a princípio por envenenamento. A Comissão Seleta do Senado foi presidida pelo senador Frank Church, de Idaho, e veio a tornar-se conhecida como a Comissão Church. A comissão ouviu testemunhos e coletou evidências relativas a suspeitas conexões da Máfia com a invasão da Baía dos Porcos em abril de 1961 e a um suposto complô, tramado pela Máfia e pela CIA, para assassinar Fidel Castro. No início das audiências, em 1975, em uma revelação chocante, a CIA admitiu perante a Comissão Church o envolvimento e a assistência da Máfia no episódio da invasão da Baía dos Porcos e a existência de um complô para matar Castro. Esse complô recebeu o nome, em código, de Operação Mongoose ("Mangusto").

Poucos dias antes da data agendada para que testemunhasse diante da Comissão Church, Sam "Momo" Giancana foi assassinado. Ele jamais testemunharia. Mas o lugar-tenente de Giancana o fez. O bem-apessoado e elegante Johnny Roselli prestou um longo testemunho, sob juramento, a portas fechadas. Poucos meses após haver testemunhado, Johnny Roselli foi assassinado e seu corpo foi enfiado em um barril de petróleo.

Enquanto a Comissão Church conduzia suas audiências a portas fechadas, a revista *Time* publicava, em sua edição do dia 9 de junho de 1975, que Russell Bufalino e Sam “Momo” Giancana eram os chefões criminosos que teriam estado por trás da conexão da Máfia com a CIA para a execução da invasão anticastrista e do complô para assassinar Castro por envenenamento.

Como resultado de suas descobertas independentes e da confissão da CIA, a Comissão Church impetrou legislação restringindo o envolvimento da CIA em casos potencialmente ofensivos à soberania de uma nação estrangeira. A legislação foi aprovada. O trabalho da Comissão Church, suas descobertas e as reformas legislativas referentes à atuação da CIA tornaram-se objeto de muitos debates subsequentemente à tragédia de 11 de setembro de 2001, quando certos especialistas concordaram que a Comissão Church havia ido longe demais ao restringir as atividades da CIA.

“Com Cuba ou sem Cuba, ainda havia um sindicato a dirigir. Por volta de julho de 1961, Jimmy indicou-me como um oficial legislativo com a incumbência de manter a ordem e a segurança na convenção que teria lugar no Deauville Hotel, em Miami Beach, na Flórida. A convenção acontecia a cada cinco anos, para a eleição de ocupantes dos cargos oficiais e a discussão de outros assuntos. Um desses outros assuntos — do qual gostei imediatamente, tão logo ouvi falar a respeito, e talvez uma das melhores coisas que resultaram da convenção — era a concessão de um grande aumento na conta das verbas para despesas. Sendo um sujeito que cresceu sem ter onde cair morto, eu já achava que a verba para despesas era a melhor coisa que havia sido inventada desde o pão fatiado.

Em 1961, aquela foi a primeira convenção a que eu compareci. Raymond Cohen não queria que eu fosse, mas aquele era o desejo de Jimmy e Cohen não tinha nada que opinar a respeito. Como agente encarregado da manutenção da ordem e da segurança, meu trabalho era checar as credenciais de qualquer um que tentasse entrar na convenção. A AFL-CIO tentou enviar espiões e, naturalmente, o FBI também tentou entrar. Porém, nenhum deles me deu qualquer trabalho. Eles tentavam, mas como não conseguissem, limitavam-se a dar meia volta e ficar rondando pelo perímetro, tentando ouvir qualquer coisa ou espiando à distância. Analisando retrospectivamente, é provável que a AFL-CIO e o FBI já tivessem plantado microfones ocultos no salão da convenção. Ao tentar fazer alguns de seus homens entrarem pela porta da frente, eles queriam fazer com que nós pensássemos que havíamos conseguido mantê-los do lado de fora.

O grande problema com que tive de lidar foram os fotógrafos da imprensa. Você os empurrava para longe de qualquer abertura e logo algum deles tentava esgueirar-se pelas suas costas, espocando seus *flashes*. Um desses sujeitos conseguiu encher meu saco, particularmente.

Eu me voltei para o tira que fora designado para ficar montando guarda na porta e disse a ele:

— Acho que vou precisar de um cirurgião, aqui. Você pode chamar um cirurgião pelo rádio?

— Um cirurgião? —, indagou o tira. — Para que você precisa de um médico?

— Um médico, não —, disse eu. — Eu preciso de um cirurgião, para fazer uma operação e retirar a câmera daquele fotógrafo do rabo dele, que é onde ela irá parar da próxima vez que eu vir piscar um *flash*.

Até o tira riu.

Acho que foi cerca de um mês antes da convenção de 1961 que Jimmy perdeu seu bom amigo Owen Bert Brennan, vitimado por um ataque cardíaco. Alguns dos caras acharam que Brennan se preocupara tanto ao ponto de sofrer um ataque cardíaco por causa dos negócios que mantinha com Jimmy e eram investigados por Bobby.

Devido à morte de seu amigo Brennan, Jimmy teve de substituí-lo como um dos vice-presidentes da Fraternidade Internacional; e, para tanto, terminou por escolher Frank Fitzsimmons em detrimento de um velho 'Rapaz do Morango', dos tempos da greve na companhia Kroger, chamado Bobby Holmes. Jimmy fez sua escolha jogando cara ou coroa com uma moeda. Tempos depois, aquela moeda atirada ao acaso foi o que determinou que Fitz estivesse em posição de suceder a Jimmy, quando Jimmy teve de ir à 'escola'. Bobby Holmes era um homem de Hoffa extremamente leal. Originalmente, ele fora um minerador de carvão na Inglaterra. Ele participara da primeira greve promovida por Jimmy, na plataforma de transporte de morangos da Kroger, nas docas de Detroit. Não haveria maneira de Bobby Holmes ter traído Jimmy e feito a ele o que Fitz fez. Acho que se Jimmy tivesse seguido sua intuição em vez do lançamento de uma moeda ao ar, tudo teria saído melhor para todo mundo; e eu, um dia, teria me aposentado como um coordenador da Internacional.

Na convenção, Jimmy tinha um interruptor para o microfone, que ele desligava a cada vez que ouvia algo de que não gostasse. Jimmy dizia coisas como: 'Temos um mau funcionamento, irmão. Cale a boca.' Foi nessa mesma convenção que Jimmy proferiu sua célebre frase: 'Eu posso ter os meus defeitos, mas estar errado não é um deles.'

Jimmy indicou Fitz, e Fitz foi eleito vice-presidente naquela convenção de 1961. Então, Fitz tomou o microfone e falou, falou e falou mais sobre Jimmy Hoffa, numa ladainha interminável. Fitz praticamente fez um 'Juramento de Lealdade'[17] a Jimmy Hoffa, mas nós sabemos como tudo acabou.

A outra vaga de vice-presidente também foi recomendada por Jimmy Hoffa. Ele indicou, e os delegados elegeram, Anthony 'Tony Pro' Provenzano, da zona norte de Nova Jersey; 'o homenzinho'. E nós sabemos como tudo acabou.

17 *Pledge of Allegiance*, no original. O *Pledge of Allegiance* é um juramento de fidelidade à bandeira e à nação norte-americana, que se consiste de uma frase dita à abertura de cada sessão do Congresso e em outras ocasiões solenes. (N.T.)

Capítulo Dezesseis

Dê um recadinho a eles

"Antes da convenção, Jimmy me enviara a Chicago; e, mais uma vez, imediatamente depois da convenção, Jimmy tornou a enviar-me a Chicago, para trabalhar sob as ordens diretas de Joey Glimco. Um punhado de rebeldes pretendia dominar uma união de taxistas local que pertencia a Joey Glimco e torná-la independente. Todo mundo sabia que o Sindicato dos Marítimos, de Paul Hall, filiado à AFL-CIO, estava por trás dos rebeldes e dominaria a associação dos taxistas assim que esta se tornasse independente. Tratava-se de filiados ao Local 777 dos Caminhoneiros. O líder dos rebeldes era Dominic Abata. Ele conseguira suficientes cartões de filiação assinados para levar à instauração de uma eleição.

Estou certo de que os rebeldes tinham seus motivos para desejarem deixar a tutela de Joey Glimco. Mas Joey tinha quinze associações de taxistas em Chicago, para começar; além dos sindicatos de outras categorias profissionais filiados aos Caminhoneiros e todos os outros sindicatos controlados 'pelos bastidores'. Assim, com todos esses outros sindicatos locais em jogo, Joey Glimco não era um homem que pudesse dar-se ao luxo de permitir que os rebeldes do Local 777 se constituíssem de um mau exemplo ao abandonarem os Caminhoneiros e as coisas ficarem por isso mesmo. Ele poderia perdê-los, no fim das contas; mas teria de fazer com que a experiência do abandono deles fosse tão difícil e sofrida quanto possível. E o preço que eles pagassem por sua independência teria de servir como um recado para que os outros sindicatos locais preferissem permanecer alinhados com ele.

Joey Glimco era ainda mais baixinho do que Jimmy. Ele era solidamente constituído e muito forte. Dizem que ele media 1,62 m de altura, e é possível que ele tenha medido isso, quando mais jovem, mas as pessoas perdem altura à medida que envelhecem. Eu media 1,93 m e detesto medir minha altura hoje. Glimco tinha um nariz adunco e olhos de falcão. Ele enfrentara — e conseguira livrar-se de — duas acusações de assassinato, anos antes. Ele falava do modo como você imagina que Al Capone falaria.

Joey gostava de comer e era um diabólico jogador de *gin rummy*. Joey costumava ganhar até as calças de Jimmy Hoffa no *gin rummy*. Jimmy chegou a rasgar as cartas de seis baralhos jogando *gin rummy* com ele. Joey comprava bilhetes da loteria do futebol de mim; e logo todo mundo começou a jogar, também. Havia um bocado de pessoas legais em Chicago, e ele era um dos melhores sujeitos. Ele era muito respeitado. Era sempre difícil dizer quem era o chefe em Chicago, porque todos eles pareciam se dar bem, uns com os outros, e caminhavam lado a lado. Alguns dos sujeitos da 'velha guarda' haviam voltado às suas atividades dos velhos tempos no Brooklyn, antes de se tornarem notórios em Chicago.

Todos eles gostavam de comer, em Chicago; não apenas Joey. Os sujeitos do esquema de Chicago gostavam de comer ainda mais do que Russell, Kelly ou Angelo. E isto quer dizer alguma coisa. Todos eles se reuniam para comer nas saunas, em Chicago. As saunas que eles possuíam eram lugares muito conhecidos para comer, e nelas jamais havia ninguém 'de fora' com quem eles tivessem de se defrontar. Eles fechavam uma sauna ao público e mandavam vir a comida, o vinho e outras bebidas, arranjando tudo sobre grandes mesas, em uma grande área de descanso. Então, havia um banquete, cujos pratos principais constituíam-se de vitela, frangos, *baccalà* (bacalhau), linguiças, almôndegas, diferentes pratos de massas, legumes, saladas, alguns tipos diversos de sopas, frutas frescas, queijos e todos os tipos de doces panificados italianos, não apenas *cannoli*. Todos sentavam-se vestidos em robes de banho, como se estivessem na praia. Eles comiam, bebiam e fumavam grandes charutos. Entre um jogo de cartas e outro, alguns talvez se entregassem a uma sessão de massagem. Então, eles comiam mais uma vez. Durante o tempo todo, eles faziam piadas sexuais e contavam todo tipo de histórias engraçadas; e, às vezes, dois deles afastavam-se para um canto e tratavam de negócios. Outros poderiam afastar-se do grupo, por um tempo, para irem tomar uma sauna e transpirar toda a comida e o álcool com que houvessem enchido seus corpos. Depois de tomarem uma ducha, eles voltavam, parecendo novos em folha, e começavam a comer novamente. Aquilo era um diabo de coisa para se ver. Inevitavelmente, imagens dos banhos da Roma antiga, tal como se vê no cinema, lhe passariam pela mente.

Vamos admitir: taxistas são uma categoria difícil de organizar, para início de conversa; imagine quando se trata de rebeldes, que já assinaram cartões de filiação mais do que suficientes para deixar você falando sozinho. Perdemos a primeira investida organizada que fizemos em Detroit; e lá não havia nenhum outro sindicato disputando contra nós. As taxistas lésbicas nos abandonaram, em Detroit. Os taxistas sempre têm alguma outra fonte de renda 'por fora', que eles arranjam por si mesmos. Levar e trazer um par de garotas de programa ou fazer entregas de qualquer tipo de coisa. Levar clientes até certos bares e restaurantes que funcionam à noite, recebendo alguma comissão. Alguns deles transportavam até mesmo joias, naqueles tempos. Eles não iriam querer criar problemas com seus chefes, porque seus chefes faziam vistas grossas para um bocado de coisas que eles faziam. Muitos deles trabalhavam assim apenas de maneira transitória, de todo modo.

Mas Jimmy queria vencer Paul Hall em Chicago, e lá fomos nós.

Certa manhã, os 'batedores' de Joey Glimco relataram que Dominic Abata estaria em certo lugar, acompanhado de alguns de seus homens. Isto foi antes que lhe dessem proteção policial 24 horas por dia. Joey Glimco me disse: 'Vá até lá e dê um recadinho a eles.' Isto significa que você não precisa levar um 'cano', porque irá apenas dar um recado. É trabalho para um 'braço'. Levei comigo dois sujeitos 'braços', de Philly, que Jimmy mandara vir a Chicago e logo chegamos ao lugar onde Abata deveria estar. Passamos por uma entrada barrada por correntes e nos dirigimos para uma construção de blocos de cimento, e, de repente, cinquenta sujeitos saíram da edificação e vieram direto para cima de nós. Os dois que estavam comigo deram meia volta e fugiram. Eu permaneci onde estava. O bando todo veio na minha direção e eu disse: 'Eu sei quem vocês são. Se vocês pretendem me pegar, é melhor que me matem. Se não fizerem isso, eu vou voltar e matar vocês.'

Abata fez contato visual e disse: 'Nós sabemos quem é você.'

Eu disse: 'Mande seus dois melhores homens e eu lutarei com eles agora mesmo. Talvez até três.'

Abata disse: 'Tudo bem. Você pode ir embora. Você tem colhões, mesmo. Mas sugiro que procure andar em companhia um pouco melhor, da próxima vez.'

Quando voltei ao Edgewater e vi Jimmy, eu estava tão furioso que disse: 'É melhor você botar aqueles dois amarelões em um avião de volta para Philly antes que eu mesmo os encontre.' Jamais voltei a ver aqueles dois sujeitos.

Quando contei a ele o que havia acontecido naquela noite, Jimmy disse: 'Seu irlandês filho da puta. Você é capaz de cair em um balde de merda e ainda sair de lá impecável, com um terno marrom.'

Na manhã seguinte, fui falar com Glimco, também, sobre a informação que me dera. Era a mesma coisa, durante a guerra. Se uma patrulha saísse e voltasse dizendo que havia um esquadrão de alemães adiante, seria melhor que você não fosse até lá e se deparasse com um regimento inteiro. Você iria se borrar todo. Eu disse a Joey: 'Da próxima vez que você me mandar dar um recado a um sujeito, é melhor que você saiba quantos outros sujeitos você espera que eu tenha de enfrentar, de uma só vez.'

O que esteve na moda naquele verão foi o sequestro de táxis que ostentassem o símbolo dos rebeldes ou dos Marítimos. Se um taxista rebelde deixasse seu carro em um ponto e fosse tomar um café, quando voltasse descobriria que seu carro não mais estava ali. Fazíamos uma ligação direta, caso o motorista não tivesse deixado a chave no contato. Então, o carro era levado até o Lago Michigan, passando bem diante de um carro da polícia à beira do lago. Você saía do carro e deixava que ele corresse pela ribanceira da margem abaixo e afundasse na água, tanto quanto possível, de modo que o motorista não pudesse voltar a dirigi-lo. Desta maneira, você cortaria a receita dos rebeldes e ainda os obrigaria a gastar dinheiro. O carro que lhe seguia, para dar cobertura, o levaria de volta, passando mais uma vez pelo carro do tira a quem você daria um saco de papel contendo dinheiro. O saco de papel era do tipo que não permitiria a visão das cinco notas de vinte dólares que ele continha, para quem o visse de fora. Então, você dizia ao tira que os freios falharam ou que o carro ficou sem combustível; ele riria, e você sairia por aí, à procura de outro carro para depositar no lago.

O problema não era com os patrões. Havia dois sindicatos brigando entre si. No fim, os rebeldes de Abata venceram aquela eleição em Chicago, no verão de 1961.

Se isto não fosse ruim o bastante, logo depois de Abata haver assumido o sindicato rebelde dos taxistas, houve uma convenção da AFL-CIO na qual Paul Hall tomou o microfone e chamou Jimmy Hoffa de 'um ser desprezível'. Então, o grande Paul Hall concedeu aos rebeldes de Abata uma carta de filiação aos Marítimos e os tornou parte da AFL-CIO. Paul tinha um bocado de colhões. Só de olhar para ele, você podia dizer que ele era um lutador. Ele era um desses sujeitos em quem você provavelmente poderia bater, mas teria de tirar uns dias de folga antes de pensar em voltar a lutar com ele.

Depois disso, Jimmy declarou guerra aberta. Ou, melhor dizendo, a AFL-CIO declarou essa guerra; não Jimmy. Porque, você sabe, Paul Hall não fazia sequer um movimento em Chicago sem que fosse 'bancado' por todo o comitê executivo da AFL-CIO, do qual Paul era um dos integrantes, de todo modo. E é notório que a AFL-CIO sabia que as táticas de Paul Hall eram muito parecidas com as de Jimmy. O negócio com os taxistas de Chicago tendia a ser algo como combater fogo com fogo.

Jimmy enviou-me para que eu fizesse o que tinha de fazer quanto a um par de assuntos. Um deles era em Flint, Michigan; o outro, em Kalamazoo, também em Michigan. Porém, embora os dois assuntos tivessem de ser resolvidos em Michigan, de algum modo eu sabia que eles guardavam alguma relação com os taxistas de Chicago ou com Paul Hall. Eu sabia que os Marítimos tinham sua 'tropa de choque', também.

Logo após ter concedido a carta de filiação aos rebeldes, Paul Hall e Dominic Abata foram celebrar tomando uns coquetéis no bar do Hamilton Hotel, em Chicago. Joey Glimco organizou um piquete informativo em linha na frente do hotel, e cerca de duas dúzias de Caminhoneiros começaram a entoar um cântico, dizendo 'não é justo'. Um deles entrou no hotel e começou a gritar com Hall e Abata, chamando-os de todos palavrões imagináveis. Os tiras que garantiam a segurança de Abata disseram a ele para que saísse dali, e ele derrubou um deles no chão. Os tiras o prenderam e o levaram para fora, sendo seguidos por Abata e Hall. Isto era exatamente o que Joey Glimco havia planejado, desde o início. Ele os havia atraído para fora do hotel. Os homens de Glimco, então, saltaram sobre os tiras, Hall e Abata, e, por alguns minutos antes que começassem a chegar mais carros da polícia, o diabo rolou solto, naquela noite.

Em meio à agitação em Chicago, eu voei de volta a Philly, para passar um fim de semana, e fui ao Dante's Inferno. Sentado em um banco no bar, encontrei ninguém menos do que Jay Phalen, o sujeito que eu expulsara dali, certa vez, por ter puxado uma arma para um cliente. Perguntei ao *bartender* o que estava acontecendo, mas ele limitou-se a encolher os ombros e a dizer que Jack Lopinson, que era o proprietário do lugar, apenas permitira que Phalen voltasse ali. Um proprietário que permite o retorno de um sujeito que havia sido banido de seu estabelecimento para o resto da vida, por haver apontado uma arma para um de seus clientes, é um proprietário que está metido em alguma encrenca. Phalen e eu sabíamos que aquilo não estava certo. Pode chamar a isso de instinto. Ou pode dizer que eu sabia que Phalen estava com McGreal, o sujeito para quem eu vendia bilhetes da loteria de futebol, e McGreal não manteria Phalen por perto apenas por suas habilidades como conversador social.

Disse boa noite a todos e fui para casa, para o quarto alugado que eu mantinha para os fins de semana. Às duas horas da manhã, ouvi pelo rádio que houvera um duplo homicídio, com características de execução, no Dante's Inferno. A esposa de Jack Lopinson, Judith, e seu 'contador', John Malito, haviam sido mortos, e o próprio Lopinson fora ferido a bala no braço, por um agressor desconhecido. Levantei-me e me vesti.

'Jesus, Maria e José', pensei comigo mesmo. 'Adivinhe na porta de qual dos três filhos de Mame Sheeran a Divisão de Homicídios irá bater, daqui a pouco.'

Eu não me sentia nem um pouco disposto a passar a noite sob o calor das luzes de uma sala de interrogatório, por isso dei um passo prudente e me transferi para um quarto de motel, e, na manhã da segunda-feira, bem cedinho, voltei para Chicago. Um contato que eu tinha na promotoria distrital retornou meu telefonema de lá e me contou que a senhoria, que vivia no piso inferior do meu quarto alugado, dissera ter ouvido alguém que ela presumiu ser eu chegar por volta das dez horas da noite, e ouviu alguém descer as escadas e sair, por volta das duas horas da manhã. Ela disse à Divisão de Homicídios que alguém havia comido a gamela de *spaghetti* com almôndegas que deixara para mim, diante da minha porta, por volta das nove horas, naquela noite. A gamela vazia foi encontrada diante da porta dela, quando ela acordou. A Divisão de Homicídios não ficou muito entusiasmada com essa senhoria porque eles acharam que, afinal, haviam me apanhado, direitinho. Fui prevenido de que seria intimado a voltar e comparecer ao inquérito médico-legal, e que a Divisão de Homicídios ainda estava trabalhando para abrir um caso contra mim.

Porém, antes que eles armassem o inquérito, os detetives interrogaram uma porção de testemunhas, incluindo Jay Phalen e Jack Lopinson, e colocaram a todas numa grande sala, de onde chamavam uma por uma para conduzirem seus interrogatórios. Eles haviam trazido todo mundo que puderam encontrar que tivesse estado no bar naquela noite e que ainda estivesse na área de Philly. Jay Phalen estava sentado lá, em meio aos outros, e, a certa altura, achou que não estava recebendo atenção suficiente. Ele ficava ouvindo os detetives fazerem perguntas a meu respeito para todo mundo. Afinal, ele se levantou e disse: 'Por que vocês ficam o tempo todo perguntando sobre Frank Sheeran? Fui eu quem fez aquilo.'

Revelou-se, então, que Jack Lopinson contratara Phalen para que este matasse sua esposa, Judith, para que ele pudesse ficar com uma loira, e para que matasse John Malito, seu agiota, para que ele pudesse ficar com o dinheiro que devia a Malito sem ter de pagá-lo de volta. Quando Phalen subisse as escadas para deixar o bar, Lopinson atiraria nele e diria que Phalen tentara roubar o lugar e matara sua esposa e seu amigo. Porém, mesmo imbecil e maluco como Phalen era, ele conseguiu ser mais esperto do que Jack Lopinson. Phalen percebera que Lopinson estava posicionado no alto da escada, à sua espera. Então, antes de começar a subir as escadas, Phalen acendeu todas as luzes da casa e conseguiu alvejar Lopinson no braço, em meio à sua fuga.

Judith Lopinson era uma mulher bacana; e bonita, também. Tudo o que Lopinson teria a fazer seria divorciar-se dela. Eu não conhecia muito bem a John Malito, mas ele parecia ser gente boa. Sei que ele teria emprestado mais dinheiro a Lopinson se este lhe tivesse pedido, em vez de fazer com que o sujeito fosse 'queimado' por Phalen.

Os dois piolhos pegaram prisão perpétua por essa façanha. A Divisão de Homicídios jamais telefonou para Chicago à minha procura, para que eu comparecesse ao inquérito médico-legal.

Por essa época, eu comecei a sair com a mulher que viria a ser minha segunda esposa, Irene, toda vez que eu estivesse em Philly. Ela era bem mais jovem do que eu, e nós nos apaixonamos. Ela queria ter uma família. Fui falar com Mary, expliquei-lhe a situação e ela concordou em que nos divorciássemos. Irene e eu nos casamos imediatamente, e, no ano seguinte, tivemos nossa filha, Connie. As coisas foram diferentes com Irene. Meus dias de correria haviam terminado. Eu deixei de vender bilhetes da loteria do futebol. Levei alguns 'beliscões' por isso, paguei algumas multas e me senti cansado de fazer negócios com tipos como o amigo de Phalen, Joey McGreal. Eu não precisava mais desse aspecto da minha vida, fazer negócios no centro da cidade. Mesmo na cultura dos Caminhoneiros, à qual eu havia adotado, diminuí muito o ritmo das minhas correrias. Deixei de atravessar constantemente a ponte de Detroit para Windsor, no Canadá, com Bill Isabel e Sam Portwine. Windsor era a cidade onde tudo acontecia, naqueles dias, antes que os Estados Unidos se tornassem mais abertos e receptivos, nos anos 1960. Windsor era um lugar muito agitado, com um bocado de ação. Mas, daquele ponto em diante, com um novo casamento, eu seria apenas um espectador. Talvez eu estivesse seguindo o exemplo de Jimmy Hoffa. Durante o meu casamento com Irene, eu tinha um dinheiro líquido e certo, proveniente dos meus vários empregos junto aos Caminhoneiros. Isso foi antes que eles tornassem essa prática ilegal. Houve dinheiro afluindo ao longo da vida da minha filha mais nova, Connie; embora não tivesse havido tanto ao longo das vidas das minhas filhas mais velhas.

Mary era uma mulher muito boa e uma católica muito devota. Eu me senti mal quanto ao divórcio, mas ela mesma disse que as coisas jamais dariam certo entre nós.

Mary era o tipo de mulher a quem eu não poderia contar certas piadas ligeiramente obscenas. Fiquei muito triste quando uma das nossas filhas voltou chorando da visita que fez a Mary no asilo onde tiveram de interná-la, por causa do Alzheimer.

No mesmo ano em que tivemos todos aqueles problemas com Abata, em Chicago, as coisas também começaram a esquentar em Philly, no Local 107. Formou-se uma facção rebelde, que chamava a si mesma de 'Voz', que era a forma resumida de 'A Voz dos Caminhoneiros do Comitê Local 107'. Eles tentavam fazer o mesmo que Abata fizera em Chicago, e Jimmy suspeitou que Paul Hall e a AFL-CIO estivessem por trás dos rebeldes da Voz, também.

Paul Hall trouxe uma turma de 'braços' para Filadélfia e os alojou, de maneira improvisada, na sede do Sindicato Internacional dos Marítimos, na esquina da Avenida Oregon com a Rua Quatro. Jimmy enviou-me de volta a Philly, com alguns sujeitos da equipe de Chicago. Dei umas voltas em torno da sede do sindicato deles para saber como poderíamos entrar. Eles mantinham a porta da frente fechada com uma excelente fechadura. Agachei-me por trás da cerca viva que havia ali, à beira da calçada, e fiquei espiando. Toda a lateral do edifício que dava para a Rua Quatro era feita de grandes painéis de vidro temperado, e era possível ver, lá dentro, fileiras de beliches no que deveria ter sido o saguão da recepção deles.

Saí dali e apanhei um caminhão-baú emprestado do pátio do 107 e o enchi com oito ou nove sujeitos. Dei a cada um deles um chapéu branco e lhes disse: 'Não percam seus chapéus ou eu não saberei de que lado vocês estão.' Disse a um dos sujeitos que seu trabalho seria levar o caminhão para longe dali, assim que nos deixasse lá, e o restante dos caras voltaria a pé. Às seis e meia da manhã, eu dirigi o caminhão pela Rua Quatro abaixo e, abruptamente, fiz uma curva para a direita subindo pela calçada e passando por cima da cerca viva. Cruzei o gramado que havia para além da cerca viva e passei entre duas árvores — que, até hoje, ainda estão lá — e joguei o caminhão contra os painéis de vidro temperado. Cacos de vidro voaram para todos os lados. Os 'braços' contratados por Hall ainda estavam dormindo e nós começamos a distribuir-lhes pancadas enquanto eles tentavam sair de seus beliches. Usamos somente os nossos punhos. Eles foram apanhados com as calças na mão, ainda meio grogues de sono, e não tiveram a mínima chance. Tiras começaram a surgir, vindos de todos os lugares. O caminhão conseguiu sair dali sem problemas, e o resto de nós bateu em retirada, tão depressa quanto pôde.

O trabalho no Sindicato dos Marítimos foi apenas um recado. Nós não queríamos que ninguém se machucasse seriamente. Nós tínhamos um magistrado de plantão, para pagar nossas fianças, se fôssemos presos; mas ninguém foi preso, daquela vez. Mas, no dia em que enfrentamos os caras da Voz, eu fui preso vinte e seis vezes num período de 24 horas. Fui levado à Moko, paguei a fiança, voltei para a linha do piquete e me envolvi em outra encrenca com o pessoal da Voz.

No 107, nós ainda organizávamos manifestações, reivindicações e outras atividades sindicais regulares. Certa vez, decidi tentar organizar e sindicalizar o pessoal da cadeia de restaurante Horn and Hadart, em Philly. Nós já havíamos sindicalizado o pessoal dos restaurantes Linton e eles se queixavam de que tinham ficado em desvantagem perante seu principal concorrente — o Horn and Hadart — porque este não era obrigado a pagar salários e outros benefícios aos funcionários conforme o sindicato exigia. Então, nós continuávamos a insistir para que os trabalhadores do Horn and Hadart assinassem seus cartões de filiação, mas não conseguíamos chegar a lugar algum com eles. Boa parte desses funcionários era constituída de donas de casa suburbanas, que eram contra os sindicatos. Um dia, entrei em um restaurante Horn and Hadart com as bocas das pernas das minhas calças atadas com barbante. Eu segurava as pontas dos barbantes em minhas mãos enquanto caminhava pelo salão principal. Quando cheguei ao centro do salão, puxei os barbantes e libertei uma ninhada de ratinhos brancos de cada uma das pernas das minhas calças. Minha neta Brittany assim escreveu em uma redação sobre o episódio, na escola elementar: 'Eles correram por cima do *spaghetti* de uma mulher e ela gritou. Eles subiram pelas pernas da garçonete e ela gritou e deixou cair sua bandeja. Ele ria tanto e com tanta força que se esqueceu de fugir e foi apanhado.' Sim, eu contei a Brittany e ao irmãozinho dela, Jake, que fui preso, e que, depois, eu disse ao pessoal do Horn and Hadart que sentia muito pelo que havia feito, e não mais voltaria a fazer isso.

Jimmy Hoffa estava mais do que apenas um tanto preocupado com o que acontecia em Philly. Ele passou a enviar-me para lá com frequência cada vez maior. Dois outros grupos rebeldes surgiram. Os rebeldes não conseguiam entrar em acordo sequer entre si mesmos. Joey McGreal iniciou um grupo rebelde, mas este não tinha legitimidade. O grupo nem mesmo tinha um nome; ou, se o teve, eu jamais cheguei a saber qual era. Tratava-se apenas de um bando de 'braços' arranjado por ele para tentar tomar o poder das mãos de Raymond Cohen, para que pudessem praticar o mesmo tipo de roubalheira que Cohen praticava. Abalar uma empresa é tarefa fácil quando você dirige um comitê local. Todo mês, você recebe uma determinada quantia dos patrões, por debaixo dos panos, para assegurar que haja paz laboral. Se você não é pago, parece surgir sempre um problema atrás de outro para os empregadores. O pobre trabalhador sindicalizado é apenas um peão nesse jogo. McGreal queria esta posição para si mesmo. Quando Jimmy Hoffa deu-me o meu próprio comitê local, em 1966, em Wilmington, Delaware, todos os empregadores me respeitavam, porque eu jamais abalei as empresas deles. A 'Comissão para a Melhoria' era mais uma facção rebelde. Este era um grupo menos radical do que a Voz, e não contava com 'braços'; apenas sujeitos mais inteligentes. Os nervos estavam exaltados na Cidade do Amor Fraternal, com muitas tensões entre nós e Paul Hall, com suas tramoias, os diferentes grupos rebeldes e Raymond Cohen, como a 'cereja do bolo'.

A Voz forçou a realização de uma eleição no 107. Então, para angariarmos apoio, promovemos um comício em um grande salão que alugamos e trouxemos Jimmy Hoffa para falar aos filiados e dar-lhes uma ideia mais clara de todas as coisas boas que ele vinha fazendo por eles. Quando Jimmy chegou, os tiras quiseram que ele entrasse pelos fundos, de modo que surgisse diretamente sobre o palco, em vez de passar entre as fileiras do pessoal da Voz que lotava a plateia portando cartazes montados em hastes de madeira, que poderiam ser usadas como porretes.

Jimmy não aceitaria essa bobagem de porta dos fundos. Ele disse aos tiras: 'Hoffa não usa portas dos fundos. E eu também não quero tiras me escoltando em meio aos meus filiados. Eu preciso somente do Irlandês.' Caminhei por entre aquelas fileiras com Jimmy e não ouvi sequer uma manifestação mais ruidosa de ambos os lados. Houve algumas vaias isoladas partindo do meio da multidão, mas nenhuma agressão ao longo das fileiras, onde seriam obviamente identificadas. Jimmy era um orador dos diabos. Além de sua habilidade para falar em público, Jimmy estava lhes dizendo a verdade. Do mesmo modo que ele fazia um bocado de coisas boas para eles, também necessitava de sua solidariedade para atingir esses objetivos, e, então, todos ficariam em situação melhor. Nem todo mundo concordava com suas posições, mas um bocado de gente que veio ao comício manifestando-se contra ele, saiu de lá respeitando-o. Nós vencemos aquela eleição. Não por margem muito larga; apenas algumas centenas de votos a mais. Mas, vencemos. A Voz não desapareceu; mas o comício serviu para fazê-la arrefecer. Depois da humilhante experiência de quase perder a eleição e ter precisado de Jimmy para salvá-lo, Raymond Cohen tornou-se uma pessoa com quem era um pouco mais fácil lidar; um homem mais cortês.

O aspecto mais impressionante do discurso de Jimmy naquele dia foi que ele já estava sob indiciamento em Nashville, Tennesse, por uma violação da lei criminal Taft-Hartley[18], por parte da empresa transportadora de automóveis Test Fleet, que Jimmy e Bert Brennan haviam fundado usando os nomes de suas esposas. Ele fora acusado, juntamente com o falecido Bert Brennan, de haver-se apropriado de 'dois mais dois', que é uma gíria para designar duzentos mil dólares. No entanto, quando falou aos nossos filiados do 107, em Philly, ele não parecia ter sequer um motivo de preocupação neste mundo. Jimmy Hoffa tinha nervos de aço e colhões de ferro. Porém, não importava quanto ele se esforçasse, ainda não podia fazer muito mais do que umas mil coisas importantes ao mesmo tempo.

---

18 O *Labor Management Relations Act of 1947* ("Ato de Gerenciamento das Relações Trabalhistas de 1947"), instituído em 23 de junho de 1947, é uma lei federal dos Estados Unidos que restringe as atividades e o poder dos sindicatos trabalhistas. O ato, ainda em vigor atualmente, foi instituído pelo senador Robert Taft e pelo deputado Fred A. Hartley Jr. e tornou-se uma lei ao sobrepujar o veto do então presidente norte-americano Harry S. Truman. (N.T.)

Jimmy era algo impressionante, naquele período de tempo em particular. Ele estava envolvido nas encrencas dos Caminhoneiros pelo país inteiro, a maioria das quais derivava de confrontos com rebeldes. Ao mesmo tempo, ele tentava estabelecer o primeiro Grande Acordo dos Transportadores, coisa que os Caminhoneiros vinham tentando fazer havia vinte e cinco anos. E ele assistia a companhias transportadoras tirando vantagem das situações criadas pelos rebeldes para impedir a instauração de um Grande Acordo dos Transportadores. Concomitantemente, Bobby Kennedy promovia julgamentos preliminares em treze Estados, visando estabelecer acusações criminais contra ele. Não obstante, enquanto convivi com ele, a cada noite, quando terminava seu dia de trabalho — quer fosse às onze horas da noite ou uma hora da manhã — ele ia dormir. E, no mesmo segundo em que encostava a cabeça no travesseiro, Jimmy Hoffa imediatamente dormia a sono solto, como se alguém tivesse acertado a cabeça dele com uma pá. Ele era ainda melhor do que Russell para fazer isso. Sem necessitar de um despertador, ele estaria em pé às cinco horas da manhã. Você não tinha muitas chances de ir para casa e lamber suas feridas por muito tempo, vivendo ao redor de Jimmy Hoffa. ”

Capítulo Dezessete

Nada além de escárnio

Certa noite, no verão de 1962, um enfurecido Jimmy Hoffa perguntou a um agente grande e forte dos Caminhoneiros se ele sabia qualquer coisa a respeito de explosivos plásticos. Os dois homens encontravam-se sozinhos no escritório de Hoffa, no quartel-general dos Caminhoneiros em Washington — conhecido como "o palácio de mármore" —, olhando através da janela. Hoffa, então, perguntou ao homem se ele sabia onde conseguir um silenciador para uma arma. Segundo o homem, Hoffa disse: "Tenho de fazer alguma coisa quanto àquele filho da puta do Bobby Kennedy. Ele tem que ir embora." Hoffa passou a descrever quão fácil seria matar Bobby Kennedy, pois este não adotava nenhuma precaução especial quanto à sua segurança pessoal; nenhum guarda particular, nem mesmo em sua casa, e que com frequência viajava sozinho em um carro conversível.

O agente com quem Hoffa conversava era Edward Grady Partin. Ele era o presidente do Comitê Local 5 dos Caminhoneiros em Baton Rouge, Louisiana. Ele saíra da cadeia sob fiança devido a uma acusação de rapto, gerada por uma desavença familiar por custódia, que também envolvia um caminhoneiro filiado ao seu comitê local. Partin também fora indiciado pelo desvio de 1.659 dólares dos fundos do sindicato para seu uso pessoal. Partin era um homem grande, com jeito de durão e uma extensa ficha criminal que remontava aos dias de sua juventude. Hoffa julgou mal ao homem. Ele pensou que apenas porque ele era grande e durão, e possuía uma ficha criminal, e estava livre sob fiança, e era da Louisiana — Estado onde Carlos Marcello vivia e mantinha sua base de operações —, o homem deveria ser alguém que pintasse casas. Mas Hoffa jamais lhe perguntou isso diretamente, antes de fazer seus comentários que eram em parte ameaças, em parte um convite para que Partin fizesse o trabalho. Partin explicou: "Hoffa sempre limitou-se a presumir que uma vez que eu fosse da Louisiana, Marcello deveria ter-me em seu bolso."

Partin relatou esses comentários ao Esquadrão Peguem Hoffa, encabeçado por Walter Sheridan. "Aquela era uma história incrível", escreveu Sheridan em seu livro. Após ouvi-la, Sheridan pediu ao FBI que submetesse Partin a um teste com um detector de mentiras, o que foi feito, tendo Partin sido aprovado enfaticamente. Sheridan relatou a Bobby Kennedy as ameaças feitas à vida do procurador-geral.

Pouco tempo depois, em um jantar privado em Washington, o presidente John F. Kennedy "vazou" para o jornalista Ben Bradlee a informação de que Jimmy Hoffa estaria planejando assassinar seu irmão Bobby. É provável que o presidente Kennedy tenha pensado que ao vazar a história para um jornalista respeitado e influente como Ben Bradlee e vê-la ser publicada pudesse demover Hoffa de levar a ameaça a cabo. Ben Bradlee ganharia fama como o editor do diário *Washington Post* que contribuiria para a derrubada do presidente Richard M. Nixon durante o caso Watergate, com a ajuda do informante conhecido como "Garganta Profunda". Em seu diário pessoal, Bradlee escreveu que, naquela noite, "o presidente estava obviamente falando a sério". Em sua autobiografia, Bradlee disse que, ao se aproximar de Bobby Kennedy para confirmar a ameaça de assassinato, Bobby teria lhe implorado para que não publicasse a história, pois isso amedrontaria potenciais testemunhas nos julgamentos sobre o crime organizado que ele então supervisionava. À época, Bobby Kennedy era o "ponta de lança" da maior investida contra o crime organizado que a nação já vira. Bradlee "abafou" a história.

O julgamento de Jimmy Hoffa no caso da Test Fleet por violação da lei Taft-Hartley quanto a agitações trabalhistas foi marcado para o dia 22 de outubro de 1962. Mais tarde, o Esquadrão Peguem Hoffa negaria ter violado os direitos constitucionais de Hoffa ao encorajar Edward Grady Partin a comparecer ao julgamento e tornar-se um integrante da comitiva de Jimmy Hoffa. Qualquer que tenha sido sua motivação, Partin viajou a Nashville e serviu como guarda de segurança à porta da suíte ocupada por Hoffa. Contudo, Walter Sheridan admitiu que eles "grampearam" Partin com um equipamento de gravação para que ele registrasse quaisquer conversas telefônicas que mantivesse com Hoffa. Sheridan também admitiu haver instruído Partin para que, assim que chegasse a Nashville, ficasse atento a quaisquer tentativas de suborno a algum dos jurados.

Bobby Kennedy já havia arquitetado e encenado três julgamentos preliminares contra Jimmy Hoffa e ainda esperava poder condená-lo por alguma coisa. Suspeitava-se de adulteração por influência indevida exercida sobre o júri naqueles julgamentos. No caso da Test Fleet, Hoffa poderia ser, no máximo, acusado de uma contravenção ou um delito leve. Quanto à influência indevidamente exercida sobre o júri, se descoberta, poderia elevar as apostas para uma acusação criminal.

As acusações quanto à Test Fleet envolviam a criação de uma empresa usando os nomes das esposas de Jimmy Hoffa e do falecido Owen Bert Brennan. Tratava-se de atividades que haviam sido encerradas cinco anos antes; atividades essas que já haviam sido exaustivamente investigadas pela Comissão McClellan e pelo Departamento de Justiça. Em seu pronunciamento de abertura para o júri, o promotor Charlie Shaffer dissera que a Test Fleet fora constituída como parte de "um planejamento de longo alcance, através do qual Hoffa seria continuamente recompensado por seu empregador". A teoria do governo apoiava-se no fato de a Test Fleet ter sido criada logo em seguida a uma greve que Hoffa conduzira de modo a obter um resultado favorável ao empregador com quem a Test Fleet fazia negócios, na época.

A defesa de Hoffa era dizer que seus advogados teriam afirmado a Brennan, Hoffa e suas esposas que seria perfeitamente legal que as esposas figurassem como proprietárias da empresa; e que quando a Comissão McClellan pôs em dúvida essa legalidade, sua esposa e a esposa de Brennan retiraram-se da Test Fleet. Os advogados de Jimmy Hoffa estavam prontos a testemunharem em seu favor e a confirmarem sua versão do aconselhamento jurídico originalmente concedido em 1948.

A instituição da Test Fleet ocorrera dez dias depois da instauração do Ato Taft-Hartley, e os advogados estariam interpretando uma lei que não incidira em casos precedentes sobre os quais se pudesse embasar uma opinião jurídica. Além disso, Hoffa estava preparado para provar que a greve que ele levara a termo era uma greve ilegal, promovida por rebeldes, e que ele a conduzira juntamente com o empregador para evitar o que Hoffa chamou de "um processo judicial muito sério" que poderia ser movido pelo empregador contra os Caminhoneiros.

Para Hoffa, este caso era produto de uma *vendetta* de Bobby Kennedy contra ele, e a insipidez da informação provava quão desesperado se encontrava o Esquadrão Peguem Hoffa, capitaneado por Kennedy. O Esquadrão Peguem Hoffa já havia fracassado ao tentar indiciá-lo em outros treze julgamentos preliminares ajuizados por todo o país com esse propósito.

Jimmy Hoffa reuniu os melhores talentos jurídicos que conseguiu encontrar. Seu conselheiro principal era o melhor de Nashville, Tommy Osborn, um jovem advogado que tivera sucesso ao argumentar quanto ao marcante e muito complexo caso da votação proporcional diante da Suprema Corte dos Estados Unidos, o que resultou na regra de "um homem, um voto". Entre outros bacharéis que o assistiram em Nashville, estavam o advogado dos Caminhoneiros, Bill Bufalino, e Frank Ragano, o advogado de Santo Trafficante e Carlos Marcello.

O juiz que presidiu o julgamento, William E. Miller, era um homem muito respeitado por sua equanimidade, e não parecia predisposto a pender em favor de nenhum dos lados.

Jimmy Hoffa estabeleceu sua base de operações no luxuoso e caro Andrew Jackson Hotel, a alguns metros, rua abaixo, do tribunal federal. Ele contava com advogados na corte e outros advogados no hotel para compor sua "companhia cerebral". Os advogados acessórios atuavam como conselheiros e pesquisadores. Além disso, ele contava com uma multidão de aliados no sindicato e outros amigos na corte e no hotel, todos dispostos a servir à causa — inclusive um homem conhecido como "o filho adotivo de Hoffa", Chuckie O'Brien, e o homem de Hoffa responsável pelo fundo de pensão, o ex-*marine* Allen Dorfman. Uma quantidade de membros da comitiva sem qualificações jurídicas era proveniente de Nashville mesmo, e proporcionava informações de inteligência e *insights* sobre os jurados ainda durante o processo de seleção. Aqueles eram os tempos em que ainda não havia conselheiros de júri profissionais.

Talvez fosse mais apropriado dizer que muitos dos apoiadores de Hoffa estavam no Andrew Jackson para servirem às causas, em vez de apenas a uma única causa.

Dois dramas se desenrolariam ao mesmo tempo naquele tribunal, ao longo dos dois meses seguintes. O primeiro seria o próprio julgamento: a convocação das testemunhas, a avaliação cruzada dos depoimentos destas, a argumentação dos advogados, as objeções, as moções, a condução do julgamento, os recessos, as conversas particulares entre os advogados e o juiz e os juramentos cobrados e prestados. Porém, o julgamento em si mesmo revelou não ser a parte principal. O outro drama que se desenrolava é que era a parte principal. Tratava-se da gritante manipulação do júri, sobre o qual uma influência indevida era incessantemente exercida por um traidor chamado Edward Grady Partin, que fornecia ao Esquadrão Peguem Hoffa todos os detalhes à medida que estes iam sendo revelados. Foi essa influência exercida sobre o júri, que acabou por mandar Jimmy Hoffa para a cadeia.

Contando com uma defesa decente e bem preparada, com seu julgamento sendo conduzido pelo respeitado e talentoso Tommy Osborn e fortalecido por Bill Bufalino, Frank Ragano e vários auxiliares que colocavam à sua disposição ainda mais talento jurídico, tanto na corte quanto fora dela, e com um juiz justo, por que Jimmy Hoffa apelou para a trapaça? Por que ele transformou uma mera contravenção em um crime?

“Foi o ego de Jimmy. Além de socos trocados em algumas brigas e coisas desse tipo, Jimmy não tinha outros motivos que pudessem 'sujar sua ficha' por haver feito algo de gravemente errado; e ele não queria que sequer uma contravenção sujasse a sua ficha. Ele queria ter uma ficha imaculadamente limpa. Ele não queria que Bobby Kennedy viesse a lhe render um registro por envolvimento em um crime de verdade.

Você vê, é preciso ter em mente que quando Bobby Kennedy tornou-se procurador-geral, o FBI ainda ignorava, basicamente, a existência do assim chamado crime organizado. Não se esqueça de que quando eu me envolvi pela primeira vez com o pessoal do centro da cidade, antes da reunião em Apalachin, sequer sabia da extensão daquilo em que eu estava me envolvendo. Por anos e anos desde o fim da Lei Seca, a única coisa que os assim chamados mafiosos tinham de combater eram os tiras locais; e um bocado desses era 'freguês de caderneta'. Nenhum de nós sequer pensava no FBI quando eu andava em torno do Navalha Fina.

Então aconteceram o evento em Apalachin e as audiências de McClellan, e o governo federal começou a pegar no pé de todo mundo. Aí, Bobby Kennedy entrou em cena; e o que era apenas um sonho ruim tornou-se o pior pesadelo de todos nós. De repente, gente que apenas seguia em frente, tocando seus próprios negócios, passou a ser indiciada. Pessoas estavam, mesmo, sendo mandadas para a cadeia. Pessoas eram deportadas. Havia um clima tenso.

Agora, naquele julgamento em Nashville sobre o caso da Test Fleet, no fim de 1962, Jimmy marcava posição contra Bobby, no que se afigurava como a maior guerra que Bobby enfrentaria enquanto procurador-geral.

Em 22 de fevereiro de 1961, dois dias após ter sido empossado como procurador-geral, Bobby Kennedy convenceu a todas as vinte e sete agências do governo federal, incluindo a Receita, para que começassem a reunir todas as informações que possuíssem, relativas ao crime organizado e aos gângsteres em atividade no país.

Durante os meses que precederam o julgamento da Test Fleet, o comissário da Receita escreveu: " O Procurador-Geral requisitou a este Serviço que desse prioridade à investigação da situação tributária de grandes agitadores." Esses agitadores foram nomeados e enumerados, e deveriam ser alvo de um tipo de "investigação por saturação". O comissário deixou claro que não seriam usadas luvas: "Será feito uso extensivo de todos os equipamentos eletrônicos disponíveis e outros aparatos tecnológicos."

Johnny Roselli foi um dos primeiros alvos da Receita. Ele vivia uma vida glamorosa entre Hollywood e Las Vegas, ainda que não tivesse um emprego nem quaisquer outros meios evidentes de sustento. Sob as administrações dos procuradores-gerais anteriores, jamais lhe ocorrera que ele fosse vulnerável à atividade do governo. Roselli disse ao irmão do ex-prefeito de Los Angeles: "Eles estão vasculhando a minha vida o tempo todo. E ameaçando pessoas; buscando por meus amigos e inimigos." O que deixava Roselli ainda mais furioso era que ele suspeitava que Bobby Kennedy soubesse que ele mesmo, Roselli, era um aliado da CIA nas operações que essa agência orquestrava contra Castro. Mais tarde, Roselli seria citado ao dizer: "Aqui estou eu, ajudando o governo, ajudando ao país, e aquele pequeno filho da puta me enchendo o saco."

Por volta do mesmo período, a Receita atribuiu uma dívida de 835 mil dólares a Carlos Marcello, por recolhimentos atrasados, multas e outras penalizações. À época, Marcello ainda estava às voltas com seu processo de deportação e sob indiciamento por perjúrio e por haver falsificado sua certidão de nascimento. Russell Bufalino também tentava contornar o processo de sua deportação.

Antes do julgamento, em Nashville, Bobby Kennedy vinha viajando por todo o país, visitando pessoalmente os diversos lugares, como um general que passa suas tropas em revista, instando seu departamento para que focalizasse suas ações sobre o crime organizado. Ele compilou uma lista de alvos do crime organizado sobre os quais o FBI e o Departamento de Justiça deveriam concentrar suas atenções. Ele expandiu essa lista continuadamente. Ele dirigiu-se ao Congresso e fez com que fossem aprovadas leis que facilitassem ao FBI a tarefa de "grampear" esses alvos e a utilizar gravações feitas durante julgamentos. Ele fez com que fossem aprovadas leis que lhe permitiam, com liberdade mais ampla, conceder imunidades a testemunhas cooperativas.

A seleção dos integrantes do júri para o caso da Test Fleet começou no segundo dia da Crise dos Mísseis Cubanos. Bobby Kennedy não se encontrava em Nashville;

sua presença fora requerida ao lado de seu irmão, quando Jack Kennedy encarou o premiê soviético Nikita Khrushchov e ordenou que todos os navios soviéticos que estivessem rumando para Cuba transportando armas nucleares ofensivas refizessem suas rotas e retornassem à União Soviética, ou a Marinha norte-americana abriria fogo contra eles. O mundo esteve à beira de uma guerra nuclear.

Tal como escreveu Walter Sheridan, "fui dormir às primeiras horas da manhã, pensando na iminência bastante plausível de uma guerra nuclear e na possibilidade de que Jimmy Hoffa e eu terminássemos morrendo juntos em Nashville".

Em vez disso, Sheridan despertou no dia seguinte para acarear a primeira instância de uma acusação de manipulação ao júri. Um corretor de seguros que integrava a bancada de jurados relatou ao Juiz Miller que um vizinho seu viera encontrá-lo no fim de semana e lhe oferecera a quantia de dez mil dólares, em notas de cem dólares, para que votasse pela absolvição, caso ele fosse selecionado para integrar o júri. A escolha de Hoffa desse corretor de seguros fazia sentido, pois os corretores de seguros — trabalhando em um ramo de negócios ultrassuspeito de ser lesado e vitimizado por fraudes criminosas — são, de modo geral, considerados como nulos para advogados de defesa no julgamento de casos criminais. Normalmente, eles são descartados antes que possam esquentar o assento das cadeiras que lhes são designadas. Mas, naturalmente, o governo não descartaria o corretor de seguros do corpo de jurados se ele tivesse sido selecionado em meio à bancada.

O depoimento prospectivo do jurado foi escusado pelo Juiz Miller, depois deste haver forçado o corretor de seguros a revelar o nome de seu vizinho.

Então, revelou-se que um bom número de jurados prospectivos havia sido sondado por um homem chamado Allen, que se identificara como um repórter do jornal *Nashville Banner* e telefonara a eles para saber suas opiniões a respeito de Jimmy Hoffa. Alguém estaria, portanto, se imiscuindo ilegalmente nas mentes dos jurados, em busca daqueles que pudessem favorecer seu lado da disputa. Todos os "maculados" jurados prospectivos foram, então, dispensados.

Depois que o júri fora selecionado e o julgamento tivera início, Edward Grady Partin relatou a Walter Sheridan que o presidente de um comitê local dos Caminhoneiros de Nashville estaria para fazer uma tentativa de suborno à esposa de um patrulheiro rodoviário do Estado do Tennessee. De fato, a esposa se encontraria sentada em meio ao júri. Sheridan conferiu os dados dos jurados e encontrou entre eles a esposa de um patrulheiro rodoviário. Agentes seguiram o oficial dos Caminhoneiros até uma estrada deserta onde o patrulheiro estadual o esperava em seu carro-patrulha. Os agentes viram os dois homens acomodarem-se dentro do carro do patrulheiro e conversarem.

Com esta informação em seu poder, mas sem revelar a fonte que a fornecera, os promotores do governo requisitaram ao juiz para que retirasse a esposa do patrulheiro do corpo de jurados, e o Juiz Miller promoveu uma audiência reservada para discutir o pedido da promotoria. O governo chamou os agentes que haviam seguido o presidente dos Caminhoneiros de Nashville até o lugar de seu encontro com o patrulheiro. Os agentes foram inquiridos pelo juiz. Então, o governo chamou o oficial dos Caminhoneiros e o homem foi trazido ao tribunal, de uma sala lateral. Segundo Walter Sheridan, Jimmy Hoffa fez um sinal ao homem mostrando os cinco dedos de sua mão aberta, e o oficial apelou à Quinta Emenda. Em seguida, o patrulheiro rodoviário estadual foi trazido à corte. Após negar tudo, a princípio, sob questionamento do Juiz Miller, o patrulheiro terminou por admitir que o agente dos Caminhoneiros havia lhe oferecido um acordo que envolveria promoções e progressos em sua carreira na Patrulha Rodoviária Estadual em troca da prestação de um favor não explicitado. O patrulheiro afirmou que o agente dos Caminhoneiros jamais explicou a ele qual viria a ser o favor que teria de prestar, no futuro.

O Juiz Miller dispensou a esposa do patrulheiro e a substituiu por um jurado alternativo. Em sua casa, à noite, a mulher chorosa disse aos repórteres que não tinha ideia do motivo que a fizera ser escusada.

Falando por Tommy Osborn, Frank Ragano e o restante da bancada, o advogado Bill Bufalino disse: "Não houve armação. E, se houve, foi tramada diretamente a partir do escritório de Bobby Kennedy."

O jovem advogado Tommy Osborn estava envolvido com um caso muito diferente daquele em que argumentara quanto à proporcionalidade dos votos diante da Suprema Corte dos Estados Unidos. Aquele caso já o colocara na linha de sucessão para ser o próximo presidente da Associação dos Advogados de Nashville e contribuíra para que ele fosse requisitado para atuar no caso Hoffa. O caso Hoffa poderia estabelecer mais seguramente sua carreira em nível nacional, se ele conseguisse inocentar Jimmy; e, ao mesmo tempo, poderia arruinar sua carreira se ele viesse a tornar-se parte da cultura à qual estava se expondo.

Um policial de Nashville que secretamente fazia um "bico" como investigador particular para Tommy Osborn, fazendo uma pesquisa legítima sobre os membros do júri, disse ao Esquadrão Peguem Hoffa que Osborn lhe contara que estaria trabalhando para incluir um dos jurados em uma transação imobiliária de terras. O pessoal do Esquadrão Peguem Hoffa achou difícil acreditar nisso e, de todo modo, já tinha as mãos cheias demais. Eles guardaram a informação para um possível uso futuro.

O terceiro golpe veio de um jurado negro, cujo filho havia sido contatado por um agente comercial, também negro, do comitê local de Jimmy Hoffa, em Detroit, que teria lhe oferecido um suborno de dez mil dólares. Segundo um depoimento prestado sob juramento do qual o governo preparara uma cópia para que fosse assinada por Partin, um pagamento adiantado de cinco mil dólares do valor do suborno fora entregue e o acordo fora aceito antes mesmo do início do julgamento e antes que os jurados tivessem sido selecionados. Partin revelou, no depoimento juramentado, que, certo dia, Hoffa lhe dissera: "Eu tenho aquele jurado negro no meu bolso. Um dos meus agentes comerciais, Larry Campbell, foi a Nashville antes do julgamento e cuidou de tudo." O depoimento juramentado, mantido em um envelope lacrado, foi lido pelo Juiz Miller, que, então, decidiu impedir o acesso da defesa a ele e escusou o jurado, que foi substituído por outro alternativo. Por essa época, sem saber da traição de Partin, a defesa estava certa de que vinha sendo espionada, com microfones e gravadores ocultos, desde antes do início do julgamento.

"Eu recebi um telefonema de Bill Isabel me dizendo que precisavam de mim lá, em Nashville, então eu dirigi até lá. Pelo telefone, ele me disse que estavam esperando que houvesse alguns protestos e queriam que eu estivesse lá para impedir que algum manifestante pudesse sair da linha com Jimmy. Agora, isto foi apenas uma coisa que ele disse ao telefone, porque todo mundo sabia que todas as nossas ligações eram grampeadas. A coisa toda parecia uma história de ficção científica, lá. O que eles realmente queriam de mim era que eu me sentasse na plateia do tribunal e fizesse com que minha presença fosse notada pelo júri, para o caso de algum dos jurados com quem eles haviam feito contato tivesse a ideia de mijar fora do penico. Ninguém me disse isso diretamente, mas eu sabia do que se tratava quando me disseram para que eu estabelecesse contato visual com os jurados, de vez em quando.

Fiquei hospedado no Andrew Jackson Hotel, mas eu não era parte do esquema todo. Eles já tinham cozinheiros demais para estragar a sopa, ali. Lembro-me de que o frango frito ao estilo sulista do restaurante do hotel era uma coisa de outro mundo. E era sempre bom rever Sam e Bill. Lembro-me de ter visto Ed Partin no restaurante, mas não cheguei a formar nenhuma opinião sobre ele. Ele apenas sentava-se ali, com Frank Ragano; e Ragano não fazia ideia de que se sentava em companhia de um dedo-duro. Imagine, hoje em dia, o governo plantar um dedo-duro dentro do escritório do seu advogado. Aquele quarto de hotel que eles mantinham era como se fosse o escritório de seus advogados, e Partin estava lá dentro, com eles.

É claro que não apareceu nenhum manifestante. O lugar estava coalhado de agentes do FBI, de todo modo. Então, certo dia, quase como para confirmar o motivo alegado por Bill Isabel para que eu fosse até lá, um maluco adentrou o recinto do tribunal, vestindo um sobretudo, e caminhou até a frente da corte parando logo atrás de Jimmy e sacando uma arma. Eu ouvi a arma sendo sacada e, logo em seguida, vi os advogados de ambos os lados brigarem ao disputar espaço enquanto mergulhavam para debaixo das mesas, como se fossem trincheiras. E lá estava Jimmy, partindo para cima do maluco com a arma. No fim, revelou-se que o maluco tinha uma arma que disparava apenas chumbinho, mas parecia ser uma arma de verdade. Aquele era o tipo de arma utilizada para matar esquilos e coelhos. Ele havia atirado com ela e acertara as costas de Jimmy um par de vezes, mas Jimmy vestia um paletó grosso e pesado. Jimmy investiu contra o sujeito e o derrubou direitinho, e Chuckie O'Brien saltou sobre o maluco estirado no chão. Chuckie era um homem robusto e baixou a porrada, para valer, no maluco. Os guardas afinal acudiram, e um deles usou seu revólver para desacordar o maluco com uma coronhada na cabeça. Mas Chuckie não desistira de bater forte no sujeito. Os guardas e Jimmy tiveram de tirá-lo dali, ou ele teria matado o cara.

Eu disse a Bill Isabel para que tivesse mais cuidado da próxima vez que mencionasse a possibilidade de algum manifestante sair da linha. O sujeito acabou por revelar que Deus lhe teria dito para que matasse Jimmy Hoffa. Todo mundo tem um chefe a cujas ordens deve obedecer, eu acho.

O júri não estava presente no recinto do tribunal quando surgiu o *cowboy* com uma arma de chumbinho, mas a defesa pediu a anulação do julgamento. Eles alegaram que o maluco de sobretudo era um exemplo do modo como a população de Nashville havia sido predisposta contra Jimmy Hoffa por toda a propaganda anti-Hoffa que cercava aquele caso, patrocinada por Bobby Kennedy e seus pares. O argumento parecia bom para mim, mas o juiz negou sua validade.

Bill Isabel me contou que Jimmy lhe dissera: "Você sempre foge de um homem com uma faca, e sempre enfrenta um homem com uma arma de fogo." Não tenho certeza quanto a isso. É preciso conhecer as circunstâncias. O argumento é válido se você puder surpreender o homem com a arma, porque ele não espera que você vá atacá-lo. Jimmy teria feito a coisa certa, naquelas circunstâncias. Mas se investir contra um homem com uma arma sem que possa surpreendê-lo, quanto mais próximo dele você estiver, um alvo melhor você será. E na maior parte das vezes você sequer consegue ver uma faca, antes de ser cortado por ela. A melhor coisa a fazer é ser um menino do coro.

Jimmy disse que 'todo mundo havia sido revistado' pelos guardas. Isto era verdade, mesmo. Eu fui revistado. Os guardas revistaram todo mundo que adentrou o recinto do tribunal. Jimmy disse que não fora uma coincidência o fato de aquele sujeito conseguir entrar e postar-se detrás dele. A ideia do governo teria sido a de usar um maluco para 'queimá-lo'. Só que aquele maluco era maluco demais para receber em suas mãos uma arma de verdade. Jimmy sabia que malucos eram usados, de tempos em tempos, por certas pessoas, para certas finalidades. No mesmo ano daquele julgamento em Nashville, o amigo de Sam Giancana, Frank Sinatra, estrelava o filme *The Manchurian Candidate* (*Sob o Domínio do Mal*, no Brasil), exibido em todos os cinemas. Tratava-se de um grande filme, sobre a utilização de um maluco pelos comunistas, para assassinar alguém que se candidatava à presidência.

Porém, na vida real, quando um maluco é utilizado, na América ou na Sicília, ele é imediatamente descartado, até mesmo na própria cena do crime. Tal como aconteceria anos depois, quando Crazy Joey Gallo usou um maluco para 'queimar' Joe Colombo, chefe da família Colombo, do Brooklyn. O maluco disparou três tiros contra Joe Colombo, durante um comício da Liga pelos Direitos Civis dos Ítalo-Americanos, no Columbus Circle, perto do Central Park. Sem dúvida, tudo fora trabalhado nos mínimos detalhes e ensaiado com o maluco. Mostraram a ele o lugar exato onde seria apanhado por um carro de fuga e levado para longe dali, em segurança. Naturalmente, o maluco foi deixado ali mesmo, estirado na calçada por certas pessoas, após ter feito seu trabalho atirando em Colombo.

Russell jamais perdoou Crazy Joe Gallo por isso; por haver usado um maluco dessa maneira contra Joe Colombo. Eu sempre achei que Crazy Joe fosse um sem-vergonha, de todo modo. O pobre Joe Colombo ficou em coma, como um vegetal, por um longo tempo antes de morrer. Esse é o problema quando se utiliza um maluco: eles não são suficientemente precisos. Malucos podem causar um bocado de sofrimento. Tal como o maluco que atirou em George Wallace e deixou o homem paralítico. Ou o maluco que atirou em Reagan e seu secretário de imprensa, Brady. ”

O julgamento de Nashville durou 42 dias. O júri retirou-se para deliberar apenas quatro dias antes do Natal. Enquanto o júri deliberava, Walter Sheridan permanecia preocupado com o fato de o governo não haver expurgado todos os jurados que tinham sido subornados. Ainda poderia haver um ou dois jurados subornados que não tivessem sido apontados na presença de Edward Grady Partin.

O júri foi mantido em isolamento e, no terceiro dia de deliberações, todos os jurados foram dispensados, após insistentes relatos de que todos estavam sendo irremediavelmente levados a um impasse. Contudo, antes de permitir que todos os jurados deixassem a bancada do júri onde se sentavam, ele dirigiu-se à corte. Entre outras afirmações, os registros revelam os seguintes comentários feitos pelo Juiz Miller.

> Desde o princípio, enquanto os membros do júri eram selecionados a partir de uma lista de nomes dos convocados para o serviço do julgamento, houve indicações de que contatos espúrios haviam sido mantidos e estavam sendo mantidos com membros prospectivos do júri. Eu assinei ordens para que uma nova assembleia fosse reunida para outro julgamento preliminar, a ser realizado logo após o início do ano vindouro, para que sejam investigados total e completamente todos os incidentes relativos a este julgamento que possam denotar tentativas ilegais de influenciar os jurados e jurados prospectivos perpetradas por qualquer pessoa ou pessoas quaisquer que sejam e para que sejam reiterados os indiciamentos onde quer que causas prováveis existam. O sistema de julgamento por um júri [...] torna-se nada além de escárnio quando pessoas inescrupulosas se permitem subvertê-lo por meios impróprios e à margem da lei. Não pretendo consentir que tais atos vergonhosos que possam vir a corromper o nosso sistema de júri passem despercebidos por esta corte.

Jimmy Hoffa, por outro lado, disse à plateia de um programa de televisão, na véspera do Natal, que seria "uma vergonha [...] para qualquer um, afirmar que o júri foi manipulado".

Capítulo Dezoito

Agora, apenas mais um advogado

"Em 1963, Jimmy Hoffa me disse que estava determinado a conseguir um Grande Acordo dos Transportadores até o fim do ano. Havia muita coisa para distrair a atenção de Jimmy em 1963, mas ele já tinha tudo pronto. No primeiro contrato, nós obtivemos um aumento de 45 centavos por hora de trabalho. Além disso, nossas pensões começaram a subir. Hoje em dia, um sujeito que se aposente recebe 3.400 dólares por mês de um comitê local. Se você somar a esse valor o que recebe do Seguro Social, dá para ir vivendo. Tudo isso veio de Jimmy, naquele ano — apesar das distrações. Assim que o Grande Acordo dos Transportadores foi assinado, Jimmy me colocou na Comissão Nacional de Negociações do sindicato.

O sonho de um Grande Acordo dos Transportadores remontava aos tempos da Depressão. Com tal acordo cobrindo a todos os Caminhoneiros no país, todos receberiam o mesmo valor por hora de trabalho, os mesmos benefícios e a mesma pensão. O melhor de tudo, no entanto, é que haveria somente uma base para qualquer contrato a ser negociado. Em vez de cada transportadora negociar contratos individualmente, pelo país afora, haveria uma Comissão de Gerenciamento de Negociações, que negociaria cada contrato diretamente com a Comissão Nacional de Negociações do sindicato. Se tivéssemos de entrar em greve por não havermos chegado a bons termos, então haveria uma greve nacional; mas jamais precisamos enveredar por esse caminho. Jimmy jamais teve de enfrentar uma greve nacional. Contudo, com as mentes do patronato e do governo tomadas pelo temor de que tal coisa acontecesse, você pode imaginar quão difícil foi para que Jimmy conquistasse esse tipo de coisas. Ele teve de fazer com que todas as companhias transportadoras concordassem, e com que todos os comitês locais do sindicato concordassem. Sob uma única regra de contratos, as companhias transportadoras não mais podiam 'dividir para conquistar', e ladrões como Raymond Cohen não podiam mais receber 'bolas' por debaixo dos panos para aprovar contratos leoninos. Cohen era um sujeito desse tipo.

Era por isso que Jimmy fazia com que lutássemos tão duramente contra os rebeldes, e, às vezes, fizéssemos o que tínhamos de fazer. Jimmy precisava ter um sindicato solidamente unido. E a Filadélfia foi o osso mais duro que ele teve de roer. Em primeiro lugar, Cohen não estava disposto a ceder o poder. Em segundo, a Voz e outros grupos rebeldes ainda eram muito ativos e viviam agitando as coisas. Os caminhoneiros da Filadélfia tiraram vantagem da situação no 107. Eles não cooperavam sequer com o estabelecimento de um acordo em sua área de atuação local. Eles sabiam que Cohen não promoveria uma greve. Jimmy teve de convencê-los ameaçando fazer cessar suas atividades ao fechar, com greves, os terminais de carga nos arredores e no entorno da Filadélfia. ”

Em fevereiro de 1963, enquanto o grande júri de Nashville estava coletando evidências de manipulação dos jurados, Jimmy Hoffa falou sobre as companhias transportadoras da Filadélfia: "Ou elas convivem conosco, ou terão de nos combater em todos os lugares."

Hoffa dedicou-se a resolver o problema com a facção rebelde Voz, que ele acreditava estar sendo apoiada e encorajada pela AFL-CIO e por Bobby Kennedy: "Nós temos de convertê-los à nossa maneira de pensar."

E Hoffa dedicou-se aos procedimentos legais em Nashville: "Algo está acontecendo neste país sob o nome de Bobby Kennedy. Um homem reuniu um esquadrão de elite de vinte e três deputados procuradores-gerais para trabalhar em seus ditames contra mim."

Juntamente com todas as outras pessoas que faziam parte da comitiva de Hoffa em Nashville, no Andrew Jackson Hotel, Ed Partin foi convocado a comparecer ao tribunal e, segundo a orientação dos partidários de Hoffa, apelou à Quinta Emenda. Bill Bufalino escreveu para ele as palavras exatas que deveriam ser proferidas, em um cartão que foi levado ao recinto do tribunal. O governo estava determinado a manter a traição de Partin em segredo. Enquanto isso, o soldado da Patrulha Rodoviária Estadual passou a admitir a verdade, e um indiciamento por manipulação do júri pareceu algo promissor para o governo.

Jimmy Hoffa passou catorze semanas na Filadélfia, hospedando-se no Warwick Hotel, movendo uma campanha contra a Voz para as eleições do seguinte mês de abril. Em uma eleição realizada poucos meses antes, a Voz fora derrotada por apenas seiscentos votos, em um comitê local que contava com onze mil membros votantes. Esta eleição teve seu resultado desconsiderado devido à violência dirigida contra a Voz, que dominou o pleito. Sem recorrer à violência desta vez, Hoffa dedicou-se vigorosamente à campanha e explicou os benefícios que incidiriam sobre os pagamentos e pensões que adviriam dos planos que ele tinha para o sindicato dos Caminhoneiros. Na eleição de abril de 1963, os Caminhoneiros de Hoffa derrotaram a Voz mais uma vez, trazendo o quarto maior comitê local dos Caminhoneiros de volta à sua linha. Hoffa prometeu deixar "o que passou no passado". Igualmente importante à derrota imposta à Voz por Hoffa, Cohen então passava a dever a Hoffa sua lealdade absoluta quanto ao assunto do Grande Acordo dos Transportadores.

No dia 9 de maio de 1963, Jimmy Hoffa foi indiciado por haver manipulado o júri em Nashville. Ao dar entrada em sua apelação por inocência, Hoffa concedeu uma entrevista coletiva na qual afirmou que Bobby Kennedy "tem uma questão de *vendetta* pessoal contra mim, e tenta obter minha condenação plantando histórias na imprensa [...] É claro que eu não sou culpado. Esse indiciamento envolve dez pessoas, das quais eu conheço apenas três."

No dia 4 de junho de 1963, Cohen foi condenado por apropriação indébita de fundos do sindicato. Agora, não haveria mais quaisquer dúvidas quanto à realização do sonho de um Grande Acordo dos Transportadores. Cohen seria destituído do cargo de presidente do Local 107 e enviado à prisão. Cohen não mais estaria em posição de trabalhar secretamente contra as negociações de Hoffa com as companhias transportadoras da Filadélfia.

Na tarde do mesmo dia da condenação de Cohen, um tribunal de Chicago condenava Hoffa por utilização fraudulenta do Fundo de Pensão Central States, para a obtenção de lucros pessoais. A principal acusação contra Hoffa dizia respeito ao comprometimento de 400 mil dólares de fundos do sindicato obtidos como um empréstimo pessoal, isento do pagamento de juros, para garantir um empreendimento imobiliário da empresa Sun Valley, na Flórida. Alegou-se que James R. Hoffa receberia secretamente uma participação de 22% dos rendimentos de tal empreendimento. Hoffa negou que tivesse qualquer participação secreta nos rendimentos.

"Logo depois de Cohen ter sido mandado para a 'escola', eu fui com Jimmy a uma sessão de negociações contra o patronato, que teve lugar em um motel em Arlington, nos arredores de Washington. Eu arrebanhei alguns universitários e dei cinquenta dólares a cada um deles para que mantivessem todos os banheiros públicos e elevadores permanentemente ocupados. Então, despejei laxantes no conteúdo de uma das cafeteiras disponíveis. Aqueles de nós que estávamos com a turma do sindicato nos servimos do café da outra cafeteira. Os representantes do patronato dividiram-se, meio a meio, entre as duas cafeteiras. Metade do pessoal do patronato, portanto, bebeu o café da cafeteira adulterada. Logo um dos sujeitos correu para um dos banheiros existentes na sala das negociações e não saiu mais de lá. Alguns outros sujeitos ficaram atarantados, correndo pelos corredores à procura de um banheiro que não estivesse ocupado. Todos eles se ausentaram das negociações, depois disso, para que pudessem se refazer e trocar as roupas que usavam. Eu havia conseguido reduzir o grupo deles. Era mais fácil negociar com um grupo menor. Mesmo com toda a pressão que havia sobre Jimmy, eu nunca o vira rir tanto como quando voltamos ao quarto que ocupávamos.

Durante aquele verão e o outono, não vi Jimmy com muita frequência. Ele se reuniu muitas vezes com seus advogados por causa dos novos indiciamentos. O primeiro julgamento seria pela suposta manipulação do júri. O julgamento fora agendado para acontecer em Nashville, em outubro. Eu planejava ir até lá para assistir ao Grand

Ole Opry. O caso envolvendo o fundo de pensão de Chicago e o empreendimento Sun Valley fora agendado para a primavera de 1964. Eu, sem dúvida, procurei por qualquer pretexto para ir a Chicago.

O advogado Frank Ragano afirmou em seu livro e em um programa do History Channel que Jimmy Hoffa lhe dera uma mensagem para que fosse transmitida a Santo Trafficante e a Carlos Marcello: para que o presidente John F. Kennedy fosse 'queimado'. Segundo ele, isso aconteceu no escritório de Jimmy em Washington, enquanto eles trabalhavam nas preparações para enfrentar o julgamento. Eu, pelo meu lado, não posso ver Jimmy passando um recado como esse, através de um mensageiro como aquele, empregando essas palavras. ”

Em 1994, Frank Ragano escreveu um livro de memórias, apropriadamente intitulado *Mob Lawyer* ("Advogado da Máfia"). Nessas memórias, Ragano afirma ter ouvido a uma discussão travada entre Jimmy Hoffa, Joey Glimco e Bill Bufalino no início de 1963, enquanto os preparativos para os julgamentos que teriam lugar em Nashville e Chicago eram ultimados, mas antes que os indiciamentos fossem apresentados. Enquanto jogava *gin rummy* com Glimco, Hoffa perguntou a Bufalino: "O que você acha que vai ocorrer se alguma coisa acontecer a Booby?" (Hoffa sempre se referia ao seu arqui-inimigo como "Booby"; algo como "tetudo", mas, também, com a conotação de "estúpido" em português.)

O consenso a que se chegou depois da discussão foi que se algo acontecesse a Bobby, Jack soltaria os cachorros. Mas se algo acontecesse a Jack, o vice-presidente Lyndon Johnson se tornaria presidente, e não era nenhum segredo que Lyndon odiava a Bobby. Todos concordavam que Lyndon, definitivamente, se livraria de Bobby como procurador-geral. Segundo as memórias de Frank Ragano, Jimmy Hoffa teria dito: "Pode apostar que ele irá fazer isso. Ele o odeia tanto quanto eu."

Pouco tempo depois, na terça-feira 23 de julho de 1963, quatro meses antes de o presidente Kennedy ter sido assassinado, Ragano afirma haver se encontrado com Hoffa, para tratar dos novos indiciamentos que tinham sido recentemente apresentados, em maio e junho. Hoffa estava fora de si, tomado de fúria. Segundo Ragano, ele teria sido informado por Hoffa: "Algo tem de ser feito. Chegou o momento para que o seu amigo e Carlos se livrem dele; que matem aquele filho da puta do John Kennedy. Isso tem de ser feito. Assegure-se de dizer a eles o que eu disse. Chega dessa porra de enrolação. Estamos ficando sem tempo; algo tem de ser feito."

“ Com certeza, analisando a afirmação de Frank Ragano, era como se eles nada soubessem sobre Partin. Jimmy estava bastante certo de que havia um espião em meio a eles, durante aquele julgamento em Nashville. Eu sabia que todo mundo que fazia parte do cenário montado no Andrew Jackson Hotel era suspeito, na opinião de

Jimmy. Jimmy estava apenas conhecendo Frank Ragano, na época. Não era a mesma coisa que havia com Bill Bufalino, pois ambos já se conheciam havia muitos anos; já tinham estabelecido acordos juntos, e entre ambos havia um registro de demonstrações de respeito mútuo. Jimmy contava com um jatinho privado à sua disposição, para todas as ocasiões. Se ele quisesse enviar um recado — com toda a gravidade que um recado como esse pode ter —, ele voaria até a Flórida. Jimmy mantinha um lugar bem bacana, lá em Miami Beach. E Jimmy, certamente, sabia como usar um telefone para marcar uma reunião. Foi assim que eu mesmo conheci Jimmy: por meio de uma ligação telefônica previamente arranjada com o Navalha Fina. Agora, não me entenda mal: eles diziam que Frank Ragano era boa gente, e Santo Trafficante e Carlos Marcello depositavam um bocado de confiança nele, como advogado. Se Frank Ragano diz que essa foi a maneira como tudo aconteceu, acho que tenho de confiar na palavra dele, quanto a isso. Mas você está falando, aqui, sobre algo que ninguém em seu juízo perfeito diria que Jimmy teria dito, dessa forma. Se Jimmy disse isso a Ragano, e Ragano disse isso àquelas pessoas, elas deveriam ter imaginado que Jimmy não estivesse raciocinando claramente, ou que estivesse apenas pensando alto e desabafando na presença de Frank Ragano. Isto para não mencionar a posição em que você coloca uma pessoa que afirme ter ouvido tal coisa. Carlos costumava ter um pôster afixado à parede de seu escritório que dizia que três pessoas são capazes de manter um segredo, se duas delas estiverem mortas.

Se não houvesse coisas demais acontecendo em 1963, um boato começou a correr dando conta de que o FBI teria um 'soldado', chamado Joseph Valachi, que deveria apresentar. Valachi foi o primeiro sujeito a ser arrolado. Ele não passava de um soldado da família Genovese, de Nova York. Aquela era a família com a qual Lucky Luciano iniciara, quando Luciano, Meyer Lansky e o resto dos sujeitos botaram seu esquema para funcionar, anos antes. Valachi não era muito próximo de ninguém importante. Eu jamais ouvira falar do homem; muito menos o conhecera por intermédio de Russell. Se não me engano, Russell também sequer havia ouvido falar do sujeito, até que todo o assunto viesse à tona. Mas o tal Valachi conhecia histórias antigas. Ele sabia quem havia 'queimado' quem, e por quê. Ele contou como Vito Genovese havia atirado um cidadão do alto de um telhado para que pudesse se casar com a mulher do sujeito, coisa que ele terminou por fazer. Ele conhecia a todas as famílias e como as coisas eram feitas na organização estabelecida entre os italianos.

Valachi era um dedo-duro nato, e um traficante de drogas. E seu próprio chefe, Vito Genovese, providenciaria para que ele fosse 'queimado', quando ambos estavam em uma prisão federal, sob suspeita de ser um 'rato de cadeia' e informante da polícia. Em caso de dúvida, não tenha dúvidas.

Joe Valachi terminou por matar um preso inocente, que ele pensou que houvesse sido designado para 'queimá-lo', e, depois disso, ele contou a todo mundo tudo o que sabia sobre tudo. Ele contou, por exemplo, como eles eram iniciados como 'homens feitos'. Ele falou de segredos italianos sobre os quais nem eu mesmo tinha conhecimento. Ele falou até mesmo de coisas menores, tais como Carlos Marcello não permitir que algum membro das outras famílias visitasse Nova Orleans — nem mesmo por ocasião do *Mardi Gras* — sem antes obter sua aprovação expressa. Carlos Marcello era um chefe que não arriscava muita coisa. O homem controlava um esquema espartano.

Umas duas semanas antes que o julgamento de Jimmy por manipulação do júri fosse agendado, Bobby Kennedy exibiu esse sujeito, Joe Valachi, na televisão, em algumas audiências suplementares de McClellan. Aquilo era como propaganda durante uma guerra; uma iniciativa publicitária para vender bônus de guerra. Só que Joe Valachi era como Bob Hope. Você podia ver, depois de toda publicidade sobre as audiências de que Valachi participaria, que a motivação contra o assim chamado crime organizado parecia, na verdade, ainda mais aberta do que realmente era. Havia demasiadas partes interessadas, que permaneciam com os olhos colados aos tubos de seus aparelhos de TV, nas saunas e em clubes italianos privativos, espalhados por todo o país.

Em setembro de 1963, cerca de um mês antes do julgamento agendado de Jimmy Hoffa por manipulação do júri, Joseph Valachi apareceu na televisão diante da Comissão McClellan e revelou ao grande público todos os detalhes do que Bobby Kennedy chamou de "a maior brecha aberta na história da inteligência do crime organizado na América".

A odisseia de Joe Valachi, de um serviçal de origem inferior e presidiário para a sensação da mídia e o 'garoto-propaganda' de Bobby Kennedy começara um ano antes, no verão de 1962, na Penitenciária Federal de Atlanta. Valachi, na época, cumpria uma sentença por tráfico de drogas, ao mesmo tempo que seu chefe, Vito Genovese, também cumpria uma sentença. Para deixar Valachi embaraçado e fazer parecer como se ele estivesse cooperando, os agentes do Departamento Federal de Narcóticos visitavam-no regularmente. A ideia era tornar Genovese paranoico acerca de Valachi. Isto incutiria o medo de ser assassinado em Valachi, e a pressão poderia fazer com que ele terminasse por se entregar. Este foi um estratagema utilizado, tempos depois, na prisão de Sandstone, pelo FBI contra Frank Sheeran, para fazer com que ele falasse sobre o desaparecimento de Jimmy Hoffa — embora sem sucesso. No caso de Valachi e Genovese, no entanto, o ardil funcionou.

Vito Genovese caminhou até seu soldado, Joe Valachi, e, segundo o testemunho do próprio Valachi, disse, lenta e pensativamente: "Você sabe, às vezes, se tenho um barril de maçãs e uma delas parece batida... Não completamente podre, mas apenas um tanto batida... Ela tem de ser removida dali, ou irá estragar todas as outras maçãs."

Genovese, então, tomou a cabeça de seu soldado entre as mãos e aplicou-lhe o "beijo da morte", em plenos lábios.

Quando Valachi utilizou um pedaço de cano de chumbo contra o primeiro presidiário que se aproximou dele e matou o homem, o estratagema provou-se eficaz. Para evitar a pena de morte, em troca de uma condenação perpétua, Joseph Valachi deu a Jimmy Hoffa e seus amigos mais um motivo para que odiassem a Bobby Kennedy.

Bobby Kennedy foi a primeira testemunha a ser chamada pelo senador McClellan antes que Joseph Valachi depusesse, nas audiências conduzidas em setembro de 1963. Bobby Kennedy declarou à comissão, e a uma plateia televisiva nacional, que "devido às informações de inteligência obtidas junto a Joseph Valachi [...] sabemos que a Cosa Nostra é dirigida por uma comissão, e que os líderes da Cosa Nostra, na maior parte das cidades grandes, são os responsáveis por esta comissão [...] e sabemos quem são os membros ativos dessa comissão, hoje em dia."

"Logo depois das audiências de Valachi, os advogados de Jimmy conseguiram um adiamento do julgamento por manipulação do júri, até janeiro de 1964. E, depois, por um motivo ou outro, o juiz mudou a localização do julgamento para Chattanooga, porque alguma coisa estava acontecendo em Nashville. Todos nós estaríamos dançando ao som de *Chattanooga Choo Choo*, pelo Ano-Novo."

No dia 8 de novembro de 1963, o mesmo oficial de polícia de Nashville que havia incriminado Tommy Osborn durante o julgamento do caso da Test Fleet, em Nashville, denunciou Osborn novamente ao Esquadrão Peguem Hoffa por causa de uma tentativa de adulteração do julgamento, praticada contra um dos membros do júri de Nashville designado para comparecer ao julgamento por adulteração, previamente agendado para o início de 1964. Desta vez, os integrantes do Esquadrão Peguem Hoffa haviam obtido gravações em fitas magnéticas, que foram entregues ao Juiz Miller, que presidia a corte.

O Juiz Miller chamou Tommy Osborn à sua câmara privada e confrontou-o com uma alegação feita pela Força Policial de Nashville de que um oficial de polícia daquela cidade havia encontrado e subornado um jurado prospectivo fazendo-lhe uma oferta de dez mil dólares, por um voto pela absolvição. O jurado prospectivo receberia cinco mil dólares se fosse selecionado como um dos integrantes do júri, e outros cinco mil dólares quando o júri declarasse haver chegado, inapelavelmente, a um impasse. Inicialmente, Osborn negou tais alegações. O Juiz Miller, então, disse a ele que o oficial de polícia que relatara a grosseira proposta ao Esquadrão Peguem Hoffa possuía uma gravação, feita em segredo, que confirmaria a conversa e o envolvimento de Osborn. A Tommy Osborn foi concedido, então, o benefício da Regra de Demonstração de Causa, pela qual ele não poderia ser desqualificado. Osborn relatou a situação a Bill Bufalino e a Frank Ragano. Osborn, depois, retornou à presença do juiz e admitiu que se tratava de sua própria voz na gravação, mas afirmou que toda a situação fora preparada pelo policial e que ele jamais pretendera levar tal ideia às últimas consequências. Em outras palavras, Osborn meramente blefou, usando um palavreado rude. Afinal, ele viria a ser condenado em um julgamento diferente e cumpriria uma breve sentença de prisão. Quando do seu livramento da cadeia, em 1970, tomado pela desesperança, ele dispararia um tiro contra a própria cabeça. Contudo, no fim de 1963, o principal conselheiro de Jimmy Hoffa, para o seu julgamento por adulteração do júri que se aproximava, decidiu aguardar para saber se ele mesmo não seria desqualificado para um novo julgamento por adulteração.

Considerando o fato de que a cidade de Nashville estivesse corrompida a um ponto além de qualquer possibilidade de reparação, o juiz concordou com a solicitação da defesa para que o julgamento fosse transferido para Chattanooga, em janeiro de 1964.

"Certa manhã, poucos dias mais do que uma semana antes do dia 22 de novembro de 1963, recebi um telefonema de Jimmy dizendo-me para que eu fosse ao telefone público. Quando cheguei lá e falei com ele, a única coisa que Jimmy me disse foi: 'Vá falar com o seu amigo.'

Dirigi até a casa de Russell. Quando ele me atendeu à porta, tudo o que me disse foi: 'Vá falar com os nossos amigos no Brooklyn. Eles têm algo que querem que você transporte até Baltimore.' Aquele não era o estilo de Russell dirigir-se a mim, habitualmente. Ele estava ditando o tom do que quer que eu viesse a ter de enfrentar.

Fiz um retorno e dirigi até o Restaurante Monte's, no Brooklyn. Aquele era um lugar habitualmente frequentado pelos membros da família Genovese. Trata-se do mais antigo restaurante italiano em toda a cidade de Nova York, localizado na zona sul do Brooklyn, não muito distante do Canal Gowanus. A comida é excelente, lá. À esquerda do edifício do restaurante, eles tinham seu próprio pátio de estacionamento. Estacionei o carro ali, entrei e dirigi-me ao bar. Tony Pro levantou-se da mesa à qual estava sentado, foi aos fundos do restaurante e retornou, com um saco de aniagem nas mãos. Ele o passou a mim e disse: 'Vá até a fábrica de cimento em Baltimore, onde você foi daquela vez, com o seu caminhão. Nosso amigo piloto estará lá, esperando por isto.'

Em combate, você não precisa de muito tempo para saber que tem em mãos um saco de aniagem com três fuzis dentro. Eu sabia que eram fuzis, mas não tinha ideia de onde ou para que seriam utilizados.

Quando cheguei lá, o piloto de Carlos, Dave Ferrie, estava à minha espera, em companhia de outro sujeito que eu conhecia do Monte's, associado à família Genovese. Ele já se foi, agora; mas tinha uma bela família. Não há motivo para aventar seu nome, aqui. Ele disse: 'Como vai o seu amigo?' Eu respondi: 'Ele vai bem.' Ele perguntou: 'Você trouxe uma coisa para nós?' Com o clima que Russell havia sugerido, eu nem mesmo desci do carro. Apenas dei as chaves a ele, que abriu o porta-malas, apanhou o saco de aniagem, nos despedimos e eu voltei para casa.”

À época em que esta transação foi realizada, através do Monte's, Provenzano estava em liberdade condicional devido a uma acusação de agitação trabalhista, impetrada em 13 de junho de 1963. Seu coletor e corréu no processo, Michael Communale, um ex-promotor do Condado de Hudson, também havia sido condenado. A condenação de junho de 1963 acabaria levando Provenzano a cumprir uma sentença de quatro anos e meio na prisão de Lewisburg; e como esta tivesse sido motivada pela violação de uma lei trabalhista, ele ficaria banido de quaisquer atividades sindicais por cinco anos após sua soltura da cadeia. Durante o julgamento, Murray Kempton, um redator do *New York Post*, identificaria Provenzano como "o mais bem pago líder trabalhista da América". Àquela época, ele recebia uma soma total, proveniente de seus três cargos acumulados junto aos Caminhoneiros, maior do que o próprio Jimmy Hoffa, e mais do que o salário do presidente dos Estados Unidos.

Bobby Kennedy era a mais visível força motriz por trás da condenação de Provenzano por agitação trabalhista, e anunciou isso ruidosamente à imprensa. Provenzano, por sua vez, condenou as táticas do procurador-geral quando este enviou investigadores para que interrogassem seus amigos, seus vizinhos e, mais imperdoavelmente, seus filhos. O *New York Times* reportou que Provenzano havia denunciado Kennedy "com termos tão obscenos que as filmagens da televisão tiveram de ser inutilizadas e que os repórteres da imprensa escrita não puderam encontrar sequer uma única frase proferida por ele que fosse adequada para ser publicada".

Em Nashville, no dia 20 de novembro de 1963, o Juiz Miller desqualificou Tommy Osborn.

Dois dias depois, em 22 de novembro de 1963, o presidente John F. Kennedy era assassinado, em Dallas.

Entre os vários telefonemas que um compungido Bobby Kennedy fez quanto aos suspeitos de haverem assassinado seu irmão, um deles foi para Walter Sheridan. Bobby Kennedy pediu a Sheridan que investigasse o possível envolvimento de Jimmy Hoffa no caso.

“O salão do sindicato em Wilmington, Delaware, ficava próximo da estação ferroviária, àquela época. Ele ainda era subordinado ao Local 107, em Philly. Eu tinha alguns negócios a tratar lá, e deveria parar em alguns terminais de carga no meu caminho de volta. Quando entrei no salão do sindicato, o rádio estava anunciando que Kennedy fora assassinado a tiros. Quando ouvi pela primeira vez as notícias que chegavam de Dallas fiquei aborrecido, tal como todo mundo. Ele não era uma das minhas pessoas favoritas, mas eu não tinha nada de pessoal contra o sujeito, e ele tinha uma bela família. Mesmo antes de Ruby haver 'queimado' Oswald, passou-me pela cabeça se ele não teria tido nada a ver com o negócio fechado no Monte's. Não preciso dizer a você que não havia ninguém a quem você pudesse perguntar sobre um assunto como este."

Todas as bandeiras em Washington foram hasteadas a meio mastro, enquanto as notícias sobre o assassinato se espalhavam e todo mundo que trabalhava para o governo era mandado de volta para casa. Quando Jimmy Hoffa soube que o vice-presidente Harold Gibbons, de St. Louis, pusera a bandeira do quartel-general dos Caminhoneiros a meio mastro e mandara fechar o prédio, ficou furioso.

"Jimmy jamais perdoou a Harold Gibbons por ter hasteado a bandeira a meio mastro. Eu disse a Jimmy: 'O que mais ele poderia fazer? Todos os edifícios hastearam suas bandeiras a meio mastro.' Mas Jimmy recusou-se a dar-me ouvidos. Tempos depois, quando Jimmy estava para voltar à 'escola', eu disse a ele para que encarregasse Harold Gibbons das tarefas do dia a dia, em vez de Fitz. Jamais houve um homem do sindicato mais dedicado e melhor do que Harold Gibbons. Tudo o que Jimmy me disse, no entanto, foi: 'Foda-se, ele.'"

No dia em que aconteceu a procissão funeral do presidente Kennedy, enquanto o mundo inteiro pranteava o tombamento do jovem comandante-em-chefe dos Estados Unidos da América, Jimmy Hoffa dirigiu-se às câmeras de televisão, desde Nashville, para açoitar o governo pela "armação" para a desqualificação de Tommy Osborn. Hoffa disse: "Acho que esta é uma justiça travestida. Acho que o governo, seus oficiais locais e os juízes, devem ter tido parte na tentativa de armar uma cilada para mim, e providenciar para que eu não tivesse um advogado competente para me representar, no meu caso."

Então, de maneira soturna, diante da solenidade e da comoção funerária geral do dia, Jimmy Hoffa bravateou diante da plateia televisiva de Nashville, dizendo: "Agora, Bobby Kennedy é apenas mais um advogado."

Capítulo Dezenove

Conspurcando a própria alma da Nação

Já no dia 9 de dezembro de 1963 — meros dezessete dias depois do assassinato de seu irmão —, Robert Kennedy falou brevemente acerca da possibilidade do envolvimento da Máfia a Arthur M. Schlesinger Jr. Um historiador, vencedor do Prêmio Pulitzer e ex-mestre docente de Harvard, Schlesinger fora um assistente especial do presidente Kennedy. Schlesinger escrevera em sua alentada biografia, em dois volumes, *Robert Kennedy and His Times* ("Robert Kennedy e sua Época"), que ele e Robert Kennedy passaram juntos a noite do dia 9 de novembro e "eu perguntei a ele, talvez com falta de tato, sobre Oswald. Ele disse que não poderia haver qualquer questionamento sério sobre a culpabilidade de Oswald, mas que ainda havia alguma argumentação quanto à possibilidade de ele ter agido por iniciativa própria ou se fora parte de um complô maior e mais bem organizado, por Castro ou por gângsteres."

Dois anos após a Comissão Warren haver publicado seu relatório de 1964, Bobby Kennedy disse ao ex-assessor de seu irmão Jack na Casa Branca, Richard Goodwin: "Jamais pensei que tivessem sido os cubanos. Se alguém mais esteve envolvido nisso, foi o crime organizado. Mas não há nada que eu possa fazer quanto a isso. Não agora."

À época em que fez essas afirmações a ex-oficiais da Casa Branca que eram seus amigos, Bobby Kennedy sabia mais sobre os mecanismos internos do crime organizado do que qualquer pessoa "de fora do esquema" em todo o país. Bobby Kennedy certamente sabia que, na inexistência de um estado de beligerância entre famílias mafiosas, os chefes jamais eliminariam os subchefes dos outros chefes. Isto provocaria retaliações em proporções inauditas. Para efetivar uma mudança desejada na política do jogo, os chefes mafiosos tradicionalmente eliminavam — e ainda eliminam — os outros chefes; não os subchefes destes. Em uma escala internacional, isto é chamado de "mudança de regime". Para os chefes italianos, trata-se meramente de seguir à risca a velha máxima siciliana que determina que para matar a um cão você não corta sua cauda; você lhe corta fora a cabeça.

Na dolorosa data em que seu irmão era assassinado a tiros em Dallas, Bobby Kennedy encontrava-se em Washington, presidindo um encontro de dois dias com promotores federais de sua equipe, para tratar das providências a serem tomadas quanto ao crime organizado. Os promotores haviam vindo de seus escritórios distritais espalhados por todo o país para se encontrarem na sede do Departamento de Justiça para esta reunião crucial. O propósito do encontro era o de trabalhar nos detalhes relativos à fase seguinte da campanha movida pelo procurador-geral contra o crime organizado.

Foi durante o intervalo para o almoço no segundo dia da reunião que Bobby Kennedy ouviu as terríveis notícias provenientes de Dallas.

O chefe da Seção do Crime Organizado da Divisão de Criminalística do Departamento de Justiça era um promotor chamado William Hundley. Segundo as palavras do próprio Hundley, "no momento em que aquela bala atingiu a cabeça de Jack Kennedy, tudo acabou. Naquele exato momento. O programa de combate ao crime organizado simplesmente parou."

Expor a atividade e livrar os Estados Unidos do crime organizado tinha sido a paixão obsessiva de Bobby Kennedy. Aquela fora uma campanha pessoal, para ele; e ele fez dela uma campanha pessoal para a sua equipe e para seus inimigos, participantes do crime organizado. Bobby Kennedy deu àquela campanha uma natureza obstinadamente competitiva.

Pelos primeiros três anos do que viria a ser uma campanha de seis anos movida contra as ações do crime organizado, Bobby fora o conselheiro-chefe da Comissão McClellan. Ao longo daqueles três anos, ele interrogou implacavelmente, fez provocações e expôs ao ridículo alguns dos homens mais malignos e vingativos da América. Kennedy dirigiu a eles uma pergunta capciosa após outra, mas apenas conseguiu obter sempre a mesma resposta: "Eu me recuso a responder baseado em que este argumento pode tender a me incriminar." Durante um desses interrogatórios capciosos, Bobby olhou diretamente nos olhos de Sam "Momo" Giancana e disse a ele: "Você é o principal braço armado do grupo que sucedeu à Máfia de Capone." Bobby Kennedy questionara implacavelmente ao amigo de Frank Sinatra e parceiro comercial do cassino Cal-Neva sobre o modo como este costumava se livrar dos cadáveres de seus inimigos, ocultando-os em porta-malas de carros que eram abandonados. Quando Giancana riu e, mais uma vez, apelou à Quinta Emenda, Kennedy retorquiu sarcasticamente: "Pensei que somente garotinhas rissem assim, Sr. Giancana."

Quando Bobby Kennedy fez aquele comentário, certamente sabia que Sam "Momo" Giancana era um notório sádico na aplicação de seus métodos nos assassinatos que praticava ou patrocinava. Em dezembro de 1958, Giancana ordenara a brutal chacina do Sr. e da Sra. Gus Greenbaum, na residência do casal, em Phoenix, Arizona. Após ambos terem sido torturados, tiveram suas gargantas cortadas. Gus Greenbaum fora um associado de Meyer Lansky. Ele sucedera a Bugsy Siegel como controlador do Flamingo Hotel & Casino, em Las Vegas, quando Siegel foi assassinado. À época de seu próprio assassinato, Gus Greenbaum dirigia o Riviera Hotel & Casino, também em Las Vegas, de propriedade de Sam Giancana. Giancana suspeitara que Greenbaum o estivesse roubando. Ao fazer com que Greenbaum e sua — absolutamente inocente — esposa fossem torturados e mortos, Giancana estaria enviando uma mensagem a todos quantos trabalhassem para ele, de que teriam de seguir suas regras.

Em 1961, Giancana reiterou essa mensagem a toda sua equipe. William "Action" Jackson era um agiota que pesava 150 kg e trabalhava para Giancana. Jackson tornara-se suspeito de agir como um informante do governo. Ele foi levado a uma empresa embaladora de carnes, dependurado em um gancho de açougue de quinze centímetros e torturado por dois dias. Jackson foi repetidamente espancado, esfaqueado, queimado e recebeu tiros nos joelhos e choques elétricos aplicados com um instrumento usado para impelir reses vivas ao abatedouro — até morrer. Foram tiradas fotografias do cadáver de Jackson. Todos os homens que trabalhavam para Giancana em seu vasto império criminoso — que abrangia desde Chicago até Las Vegas, Dallas, Hollywood e Phoenix — foram obrigados a ver as fotografias.

Ao final de seus três anos de colaboração com a Comissão McClellan, Bobby Kennedy adicionou à sua destemida campanha a publicação de um livro, que se tornou um *best-seller*. Em seu livro, Bobby Kennedy expôs o crime organizado em detalhes minuciosos, dando "nomes aos bois" e descrevendo suas ações para um público ainda maior. No título, Bobby Kennedy rotulou o crime organizado como *The Enemy Within* ("O Inimigo Dentro de Casa"; ou "O Inimigo Interno").

Pelos três anos seguintes de sua campanha contra o crime organizado, Kennedy tornou-se procurador-geral, o executivo-chefe para a aplicação da lei em toda a nação; o homem a quem o próprio diretor do FBI, J. Edgar Hoover, se reportava. Bobby Kennedy produziu uma lista de criminosos que eram seus alvos principais, localizou-os e os levou, a todos, à prisão. Bobby Kennedy expandiu grandemente a utilização de informantes e de gravações obtidas por meio de aparelhos "grampeados". Quase diariamente, ele informava ao país, ao governo federal e especialmente ao diretor Hoover do FBI sobre a existência do crime organizado, sobre a necessidade de livrar os Estados Unidos dos criminosos organizados e quanto às maneiras de melhor utilizar o enorme — embora até aquele momento adormecido — poder do governo federal para lograr tal intento.

E, no coração e na mente de Bobby Kennedy, nenhum alvo pessoal ou perigo maior existia do que o representado pela pessoa de Jimmy Hoffa. Mas, até então, Hoffa conseguira escapar às redes lançadas sobre si.

Entretanto, após o acontecimento em Dallas, a fonte do poder de Bobby Kennedy fora desconectada. Para denunciar e enfrentar quaisquer ações ilegais que Jimmy Hoffa e os amigos de Jimmy Hoffa viessem a perpetrar no futuro, Bobby Kennedy não ocuparia mais a posição suprema e sumamente poderosa de procurador-geral a serviço de seu próprio irmão e melhor amigo.

Não obstante, com referência às faltas cometidas por Hoffa no passado — pelas quais ele estava sob indiciamento —, Bobby Kennedy ainda continuava a ser, de forma plenipotenciária, o Procurador-Geral dos Estados Unidos.

De algum modo, Bobby Kennedy e Lyndon Johnson haviam resolvido suas diferenças pessoais, muito antes de Kennedy ter sido mantido na função de procurador-

-geral e até que os julgamentos de Hoffa fossem concluídos. O Esquadrão Peguem Hoffa também foi mantido intacto, e seu supervisor e principal estrategista permaneceria no comando. Os julgamentos subsequentes de Hoffa foram ambos agendados para o início de 1964. O julgamento por manipulação do júri seria iniciado em 20 de janeiro, em Chattanooga, e o do caso do desvio de dinheiro do fundo de pensões para a Sun Valley iniciou-se em Chicago, no dia 27 de abril de 1964. O Esquadrão Peguem Hoffa contava com as sucessivas instâncias da justiça para culminar com a prisão de Jimmy Hoffa.

"Em meados de janeiro, eu estava em Chicago, com Jimmy, para a assinatura final do primeiro Grande Acordo dos Transportadores. Eu permanecia trabalhando para a Fraternidade Internacional, que estava muito bem representada em Chicago, naquele dia. Àquela época, havia quatro distritos — ou 'conferências' —, cada um dos quais contando com um vice-presidente; e todos estavam presentes. Aquela era uma ocasião em que a História do movimento trabalhista estava sendo escrita; e o que víamos funcionar ali era uma coisa muito engenhosa. Os comitês locais ainda teriam de aprová-la, mas, basicamente, já era um negócio fechado em Chicago. Cada comitê local ainda conservaria sua autonomia para a resolução de negociações locais, e a 'conferência' à qual pertencessem poderia negociar suplementações ao padrão nacional de contratos, por iniciativa própria ou para atender a necessidades especiais de seus próprios controladores. Os comitês locais também poderiam negociar em termos que lhes parecessem mais favoráveis quanto a quaisquer assuntos, mas nenhum deles poderia negociar valores inferiores aos previstos pelo Grande Acordo dos Transportadores, que garantiria um piso salarial aos trabalhadores. Infelizmente, porém, ainda haveria muita trapaça depois disso. O pessoal de Nova York era notório por pagar menos aos seus trabalhadores. Enquanto trabalhador, você era livre para exigir o cumprimento dos termos do acordo nacional, mas caberia à sua liderança fazer com que eles valessem para você. Tony Pro jamais seria brindado com uma Noite de Agradecimento por sua filiação ao sindicato. Muitos dos sujeitos, membros do sindicato que trabalhavam para ele, submetiam-se a receber menos ou ficariam sem trabalho algum, e Pro jamais deixou de receber 'por debaixo dos panos' de sua controladoria.

Quatro dias após ter assinado o Grande Acordo dos Transportadores, Jimmy Hoffa estava de volta à sua 'trincheira' em Chattanooga, para acompanhar a seleção do júri. Depois do início do julgamento, eu também fui à Chattanooga para sentar-me em meio à plateia no tribunal, ao lado de Bill Isabel e Sam Portwine. Eles haviam arranjado um novo advogado local, para substituir o que fora destituído. Bill Bufalino e Frank Ragano lá estavam, mais uma vez. Eles tinham advogados para todos os réus: Allen Dorfman, que administrava o fundo de pensão, como um dos indiciados por terem contribuído com Jimmy na manipulação do júri; e Chuck O'Brien, que permanecia ao lado de Jimmy sempre de olhos bem abertos à procura de algum outro eventual maluco que aparecesse armado em meio à multidão.

E, cara... A casa estava cheia, em Chattanooga. O recinto do tribunal estava absolutamente lotado. Após haver estado presente lá por alguns dias, fui informado de que a minha presença não mais seria necessária no tribunal. Então, deixei Chattanooga e voltei ao trabalho. Quando deixei o Tennessee, todos achavam que o governo teria algumas acusações contra algumas das pessoas ali; mas o governo não contava com testemunhas que pudessem incriminar a Jimmy. Parecia que eles estavam se preparando para enviar mais alguns paraquedas a Bobby Kennedy. Porém, ninguém ainda sabia sobre Partin. O governo guardou Partin para o final. Ele seria a 'testemunha-surpresa' deles. ”

Não havia nenhuma exigência judicial para que as testemunhas do governo tivessem de ser apresentadas previamente. Edward Grady Partin fora mantido incógnito e incomunicável, à espera de ser chamado, em uma cabana no Monte Lookout, no Tennessee.

O julgamento em Chattanooga, pela manipulação do júri, se arrastava penosamente, enquanto o promotor do governo convocava testemunhas para que lançassem suspeita após suspeita contra os cúmplices de Hoffa; ou seja, contra todos aqueles que haviam feito o "trabalho sujo" durante o julgamento de Nashville. Hoffa limitava-se a sorrir cordialmente e a transpirar confiança.

Então, no último dia, quando o julgamento já transcorria havia três meses e a vitória parecia certa para Hoffa, o governo convocou sua última testemunha para depor. Edward Grady Partin adentrou o recinto do tribunal, e a corte entrou em erupção. Imediatamente, os advogados de defesa clamaram por invalidade. Uma moção foi impetrada para que se excluísse do julgamento qualquer testemunho que Partin tivesse a prestar. O governo foi acusado de infiltrar um espião no território da defesa, numa flagrante violação ao direito constitucional de Hoffa de reunir-se privativamente para obter aconselhamento jurídico. Se tais alegações fossem comprovadas, o testemunho de Partin seria invalidado e excluído do julgamento, e Jimmy Hoffa deixaria o tribunal como vencedor, mais uma vez.

A argumentação do governo era a de que Edward Grady Partin não fora infiltrado no terreno da defesa a mando da acusação. Em vez disso, ele se voluntariara para comparecer ao julgamento, por si mesmo. Partin não se reportara aos promotores do governo. Partin se reportara a Walter Sheridan, o ex-agente do FBI, que sequer era advogado. Partin meramente fora instruído por Sheridan a manter-se atento às evidências que pudessem surgir enquanto fosse praticado o crime de manipulação do júri. Então, Partin reportara a Sheridan as evidências que observara e Sheridan relatou-as aos promotores, que as relataram ao juiz. Partin jamais discutira com Walter Sheridan sobre qualquer coisa que pudesse ter ouvido em Nashville concernentes ao caso da Test Fleet ou sobre quaisquer aspectos da defesa de Hoffa no referido caso.

A oitiva da moção impetrada pela defesa prolongou-se por quatro horas. O juiz aceitou a versão do governo para os fatos, e a Edward Grady Partin foi permitido testemunhar diante do júri, que foi convocado de volta ao recinto do tribunal. Jimmy Hoffa sentou-se em sua cadeira e olhou fixamente para Partin, que não demonstrou se intimidar. Partin prosseguiu, descrevendo as conexões de Jimmy Hoffa com instâncias específicas de manipulação do júri, repetindo diante dos jurados daquele novo tribunal as bravatas que Hoffa proferira diante dele próprio acerca de tentativas de subornar jurados, tanto antes que estas ocorressem, como enquanto ocorriam. A cada frase proferida por ele, tornava-se mais e mais evidente que Jimmy Hoffa era o titereio que manejara os cordões durante o julgamento em Nashville.

No intervalo seguinte, Hoffa apanhou uma pesada cadeira de madeira que havia na sala da defesa, na Corte de Justiça, e atirou-a através do recinto, contra a parede oposta.

Partin terminou seu depoimento em favor do governo; então, foi a vez da defesa começar a interrogar Partin. O exame das provas e contraprovas prolongou-se por quase cinco dias, e, em vez de enfraquecê-lo, pareceu robustecer ainda mais a validade do testemunho de Partin, a cada dia. Em uma ocasião, um dos advogados da defesa acusou Partin de haver memorizado e ensaiado seu depoimento, ao que Partin replicou: "Se eu tivesse ensaiado o que disse, você teria ouvido muito mais coisas. Eu me esqueci de algumas delas."

Certa noite, logo durante o início de um dos depoimentos de Partin, um tiro de escopeta foi disparado na residência de um agente comercial e bom amigo de Partin, em Baton Rouge, Louisiana.

Nos intervalos, durante os depoimentos de Partin, Jimmy Hoffa passou a proferir obscenidades em voz alta dirigidas a Walter Sheridan, sempre que os passos de ambos se cruzavam. Em certa ocasião, Hoffa fez uma observação bizarra a Sheridan, dizendo ter ouvido que este sofria de um câncer (o que não correspondia à verdade) e perguntando-lhe: "Quanto tempo isso leva para fazer efeito?" Em outra ocasião, Hoffa disse a Sheridan: "Você não tem sequer um grama de colhões em todo o seu corpo." Ele também passou a gritar com seus próprios advogados, em público. Jornalistas que entreouviram os advogados de defesa sendo repreendidos de maneira tão ofensiva reportaram comentários do tipo: "Eu não ligo a mínima se você tiver de passar a noite toda em claro!" Esse tipo de comportamento "de choque" da parte de Hoffa levou ao menos a um dos advogados de defesa a objetar, em altos brados, a qualquer coisa que fosse dita pela promotoria — com tanta veemência e frequência, que lhe provocou a destituição, por desacato ao juiz que presidia o tribunal. Em um dos intervalos, Jimmy Hoffa disse ao promotor James Neal: "Eu vou caçar você pelo resto da sua vida, Neal. Você não vai permanecer no governo para sempre." Depois de Partin ter encerrado seu depoimento, foi a vez de Jimmy Hoffa ocupar o banco das testemunhas. Contudo, àquela altura, ele estava assustado. Ele não sabia se o governo teria ou não em seu poder fitas gravadas com qualquer coisa que ele pudesse ter dito a Partin, em Nashville.

Na verdade, ele estava convencido de que o governo possuía tais gravações; e, como consequência de suas crenças, não poderia negar, de maneira direta, muitas coisas que eram ditas contra ele. Ele foi muito prudente em suas respostas, tentando explicar os comentários que eram feitos, em vez de negá-los taxativamente.

Infelizmente para Hoffa, esses eram comentários sobre tentativas reais de manipulação do júri, que já haviam sido comprovados quando transpiraram dos testemunhos dos jurados subornados. Nenhuma tentativa de explicação — por melhor que fosse — poderia havê-lo ajudado. A única explicação que ele poderia ter dado, que satisfaria a um júri, seria uma negação inequívoca de que ele jamais fizera tais comentários diante de pessoas tais como Edward Grady Partin. Mas o receio de Hoffa de haver sido vítima de espionagem por meios eletrônicos tirou dele esta opção. O desempenho de Hoffa no banco das testemunhas em Chattanooga ficou muito aquém do seu famoso estilo arrogante e desafiador, sobejamente demonstrado em outros tempos.

O desempenho do restante dos integrantes da defesa foi ainda mais fraco. Hoffa e seus advogados haviam sido claramente apanhados de surpresa pelo surgimento da "testemunha-bomba".

Frank Fitzsimmons testemunhou em favor de Hoffa, afirmando ter enviado seu agente comercial negro, Larry Campbell, a Nashville, para que este organizasse alguns eventos para o sindicato. Este foi um depoimento demasiadamente inconsistente para implicar que Campbell não estaria agindo lá com o propósito de manipular o júri. De algum modo, a intenção seria a de refutar o testemunho de Partin, no qual este declarara que Hoffa lhe dissera: "Eu tenho aquele jurado negro no meu bolso. Um dos meus agentes comerciais, Larry Campbell, veio a Nashville antes do julgamento e cuidou de tudo."

Outra testemunha da defesa fora convocada, para dizer que Edward Grady Partin seria viciado em drogas. Por mais débil que tal afirmação pudesse ser, ele acabaria fortalecendo ainda mais a acusação, ao permitir que o governo destruísse sua suposta credibilidade. A acusação fez com que Partin fosse submetido a uma avaliação por dois especialistas em drogas — médicos que tratavam de dependentes químicos —, que compareceram ao tribunal para testemunhar que não havia quaisquer evidências de que Partin estivesse fazendo uso de narcóticos, ou que jamais tivesse feito isso em toda a sua vida.

Em desespero de causa e em estado de extrema paranoia, a defesa impetrou uma moção pedindo a anulação do julgamento, acusando o governo de haver empregado meios eletrônicos e não eletrônicos para manter sob vigilância e praticar espionagem contra a equipe da defesa. A moção era embasada pela transcrição de depoimentos juramentados de especialistas em vigilância eletrônica e por fotografias, alegadamente feitas por agentes de vigilância do FBI. Em apenas uma das fotografias um agente do FBI pôde ser claramente identificado; mesmo assim, não fazendo nada além de dirigir um carro que passava pela cena fotografada. Todas as outras fotografias haviam sido tiradas por cidadãos comuns de Chattanooga, que fotografavam os réus célebres que se encontravam em sua cidade. Durante uma das discussões relativas à moção, um dos advogados da defesa, Jacques Schiffer, desafiou o promotor James Neal para um duelo. Schiffer disse: "Não torne a dizer isso, a menos que você pretenda sustentar o que disse. Eu me baterei em duelo com você, onde e quando você quiser, com as armas que escolher. Vamos ver quem irá 'amarelar' primeiro." Por fim, o juiz declarou que a moção pela anulação do julgamento, baseada em uma suposta vigilância da equipe da defesa perpetrada pelo FBI, era "completamente destituída de mérito".

Em seguida, a defesa impetrou outra moção pela anulação do julgamento, alegando que os membros do júri haviam podido, incidentalmente, ouvir ao mesmo advogado da defesa, Jacques Schiffer, argumentar em alta voz sobre um aspecto legal, e que os jurados puderam ser ouvidos — de maneira igualmente "incidental" — criticando as táticas vociferantes e agressivas de Schiffer. No momento em que tais incidentes teriam ocorrido, todos os membros do júri haviam sido retirados do recinto do tribunal e encaminhados à sala do júri, não lhes sendo permitido que ouvissem a argumentação legal que transcorria na corte. A menos que fosse ao alto volume em que foi proferida a argumentação do advogado de defesa, o júri não poderia ter ouvido a nada do que Schiffer dissera. Em apoio à sua moção, a defesa alegou que seu advogado Frank Ragano, cuja oratória era tão tonitruante quanto a de Schiffer, havia abandonado a bancada no recinto do tribunal e se dirigido até à porta da sala do júri, para saber se poderia ouvir a alguma argumentação dirigida contra Schiffer proveniente dali. Um incrédulo juiz ressaltou para Ragano que o que ele fizera violava a sacralidade do recinto do tribunal, e que, em vez de manufaturar evidências, visando uma hipotética anulação do julgamento, ele deveria ter pedido ao seu colega de bancada para que se acalmasse e fizesse silêncio, tal como o juiz reiteradamente lhe pedira, ao longo de todo o processo.

Em seu fechamento do sumário de culpa, o promotor do governo James Neal disse ao júri que o que havia sucedido em Nashville fora "um dos maiores ataques contra o sistema de júri conhecidos pela humanidade". Quanto à confiabilidade de sua principal testemunha, Neal disse sucintamente: "A razão pela qual o governo afirma que Partin está dizendo a verdade é porque ela foi comprovada; e descobriu-se que tudo o que ele disse estava acontecendo, e o que ele disse que ainda aconteceria, de fato, veio a acontecer."

James Haggerty, o principal advogado de defesa de Hoffa, chamou aquilo de "uma vil e suja armação". Haggerty, então, decidiu jogar a "cartada de Bobby". Ao mencionar Bobby Kennedy e escolhendo termos que, propositalmente, evocariam a escravidão, Haggerty pretendeu apelar para um perceptível preconceito existente no Sul — e entre os sulistas — contra Bobby Kennedy, por haver posto o Departamento de Justiça em posição francamente desfavorável enquanto manifestava todo apoio ao Reverendo Martin Luther King Jr. Haggerty, então, passou a acusar um homem que se sentava nas fileiras do fundo do recinto do tribunal. Um homem que sequer testemunhara no julgamento, Walter Sheridan, de ser o arquiteto de uma suposta "conspiração diabólica", movida contra Jimmy Hoffa, e de ser "um servo de seu senhor, Bobby Kennedy".

O sumário subsequente a ser apresentado pela defesa também atacava Bobby Kennedy e seu "carrasco, Walter Sheridan".

O júri não se deixou seduzir e ser conduzido para além da verdade. Allen Dorfman, o ex-*marine* e combatente veterano da guerra no Pacífico, cujo papel na manipulação do júri fora mínimo, foi declarado inocente. Jimmy Hoffa e três sujeitos — que agiam a soldo e sob ordens dele — foram considerados culpados. Em dois julgamentos separados, dois outros sujeitos que agiam a mando de Hoffa também foram considerados culpados.

Durante a sentença, no dia 12 de março de 1964, o advogado da defesa Jacques Schiffer foi condenado a sessenta dias de prisão por desacato ao tribunal. O advogado Frank Ragano recebeu uma reprimenda pública por haver permanecido fora do recinto do tribunal, com o ouvido colado à porta da sala do júri para tentar ouvir o que era falado ali.

Os três corréus de Hoffa nesse julgamento foram sentenciados a três anos de prisão cada um. Sentenciado em um dos julgamentos separados, outro manipulador do júri que auxiliara a Hoffa recebeu uma condenação de cinco anos. No outro julgamento separado, o advogado de Nashville, Tommy Osborn, que cruzara os limites da lei ao manipular o júri em favor de seu cliente, Jimmy Hoffa, foi sentenciado a três anos e meio de reclusão.

Jimmy Hoffa, o arquiteto de toda a situação e a única pessoa que poderia ter obtido algum lucro com ela, foi sentenciado a oito anos de prisão.

Ao pronunciar a sentença, o Juiz Frank W. Wilson disse:

> Sr. Hoffa, é a opinião desta Corte [...] [que, em razão dos incidentes relativos à manipulação do júri], diante da qual o Sr. está sendo condenado [...], o Sr. [tenha agido] conscientemente e de maneira corrupta, [mesmo] após o juiz que presidia o julgamento haver relatado ao Sr. as informações que possuía concernentes a uma alegada tentativa de subornar um jurado [...]. É difícil para esta Corte conceber, sob tais circunstâncias, uma violação mais intencional da lei. A maioria dos réus que já foi sentenciada diante desta Corte [...] violou os direitos sobre a propriedade de outros indivíduos, ou eles violaram os direitos pessoais de outros indivíduos.
>
> [...] O Sr. está sendo aqui condenado por haver, realmente, conspurcado a própria alma desta Nação.

Capítulo Vinte

A trupe de comediantes de Hoffa

"Partin não teria utilidade para eles se estivesse morto. Eles precisavam dele vivo. Ele teria de ser capaz de assinar um depoimento juramentado. Eles precisavam que ele jurasse que todas as coisas que dissera contra Jimmy no julgamento eram mentiras, memorizadas a partir de um roteiro fornecido a ele pelo pessoal de Bobby Kennedy, do Esquadrão Peguem Hoffa. Partin teria de dizer que fizera tudo aquilo porque tinha acusações de sequestro pesando sobre sua cabeça, e não porque Jimmy fizera ameaças de 'queimar' Kennedy. Aquela seria a melhor chance de Jimmy quanto ao caso de manipulação do júri. Partin sabia que ninguém iria 'queimá-lo' enquanto conduzisse as coisas da maneira correta. Partin forneceu aos advogados de Jimmy juramentos inúteis e até mesmo um depoimento que poderia ser usado como evidência. No fim das contas, eles jamais o obrigaram a dizer que ele coagira Jimmy Hoffa. Tudo o que conseguiram dele quanto a um suposto 'desvio dos trilhos' não foi mais do que dizerem '*Partin, me boy, is that the Chattanooga Choo Choo?*'[19]"

Outra razão pela qual Hoffa precisava de Partin vivo, ao longo de muitos anos por vir, tinha a ver com as chances que Hoffa teria diante de um comitê de apelação à sua liberdade condicional ou por um indulto presidencial. Em sua autobiografia, Jimmy Hoffa escreveu que, no dia 27 de março de 1971, Partin concedeu um depoimento a seus advogados que remontou a "vinte e nove páginas de uma confissão por escrito". Apenas a partir da versão escrita por Hoffa fica claro para qualquer pessoa que entenda dessas coisas que o documento não se consistia de uma "confissão" de qualquer coerção de Partin ou do governo. Além disso, no que quer que se tenha consistido, o depoimento foi concedido em troca da equipe de defesa de Hoffa incluir Partin em um acordo comercial lucrativo com Audie Murphy, o ator cinematográfico e "o herói mais condecorado da Segunda Guerra Mundial".

Ainda sofrendo com pesadelos decorrentes de sua participação na guerra, Murphy atravessava tempos difíceis. Ele teve sua falência requerida em 1968 e fora inocentado de uma acusação de agressão com intenção de matar, em 1970. Contudo, para

---

19 Trocadilho que faz referência à famosa canção *Chattanooga Choo Choo*, de 1941, composta por Harry Warren e Mack Gordon, que foi originalmente gravada pela *big band* Glenn Miller Orchestra, e se refere a um trem expresso que partiria da cidade de Chattanooga. O verso original da canção diz "*Pardon me, boy...*" (N.T.)

um sulista como Partin, o soldado condecorado do Tennessee ainda era um astro refulgente. Hoffa escreveu abertamente que, para que o acordo pudesse ser lucrativo para Audie Murphy e para Partin, seria solicitado a prestação de um favor não especificado a Jimmy Hoffa. Hoffa escreveu isto pouco tempo depois do depoimento. "O Senador George Murphy [do Partido Republicano da Califórnia] levou pessoalmente [o depoimento] ao Procurador-Geral John Mitchell, e Audie Murphy entregou-o ao Presidente Nixon."

Eu jamais conheci pessoalmente Audie Murphy; nem com Jimmy, nem na Europa. Nós participamos das mesmas operações lá, mas em divisões diferentes. Ele se tornou um bebedor inveterado, depois da guerra; tal como eu. Ouvi dizer que ele tinha negócios com Jimmy, mas nunca soube que tipo de negócios. Ele morreu na queda de um avião pequeno. Jimmy esteve envolvido com o comércio de carvão, por uns tempos; mas não creio que Audie Murphy participasse disso.

Enquanto isso, na Filadélfia, na primavera de 1964, os rebeldes da Voz ameaçaram processar a Fraternidade Internacional se mais alguma soma fosse empregada no custeio às despesas judiciais de Jimmy. Mais de um milhão de dólares já haviam sido gastos apenas no julgamento da manipulação do júri em Chattanooga. Então, o julgamento do caso da Sun Valley apenas aguardava para ser aberto, em Chicago. Certamente haveria muito mais do que o custeio de pequenas taxas e despesas, com tudo o que estava em jogo. Jimmy havia reservado um andar inteiro no Sherman House Hotel, em Chicago, e a equipe contava com um cozinheiro particular, disponível 24 horas por dia. O julgamento em Chicago iria prolongar-se por vários meses. Eles tinham meio pelotão de advogados. Nada disso saía de graça: tudo teria de ser pago.

Jimmy disse à Comissão Executiva da Fraternidade Internacional que não se preocupasse quanto à Voz. Ele disse que o advogado da Internacional, Edward Bennett Williams, lhe garantira que o pagamento das despesas legais seria um gasto perfeitamente dedutível da verba do sindicato. Edward Bennett Williams era o advogado que defendera Jimmy no julgamento em Washington, quanto à tentativa de suborno de um investigador da Comissão McClellan, na ocasião em que eles levaram Joe Louis ao tribunal e enviaram "um paraquedas" a Bobby Kennedy, quando venceram a causa. Jimmy dera a Edward Bennett Williams o trabalho junto aos Caminhoneiros como uma forma de retribuição pelo resultado do julgamento, e ele imaginou que Williams iria contentar-se com isso. A Fraternidade Internacional foi questionar Williams e este disse que jamais afirmara tal coisa a Jimmy; e que pagar as contas quando Jimmy tivesse sido condenado e preso não seria um ato legalmente aceitável, segundo a constituição do sindicato.

Eu sei que fui reembolsado todas as vezes em que fui inocentado em algum julgamento, mas tive de pagar minhas próprias contas quando perdi algumas causas.

Ou, devo dizer, alguém retinha algum benefício e eu recebia envelopes. Eu coletei um bocado de dinheiro de fontes particulares para ajudar a pagar as minhas taxas e despesas jurídicas nos dois casos em que perdi. Mas, de todo modo, você sempre acaba ficando 'duro' quando perde uma causa.

O julgamento em Chicago foi iniciado cerca de um mês depois de Jimmy ter sido sentenciado a oito anos de 'cana' em Chattanooga. Aconteceu de eu me encontrar em Chicago durante uma parte do julgamento, onde eu me postei no corredor do tribunal e esperei por um intervalo. Desejei sorte a Jimmy e vi uma grande multidão de pessoas deixando o recinto do tribunal, a maioria das quais era de Caminhoneiros. Não havia lá supostos mafiosos; nem mesmo Joey Glimco, que também era um Caminhoneiro. Conversei um pouco com Barney Baker — um sujeito que media 1,98 m e pesava cerca de 160 kg. Ele era um verdadeiro comilão; e, acredite se quiser, havia boxeado na categoria dos pesos-médios. Suspeitava-se de que ele tivesse tido alguma coisa a ver com a participação de Joe Louis naquele julgamento em Washington. Jimmy gostava dele. Ele vendia gravatas e andava sempre com um estoque bem sortido delas em seu poder. Barney tinha um bocado de coragem. Ele estaria sempre disposto a ajudar, e era um 'braço' dos bons. Ele fora investigado pela comissão que produziu o Relatório Warren porque rastrearam telefonemas entre ele e Jack Ruby alguns dias antes da ocorrência em Dallas.

Bill Bufalino estava presente ao julgamento como espectador, e Frank Ragano lá estava representando um dos outros corréus. Jimmy não costumava dar ouvidos a advogados: ele apenas dizia a eles o que queria que fizessem. E Jimmy tinha uma boa memória. Ele era capaz de dizer aos advogados o que as testemunham haviam dito duas semanas atrás, antes que os advogados tivessem tempo de consultar suas anotações. Se um advogado dissesse a Jimmy algo que ele não quisesse ouvir, ele simplesmente responderia: 'Bem, você acerte isso.' Porém, no corredor do tribunal, me pareceu que ele deveria ouvi-los um pouco mais atentamente.

Jimmy me disse para que o encontrasse de volta na sede do sindicato. No escritório de Chicago, Jimmy me disse, sem rodeios, para que eu falasse com os nossos amigos do Leste para que nada viesse a acontecer a Partin. Jimmy disse-me que podia contar com uma boa defesa para o caso de Chicago, e que eles ainda estariam trabalhando para obter um depoimento juramentado de Partin para a resolução do caso de Chattanooga.

Além disso, eles tinham feito contato com um congressista de Chicago, chamado Roland Libonti. Eu jamais conheci esse sujeito, mas ouvi um bocado a respeito dele. Ele pertencia ao esquema de Sam Giancana. Tempos depois, os jornais publicaram que o nome do genro de Giancana, Anthony Tisci, constava da folha de pagamento do gabinete de Libonti no Congresso. Eles fizeram com que Libonti tomasse algumas resoluções para que fosse instaurada uma investigação sobre Bobby Kennedy. A ideia seria provar que Bobby Kennedy violara os direitos constitucionais de Jimmy

Hoffa, com a instalação de escutas ilegais e outros meios de vigilância, e por haver 'plantado' Partin nos quartos utilizados como quartel-general da defesa no Andrew Jackson Hotel, em Nashville. Jimmy estava ansioso por 'virar o jogo' contra 'Booby' e obrigá-lo a apelar à Quinta Emenda em uma audiência no Congresso. Jimmy dizia possuir fitas com gravações de Bobby Kennedy e Marilyn Monroe mantendo relações sexuais. Johnny Roselli e Giancana teriam 'grampeado' a residência de Marilyn Monroe. Ele jamais me mostrou ou permitiu que eu ouvisse a essas gravações em fitas magnéticas; mas tenho a impressão de que ele pretendia fazer com que elas fossem ouvidas em uma audiência no Congresso, caso viesse a haver uma.

Eu deixei Chicago e voltei à 'diversão' em Philly, passando adiante entre os nossos amigos as recomendações quanto a Partin. No 107, ainda enfrentávamos batalhas com os rebeldes e com as outras facções filiadas à AFL-CIO. Nós tínhamos um bar na Avenida Delaware onde costumávamos manter camisas que podiam ser trocadas pelas que estivéssemos usando. Se os tiras estivessem procurando por um sujeito vestido com uma camisa verde, eu estaria sentado no bar vestindo uma camisa azul. Então, eu só precisaria mostrar ao tira a minha comanda do bar e pareceria que eu tivesse estado ali, bebendo, o dia inteiro. Só que eu precisaria beber toda aquela quantidade em uma hora. ”

O julgamento de Jimmy Hoffa e outros sete corréus em Chicago começou no dia 27 de abril de 1964, cinco semanas após Hoffa ter recebido uma tirânica sentença de oito anos em Chattanooga. Tal como fora feito naquela cidade, as identidades dos jurados prospectivos que comporiam a bancada do júri foram mantidas sob sigilo, por ambos os lados, até a manhã da seleção dos integrantes.

A seleção dos jurados transcorreu sem incidentes. Então, o governo passou à explanação dos fatos relativos ao caso de manipulação fraudulenta de um fundo de pensão, que se consistiu de treze penosas semanas de testemunhos presenciais e do acréscimo ao conjunto de evidências de mais de quinze mil documentos, que foram submetidos às considerações do júri. Aquele foi um caso federal, em toda acepção do termo.

A fraude no fundo de pensão centrava-se na realização de benfeitorias em uma extensão de terras na Flórida, que seria destinada à implementação de um empreendimento imobiliário voltado para os Caminhoneiros que pretendessem investir na aquisição de lotes para a construção de casas de veraneio ou de residências permanentes, para depois de suas aposentadorias. Todo o empreendimento viria a tornar-se conhecido como Sun Valley Village. Porém, enquanto os lotes eram financiados aos Caminhoneiros interessados — incluindo o próprio Jimmy Hoffa — o terreno não recebia quaisquer benfeitorias; e o empreiteiro responsável pela implementação destas morrera. O Sun Valley Village faliu, e os lotes sem beneficiamento perderam completamente o valor.

Infelizmente, para Jimmy Hoffa, antes que o projeto Sun Valley fosse à falência, em 1958, ele havia autorizado o depósito de quatrocentos mil dólares em uma conta que não rendia juros em um banco da Flórida, como uma espécie de garantia de seguro, para que fosse administrada pelo empreiteiro do Sun Valley na construção de ruas e outras benfeitorias no terreno. Jimmy Hoffa retirou esses quatrocentos mil dólares diretamente do fundo de pensão administrado pelo seu próprio comitê local, em Detroit. Quando foi requerida a falência do Sun Valley, o banco reteve os quatrocentos mil dólares depositados como garantia. Para recuperar essa quantia, Hoffa teria de fazer um depósito total de quinhentos mil dólares, que o empreiteiro já devia ao banco quando morreu.

Para levantar o meio milhão de dólares foi necessário, segundo as alegações do governo, que Hoffa contraísse sucessivamente uma infinidade de dívidas, obtendo empréstimos da verba do fundo de pensão entre 1958 e 1960. Hoffa e os outros sete corréus passaram a retirar dinheiro do fundo de pensão para aplicá-lo em negócios especulativos, cobrando juros e taxas a seu bel-prazer e canalizando uma porção desse dinheiro para o pagamento dos empréstimos bancários contraídos por Hoffa na Flórida. Por volta de 1960, a missão fora cumprida com êxito, e Hoffa não apenas quitou a dívida com o banco da Flórida como ainda pagou 42 mil dólares a título de juros para o Local 299, juntamente ao valor integral da dívida de quatrocentos mil dólares retirados do fundo de pensão.

O que tornava toda essa operação fraudulenta, segundo a argumentação do governo, era o fato de Jimmy Hoffa haver visado a obtenção de lucros pessoais enquanto encorajava os Caminhoneiros para que investissem no pagamento de parcelas do Sun Valley Village; que ele visara a obtenção de lucros pessoais quando empenhara o dinheiro do fundo de pensão do Local 299; e que ele visara a obtenção de lucros pessoais quando abriu caminho em meio ao Fundo de Pensão Central States para transferir dinheiro suficiente para saldar o empréstimo feito junto ao Local 299. O governo argumentou que a motivação da obtenção de lucros pessoais de Hoffa estaria contida em um documento assinado por ele próprio. Segundo o governo, Jimmy Hoffa teria assinado um acordo secreto de confiança com o empreiteiro, por meio do qual Hoffa receberia 22% de todos os lucros gerados pelo empreendimento, tão logo o projeto tivesse sido totalmente concluído.

A defesa de Jimmy Hoffa era simples: ele negaria que a assinatura no documento fosse a sua. O empreiteiro estava morto e não poderia testemunhar que a assinatura no acordo de confiança fosse a de Hoffa. O sócio de Jimmy Hoffa, Owen Bert Brennan, também estava morto e não poderia testemunhar que a assinatura fosse a de Hoffa. Talvez o próprio Bert Brennan tivesse assinado o nome de Hoffa e viesse a embolsar os 22% adicionais dos lucros ele mesmo. Talvez o empreiteiro tivesse assinado o nome de Hoffa para ganhar credibilidade junto a outros investidores, dizendo que era Hoffa, com todo o poderio do fundo de pensão que administrava, quem estava por trás do projeto.

O governo demonstrou que as tramoias financeiras praticadas entre 1958 e 1960, para obter o dinheiro a ser pago ao banco, incluíram coisas tais como o pagamento de 330 mil dólares a título de "luvas" pela obtenção de um empréstimo de 3,3 milhões de dólares, que foram empregados na construção do Everglades Hotel, em Miami. Em uma tramoia diferente, 650 mil dólares foram destinados a uma certa Companhia Construtora Black. Só que jamais existiu uma Companhia Construtora Black; Cecil Black era um trabalhador assalariado, que recebia 125 dólares por semana e jamais viu um centavo desse dinheiro.

O que tornava este caso de Chicago particularmente incômodo para Jimmy Hoffa era que todas as tramoias supostamente praticadas por ele entre 1958 e 1960 foram feitas com o intuito do que ele considerava autodefesa. Todas as reviravoltas para pagar o dinheiro tomado de empréstimo ao comitê local de Detroit foram um resultado direto da pressão que vinha sendo exercida sobre Bobby Kennedy durante as audiências da Comissão McClellan e pela exposição negativa atraída por Kennedy para o empréstimo, sem juros, dos quatrocentos mil dólares depositados como garantia.

A principal testemunha contra Jimmy Hoffa no julgamento em Chicago foi um perito grafotécnico do FBI, que atestou ser a assinatura "J. R. Hoffa" que figurava no acordo de confiança consistente com amostras conhecidas da escrita manual de Jimmy Hoffa.

O governo cedeu-lhe a vez e Jimmy Hoffa assumiu a tribuna dos réus. Tal como era esperado, Hoffa negou que fosse sua a assinatura constante do acordo. E tal como ninguém esperava, ele foi um passo adiante e afirmou jamais haver assinado qualquer documento legal em toda a sua vida como "J. R. Hoffa". Jimmy Hoffa jurou que sempre assinara documentos com valor legal como "James R. Hoffa".

Uma vez que não pudesse contar com alguma "testemunha-surpresa", o governo pôs-se a vasculhar a própria montanha de documentos que reunira, em busca de algum "documento-surpresa". No interrogatório da promotoria, Jimmy Hoffa foi indagado se ele, pessoalmente, havia alugado um apartamento de cobertura no Blair House, em Miami Beach. Confiante de que o valor do aluguel da cobertura poderia ser relacionado como despesa relativa ao trabalho do sindicato, Hoffa confirmou haver feito isso. A esta altura, o promotor perguntou a Hoffa se ele reconhecia a assinatura no contrato de locação, passando-lhe uma cópia às mãos. Para consternação permanente de Jimmy Hoffa, ele assinara o contrato como "J. R. Hoffa".

Do que o caso de Chicago contra Jimmy Hoffa realmente se tratava foi descrito de maneira muito eloquente por Walter Sheridan: "Hoffa estava utilizando fundos reservados às pensões dos membros dos Caminhoneiros para livrar a si mesmo de uma situação em que utilizara de maneira escusa os fundos pertencentes aos mesmos Caminhoneiros em seu próprio benefício." Em dólares e centavos, Jimmy Hoffa surrupiara quatrocentos mil dólares de seus próprios irmãos do sindicato; e, para saldar a dívida, surrupiara outros quinhentos mil desses mesmos irmãos.

Em 26 de julho de 1964, o tribunal declarou Jimmy Hoffa e seus sete asseclas culpados da prática de fraude com o fundo de pensão. No dia 17 de agosto de 1964, Jimmy Hoffa recebeu uma sentença adicional de cinco anos de prisão, a ser cumprida sucessivamente à sentença de oito anos que ele recebera em Chattanooga.

Para Jimmy Hoffa esta totalização "azarada" de treze anos de sentenças a serem cumpridas em uma penitenciária federal foi seguida, uma semana depois — no dia 25 de agosto de 1964 — pelo recebimento da notícia de que Bobby Kennedy renunciara ao cargo de procurador-geral, anunciando que concorreria a uma vaga no Senado, pelo Estado de Nova York. Walter Sheridan também renunciaria ao seu cargo no Departamento de Justiça, para servir como auxiliar na campanha política de Kennedy.

"Estávamos tão acostumados a ver Jimmy vencendo tantas causas judiciais que nos era difícil imaginá-lo perdendo consecutivamente para Bobby. Você poderia ter certeza de que ele não deixaria isto passar em brancas nuvens.

Ainda assim, a maneira como ele encarou o primeiro julgamento no Tennessee fez com que ele terminasse trocando o que seria uma punição leve por uma longa sentença de prisão. Ele continuava a voltar com dinheiro para subornar o juiz, ainda que continuasse a ser apanhado por isso. Era como no caso do canguru, que continuava a acertar a parte de trás da cabeça dele, sem que ele jamais pudesse entender o que estava acontecendo, e ele voltava a tentar enfrentá-lo.

Alguns dos nossos amigos questionaram o senso de julgamento de Jimmy, ao 'entregar o ouro', com todas as palavras, a um sujeito a quem ele mal conhecia, Ed Partin. No nosso mundo, você tem de guardar certas coisas para si mesmo, se espera ser respeitado. E você não irá querer que as pessoas percam o respeito que têm por você.

Tempos depois, eu ouvi de Harold Gibbons que, depois daquele episódio em Chicago, Jimmy passou a ter o cuidado de assinar qualquer coisa como 'James R. Hoffa'."

À época do anúncio de sua candidatura ao Senado dos Estados Unidos, Bobby Kennedy havia passado três anos e meio mantendo Hoffa e os Caminhoneiros sob sua mira. Os esforços de Bobby Kennedy resultaram no indiciamento de 201 agentes dos Caminhoneiros e na condenação de 126 deles.

Graças a Bobby Kennedy, mafiosos de todos os cantos da nação viram-se submetidos a tamanha exposição crítica que não mais podiam se reunir em um restaurante ou em qualquer outro lugar público sem que este fosse alvo de uma batida policial. No dia 22 de setembro de 1966, vários mafiosos de todo o país sentavam-se a uma mesa, para almoçar, no restaurante La Stella, em Forest Hills, no Queens, Nova York, quando foram surpreendidos e presos pela polícia. Incluídos nesse grupo que foi levado pela polícia — assediado e, posteriormente, liberado sem quaisquer acusações —, estavam Carlos Marcello, Santo Trafficante, Joe Colombo e Carlo Gambino. Um mês depois, o mesmo grupo, desafiadoramente, reuniu-se mais uma vez no La Stella; só que, desta vez, fez-se acompanhar por seu advogado, Frank Ragano.

A campanha de Bobby Kennedy contra o crime organizado e, especialmente, a metodologia desenvolvida por ele — coletando informações de inteligência, concentrando-se sobre os alvos, fazendo acordos com informantes, empregando sofisticados meios eletrônicos de vigilância e insistindo na compilação de informações obtidas por diferentes órgãos governamentais, frequentemente competidores entre si — ensejaram a combinação de todas as atitudes que o governo federal tomou contra o crime organizado desde então. Hoje em dia, ninguém questiona a existência do crime organizado ou o comprometimento do governo federal e do FBI com a sua erradicação. Atualmente, graças a Bobby Kennedy, o crime organizado dificilmente é encarado como um problema policial local. A cabeça pode ter sido cortada fora, mas o cão jamais morreu. Contudo, os danos infligidos por Bobby Kennedy ao poderio do crime organizado e aos mafiosos Caminhoneiros foi irreversível.

“Jimmy Hoffa não se importava nem um pouco com dinheiro. Ele o distribuía. Mas ele gostava muito do poder. E, na cadeia ou fora dela, ele não iria entregar esse poder de mão beijada. Primeiro, ele faria tudo quanto pudesse para não ir para a cadeia. Se, mesmo assim, fosse para lá, ele ainda controlaria tudo de dentro da cadeia, enquanto faria tudo o que fosse possível para sair de lá. Uma vez que conseguisse sair da cadeia, ele retomaria o controle de tudo. E eu estaria lá, para ajudá-lo a fazer isso.”

Em 1965, uma moção da defesa foi impetrada em Chattanooga, baseada na alegação de que os jurados daquele julgamento teriam estado mantendo relações sexuais com prostitutas. A moção alegava que as prostitutas e seus serviços teriam sido arranjados por policiais federais dos Estados Unidos como maneira de induzir os jurados a se alinharem com o lado do governo. A moção foi acompanhada de depoimentos juramentados prestados por prostitutas de Chattanooga. Uma delas, uma certa Marie Monday, afirmou que o juiz de Chattanooga teria lhe dito que estava determinado a “pegar Hoffa”. Pode-se apenas imaginar o riso que esta fala “de improviso jurídico” provocou nos sacrossantos recintos da justiça de Chattanooga. O juiz riu até demover a moção da corte. O governo levou uma das prostitutas a julgamento e a condenou por perjúrio. Diante disso, Marie Monday prontamente abjurou o depoimento que prestara.

Na Convenção dos Caminhoneiros de julho de 1966, em Miami Beach, Jimmy Hoffa emendou a constituição da Fraternidade Internacional dos Caminhoneiros para criar uma nova secretaria e um novo cargo: o de vice-presidente geral. O agente que viesse a ocupar tal cargo disporia de todo poder necessário para dirigir o sindicato na eventualidade de seu presidente ir para a cadeia. Hoffa instituiu Frank Fitzsimmons, a quem ele considerava como seu fantoche, como o novo vice-presidente geral. Hoffa também concedeu a si mesmo um aumento salarial de 75.000 para 100.000 dólares anuais — o mesmo valor recebido a título de salário pelo presidente dos Estados Unidos. Só que o salário de Hoffa passara a ser garantido por uma condição especial, que lhe asseguraria a continuidade do recebimento mesmo no caso de o presidente ser mandado à prisão.

Foi explicado aos delegados que o motivo pelo qual Hoffa deveria continuar a receber seu pagamento, mesmo enquanto estivesse preso, era que o tempo de prisão poderia ser considerado como o equivalente a uma viagem de repouso, visando a preservação da saúde de Hoffa — algo como a cobertura das despesas decorrentes de uma viagem para uma pescaria em alto-mar. Hoffa fez com que os delegados aprovassem o pagamento de todas as taxas e despesas judiciais passadas, independentemente de ele ter perdido determinadas causas ou não. Essas despesas somavam 1.277.680 dólares, à data da convenção. Hoffa também fez com que os delegados aprovassem o pagamento de suas futuras despesas legais, quaisquer que viessem a ser.

Enquanto isso, a apelação de Hoffa quanto ao julgamento de Chattanooga chegava à Suprema Corte dos Estados Unidos. A Suprema Corte concordara em receber a apelação pois esta representava uma nova questão quanto ao direito constitucional de Hoffa obter aconselhamento jurídico com privacidade, que teria sido violada pela presença de Partin no Andrew Jackson Hotel. A apelação foi ouvida durante o auge da "revolução das leis penais", ocorrida entre 1961 e 1971, uma década em que direitos estavam sendo criados para ser concedidos a criminosos que, antes, não possuíam nenhum deles. A apelação de Hoffa estava sendo conduzida de maneira competente por Joseph A. Fanelli, um experiente advogado de apelações recentemente integrado à equipe de Hoffa. Walter Sheridan escreveu que, ao término da exposição verbal dos argumentos na Suprema Corte, a equipe de acusação "não estava absolutamente certa quanto ao modo como os magistrados legislariam sobre tais argumentos".

Contudo, apenas por garantia, a trupe de comediantes de Hoffa decidiu "forçar a barra" com o Magistrado da Suprema Corte, William Brennan. Sobre este bizarro "improviso" de apelação, Walter Sheridan escreveu: "Um agente dos Caminhoneiros aproximou-se do irmão do Magistrado da Suprema Corte, William Brennan. O irmão do magistrado, que possuía uma cervejaria, foi informado de que se seu irmão não votasse 'do jeito certo' no caso de Hoffa, a cervejaria seria fechada, para nunca mais reabrir."

A despeito da tática de "forçar a barra", a Suprema Corte votou contrariamente a Jimmy Hoffa quanto ao mérito de sua apelação. O Magistrado Brennan alinhou-se com a opinião da maioria, que foi registrada pelo Magistrado Potter Stewart. O Magistrado-Chefe, Earl Warren, registrou a opinião da minoria, e votou pela revogação da condenação de Hoffa. Warren chamou a utilização clandestina de Partin pelo governo de "uma afronta à qualidade e à justeza da aplicação das leis federais".

Nove dias após ter emitido sua opinião, o Magistrado Potter Stewart recebeu uma carta de um antigo colega de faculdade, redigida em favor de Jimmy Hoffa. A carta era de William Loeb, proprietário e editor da influente publicação *Manchester Union*

Leader, de New Hampshire. Loeb informava ao seu amigo, o Magistrado Stewart, que um anônimo oficial do governo lhe garantira que Bobby Kennedy empregara escutas eletrônicas ilegais em sua sanha para apanhar Hoffa. Um fato importante que Loeb não mencionara na carta era o de que lhe fora prometida uma vultosa quantia a título de empréstimo, proveniente do fundo de pensão dos Caminhoneiros — empréstimo este que ele subsequentemente recebeu. Se tivesse sido provado que os advogados de Hoffa tivessem instado Loeb a escrever sua carta, ele teria enfrentado um processo por quebra de ética profissional; mas o assunto não foi levado adiante.

Os advogados de Hoffa impetraram uma moção para que a opinião do Magistrado Potter fosse novamente ouvida. Moções como esta são feitas de maneira rotineira, mas raramente aceitas — não importando quais homens influentes escrevam e enviem cartas.

Enquanto a moção pela nova audiência ainda estava pendente, a trupe de Hoffa impetrou à Suprema Corte algo inédito nos termos da lei: algo a que eles chamaram de "Moção por Relaxamento, devido às Escutas Clandestinas Utilizadas por parte do Governo, por meio de Espionagem Eletrônica e Outras Formas de Intrusão". A moção era embasada por um depoimento juramentado prestado por um especialista *freelance* em escutas clandestinas e espionagem eletrônica, chamado Benjamin "Bud" Nichols. Em seu depoimento, Nichols afirmava haver-se encontrado com Walter Sheridan em Chattanooga, pouco antes do início do julgamento por manipulação do júri. Nichols também afirmava que Sheridan o havia pago para que "grampeasse" os telefones que havia na sala dos jurados, "plantando-lhes" escutas clandestinas a mando de Sheridan. No entanto, houve apenas um problema quanto a um pequeno detalhe constante da nova moção de Hoffa: não existem telefones na sala dos jurados no tribunal de Chattanooga nem em qualquer outro tribunal do país.

O riso cessou às três e meia da tarde do dia 7 de março de 1967, quando, três anos e três dias depois de sua condenação por manipulação do júri, Jimmy Hoffa deu entrada na Penitenciária Federal de Lewisburg, no Estado da Pensilvânia. No dia 17 de março de 1967, a edição da revista *Life* publicou um ensaio fotográfico intitulado "Prisioneiro 33298-NE: James Riddle Hoffa — Um Homem Arrogante, com uma Longa e Solitária Caminhada Diante de Si". Uma das fotografias mostrava um cartão de Dia dos Namorados com um retrato de Hoffa no centro do desenho de um coração. Ao redor do coração, podiam-se ler as seguintes palavras: "Sempre Pensando em Você". Por muitos anos, esse cartão adornou a porta do escritório de Walter Sheridan no Departamento de Justiça. O *Valentine's Day*, quando se celebra o Dia dos Namorados nos Estados Unidos, em 14 de fevereiro, também é a data em que se recorda o famoso Massacre do Dia de São Valentim, ocorrido na Chicago de Al Capone, e o aniversário natalício de Jimmy Hoffa. O artigo que acompanhava o ensaio fotográfico levantava a seguinte questão: "Será este um sinal do fim do ciclo de poder de Hoffa em um grande sindicato ou apenas uma pausa nele? De todo modo, neste momento, não são muitos os homens do sindicato que apostariam contra uma volta de Hoffa."

Capítulo Vinte e Um

Tudo o que ele fez por mim foi desligar o telefone na minha cara

Teria sido a prisão de Hoffa, em 7 de março de 1967, tal como exprimiu a revista *Life*, "o fim do ciclo de poder de Hoffa em um grande sindicato ou apenas uma pausa nele?" Teria sido a transferência da liderança para Fitzsimmons meramente uma transferência de titularidade ou haveria uma mudança substantiva na direção em que sopravam os ventos? De sua perspectiva na linha de frente dos embates e da violência que ocorreu na Filadélfia em 1967, Frank Sheeran provavelmente tenha sido o primeiro líder dos Caminhoneiros — o primeiro "homem de Hoffa" — a sentir o calafrio provocado pelo sopro dos novos ventos.

"Na noite anterior ao dia em que Jimmy foi para a 'escola', eu dirigi de Wilmington até Washington para vê-lo. Jimmy deu-me 25 mil dólares, para que eu os entregasse aos advogados, por Johnny Sullivan e os outros dois sujeitos que haviam sido indiciados por terem atirado e matado John Gorey e sua namorada, Rita, na sede do sindicato 107, em 1964. Gorey era um dos sujeitos da Voz, e o FBI tentara dizer que ele fora 'queimado' porque era um rebelde. Quanto à garota, ela apenas estava no lugar errado, no momento errado, em companhia do sujeito errado. Apenas isso: uma baixa civil.

Gorey, de fato, estava com o pessoal da Voz; mas, se este fosse o caso, haveria gente muito mais importante a ser 'queimada' do que Gorey. Charlie Meyers teria sido o primeiro da lista; não Gorey. Meyers era o cabeça da Voz. Gorey não era ninguém importante no esquema da Voz. E que espécie de corrupção haveria para ser exposta, ali? Não haveria nada que expor. Todo mundo sabia sobre a corrupção.

Gorey era um jogador. Na maioria das vezes, se um sujeito ficasse devendo dinheiro de jogo, eles negociariam a dívida, antes de tomar alguma atitude drástica quanto a ele. Mas, é claro, tudo dependeria das circunstâncias. Talvez o sujeito os tivesse desafiado, ou não lhes demonstrasse o devido respeito. Talvez ele devesse dinheiro demais para que alguma negociação fosse possível. Ou, talvez, eles já tivessem se cansado de negociar com o sujeito e a paciência deles tivesse esgotado. Ou, ainda, talvez eles precisassem enviar uma mensagem aos outros clientes que tivessem começado a dever muito, caso, digamos, a economia não estivesse indo muito bem. Mais provavelmente, eles apenas dariam uma boa surra no sujeito. A menos que eles tivessem iniciado algo e as coisas tivessem saído dos trilhos.

Mas, quanto ao assunto de Gorey, aquilo era apenas um ato desnecessário de criação de problemas. Gorey não incomodava a ninguém. Aquilo poderia ter sido resolvido dando-lhe alguns tapas, somente. Aquilo foi um desperdício de força; e o que aconteceu à garota, também. Tenho de dizer algo de bom quanto ao que acontece hoje em dia: se você não paga a eles, eles simplesmente deixam de aceitar suas apostas. Eles espalham a notícia pelas ruas e ninguém mais aceitará as suas apostas, até que você pague o que deve.

Sei que eles estão tentando dizer que foi Jimmy quem armou para que aquilo acontecesse. Eu posso dizer uma coisa a você, sem sombra de dúvida: Jimmy Hoffa jamais arranjaria alguém para fazer algo como aquilo. 'Queimar' um sujeito e a namorada dele, e, ainda por cima, dentro da sede do sindicato? Então, por que Jimmy me daria dinheiro para pagar aos advogados dos atiradores? Tudo o que sei foi o que ele me disse: 'Eu prometi a eles.' Isso era suficiente para mim. Não era da minha conta por que Jimmy me dera 25 mil dólares para que fossem entregues aos advogados. Uma quantia como essa não significava nada para Jimmy, se ele quisesse fazer um favor a alguém. É possível que tenham lhe pedido que fizesse uma doação, e aquele dinheiro representasse a doação dele. Talvez, depois do fato, quem quer que tenha pedido uma contribuição a Jimmy também lhe tenha dito que Gorey era um encrenqueiro da Voz, de todo modo. Não sei nada quanto a isso, mas ele não foi 'queimado' por conta de Jimmy. Gorey era um irlandês da ralé, que jamais se sobressaíra por motivo algum. Tenho certeza de que Jimmy Hoffa sequer sabia quem o sujeito era.

Todo mundo no centro da cidade sabia que eu estava indo ao quartel-general dos Caminhoneiros em Washington para recolher a doação de Jimmy para os advogados de Sullivan e dos outros. Quando cheguei de volta a Philly, Big Bobby Marino perguntou-me pelo dinheiro. Bobby me disse que o entregaria aos advogados por mim. Perguntei a ele se achava que eu havia nascido ontem. Treze anos depois, eu seria indiciado por haver 'queimado' Big Bobby, mas o júri me inocentaria.

O próximo sujeito que veio até mim para me 'ajudar' a entregar o dinheiro aos advogados foi Harry 'O Corcunda' Riccobene. Eu disse a ele: 'De jeito nenhum. Os únicos caras que irão botar as mãos nesse dinheiro são os advogados.' Sujeitos como Harry Corcunda e Big Bobby não ligavam a mínima para os caras que iriam a julgamento. Eles apenas queriam o dinheiro para si mesmos. Sempre houve um bocado de trapaça entre certas pessoas do centro da cidade.

Quando eu fui preso pelo assassinato de DeGeorge, em 1967, pouco depois de Jimmy ter ido para a 'escola', Big Bobby Marino foi a Washington pedir a Frank Fitzsimmons que arranjasse dinheiro para pagar minha fiança. Fitzsimmons negou-se a dar-lhe qualquer coisa. Mas Marino não fora até Washington falar com Fitz por minha causa. Nós não tínhamos negócios, juntos. Nós não éramos amigos. Big Bobby foi até lá por si mesmo. Aqueles caras apenas tentavam encher os próprios bolsos, à custa da sua miséria; esse era o tipo de sujeito que eles eram. Eu fiquei lá, 'esquentando banco', no Centro de Detenção de Filadélfia por quatro meses, antes que o juiz permitisse que eu mesmo assinasse minha própria fiança. Quando saí de lá, cacei Big Bobby por um bom tempo. Ele media cerca de 1,98 m e pesava, fácil, uns 160 kg; mas ele não queria arranjar qualquer problema comigo.

Quando saí da cadeia, pedi a Fitz para que indenizasse minhas despesas, mas ele se negou a fazer isso. Jimmy jamais teria hesitado em acertar as coisas com você, imediatamente. Telefonei para Russell, e Russell telefonou a alguém e conseguiu obter meu dinheiro, fazendo com que este me fosse entregue pelas mãos de Fitz. Recebi trinta e cinco mil de Fitz, em Washington. Eles deixaram a 'encomenda' para que eu a retirasse no hotel Market Inn. Aquele era um 'ponto seco'.

Um ponto seco é um lugar onde se esconde dinheiro em espécie. É como um 'aparelho' em que você se esconde por uns tempos, sem que ninguém saiba. Só que serve para esconder dinheiro. Um aparelho é uma casa, em uma rua, como outra qualquer, que não esteja conectada a ninguém. Um ponto seco pode ser temporário; apenas até que o dinheiro seja apanhado. O Market Inn era o lugar perfeito para essa finalidade. Era um ponto seco e um lugar para entrega e retirada de encomendas. Você entregava o pacote de dinheiro lá, deixando-o aos cuidados do gerente do hotel, até que a parte interessada o viesse apanhar. O gerente não precisaria saber o que o pacote continha. Lá ele estaria seguro, até que alguém viesse apanhá-lo. Estou quase certo de que o Market Inn ainda existe, lá na Rua E, em Washington; mas não sei se eles ainda o utilizam para essa finalidade.

Senadores, congressistas e outras pessoas entravam lá, para apanhar pequenos pacotes que eram deixados para eles. No entanto, nada de muito sério era deixado lá, assim. Ninguém deixaria algo como meio milhão de dólares; apenas quantias abaixo de, digamos, cinquenta mil. O Market Inn era um lugar e tanto, nos velhos tempos. Tive de ir até lá para apanhar os trinta e cinco mil, depois tive de ir a Nova York para apanhar outros quinze, para perfazer cinquenta mil. Apanhei o pacote com quinze mil no escritório do advogado Jacques Schiffer.

O que acontecera a DeGeorge deveria ter sido tratado, no máximo, como um caso de homicídio culposo; mas Arlen Specter, antes de se tornar um Senador dos Estados Unidos, era o promotor distrital em Philly, e estava tentando obter alguma fama para si mesmo. Specter havia sido o advogado da Comissão Warren e ganhara certa notoriedade ao inventar a teoria de que uma única bala teria produzido os ferimentos sofridos pelo presidente Kennedy e pelo governador Connelly, em Dallas.

O modo como aconteceu todo o negócio com DeGeorge foi o seguinte. Eu era o cabeça de um comitê local em Delaware. Cerca de um ano antes de 'ir para a escola', Jimmy dividira o 107 em três comitês locais distintos, achando que dessa maneira faria diminuir a violência. Ele me deu a diretoria do novo comitê em Wilmington,

Delaware; o Local 326. Eu me tornei o presidente em exercício do Local 326 até que uma eleição fosse organizada e eu pudesse ser votado pelos meus companheiros daquele comitê local. A primeira coisa que Jimmy quis que eu fizesse foi ir até Philly e demitir aqueles cinco coordenadores dissidentes a quem o presidente do 107, Mike Hession, temia demitir. Tomei a rodovia I-95 e demiti Johnny Sullivan, que estava com McGreal e conseguira ficar fora da cadeia devido a uma apelação relativa ao caso de Gorey. Eu demiti Stevie Bouras, que conseguira manter seu emprego apenas porque disparara um tiro contra o teto da sala e apavorara Hession. Demiti outro sujeito, de quem não consigo me lembrar o nome. Havia tanta coisa acontecendo naqueles dias que me é difícil lembrar de tudo; mas eu me lembro do motivo pelo qual Jimmy me enviou para lá. Eu demiti Big Bobby Marino e Benny Bedachio. Eles tinham amigos. Eu não era muito popular, lá; mas ninguém jamais tentou sacar uma arma e atirar no teto na minha presença.

Depois de ter demitido a todos eles, permaneci em Philly por uns tempos, para me assegurar de que não haveria 'rebotes'. Então, voltei para Delaware, que fica a cerca de cinquenta quilômetros ao sul. Eu estava aprendendo as funções relativas à minha nova posição. Eu queria justificar a fé que Jimmy depositara em mim ao dar-me o cargo. Passei duas semanas dirigindo um caminhão-cegonha em uma fábrica de automóveis Chrysler em Newark, Delaware, para a Anchor Motors. Os 'cegonheiros' têm de lidar com problemas diferentes dos enfrentados pelos freteiros. Eu havia sido apenas um freteiro comum, mas não queria ouvir ninguém se queixando de que eu não entendia nada de transporte de automóveis. Eu aprendi a dirigir os carros de modo a acomodá-los nas carrocerias, pois assim eu saberia sobre o que alguém estaria falando se tivesse de ouvir a alguma reclamação.

No 326 eu cobria todos os meus 'celeiros' (as companhias transportadoras) a cada manhã. Eu saía todos os dias. Eu não me limitava a ficar sentado, lá; e eu gostava de estar com as pessoas. Eu conversava com os homens, para saber como as coisas estavam indo. Assim, você faz com que eles se sintam respeitados. Você não pode comprar respeito: você o conquista. Eu me assegurava de que as companhias fizessem seus devidos depósitos no fundo de pensão e agissem de acordo com suas finalidades. Se as companhias não estivessem fazendo seus depósitos e você não os conferisse, você terminaria sendo processado.

Isto não significava que você não pudesse fazer algum bem a si mesmo. Se trouxesse uma nova companhia para a organização, você poderia conceder-lhe um prazo de até um ano para que fizesse a doação de seu quinhão para o fundo de pensão. Isso lhes dava tempo para que se ajustassem às coisas. Talvez você pudesse aumentar as tarifas que elas cobravam de seus clientes, para que elas tivessem tempo de se preparar para arcar com o custo excedente das doações para o fundo de pensão. Digamos que a companhia tivesse de doar um dólar por hora de trabalho de cada um de seus funcionários. Para uma jornada semanal de quarenta horas de trabalho, isso representa quarenta dólares por funcionário. Se a companhia tivesse cem funcionários, seriam quatro mil dólares por semana. Se você lhes desse uma concessão de seis meses, eles economizariam pouco mais de cem mil dólares. Só que era mais de um dólar, para início de conversa. No fim, a companhia botava o dinheiro que economizara sobre a mesa, você o dividiria com ela, por debaixo dos panos, e todo mundo sairia contente, por haver cuidado de si mesmo. Os funcionários não seriam prejudicados, de maneira alguma; porque as pensões pagas pelos Caminhoneiros eram retroativas, contadas desde o dia em que o funcionário tivesse ingressado na empresa, mesmo que esta ainda não estivesse contribuindo, então. Cada um deles receberia o valor exato de suas pensões, quer você tivesse feito uma concessão à companhia ou não.

Depois de todas as demissões na Filadélfia, as tensões continuaram a se acirrar. Joey McGreal e seu time de 'braços' queriam tomar o 107 de uma vez por todas e ficar com todos os trabalhadores sindicalizados sob seu comando, de modo que pudessem 'chacoalhar' as companhias transportadoras e encher seus próprios bolsos. Então, em uma noite de setembro de 1967, eles organizaram um grande comício diante da sede do 107, na Rua Spring Garden. Devia haver cerca de três mil pessoas, pertencentes a todas as diferentes facções, muito agitadas. Havia pessoas andando para cima e para baixo, passando diante da porta do edifício, gritando palavras de ordem; e também houve algumas trocas de sopapos. Joey McGreal trouxera 'braços' do centro da cidade: não os italianos, que estavam com Angelo; mas 'braços', de todo modo. Robert 'Lonnie' DeGeorge e Charles Amoroso eram integrantes do time de 'braços' de McGreal. Eles pretendiam invadir e tomar o edifício do sindicato. Eles tentavam assustar todos os organizadores, agentes comerciais e oficiais locais para que abandonassem o prédio. A polícia montada teve um trabalhão, naquela noite.

Eu não fiquei lá para presenciar nada daquilo. A altas horas daquela noite, recebi, em casa, um telefonema de Fitz dizendo-me para que eu comparecesse lá na manhã seguinte, porque depois de um comício como aquele você sempre imagina que as coisas irão ficar ainda piores no dia seguinte. Eles voltariam, em busca de apoio. Fitz me disse: 'Mantenha as coisas sob controle.' Eu sabia o que isto teria significado para Jimmy, se fosse Jimmy a me pedir que fizesse tal coisa. Telefonei a Angelo Bruno e pedi a ele que me cedesse alguns 'braços' italianos como empréstimo. Consegui que me fossem enviados Joseph 'Chickie' Ciancaglini e Rocco Turra, além de alguns outros. Nós tínhamos nossos próprios bons 'braços'. Eu tinha homens dentro do edifício, vigiando a situação das janelas, e outros homens na rua. Eu tinha minha retaguarda protegida nos domínios do sindicato. Os dois grupos caminhavam um de encontro ao outro, vindos de direções opostas pela Rua Spring Garden: o pessoal de McGreal vinha de uma direção, enquanto o pessoal leal ao Local 107 vinha de outra.

De repente, um tiroteio teve início. O primeiro tiro partiu detrás de mim e a bala passou zunindo pela minha cabeça. Depois, eles disseram que eu haveria dado um sinal para que o tiroteio começasse. Eles disseram que eu apontei um dedo para DeGeorge e alguém do nosso lado o alvejou. Foram tantos tiros disparados que ninguém poderia dizer ao certo quem estava atirando contra quem, ou quem começara aquilo tudo. Os tiras montados em cavalos tinham estado lá, na noite anterior, mas ainda não haviam dado as caras naquela manhã. Houve um diabo de uma batalha, naquela manhã. Chickie levou dois balaços na barriga. Eu apanhei Chickie, joguei-o dentro de um carro e o levei até o irmão da minha mãe, que era um médico. O Dr. John Hansen disse para que eu levasse Chickie a um hospital imediatamente, pois ele estaria a ponto de morrer em consequência dos ferimentos que recebera. Fui até o Hospital St. Agnes, que ficava no lado oposto da rua, bem diante do consultório do meu tio. Estendi Chickie na porta de entrada e comecei a fazer barulho batendo em uns latões de lixo, para conseguir que alguém saísse de lá e viesse atendê-lo.

Dirigi até Newport, Delaware, para refugiar-me em um apartamento que ficava sobre um bar, até que as coisas esfriassem. Telefonei para Fitz e disse a ele: 'Um caído, dois feridos.' Fitz entrou em pânico e desligou o telefone na minha cara. Aquela foi a primeira vez que me dei conta de que as coisas seriam muito diferentes sob a administração de Fitz. Contudo, àquela altura, eu ainda não fazia ideia de que o sujeito seria capaz de se recusar a arcar com as minhas despesas quando fui preso por isso, por causa do negócio que ele mesmo pediu para que eu mantivesse sob controle. Eu não fazia ideia de que teria de recorrer a Russell para cuidar desse assunto. 'Um caído, dois feridos', e ele desligou o telefone na minha cara.

O gabinete do promotor distrital emitiu um mandado de prisão contra mim. Eles prenderam Chickie, um sujeito negro chamado Johnny West, e Black Pat, um sujeito branco. Permaneci em Delaware por algum tempo, mas eu não queria uma acusação de fuga da cena do crime contra mim, também. Então, pedi a Bill Elliot, que fora um figurão no Departamento de Polícia de Wilmington, para que me levasse de volta a Philly. Eu me disfarcei com um vestido de vovó e uma touca e me 'entreguei' a um repórter do *Philadelphia Bulletin*, chamado Phil Galioso, que me levou até o comissário de polícia, Frank Rizzo. (É engraçado quando se pensa nisso, agora; mas, quando Rizzo já havia se tornado prefeito, em 1974, ele compareceu à Noite de Agradecimento a Frank Sheeran.)

Chickie sobreviveu. Ele tinha uma compleição de ferro. Eles tentaram fazer com que o sujeito negro, Johnny West, entregasse a nós três. Disseram a ele que eu o havia dedurado. Ele disse: 'Qualquer outra pessoa, menos ele. Eu teria acreditado se você dissesse que foi você mesmo. Mas, ele? Vou manter minha boca fechada.' Eles tentaram fazer de tudo com os três sujeitos, mas, dentro de seis semanas, o júri os declararia inocentes. Enquanto isso, eu permanecia na cadeia. Meu advogado, Charlie Peruto, estava em férias, na Itália, enquanto eu apodrecia em uma cela por quatro meses, sem que Fitz movesse um dedo sequer. Provavelmente ele estivesse muito ocupado jogando golfe ou bebendo. Isso custou-me a minha eleição para que eu fosse efetivado no cargo que ocupava no Local 326, em Wilmington. Eu sequer pude fazer uma campanha, porque estava 'esquentando banco' na cadeia. Mesmo assim, perdi a eleição por apenas alguns poucos votos. Finalmente, o juiz permitiu que eu mesmo assinasse a minha libertação condicional e deixou que eu fosse embora.

Por volta daquele mesmo período, houve um incêndio na sede Local 107 do sindicato, que queimou até os alicerces. Nós imaginamos que aquilo tivesse sido obra da Voz ou da facção liderada por McGreal, mas jamais pudemos descobrir a verdade. Logo depois, Mike Hession foi empossado como presidente. Hession era o tipo de sujeito que poderia liquidar com você em um minuto, em uma briga de rua; mas acho que as novas responsabilidades foram pesadas demais para ele.

Enquanto isso, Arlen Specter tentava fazer com que seu principal promotor, Dick Sprague, conseguisse me levar a um julgamento pelo homicídio doloso de DeGeorge. Sprague disse a ele que sequer tinha em mãos um caso de homicídio culposo, e que fosse tentar usar seus próprios perdedores para fazer isso. Specter tentava construir uma carreira no mundo da política às custas dos Caminhoneiros.

Havia três mil pessoas, lá — e um bocado de tiros foi disparado. Como você poderia dizer que alguém teria atirado contra alguém? Além do mais, nenhuma arma fora encontrada. Aquelas acusações contra mim ficaram pendentes no sistema judiciário entre 1967 e 1972. Afinal, eles me levaram a uma corte para que um júri fosse selecionado e o julgamento pudesse ser iniciado. Eu contava com minhas testemunhas características, lá. Todos eles eram operários e trabalhadores de diferentes qualificações: um sujeito do sindicato dos metalúrgicos; meu amigo John McCullough, dos telhadores, que foi 'queimado' pouco antes do meu julgamento, em 1980; e alguns outros. Antes que selecionássemos um júri, o juiz me fez sentar no banco dos réus e perguntou-me quantas vezes a Comunidade Sindical requerera um adiamento do julgamento, e eu respondi a ele: 'Sessenta e oito.' Então, o juiz perguntou-me quantas vezes eu mesmo requerera um adiamento, e eu disse: 'Nenhuma.' O juiz considerou a situação como 'uma desgraça' e disse que uma moção seria impetrada.

Meu novo advogado, Jim Moran, pediu ao juiz que retirasse a impetração da moção — o que faria daquela, a moção a tramitar mais velozmente em toda a história judicial da Pensilvânia. Enquanto a moção tramitava, a Comunidade tentou arranjar-me uma *nolle prosse*, mas eu disse a eles que podiam enfiá-la em seus rabos, porque com uma *nolle prosse* as acusações são retiradas, é certo, mas eles sempre podem tornar a indiciar você. Meu conselho é que você obtenha sempre uma absolvição do próprio juiz, se puder consegui-la; nunca uma *nolle prosse*[20] do promotor distrital. Por isso é que eu insisti naquela coisa.

---

20 O termo jurídico *nolle prosequi* designa a retirada da totalidade ou de parte de uma queixa em uma ação judicial por iniciativa do querelante ou de um promotor diante de um juiz. (N.T.)

Quando perdi aquela eleição em 1968, por haver passado quatro meses na cadeia, voltei para cumprir o restante de um mandato não expirado como agente comercial. É um bom trabalho. Você serve às pessoas. Você se assegura de que as empresas cumpram seus contratos. Você tem de cobrir certos 'celeiros' e ouvir às queixas dos funcionários. Você defende os interesses das pessoas que uma empresa esteja tentando demitir. Se um sindicato é dirigido de maneira correta, você não tem de lidar com muitos casos de desvinculação. Mas se houver casos de roubo ou acidentes porque você foi negligente, você estará 'frito'. As empresas têm alguns direitos, também.

Eu me lembro de um sujeito polonês, a quem fui defender, que tinha um problema com jogos de azar. A empresa o havia flagrado roubando algumas peças de presunto Holland. Na audiência, mandei que ele ficasse de boca fechada e deixasse que apenas eu falasse. O gerente da companhia assumiu o banco das testemunhas e testemunhou que vira o sujeito polonês roubar dez caixas de presuntos no pátio de carga e carregá-las em seu próprio caminhão. O polonês olhou para mim e disse, em alto e bom som: 'Frank, ele é uma porra de um mentiroso! Foram apenas sete caixas!' Prontamente eu impetrei uma moção pela retirada da queixa, puxei de lado um representante da gerência e trabalhamos juntos na redação de uma carta de renúncia, que afirmava que o sujeito polonês pediria demissão da empresa por motivos pessoais.

Quando você pensa sobre isso... Mesmo antes que Jimmy o fizesse, eu já havia experimentado, pela primeira vez, o sabor que teriam as coisas sob a administração de Fitz. Eu fui o primeiro a sentir como Jimmy se sentiu quando Fitz o traiu, algum tempo depois. Comigo aconteceu uma coisa menor, em comparação ao que ele fez a Jimmy; mas ainda não consigo me sentir à vontade com isso. Perdi a minha própria eleição e perdi a direção do meu comitê local, por estar na cadeia. E eu fiquei sentado lá, na cadeia, por quatro meses, por conta de Fitz. Depois de sair de lá, fiquei sem qualquer cargo no sindicato. Eu não merecia qualquer respeito do sujeito; e fora ele quem me botara naquela situação, para começar. Eu estava tentando tomar conta de um emprego para ele, arriscando minha própria vida em uma luta travada a bala, sendo indiciado, e tudo o que ele fez por mim foi desligar o telefone na minha cara. ”

Capítulo Vinte e Dois

Contando os passos em sua jaula

Da brochura intitulada "Perguntas e Respostas sobre as Instituições Correcionais Federais":

"PERGUNTA 41: Como posso cuidar dos meus negócios enquanto estiver em confinamento?"

"RESPOSTA: Você deve indicar alguém para cuidar dos seus negócios enquanto estiver confinado."

Jimmy Hoffa vivia segundo suas próprias regras, e ele logo criaria sua própria resposta à Pergunta 41.

A Instituição Correcional Federal em Lewisburg, para a qual Jimmy Hoffa foi ingressado em 7 de março de 1967, foi brilhantemente retratada no filme *Goodfellas* (*Os Bons Companheiros*, no Brasil) como um lugar onde mafiosos italianos viviam confortavelmente, com seus próprios equipamentos de cozinha, um suprimento inesgotável de comida, bons vinhos e charutos finos. O grito de guerra deles era "Vamos comer!" Naturalmente, em um lugar como aquele, Jimmy Hoffa teria tido poucos problemas de adaptação, tendo logo encontrado a maneira mais fácil de "mexer seus pauzinhos", que se estendiam desde as áreas rurais da Pensilvânia central até o regime marionete, instituído por ele, com seu novo vice-presidente geral, Frank Fitzsimmons, à frente. As conexões estendiam-se para além da alçada de Fitzsimmons, remontando ao "estado-maior", cujos membros haviam sido escolhidos a dedo por Hoffa, no "palácio de mármore", o quartel-general dos Caminhoneiros, em Washington, D.C.

As regras da prisão permitiam um total de três horas de visitação por mês a cada interno, de pessoas cujos nomes constassem de uma lista de não advogados. A lista de visitantes era restrita aos membros da família. Os internos não gozavam do privilégio da utilização de telefones. Cartas podiam ser escritas e enviadas a apenas sete pessoas, dentre uma lista de familiares e advogados. Todas as cartas recebidas ou a serem enviadas eram lidas e submetidas à administração da prisão. Nenhum oficial do sindicato tinha permissão para visitar ou escrever a Jimmy Hoffa. Não havia qualquer limitação quanto à visitação de advogados que trabalhassem em causas ativas. O filho de Hoffa era um advogado do sindicato, por isso não ficava restrito à lista dos membros da família; ele podia visitar seu pai tão frequentemente quanto uma vez a cada semana.

Embora as apelações quanto ao caso de adulteração do júri já se tivessem esgotado, as apelações quanto ao caso de Chicago ainda estavam pendentes quando Jimmy Hoffa ingressou pela primeira vez em Lewisburg, onde foi submetido a uma desinfecção contra piolhos, foi fotografado, teve coletadas suas impressões digitais e vestido com um uniforme de brim azul. Além disso, Hoffa poderia candidatar-se à liberdade condicional em dois anos e meio — a partir de novembro de 1969. Toda essa atividade legal significava que Hoffa pudesse receber a visitação de uma quantidade de advogados. Frank Ragano contava-se entre esses advogados que visitavam Hoffa, consultava os pormenores e levava e trazia mensagens tanto provenientes do sindicato quanto de figuras da Máfia. O advogado Morris Shenker representou Hoffa nas maquinações para a obtenção de sua liberdade condicional e em outro assunto: as delicadas manobras que envolviam a obtenção de um indulto presidencial, daquela que se revelaria como a corrupta administração do presidente Richard M. Nixon. Bill Bufalino fazia visitas regulares a Hoffa, na qualidade de seu advogado e conselheiro.

As severas restrições quanto às visitações tolhiam, especialmente, os presidiários que não possuíam os recursos financeiros, a bateria de advogados ou o poder de Jimmy Hoffa. Muitos homens jovens não tinham parentes que pudessem arcar com os custos de uma viagem à Pensilvânia. Esses não podiam utilizar suas três horas de visitação permitidas. Jimmy Hoffa arranjava "entrevistas de emprego" para esses homens com Frank Sheeran. O jovem presidiário se encontraria com Frank Sheeran no refeitório, que servia como sala de visitação. Eles se sentariam a uma mesa próxima da ocupada por Jimmy Hoffa, que estaria se consultando com um de seus muitos advogados.

"Eu puxava minha camisa e o rapaz saberia que aquele era um sinal para que ele fosse ao banheiro, de modo que eu Jimmy pudéssemos resolver alguns negócios. O guarda olharia para outro lado. Eles passavam muito bem no Natal, aqueles guardas. Acho que qualquer dia era Natal para alguns deles, nos velhos tempos. Eu vi as coisas se tornarem mais difíceis ao longo dos anos, quando fui para a 'escola' nas décadas de 1980 e 90. Acho que foi por conta da publicidade e de um novo tipo de presidiário, especialmente os traficantes de drogas como os jamaicanos e aqueles cubanos que Castro havia chutado para fora de sua ilha.

Havia um rapaz chamado Gary para quem Jimmy me pediu que ajudasse a arranjar um emprego na construção civil. Se eles tivessem um emprego à espera deles fora da prisão, eles teriam boas chances de conseguir a liberdade condicional. Gary deveria ter permanecido na prisão. Assim que ele saiu, alguém o 'queimou'. Ele era amigo de Tommy Barker, o sujeito que, mais tarde, testemunharia no meu julgamento em 1980 dizendo que eu lhe dissera para que 'queimasse' um sujeito chamado Fred Gawronski por haver derramado uma garrafa de vinho sobre mim, em um bar em Delaware. Joey McGreal foi para a mesma prisão que Jimmy, por uns tempos, perto do final da sentença deste último. Joey havia 'assentado o juízo' em grande medida e foi um bom companheiro. Tony Pro já estava lá, à espera de Jimmy. Eles ainda eram muito próximos quando Jimmy ingressou em Lewisburg. Charlie Allen, o dedo-duro, também estava lá, por ter assaltado um banco. Seu verdadeiro nome era Charlie Palermo, mas ele o havia mudado para Charlie Allen. Ele era sobrinho de 'Blinky' Palermo. 'Blinky' controlava as apostas de boxe em todo o país.

Charlie Allen foi o sujeito que o FBI 'grampeou' e usou contra mim no final dos anos 1970, quando eles tentavam pegar todo mundo que figurasse em uma pequena lista de pessoas, de modo que pudessem nos 'espremer' para obter informações sobre o desaparecimento de Jimmy. Eles fizeram um acordo com Allen para me pegarem, ainda que soubessem que ele era um estuprador de crianças e um sodomita de sua própria enteada, desde que esta contava apenas cinco anos de idade — e eles ocultaram estas informações de mim e do meu advogado. Charlie Allen está em uma cadeia da Louisiana por isso. Você pode imaginar quanto eles desejavam me apanhar, quando você pensa em quem eles usaram para fazer isso?

Durante os meus julgamentos em 1980, 1981 e 1982, Charlie Allen afirmou que era o guarda-costas de Jimmy dentro da prisão, e que ele fora cortado no rosto ao defender Jimmy de uma tentativa de estupro. Isso teria feito Jimmy rir se estivesse ouvindo a esses depoimentos lá do céu. Allen teve seu rosto cortado por haver roubado alguns doces do estoque particular de um sujeito negro. Quanto a dizer quem tomava conta de quem, a situação era exatamente oposta. Jimmy era quem protegia Charlie Allen. Ele era um dos sujeitos por quem Jimmy sentia pena e me pedira que lhe arranjasse um emprego, para que ele obtivesse sua liberdade condicional. Eu permiti que ele circulasse à minha volta. Ele dirigia um carro me levando a alguns lugares. Mais tarde, eu o incluí na folha de pagamento do Local 326, como um coordenador. Eu o usava como um cão de guarda, mas eu fui o sujeito que ele entregou quando o apanharam por fabricar metanfetamina. Eles deixaram passar esta acusação, mas ele não conseguiu escapar das acusações de estupro infantil, porque este não era um crime federal.

Por três dólares você poderia almoçar em companhia dos presos. Às quartas-feiras o almoço era um prato de espaguete com almôndegas. Jimmy adorava espaguete com almôndegas. Eu dava as minhas almôndegas para Jimmy, como uma forma de agrado. Jimmy também adorava sorvete. Às vezes o que havia entre nós era apenas uma visita social. Nós sequer tratávamos de negócios. Certa vez, ele me falou sobre as melancias que Bill Isabel e eu costumávamos comer na suíte do Edgewater, em Chicago. Jimmy não sabia que nós 'turbinávamos' as melancias com dois litros de rum e tornávamos a fechá-las. Ele ficou sabendo sobre este pequeno truque em Lewisburg, de alguns sujeitos do Brooklyn que andavam com Tony Pro e faziam isso.

Havia muita coisa acontecendo fora da prisão com as suas apelações e tínhamos muito assunto sobre o que conversar. Eu fiz algumas entregas para o procurador-geral John Mitchell depois que Jimmy saiu da prisão, também; mas enquanto ele esteve em Lewisburg havia dinheiro sendo entregue a Mitchell para que Jimmy obtivesse a liberdade condicional ou um indulto. As pessoas cuidavam da parte do dinheiro que era desviada de Vegas ou do dinheiro do próprio Jimmy. Russell tinha grandes negócios em Vegas: lugares como o Caesar's e o Desert Inn. Quando Jimmy foi ingressado na prisão, todos tentaram ajudá-lo a sair de lá: Russ, Fitz, Carlos, Santo, todos eles. Jimmy se queixava de que talvez Fitz estivesse 'puxando-lhe o tapete', mas, a princípio, ele não suspeitava de uma traição de Fitz; apenas achava que ele não era suficientemente combativo e gostasse demasiadamente de ficar sentado em seu canto, curtindo muito o seu emprego.

Logo após Jimmy ter ingressado na cadeia, alguém enviou uma mensagem a Allen Dorfman. Ele estava tirando o carro da garagem de sua casa quando algumas pessoas saltaram diante dele e dispararam com escopetas contra a lataria de seu Cadillac. Esta não é a maneira de se 'queimar' alguém; trata-se apenas de enviar uma mensagem.

Dorfman tinha colhões. Ele era o encarregado de cuidar do fundo de pensão. Ninguém iria assustá-lo por isso. Mais provavelmente, Jimmy e eu achamos que aquela era uma mensagem destinada a Fitz, enviada por algumas pessoas.

Todo mundo sabia que Fitz não tinha colhões. Se eles disparassem suas escopetas contra o carro de Fitz ele poderia surtar e correr para os braços dos federais. Daquela maneira, Fitz receberia a mensagem através do que haviam feito a Dorfman. Em um bocado de vezes, quando algum sujeito é 'queimado' trata-se de uma mensagem enviada a alguém.

Depois disso, Fitz deixou de manter um olho no fundo de pensão e permitiu que algumas pessoas fizessem grandes retiradas dele. Os empréstimos não tinham as garantias de segurança adequadas para respaldá-los. Algumas pessoas sequer se davam ao trabalho de fazer seus pagamentos sob a administração de Fitz. E por que Dorfman deveria se importar se o próprio Fitz não se incomodava?

Tempos depois, quando eu fui para a prisão, no início dos anos 1980, recebi algumas notícias ruins acerca de Allen Dorfman. Jackie Presser era o cabeça dos Caminhoneiros e ele armou uma cilada para Dorfman. Presser era um informante a serviço do FBI; um informante que eles mantinham oculto. Ele não usava escutas clandestinas nem testemunharia em um julgamento, mas ele diria aos federais tudo quanto ouvisse e fazia tudo o que os federais lhe mandassem fazer. Ele espalhou o boato de que Dorfman era um dedo-duro e que para se livrar de ir para a cadeia, Dorfman estaria cooperando com os federais. Eles usaram armas com silenciadores para abater Dorfman a tiros no pátio de estacionamento de um hotel, em plena luz do dia, em Chicago. O que eu não entendi foi como Chicago deixou-se enganar pela ideia de que Dorfman fosse um dedo-duro. Quando eu vivia em Chicago, vinte anos antes disso, todo mundo em Chicago sabia que Presser era um dedo-duro. Acho que foi um caso de 'quando em dúvida, não tenha dúvidas'. Mas aquele foi um mau movimento.

Não estou dizendo que foi Chicago quem disparou os tiros, mas aquilo não poderia acontecer em Chicago sem a aprovação de Chicago. Allen Dorfman viveu sua vida de certa maneira, e ele não era um dedo-duro. Ele era muitíssimo leal a Jimmy. ”

O advogado de Allen Dorfman foi citado ao dizer do ex-*marine* e veterano de guerra: "A ideia de que ele pudesse capitular ou 'jogar a toalha' é um disparate; impossível." O advogado do governo dos Estados Unidos encarregado dos casos pendentes contra Dorfman confirmou que "Dorfman não estava colaborando conosco, de maneira alguma."

“ Na 'escola', Jimmy falava um bocado sobre Partin. Frank Ragano deveria obter um depoimento juramentado de Partin de que o governo teria 'armado' para Jimmy. Havia um promotor distrital em Nova Orleans que prendera Partin, e supostamente eles tirariam esse promotor das costas de Partin em troca de seu depoimento juramentado. O mesmo promotor distrital prendeu Walter Sheridan por suborno, e isto teria ajudado Jimmy a fazer com que Sheridan ficasse com uma imagem ruim na mídia. Toda essa ajuda veio de Russell e do bom amigo de Jimmy, Carlos Marcello, o chefão de Nova Orleans que tinha o promotor distrital em suas mãos.

Aquele era o mesmo promotor distrital que estava prendendo todo mundo pelo assassinato de John Kennedy. Às vezes, um promotor distrital amigável pode funcionar como um cão de caça para espantar os ratos das moitas. Quando o rato emerge para cooperar com o promotor distrital, então as pessoas sabem o que têm de fazer. Eu não sei nada sobre esse promotor distrital. Jamais participei de alguma conversa sobre ele. Mas sei que ele prendeu Partin e Sheridan durante aquele período.

Cerca de um ano após Jimmy ter sido preso, Bobby Kennedy anunciou que concorreria à presidência do país. Até onde pude perceber, esta notícia não afetou a Jimmy de modo algum, pois Jimmy já estava apoiando a Nixon de dentro da cadeia, fazendo entregas de dinheiro a Mitchell e para a campanha de Nixon. Jimmy já se dava por feliz pelo fato de Bobby não ser mais o procurador-geral.

Todo mundo aprovava o procurador-geral de Lyndon Johnson, Ramsey Clark. Ele era o oposto de Bobby Kennedy. Ele não incomodava a ninguém. Ele era o sujeito a quem costumavam chamar de Pamsey (algo como 'aparvalhado') Clark. Ele era contra a utilização de escutas clandestinas.

Alguns meses depois, Bobby Kennedy seria 'queimado' por um imigrante palestino. Eu sei que Jimmy não perdeu o sono por isso, mas Jimmy mal fez menção ao evento. Acho que Jimmy se concentrava somente em sair da prisão. Ele se mantinha a par dos acontecimentos por meio dos jornais que sempre lia, mas ele não 'gastava saliva' sobre o que acontecia fora da prisão, a menos que se tratasse de algo que poderia contribuir para o seu livramento. Acredito que Jimmy tenha odiado mais a cadeia do que odiara Bobby.

Depois de algum tempo passando suas noites trancado em uma cela diminuta, com nada para fazer além de pensar nisso, Jimmy soube em seu íntimo que estava sendo traído por Fitz. Então, Jimmy passou a odiar Fitz. Mas ele não deixava esse ódio transparecer até Fitz porque necessitava de sua ajuda para sair da prisão.

O maior problema que Jimmy acabou tendo na cadeia foi com Tony Pro. Pro havia sido preso por extorsão. Ouvi dizer que havia algo com o proprietário de uma companhia transportadora que vinha tendo problemas com seus funcionários, que atrasariam propositalmente o serviço. O sujeito pagou a Pro e os motoristas voltaram a trabalhar, a toda velocidade. Sabia-se que esse tipo de coisa acontecia, de vez em quando. Só que algo saiu errado e Pro foi para a cadeia por isso.

Jimmy e Pro estavam sentados no refeitório, certo dia, e Pro solicitou algum tipo de ajuda de Jimmy quanto à sua pensão, e Jimmy não pôde atendê-lo. Havia alguma coisa relativa aos diferentes cargos que eles ocupavam no sindicato. Segundo a lei do recebimento das pensões, você terá alguns problemas adicionais se for preso por extorsão, mas não se for preso pelos motivos que Jimmy foi. Pro não conseguia compreender por que Jimmy conseguia receber sua pensão e ele não. Pro não conseguia compreender por que Jimmy não podia resolver aquele problema com sua pensão. De algum modo, uma coisa levou a outra e, supostamente, Jimmy disse algo como 'essa gentinha', como se ele fosse melhor do que Pro. Pro disse algo sobre 'arrancar as tripas' de Jimmy. Ouvi dizer que os guardas tiveram de intervir. A partir daquele dia até o dia em que morreram, Jimmy odiou Pro e Pro odiou Jimmy ainda mais.

Eu jamais gostei de Pro. Os irmãos dele, Sam e Nunz, eram boa gente. Sempre que Pro não pudesse manter seu trabalho no sindicato, por conta de uma condenação ou outra, ele indicava um dos seus irmãos para substituí-lo. Na época, Pro ainda era um apoiador firme e leal de Jimmy Hoffa. Antes do julgamento de Jimmy por adulteração do júri, Pro ajudou Jimmy a levantar muitas 'verdinhas' para as despesas. Jimmy contou com o voto favorável de Pro na bancada executiva, sempre que precisou dele. Pro sempre fazia discursos elogiosos a Jimmy.

Pro estava com a família Genovese, e, de tempos em tempos, Russell atuava como chefe daquela família. Pro ocupava uma posição muito inferior à de Russell, não lhe chegando nem próximo na hierarquia. Assim, eu acho que Jimmy imaginou que uma vez que tinha Russell ao seu lado e ambos fossem tão próximos, ele não precisaria se preocupar com Pro. Russell realmente gostava de Jimmy. Não era apenas uma questão de manter as aparências. Era um afeto sincero. Russell respeitava um homem que fosse duro, mas justo; tal como ele mesmo. A garantia de Jimmy e de Russell era a palavra deles. Uma vez que eles lhe dissessem alguma coisa, você poderia contar com ela. Quer fosse uma coisa boa ou ruim para você, sem dúvida você poderia contar com ela.

Eu não estava lá na ocasião da altercação com Pro, mas eu estava lá quando Bill Bufalino abandonou a Jimmy. Bill vinha regularmente de Detroit para Lewisburg, de modo que Jimmy lhe dava um trabalho considerável. Eles estavam falando sobre Partin, certo dia, à hora do almoço, e Bufalino exasperou-se. Eu o ouvi dizer: 'Não, eu não estou demitido. Eu me demito.' E ele simplesmente caminhou para fora dali. Até onde eu sei, ele nunca mais voltou à prisão para ver Jimmy. Contudo, Bill ainda era um advogado do sindicato sob a gestão de Fitz; mas a partir de então, ele não estava mais com Jimmy: ele estava com Fitz. Bill sabia que poderia passar muito bem sem a interferência de Jimmy. Bill era proprietário de um local onde havia uma *jukebox* e era presidente de uma porção de outras empresas. Bill estava muito bem de vida. Russell era padrinho da filha de Bill.

Depois de algum tempo, Jimmy começava a se parecer com um daqueles tigres que podem ser vistos no zoológico da Filadélfia, que passam o tempo todo contando os passos em suas jaulas, caminhando para frente e para trás, encarando as pessoas. ”

O primeiro requerimento de Jimmy Hoffa à liberdade condicional foi recusado em novembro de 1969. Tendo derrotado a Hubert Humphrey em 1968, Richard M. Nixon à época completava o primeiro ano de sua presidência e John Mitchell completava seu primeiro ano como procurador-geral. À época de seu requerimento à liberdade condicional, em 1969, a apelação de Jimmy Hoffa ao julgamento de Chicago ainda estava pendente. Como resultado da sentença de cinco anos recebida em Chicago ainda pendendo sobre a cabeça de Hoffa, a comissão de liberdade condicional negou a petição de Hoffa. É improvável que Hoffa tivesse esperado obter sua condicional da primeira vez que se candidatou — não importando quanta influência ele pudesse achar que tinha junto à nova administração.

A ocasião seguinte, quando Hoffa poderia voltar a pedir liberdade condicional, seria em março de 1971. Se Hoffa obtivesse a aprovação de sua condicional na audiência de 1971, ele estaria fora do encarceramento a tempo de comparecer à Convenção dos Caminhoneiros em Miami Beach, em julho de 1971, na qual ele seria facilmente reeleito como presidente da Fraternidade Internacional. Ele não precisaria mais "mexer seus pauzinhos" à distância. Mais do que isto, ele assumiria o poder sob circunstâncias favoráveis, tal como jamais tivera tido. Hoffa conquistaria facilmente um mandato de cinco anos em 1971, e Nixon seria facilmente reeleito para um mandato de quatro anos, em 1972. Jimmy Hoffa controlaria o sindicato trabalhista mais poderoso da nação enquanto teria um aliado na Casa Branca; um aliado cujo procurador-geral em vez de caçá-lo aceitava receber seu dinheiro. Um aliado com o qual ele poderia fazer negócios e conquistar muitas coisas para o seu sindicato e seus companheiros.

Ainda no início de 1971, Frank Fitzsimmons anunciou que concorreria à presidência do sindicato caso Jimmy Hoffa não obtivesse sua liberdade condicional em março. Este foi um desafio direto a Jimmy Hoffa, pois ele tinha total direito de concorrer à presidência mesmo de dentro da prisão. Os crimes pelos quais ele havia sido condenado não constavam da lista de delitos elencados pelo Ato Landrum-Griffith que desqualificasse um presidiário como mantenedor de um gabinete por cinco anos. Enquanto Hoffa mantivesse um cargo oficial de algum tipo no sindicato à época de sua eleição, ele estaria apto para candidatar-se à presidência. Enquanto esteve encarcerado, Jimmy Hoffa ainda detinha vários cargos no sindicato, incluindo o de presidente da própria Fraternidade Internacional. Depois de ter feito o anúncio de sua candidatura, Fitzsimmons buscou obter um endosso condicional do comitê executivo no encontro realizado em janeiro de 1971, em Palm Springs, na Califórnia. Fitzsimmons pretendia obter um voto de aprovação à sua candidatura à presidência se Hoffa não conseguisse sua liberdade. O comitê executivo recusou-se a endossar a candidatura de Fitzsimmons, mesmo condicionalmente.

Na audiência de Hoffa à comissão pela liberdade condicional, em março de 1971, ele foi representado por seu filho e advogado James P. Hoffa e pelo advogado Morris Shenker. Hoffa obteve um depoimento de Partin entregue aos seus advogados. O documento havia acabado de sair da máquina de escrever, pois Partin acabara de concedê-lo. Esta era a "confissão de vinte e nove páginas" sobre a qual Hoffa referiu-se em sua autobiografia. A equipe de advogados de Hoffa, no entanto, a despeito de sua opinião, preferiu não a utilizar em sua defesa. Pode-se presumir que os advogados sabiam que os comitês de liberdade condicional veem desfavoravelmente a um presidiário que afirme sua inocência. Até onde concerne a uma comissão de liberdade condicional, a questão do estabelecimento da culpa já teria sido decidida por um júri, e um presidiário que continuasse a insistir em sua inocência era alguém que não fora recuperado por sua experiência na prisão e que não demonstrava remorsos pelos atos que praticara. Tal candidato à condicional seria visto como alguém incorrigível. Talvez o próprio filho de Hoffa tenha tido melhor oportunidade de fazer com que Hoffa aceitasse o aconselhamento jurídico mais do que a maioria dos outros advogados poderia ter feito.

Em todo caso, Hoffa teve seu pedido negado pelo comitê de liberdade condicional, que o informou de que ele não poderia candidatar-se outra vez até junho de 1972. Hoffa perderia a Convenção dos Caminhoneiros de julho de 1971. Se concorresse à presidência, ele teria de fazer isso de dentro da prisão.

Durante a audiência, a comissão de liberdade condicional pareceu focalizar negativamente o fato de que Hoffa ainda era o presidente dos Caminhoneiros. Sob suas regras, um pedido de uma nova audiência baseado em novas evidências poderia ter lugar dentro dos noventa dias seguintes. Isto deixava a Hoffa apenas um lampejo de esperança de que tivesse tempo suficiente para ser contemplado com a liberdade condicional antes da convenção de julho. Mas como Hoffa poderia fazer surgir novas evidências? No fim das contas, ele teria de fugir da prisão? Ou deveria se conformar com o comparecimento à Convenção da Fraternidade Internacional de 1976.

No dia 7 de abril, Hoffa recebeu um indulto de quatro dias, desacompanhado de guardas, para que passasse a Páscoa em companhia de sua esposa, Jo, que se recuperava de um repentino ataque cardíaco no Centro Médico da Universidade da Califórnia, em San Francisco. Hoffa hospedou-se no San Francisco Hilton, e, em um claro desafio às regras de sua saída temporária da prisão, manteve reuniões importantes com Frank Fitzsimmons e outros oficiais dos Caminhoneiros, inclusive seu amigo fiel do Local 299 e antigo "Rapaz do Morango" Bobby Holmes. Tudo o que Hoffa fez nos meses que se seguiram a essas reuniões em San Francisco se refletiria no que viria a acontecer.

Capítulo Vinte e Três

Nada vem de graça

"Em maio, recebi um telefonema de John Francis, que me disse ter um presente já embrulhado para trazer à festa. John havia se tornado o motorista de Russell. Ele era muito boa gente. John e eu nos tornamos muito próximos. John serviu como motorista para mim em muitos assuntos que eu resolvi para Russell. John era muito confiável. Ele tinha uma excelente noção de tempo. Em certas ocasiões você pode ser deixado em uma esquina e entrar em um bar; então, John daria uma volta em torno do quarteirão, dirigindo o carro. Você iria ao banheiro e, no caminho de volta, 'queimaria' alguém dentro do bar e, ao sair, encontraria John.

O apelido de John era 'O Ruivo'. Ele era da Irlanda. Ele havia participado de algumas ações com o IRA, lá. John vivia em um subúrbio de Nova York. 'O Ruivo' conhecia um bocado de sujeitos da Zona Oeste. Eles todos integravam uma gangue de *cowboys* da parte do Hell's Kitchen que fica na Zona Oeste de Nova York. Mas as drogas dominaram aquele esquema; e um bocado de violência desnecessária, também. Essas duas coisas sempre andam de mãos dadas. John teve algum envolvimento com drogas, por uns tempos, para levantar algum dinheiro; mas ele sempre manteve isso em segredo de Russell, ou Russell jamais o admitiria como seu motorista.

Eu não sei quem recomendou John a Russell, para início de conversa. Deve ter sido alguém de Nova York, pois Russell tinha muitos negócios naquela cidade. Por vinte e cinco anos, Russell manteve uma suíte de três cômodos no Consulate Hotel, e eu diria que ele fosse a Nova York três vezes por semana. Ele cozinhava para nós em sua suíte. Ainda consigo ouvi-lo dizendo para mim: 'Seu irlandês da ralé, o que você entende de culinária?' Um bocado de vezes ele ia a Nova York para fazer negócios com os ladrões e receptadores de joias. Russell costumava levar consigo uma daquelas lentes de joalheiro, que ele usava em seu olho bom. Mas Russell tinha toda espécie de negócios em Nova York. Ele tinha confecções, que fabricavam partes de roupas e roupas acabadas, companhias transportadoras, negócios com sindicatos, restaurantes, e por aí afora. Seu principal 'esconderijo' era o Restaurante Vesuvio, na Rua 45, no distrito dos teatros. Johnny era um 'sócio oculto' daquele lugar e também tinha parte do Johnny's Restaurant, no lado oposto da rua.

Quando recebi o telefonema de John Francis em maio, dizendo-me que tinha um presente para ser trazido à festa, dirigi até o Branding Iron Restaurant, no número 7.600 do Roosevelt Boulevard. John passou às minhas mãos uma mala de viagem preta, que devia pesar uns cinquenta quilos. Eu não tinha certeza de que aquele meio milhão de dólares que eu estaria levando era dinheiro de Jimmy, que ele teria obtido com Allen Dorfman, do fundo de pensão. Aquela dinheirama poderia ser proveniente de coletas dos pontos de Dorfman, que a separara para Jimmy, enquanto este se encontrava na 'escola', e lhe repassava como se fosse um empréstimo do fundo de pensão. Talvez o dinheiro viesse de Russ e Carlos e seus esquemas em Vegas. Aquilo não era da minha conta.

Coloquei a mala no banco traseiro do meu grande Lincoln. Eu já aparelhara um tanque de gasolina adicional no porta-malas, com capacidade para mais de 280 litros; assim, se os federais me seguissem, eles teriam de parar para abastecer, enquanto eu apenas acionaria uma chave e passaria a utilizar o combustível sobressalente e continuaria a dirigir.

Eu dirigi até o Hilton de Washington. São cerca de 240 quilômetros de Philly até Washington — uma distância que eu percorri sem paradas, cruzando pelo Delaware e por Maryland pela autoestrada I-95. Eu sempre mantinha ligado um rádio na frequência do cidadão, para que pudesse me prevenir quanto aos lugares onde os tiras instalassem radares na estrada. Porém, com uma bagagem daquele tamanho, me atentar para o excesso de velocidade era a menor das preocupações.

Cheguei lá, estacionei o carro e levei pessoalmente a minha bagagem até o *lobby* do hotel. Eu não precisaria dos serviços de um carregador de bagagens. Sentei-me numa poltrona que havia no *lobby*. Depois de algum tempo, John Mitchell entrou pela porta da frente. Ele olhou em torno, me viu sentado ali e sentou-se numa poltrona ao lado da que eu ocupava. Ele falou um pouco sobre o clima e me perguntou como fora a viagem. Aquilo era apenas conversa fiada, para que a operação não parecesse uma coisa tão óbvia. Ele me perguntou se eu estava com o sindicato e eu disse a ele que era o presidente do Local 326, em Wilmington. (Você sabe, àquela época eu havia vencido as eleições de 1970. Tendo tido tempo para fazer uma campanha e estando fora da cadeia, venci meu adversário por uma margem de três votos para um.) Ele me perguntou sobre a localização precisa de nossa sede em Wilmington e eu lhe disse que ela ficava perto da estação ferroviária. Ele me desejou uma viagem segura de volta à sede do sindicato e, depois, disse: 'Nada vem de graça.'

Ele levantou-se, apanhando a mala. Eu disse a ele: 'Você não quer ir a algum lugar e conferir o dinheiro?' Ele respondeu: 'Eu só teria de conferi-lo, se eles não tivessem enviado você.' Aquele era um homem que conhecia os negócios.

Ouvi dizer que Mitchell estaria pressionando Partin, também. O Departamento de Justiça estava forçando a barra para envolver Partin na coisa toda. Mas acho que aquele dinheiro era destinado à liberdade condicional ou para o indulto presidencial, não para Partin. Tecnicamente, aquele meio milhão era destinado à campanha para a reeleição de Nixon.

O que Jimmy não sabia à época — e que se revelou, depois — era que Sally Bugs trouxera meio milhão para Tony Pro em nome de Fitz. Russ sequer sabia disso. O dinheiro também seria destinado à libertação de Jimmy, desde que seu termo de liberdade condicional incluísse uma cláusula que o impedisse de concorrer à presidência do sindicato até a completa expiração de sua sentença — o que ocorreria em março de 1980.

Se tivesse de esperar para concorrer até 1980, Jimmy teria estado afastado de quaisquer eleições do sindicato por treze anos. Em treze anos, todos os velhos apoiadores de Jimmy já teriam sido substituídos; e, de todo modo, ele mesmo contaria 67 anos de idade. Naquele tempo, os companheiros não votavam para eleger o presidente da Fraternidade Internacional, nem para eleger quaisquer eventuais ocupantes dos outros cargos dessa organização. O voto era facultado apenas aos delegados presentes a uma convenção, sendo as votações abertas. Supostamente, os delegados ouviam os seus companheiros em casa, em seus respectivos comitês locais; mas eles ouviam, mesmo, a Jimmy ou a quem quer que os tivesse colocado nos cargos que ocupassem. Até 1980, Fitz já teria eliminado um bocado dos delegados leais a Jimmy; ou um bocado deles já teria se aposentado, de todo modo. Então, Fitz poderia colocar seus próprios apoiadores na jogada, tais como o seu filho, Richard Fitzsimmons, que ainda pertencia ao Local 299, em Detroit. Hoje em dia, os companheiros votam nos ocupantes dos cargos eletivos em eleições diretas, em votações secretas.

Então, Mitchell e Nixon estavam segurando as duas pontas da corda. ”

No dia 28 de maio de 1971, Audie Murphy morreu na queda de um pequeno avião em que viajava, sobrevoando o que seria o local de um empreendimento comercial em que ele estaria envolvido com as "forças" de Hoffa. Qualquer espécie de auxílio que Jimmy Hoffa pudesse esperar receber de Audie Murphy para lidar com Ed Partin morreu com Murphy, na queda daquele avião.

Seis dias depois do acidente sofrido por Murphy e algumas semanas depois de Mitchell ter dito a Frank Sheeran que "nada vem de graça", Frank Fitzsimmons, acompanhado pelo jovem James P. Hoffa, concedeu uma entrevista coletiva à imprensa no Playboy Plaza Hotel, em Miami Beach. Fitzsimmons anunciou que recebera uma carta de Jimmy Hoffa na qual Jimmy afirmava que não seria candidato à reeleição e que apoiaria a candidatura de seu velho amigo do Local 299, de Detroit — o vice-presidente geral, Frank Fitzsimmons —, para o cargo de presidente da Fraternidade Internacional dos Caminhoneiros.

Duas semanas depois, no dia 21 de junho de 1971, Fitzsimmons dirigiu-se à bancada executiva na reunião trimestral, que teve lugar em Miami. A presença da imprensa não era admitida no recinto, mas, estranhamente, Fitzsimmons permitiu a entrada de repórteres dos jornais. Fitzsimmons, então, anunciou à bancada executiva que Jimmy Hoffa renunciara à presidência e o indicara como presidente interino, até a eleição seguinte. Naquele momento, o presidente Richard M. Nixon adentrou o recinto e foi sentar-se em uma cadeira ao lado da ocupada por Fitzsimmons. Os fotógrafos presentes documentaram fartamente o evento.

Dois dias mais tarde, seguindo um novo "plano de jogo" para lidar com a comissão para a liberdade condicional, James P. Hoffa entregou uma carta endereçada à bancada executiva na qual afirmava que seu cliente renunciava aos seus mandatos como presidente da Fraternidade Internacional dos Caminhoneiros, como presidente do Comitê Local 299 de Detroit, presidente da Junta de Conselho 43, presidente da Conferência dos Caminhoneiros de Michigan e presidente-deliberativo da Conferência dos Caminhoneiros dos Estados Centrais. Baseado nesta nova "evidência", James P. Hoffa requereu uma nova audiência junto à comissão para a condicional. Em sua carta, James P. Hoffa assinalava que seu pai planejava passar sua aposentadoria vivendo dos recursos de sua pensão, fazendo palestras e ministrando seminários.

Uma audiência preliminar foi estabelecida diante da bancada para a liberdade condicional no dia 7 de julho de 1971. Com base nas "novas evidências" contidas na carta e apresentadas na audiência preliminar, a comissão para a condicional concordou em estabelecer uma audiência plena, que seria realizada no dia 20 de agosto de 1971.

"Quando compareci à convenção de julho de 1971, em Miami Beach, vi uma bela e enorme fotografia de Jimmy afixada à parede externa do centro de convenções. Quando adentrei o local, percebi que nenhuma fotografia de Jimmy podia ser vista, em lugar algum, no interior. Era tal como eles faziam na Rússia: escolhiam um sujeito e apagavam sua imagem da História. Apanhei dois outros sujeitos e fomos para fora, retirar a fotografia de Jimmy de onde estava e afixá-la no interior do recinto. Nós a colocamos em um lugar tão proeminente quanto o ocupado por uma fotografia de Fitz. O que eu queria fazer, mesmo, era tirar a fotografia de Fitz de onde estava e colocá-la no lugar onde estivera a de Jimmy, no lado de fora, e colocar a fotografia de Jimmy onde Fitz colocara a sua própria; mas você não pode fazer uma coisa dessas. As hostilidades estavam em uma fase latente: elas ainda não haviam irrompido publicamente, e eu não faria algo assim sem a expressa aprovação de Jimmy.

A esposa de Jimmy, Jo, falou naquela convenção em julho de 1971. Ela transmitiu a todos as mais calorosas saudações de Jimmy, e o lugar 'pegou fogo'. Ela recebeu uma tremenda ovação da plateia, que se postou em pé. Havia uma grande multidão de apoiadores de Hoffa, lá. Fitz teve sorte de não ter sido vaiado.

Alguns agentes do FBI tentaram entrar no recinto da convenção disfarçados como integrantes do pessoal da manutenção, mas eu os identifiquei e os mandei saírem de lá. Eu soube que estava certo porque nenhum deles voltou acompanhado de algum superior que pudesse atestar que fossem, realmente, funcionários da manutenção.

Eu não sei o que estava pensando, na época; mas eu não sabia, até aquele momento, que Jimmy ainda era o presidente quando ele foi para a prisão, em 1967. Eu devo ter entendido mal o que estava acontecendo. Eu achava que Jimmy havia abandonado o cargo e colocado Fitz para trabalhar como presidente em exercício, até que ele saísse da prisão. Eu achava que Fitz ocupava ambos os cargos: o de vice-presidente e o de presidente. Fitz, certamente, agia como se fosse o presidente, em todas as vezes em que tive de tratar de qualquer coisa com ele. Eu achei que ele fosse o presidente quando ele me enviou para aquele tiroteio na Rua Spring Garden. Não é mesmo admirável, as coisas que você deixa de perceber quando há um bocado de manobras em curso? ”

No dia 19 de agosto, o dia anterior à nova audiência de Jimmy Hoffa diante da comissão para sua condicional, Frank Fitzsimmons concedeu uma entrevista coletiva à imprensa e louvou o pacote de medidas econômicas lançado pelo presidente Nixon como algo bom para o país e bom para a classe trabalhadora. Todos os outros líderes trabalhistas da nação — especialmente o presidente da AFL-CIO, George Meany — já haviam manifestado suas posições declarando-se veementemente contrários aos planos de Nixon para a economia.

No dia seguinte, 20 de agosto de 1971, James P. Hoffa e seu cliente não tiveram a recepção por parte da comissão pela liberdade condicional que haviam sido levados a acreditar que teriam. As renúncias de Jimmy Hoffa aos cargos que ocupava no sindicato foram recebidas com bocejos de indiferença. James P. Hoffa foi questionado quanto ao trabalho que fazia para a Fraternidade Internacional dos Caminhoneiros, como se esse trabalho tivesse qualquer relevância nos eventuais planos que Jimmy tivesse para viver sob liberdade condicional. Além disso, James P. Hoffa foi interrogado quanto à relevância do trabalho feito por sua mãe, no tocante à atuação do comitê para a ação política da Fraternidade Internacional dos Caminhoneiros — chamada DRIVE (*Democratic Republican Independent Voter Education*; "Educação Independente para o Eleitor Democrático-Republicano"). Quando o recentemente aposentado Jimmy Hoffa fixou os valores para a pensão que deveria receber, no futuro, estes remontariam à vultosa soma de 1,7 milhão de dólares, convertidos em valores atuais. Tão certo quanto tal cifra irritaria ao chefe de Sally Bugs, Tony Pro, especialmente diante do pedido de Pro para a liberação de sua própria pensão, junto a Hoffa, a soma total a ser recebida por Jimmy irritou também o comitê da liberdade condicional. Esse tópico, em particular, foi explorado pelo comitê, em linguagem e tom muito ásperos. Por fim, as conexões de Jimmy Hoffa com o crime organizado foram exploradas, minuciosamente; como se algum dentre os integrantes da comissão estivesse chocado — absolutamente chocado — a despeito de haverem votado, em junho, quanto à concessão de uma nova audiência — baseados em "novas evidências"

— quanto ao recebimento de uma aposentadoria por Jimmy Hoffa, de todos os cargos que ele ocupasse no sindicato. Apesar das "novas evidências" e de seus planos de fazer palestras e ministrar seminários, a comissão votou, unanimemente, pela recusa à concessão de sua liberdade condicional. Foi dito a Hoffa que ele poderia recandidatar-se, no ano seguinte, em junho de 1972 — coincidentemente, no mesmo mês e ano em que a grande trapaça genericamente chamada "Watergate" chegou, pela primeira vez, ao conhecimento público —, antes de precipitar o final do mandato de Richard M. Nixon e mandar o procurador-geral John Mitchell e vários outros oficiais da Casa Branca para a cadeia.

Quais seriam as piores possibilidades que o "Esquadrão Tirem Hoffa da Cadeia" teria de enfrentar, ou as que poderia explorar? Teria Frank Fitzsimmons orquestrado um plano elaborado para levar Jimmy Hoffa a renunciar a todos os vários cargos que ocupava no sindicato, de modo que Jimmy Hoffa não pudesse mais ter o direito de concorrer à eleição para presidente da Fraternidade Internacional dos Caminhoneiros — desde a prisão —, em julho de 1971? Teria sido Jimmy Hoffa levado a abandonar a ideia de concorrer à eleição desde que esquecesse a ideia de sair da cadeia, em julho de 1971 — pois teria mais chances de recuperar sua liberdade, em agosto do mesmo ano? Teria Hoffa sido levado a acreditar que, caso renunciasse a todos os muitos cargos que ocupava no sindicato, obteria mais facilmente um "livramento da sua cara", perante ao comitê de liberdade condicional? Um homem famoso por jamais se comprometer com quaisquer causas cairia na armadilha de ceder ao desejo de voltar ao convívio de seus familiares e de sua amada esposa, à qual ele era tão dedicado? Teria ele caído nessa armadilha porque confiou, cordialmente, que sua libertação poderia ser facilitada devido às posições que detinha no sindicato, as quais retomaria, pouco a pouco, até a convenção de 1976? Ou, até que um fraco e mal apoiado Fitzsimmons fosse, covardemente, afastado de sua posição na presidência? Teria sido Jimmy Hoffa passado para trás, por todos os Frank Fitzsimmons e asseclas, à plena vista de todo mundo? Nixon, Fitzsimmons e Mitchell pareciam estar, todos, jogando a mesma "mão" de pôquer; e eles pareciam deter todos os ases.

O que Jimmy Hoffa receberia em troca de todo o apoio e todo o dinheiro que empenhara na campanha para a presidência de Nixon, neste momento, que a comissão para a liberdade condicional chefiada por Nixon "fechava a janela", com estrépito, bem sobre os seus dedos?

Em um comício no Dia do Trabalho, em Detroit, o presidente Frank Fitzsimmons instou, publicamente, ao seu novo amigo — o presidente Richard M. Nixon — para que concedesse seu indulto a Jimmy Hoffa.

No dia 16 de dezembro de 1971, sem "fanfarras" e passando ao largo dos canais habituais, o procurador-geral Morris Shenker impetrou uma petição pelo indulto da Casa Branca. Em vez da petição passar pelas instâncias usuais, à espera de uma resposta — ou seja: pareceres dos promotores e do FBI, além dos de dois outros juízes autônomos, com seus procedimentos efetivos pelo cumprimento dos anos das sentenças já arbitradas —, esta simplesmente recebeu o carimbo de "aprovada", do procurador-geral John Mitchell.

"Eu fui a Lewisburg para ver Jimmy pouco antes do Natal. Morrie Shenker estava lá, com a papelada que Nixon iria assinar para conceder seu indulto. Eu me sentei a outra mesa, com um rapaz. Um guarda olhou para outro lado e os papéis foram passados às minhas mãos, como um gesto de cortesia, e eu os li. Ali era dito que Jimmy poderia sair, sem dever nada a ninguém, em novembro de 1975, mas que Nixon decidira libertá-lo imediatamente. Não havia uma só palavra quanto a Jimmy poder concorrer à presidência do sindicato apenas após 1980. Posso assegurar a você que eu teria compreendido o recado naquele mesmo minuto. Jimmy já estava planejando concorrer nas eleições de 1976. Eu posso não ter tido uma educação excelente, mas estava bem acostumado a ler documentos e contratos do sindicato, com valor legal, por anos a fio. Eu lera centenas de documentos muitíssimo mais complicados do que aqueles papéis que lhe concediam indulto. Tudo o que era dito ali era que Jimmy poderia sair da prisão, afinal. Todos estávamos felizes, naquele refeitório; e, depois de tantas tramoias arquitetadas por Partin, Fitzsimmons, Nixon e Mitchell, Jimmy, finalmente, teria sido reconhecido por haver pago pelo que devia. Ele seria um homem livre, por ocasião do Natal. Tudo o que conversávamos a respeito era quanto a umas merecidas férias, de alguns meses, na Flórida, para 'esfriar a cabeça', antes que ele voltasse à ação. Não havia qualquer espécie de controvérsia em Lewisburg, naquele dia.

A controvérsia começou quando Jimmy foi posto em liberdade e foi para Detroit, quando lhe entregaram os papéis definitivos e assinados por Nixon. Então, todos tivemos uma lição — escrita em inglês perfeito — de como a tramoia final poderia ser feita. Jimmy estaria impedido de concorrer até 1980. Ele perderia a eleição de 1976. Se tivesse permanecido na prisão e cumprido sua pena até o final, ele teria sido libertado em 1975, com tempo suficiente para candidatar-se e concorrer na convenção de 1976. Isto aconteceu antes do 'estouro' de Watergate, quando finalmente soubemos com que espécie de bandidos tínhamos estado lidando."

Uma Concessão Executiva de Clemência que reduzia a sentença de Hoffa de treze anos para seis anos e meio foi assinada por Richard Nixon — em tempo recorde — no dia 23 de dezembro de 1971. Graças ao seu crédito por bom comportamento, a libertação de Hoffa foi imediatamente efetivada. Naquele mesmo dia, Hoffa saiu da prisão de Lewisburg, Pensilvânia, e voou para a casa de sua filha casada, Barbara, em St. Louis, para passar o Natal em companhia de sua família. Daquela cidade, ele retornou à sua residência, em Detroit, para registrar-se no escritório federal de liberdade condicional, pois Hoffa estaria em liberdade apenas "no papel" — ou seja, até que sua sentença completasse seis anos e meio, em março de 1973. De Detroit, Hoffa rumou para a Flórida, para desfrutar de uma licença de três meses. Enquanto ainda se encontrava em Detroit, Hoffa e seus apoiadores — entre os quais se incluía Frank Sheeran — leram as seguintes palavras do indulto assinado por Richard Nixon:

> [...] o citado James R. Hoffa não poderá se envolver direta ou indiretamente com qualquer espécie de gerenciamento de quaisquer atividades em sindicatos trabalhistas até a data de 6 de março de 1980; e caso a condição acima mencionada não seja absolutamente satisfeita, a comutação de sua pena será inteiramente anulada [...]

No dia 5 de janeiro de 1972, Jimmy Hoffa voou para a Flórida, para instalar-se em seu apartamento no Blair House, em Miami Beach. No aeroporto, ele foi recepcionado por Frank Ragano, enviado como um sinal de respeito da parte de Santo Trafficante e Carlos Marcello, que não podiam aparecer publicamente por vários motivos. Talvez o motivo mais relevante fosse o fato de um homem sob liberdade condicional não poder ser visto em companhia de notórias figuras do crime organizado ou de criminosos condenados. No dia 12 de fevereiro de 1972, no programa *Issues and Answers* (algo como "Questões e Soluções") da rede de televisão ABC, Jimmy Hoffa afirmou que ele, pessoalmente, apoiaria a reeleição de Richard Nixon em 1972. Até que seu período de liberdade condicional terminasse, em março de 1973, ele seguiria prestando-lhe seu apoio. Jimmy Hoffa, àquela altura dos acontecimentos, já compreendera que não poderia confiar que a administração de Richard Nixon cuidaria de maneira justa de sua libertação condicional, caso ele provocasse a ira desta ao perseguir Fitzsimmons; portanto, ele não a provocou.

No dia 17 de julho de 1972 — um mês após o "estouro" do caso Watergate —, o comitê executivo chefiado por Frank Fitzsimmons endossou formalmente seu apoio à reeleição de Richard Nixon no mês de novembro seguinte, por dezenove votos contra um. O único voto contrário foi o de Harold Gibbons, o vice-presidente que enraivecera Hoffa ao hastear a bandeira a meio mastro por ocasião da morte do presidente John F. Kennedy. A sra. Patricia Fitzsimmons, esposa de Frank, foi indicada por Nixon para trabalhar no comitê artístico do Centro Kennedy de Artes Dramáticas.

Quando estivesse preparado, o plano de ataque de Jimmy Hoffa seria um desafio constitucional ao indulto que recebera. Seus advogados — defensores das causas dos direitos civis — argumentariam que o presidente excedera sua autoridade ao adicionar uma condição aos seus termos de libertação. Segundo a Constituição norte-americana, o presidente tem o poder de conceder o indulto ou não, mas não detém o poder — implícita ou explicitamente — de conceder o indulto de modo que este possa ser, mais tarde, rescindido e seu recebedor enviado de volta à prisão. Um indulto condicional daria a um presidente mais poder do que os Patriarcas Fundadores da nação jamais pretenderam ter.

Além disso, a esta restrição particular somava-se a punição de não poder exercer a direção de um sindicato trabalhista. Hoffa não sofrera tal restrição de seus direitos nem mesmo enquanto esteve encarcerado. Ainda que os regulamentos da prisão pudessem dificultar suas atividades, estas não lhe eram vedadas. Esta nova restrição não havia sido imposta a Hoffa nas duas vezes em que ele fora sentenciado, e o presidente não teria o poder de aumentar uma pena arbitrada por um juiz de direito.

Para culminar, esta condição violaria o direito de Hoffa apelar à Primeira Emenda, que lhe garantiria o direito à liberdade de expressão e de reunião, colocando para além dos limites legais seu exercício dessas liberdades.

Todavia, porque odiasse a prisão e temesse que a administração Nixon viesse a vigiar mais de perto sua liberdade condicional caso ele impetrasse tal ação judicial, Hoffa preferiu "fingir-se de morto" até que o prazo arbitrado pelo indulto presidencial expirasse e ele estivesse livre das condições previstas "nos papéis", em março de 1973. Durante este tempo, Fitzsimmons pôde relaxar.

Várias alegações e acusações informais partiriam da Casa Branca sob a administração de Nixon quanto ao tema de uma restrição terminar em indulto. John Dean, conselheiro da Casa Branca e testemunha contra seus confrades no caso Watergate, diria que fora sua a ideia de impor a restrição aos termos empregados no último minuto. Segundo os termos que empregou em seu próprio depoimento, Dean alegou estar sendo apenas "um bom advogado", pois quando Mitchell disse a ele para que preparasse os papéis, este teria mencionado incidentalmente que Hoffa teria concordado — em termos verbais — em permanecer distante das atividades sindicais até 1980.

Outro conselheiro da Casa Branca e futuro presidiário devido ao seu envolvimento com o caso Watergate — por ser suspeito de cumplicidade na restrição do linguajar empregado — foi o advogado Charles Colson, conselheiro especial da presidência e o homem encarregado da relação da infame lista de inimigos de Nixon. John Dean testemunhou que Colson lhe pedira para que iniciasse uma investigação junto ao Departamento de Imposto de Renda sobre os proventos de Harold Gibbons, o único membro da comissão executiva dos Caminhoneiros a não votar a favor da reeleição de Nixon. Um memorando de Colson para Dean foi apresentado em uma audiência, no qual Gibbons era tratado como "um inimigo declarado". Jimmy Hoffa afirmaria em um depoimento futuro: "Culpo apenas a um homem [pela restrição ao meu indulto] [...] Charles Colson." Colson apelou à Quinta Emenda quando tal tema foi aventado nas audiências do caso Watergate, embora tenha admitido haver conversado sobre esse assunto com Fitzsimmons, antes que o indulto fosse concedido. É difícil imaginar que esses dois homens não tenham discutido sobre um ponto tão importante quanto a restrição.

Teria sido a restrição um mero produto da atuação de Dean como "um bom advogado"? Teriam Colson e Mitchell elaborado uma redação com tal palavreado que Dean pudesse ter achado que fora sua a ideia de empregá-lo? Se o tópico da restrição tivesse sido formulado claramente por um superior, qualquer jovem advogado prudente ter-lhe-ia redigido com o linguajar jurídico adequado. John Mitchell havia sido um advogado em Wall Street; ele sabia muito bem como "massagear" um associado.

Pouco antes de renunciar ao seu cargo na Casa Branca — e antes de ir para a prisão —, Colson retornou à prática da advocacia particular. Frank Fitzsimmons tomou de Edward Bennett Williams o lucrativo contrato legal da Fraternidade Internacional dos Caminhoneiros e passou-o a Charles Colson, assegurando a este uma retirada anual de cem mil dólares, no mínimo.

Desde o final daqueles dias de sério comprometimento, Charles Colson mudou seu estilo de vida e fundou uma organização cristã que patrocinava visitas a prisões e encorajava os presidiários para que seguissem um caminho de redenção espiritual. Em algumas das vezes em que estive na maior prisão de Delaware para entrevistar Frank Sheeran ou algum outro de seus clientes, pude ver um sinceramente arrependido e dignificado Charles Colson com uma Bíblia em mãos, deixando a prisão após ter visitado seus internos.

Jimmy Hoffa, enquanto isso, esperou silenciosamente por sua melhor oportunidade para agir. Hoffa não arriscaria jamais ser mandado de volta à prisão. Tal como escreveu em sua autobiografia, "Passei cinquenta e oito meses em Lewisburg e posso jurar, sobre uma pilha de Bíblias, que as prisões são arcaicas, brutais, não regenerativas e superlotados buracos do inferno, onde os internos são tratados como animais, sem que lhes sejam dedicados quaisquer pensamentos humanitários quanto ao que eles virão a fazer quando forem libertados. Nelas, você é como um animal em uma jaula, e é tratado como tal."

Capítulo Vinte e Quatro

Ele precisou de um favor, e foi apenas isso

"Ao longo do primeiro ano após ter deixado a prisão, Jimmy precisava obter permissões para ir a qualquer lugar. Não lhe era permitido comparecer a reuniões do sindicato, mas ele tinha permissão para ir à Califórnia ou aonde quer que fosse por qualquer outro motivo. Ele se hospedava no mesmo hotel que todos os outros sujeitos, e se reunia com eles no *lobby*. Acho que se poderia dizer que Jimmy estava fazendo palestras e ministrando seminários.

Jimmy também fazia um bocado de campanha 'por debaixo dos panos', mas não porque precisasse fazer isso. Ele articulava um bocado de coisas pelo telefone. Acho que era uma forma de manter todo mundo na linha e fazer com que soubessem que ele voltaria, de modo que não se sentissem tentados a passar para o lado de Fitz.

Eu voei para a Flórida para ver Jimmy por alguns dias, em seu condomínio. Telefonei para ele do aeroporto, enquanto aguardava pela chegada do carro que eu havia alugado. Ele me disse que Jo não estava lá, com ele, e pediu-me para apanhar alguns cachorros-quentes no Lums, no caminho para a sua casa, de modo que pudéssemos nos regalar.

Depois de comermos nossos cachorros-quentes, conversamos sobre a renúncia de John Mitchell ao cargo de procurador-geral, para que coordenasse a campanha pela reeleição de Nixon. Com o CREEP[21] a serviço deles, aqueles sujeitos praticamente tinham permissão para imprimir dinheiro.

Jimmy me disse que iria acertar as contas com Fitz e com Tony Pro, por aquela restrição. Ele disse que, definitivamente, voltaria à direção do sindicato. Ele inclusive já estaria impetrando uma ação judicial contra a restrição e eu disse a Jimmy que gostaria de ser partidário dessa ação. Eu disse a ele que John McCullough, com o pessoal do sindicato dos telheiros e mais algumas pessoas de Philly, planejavam oferecer um jantar em minha homenagem. Perguntei a ele se gostaria de ser meu orador convidado e Jimmy me pediu para que dissesse a eles que suspendessem temporariamente o jantar até que seu nome desaparecesse da imprensa, quando ele se sentiria honrado por ser o orador.

---

21 Acrônimo para a expressão *Comittee to Reelect the President*; "Comitê para Reeleger o Presidente". A palavra *creep*, enquanto um verbo, significa "mover-se com cautela ou discretamente, de modo a não ser notado"; ou, quando empregada informalmente como substantivo, também designa uma pessoa desprezível, que se comporta obsequiosamente visando obter algum favorecimento de outrem. (N.T.)

Por essa época, Jimmy assumiu que era um homem muito forte entre a chamada Máfia. Ele tinha Russ, Carlos, Santo, Giancana, e os esquemas de Chicago e Detroit ao seu lado. Enquanto esteve em Lewisburg, ele se aproximou de Carmine 'The Cigar' Galante, do Queens, chefe da família mafiosa Bonnano. Galante era um sujeito muito severo. Ele não fazia prisioneiros.

Jimmy acreditava que o único problema que enfrentava em meio a essa cultura era relativo ao atrito que tivera com Tony Pro, na 'escola'. Ele imaginou que Pro estivesse apoiando Fitz, de modo que Fitz viesse a ajudar Pro a acessar todo o montante de seu fundo de pensão e botar as mãos em seus milhões. Falando principalmente acerca de Pro e Fitz, Jimmy disse: 'Eles irão me pagar.' Jimmy me disse que enviaria uma mensagem a Fitz, avisando que ele mesmo cuidaria de Pro.

'Algo tem de ser feito quanto a Pro', disse ele.

'Você me dá o sinal verde e eu pinto a casa dele', disse eu. 'Posso contar com um ótimo sujeito para me levar de carro até ele. O Ruivo.'

'Eu serei o seu motorista', disse Jimmy. 'Quero que ele saiba que fui eu.'

Quando ele disse que seria o motorista, destituiu o assunto de sua seriedade. Depois de dizer isso, eu achei que ele estivesse apenas bravateando, aliviando-se da tensão. Você não usa como motorista alguém que tenha um rosto tão conhecido quanto o de Milton Berle[22].

O Ruivo já havia provado ser um sujeito com quem se poderia contar, quando se tratava de dirigir um automóvel. Pouco antes de eu ter me sentado para conversar com Jimmy na Flórida e comer cachorros-quentes com *chili*, na primavera de 1972, O Ruivo servira como meu motorista quando tive de resolver um assunto.

Certa noite, já bem tarde, recebi um telefonema de Russ dizendo-me para que eu levasse comigo meu irmão caçula e fosse ver O Ruivo. Um irmão caçula era uma arma de fogo. Para ocasiões assim eu sempre levava dois irmãos caçulas: um junto à cintura e outro em um coldre atado ao tornozelo. Eu usaria um revólver calibre .32 ou .38, pois estes têm maior poder de fogo do que uma arma de calibre .22. Eu certamente não usaria um silenciador, que apenas serve para armas de calibre .22, e eu pretendia produzir o maior barulho possível quando atirava em ambientes fechados, para fazer com que as eventuais testemunhas sumissem de vista. Porém, não um barulho tão forte quanto é possível de ser feito com um calibre .45, de modo a poder ser ouvido por um carro da polícia a vários quarteirões. Por isso eu não usaria uma arma de

22 Pseudônimo de Milton Berlinger (1908–2002), comediante, compositor e apresentador de programas de televisão muitíssimo populares, tendo-se tornado conhecido dos telespectadores norte-americanos como "Tio Miltie" e "Mr. Television" a partir do final da década de 1940. (N.T.)

calibre .45; além do mais, embora esta tenha um poder de fogo superior, não é muito precisa a mais de sete ou oito metros de distância.

Quando desliguei o telefone e apanhei meu carro, eu não sabia o que Russ tinha em mente, mas ele precisava de um favor, e isto era tudo. Eles não dão a você muita informação antecipadamente. Eles têm gente que segue um sujeito. Eles têm gente que coleta dicas. Eles têm gente que grampeia o telefone de um sujeito, de modo a saber quando este mais provavelmente estará sozinho na rua, em uma situação de vulnerabilidade. Eles não querem que haja um bocado de cadáveres entre o sujeito e a rua.

Alguns dias antes da convenção de julho de 1971, quando eu coloquei o retrato de Jimmy no interior do centro de convenções, Crazy Joey Gallo arranjara um maluco do Harlem para que 'queimasse' o chefe da família Colombo, Joe Colombo. Esta situação teve lugar durante um comício da Liga pelos Direitos Civis dos Ítalo-Americanos, no Columbus Circle, e o pobre Joe Colombo permaneceu em estado de coma por vários anos. Acima de qualquer outra coisa, Joe Colombo fora alvejado diante dos membros de sua própria família e seus parentes. Lidar com uma coisa dessas desse modo é quebrar o protocolo. Sem dúvida, Gallo recebera aprovação para 'queimar' um chefe como Colombo — mas jamais diante da família deste. Acho que era por isso que chamavam aquele sujeito de Crazy ('Maluco') Joey.

Tal como cheguei a compreender, a coisa que aconteceu a Colombo foi sancionada porque Joe Colombo estava atraindo muita atenção sobre a chamada Máfia, promovendo todos aqueles comícios e a publicidade que esses eventos geravam. E ele não dava ouvidos a ninguém quanto a deixar de promovê-los. Russell tinha seu próprio cargo na Liga pelos Direitos Civis dos Ítalo-Americanos de Colombo, em um comitê no interior da Pensilvânia. Eles me deram um prêmio de 'Homem do Ano', certa vez. Ainda conservo a placa comemorativa, no meu quarto.

Então, surge aquele sujeito, faz um serviço porco ao 'queimar' Colombo, e logo está borboleteando por Nova York, em companhia de todos os figurões do *show business*. Ele aparecia nos jornais o tempo todo. Ele saía em companhia deste ou daquele astro do cinema, com este ou aquele escritor famoso, ou ia assistir a uma peça de teatro em companhia de toda a fauna da vida noturna da cidade — e os fotógrafos faziam a festa. Crazy Joey estava atraindo um bocado de atenção e de publicidade. E isso era exatamente o que eles não precisavam. No tocante à publicidade, ele fazia coisas muito piores do que Colombo já fizera. Colombo gostava de atrair atenção, mas Gallo gostava de receber atenção ainda mais do que Colombo. Quando você analisa as coisas, depois que tudo isso passou... Ouvi dizer que ele extorquia dinheiro de um restaurantezinho em Little Italy, para que pudesse bancar o estilo de vida dos ricos e famosos que ele ostentava, como se fosse Errol Flynn. Mexer com as estruturas de Little Italy definitivamente não era uma coisa boa.

John Francis, O Ruivo, tinha uma coleção de fotografias de Crazy Joey Gallo, recortadas dos jornais de Nova York. Eu jamais havia conhecido o sujeito, mas, então, graças àquilo, sabia exatamente como era a sua aparência. John também tinha um diagrama do restaurante Umberto's Clam House, que incluía a localização exata de uma porta lateral, a da porta que se abria para a Rua Mulberry e a do banheiro masculino. O lugar pertencia a um chefe muito proeminente e era gerenciado por um dos irmãos deste. O restaurante mudou de endereço, desde aqueles dias; mas ainda permanece em Little Italy.

Gallo estaria flanando pela cidade para celebrar seu aniversário; e, de algum modo, quem quer que quisesse que o serviço fosse feito tinha uma noção bastante acurada de que ele terminaria sua noitada no Umberto's, e sabia exatamente onde ele se sentaria: a uma mesa lateral, à esquerda de quem entrasse pela porta da Rua Mulberry. Talvez algumas pessoas o tivessem convidado a terminar sua noitada ali. Afinal, aquele era o único lugar que permanecia aberto até as primeiras horas da manhã.

O plano fora bem arquitetado, mas sua execução requereria um atirador muito bom e bastante preciso. Crazy Joey Gallo estaria lá acompanhado por seu guarda-costas e algumas mulheres de sua família, incluindo sua nova esposa e sua irmã. Atirar em Gallo era uma coisa; atirar em mulheres era outra coisa. Por isso, seria importante uma grande precisão, porque não seria possível chegar a menos de cinco ou seis metros do alvo, e ninguém pretendia acertar as mulheres que estivessem em sua companhia.

Não havia maneira de chegar a menos de cinco metros do sujeito, ou você se depararia com o guarda-costas dele, com um 'ferro' na mão. Gallo tinha bons motivos para suspeitar que alguém estivesse em sua cola. Ele sabia que pisara nos calos de algumas pessoas, e sabia com que tipo de pessoas estava lidando. Porém, ele mesmo jamais portaria uma arma. Ele era um criminoso fichado e nunca se arriscaria a tanto. Nova York tem uma lei muitíssimo severa quanto ao porte de armas de fogo: a Lei Sullivan. Também não seria de esperar que alguma das mulheres estivesse levando um 'ferro' para ele, em suas bolsas; porque aquelas mulheres não eram amigas ou namoradas casuais: elas pertenciam à sua família. Tampouco haveria alguém parecendo sentar-se despreocupadamente a uma outra mesa, vigiando-o — ou John Francis teria sido informado de que algum outro homem estaria em companhia do grupo, naquela noite. Isso, muito provavelmente, significava que o único sujeito que portaria uma arma de fogo seria o guarda-costas; e este era quem deveria ser cuidado, primeiro. Não haveria motivo para feri-lo mortalmente; por isso você procuraria acertá-lo nas costas ou nos fundilhos, evitando atingir-lhe uma artéria no pescoço ou acertá-lo no coração. Você iria querer apenas tirá-lo de combate. Por isso, definitivamente, você precisaria de um bom atirador, com alguma habilidade para lidar com um assunto como esse. E seria preciso que você adentrasse o recinto sozinho, ou acabaria tendo de lidar com um tiroteio ao estilo do Velho Oeste. E, para que alguém pudesse entrar ali sozinho, você não poderia usar qualquer um.

Eu não me parecia com um sujeito ameaçador nem era um rosto familiar, de modo algum. Eu me parecia apenas com um motorista de caminhão, 'duro' e usando um boné, que entrara ali para usar o banheiro — que não ficava muito distante da porta. Eu tenho a pele muito clara, e não me pareço com um atirador a serviço da Máfia.

Outro aspecto é que você não atira em um homem diante da família dele. Mas a questão é que fora exatamente isto o que Gallo fizera a Colombo. Bem diante de sua família, ele transformara o sujeito em um vegetal. Por isso, as coisas seriam desse jeito para Crazy Joey. Ele era um moleque presunçoso.

Isto foi antes dos telefones celulares; assim, quando saíamos para fazer alguma coisa, tudo poderia haver mudado quando chegássemos lá. No entanto, ele estava lá, celebrando seu aniversário, bebendo e agindo despreocupadamente. Quando bebem, os lutadores têm seus reflexos e habilidades diminuídos. E, a julgar pelo que pude notar, Gallo era um sujeito muito passional e brigão. Sem dúvida, ele era do tipo para quem as pessoas pagavam drinques para que ele se mantivesse sentado, no mesmo lugar. Então, quando essas pessoas se dessem conta de que logo chegaríamos ali, diziam-lhe boa noite e caíam fora. Enquanto isso, ele desfrutava de um fluxo ininterrupto de champanhe, drinques e de qualquer tipo de comida que desejasse.

Crazy Joey Gallo devia se sentir, de algum modo, seguro e confortável em Little Italy. Não se espera que alguém vá promover tiroteios nos restaurantes de Little Italy porque um bocado de pessoas importantes são 'sócios ocultos' desses restaurantes, 'por debaixo dos panos'. O proprietário deste restaurante italiano de frutos do mar em particular era notoriamente conhecido como uma pessoa muito importante, e o lugar fora recentemente inaugurado. E seria uma coisa ruim para o ramo de turismo em Little Italy se as pessoas passassem a achar que ali não era um lugar seguro para visitar. Além disso, turistas podem não ser boas testemunhas, demonstrando não possuir suficiente bom senso para dizer aos tiras que tudo teria sido obra de oito anões, com cerca de um metro de altura cada um, todos usando máscaras.

De todo modo, as pessoas tinham regras; mas algumas delas estavam sempre um pouquinho adiante de suas próprias regras. Vamos dizer que elas tinham o poder de renunciar às suas regras. Elas considerariam a possibilidade de promover um tiroteio em um restaurante de Little Italy, se tivessem de fazer isso. Além do mais, aquele restaurante já se encontrava bem próximo da hora de fechar. Segundo a lei, os bares devem fechar às quatro horas da manhã, no máximo, na maior parte dos dias. Como já fossem quatro horas da manhã, ou quase isso, não teríamos de nos preocupar com a possibilidade de encontrar muitos turistas de Idaho, ali. Gallo não teria sido um homem tão fácil de apanhar em qualquer outra hora do dia, pois aonde quer que fosse, a qualquer hora normal, lá estariam os fotógrafos da imprensa, perseguindo-o incansavelmente, em busca de obterem o melhor ângulo para suas fotografias. Talvez fosse por isso que o sujeito gostasse tanto de sentir-se uma celebridade e atrair tanta publicidade: isto lhe garantia segurança. Os fotógrafos eram melhores do que os guarda-costas.

John Francis deixou-me diante do Umberto's Clam House, na esquina das ruas Mulberry e Hester, em Little Italy. A maneira como algo assim pôde dar certo foi porque John me levou e me deixou lá. Enquanto eu entrava para ir ao banheiro, John daria uma volta em torno do quarteirão, e eu sairia de lá bem no instante em que ele estivesse passando novamente por ali. Se eu não estivesse ali, ele esperaria alguns minutos; mas se eu não saísse, estaria por minha conta. Se ele fosse interrogado a meu respeito, tudo o que John diria sobre o assunto era que me deixara ali para eu fosse ao banheiro. O Ruivo não teria visto o que quer que tivesse acontecido lá dentro. Ele só saberia das coisas até certo ponto.

Às vezes, você até vai, mesmo, ao banheiro; desde que, no caminho, não tenha de passar pela pessoa determinada para chegar lá. Isso lhe dá uma oportunidade de se assegurar de que ninguém esteja na sua cola. Você também se assegura de que não haja ninguém no banheiro, com quem você tenha de se preocupar. Além disso, você também pode usar o banheiro. Você não vai querer fazer uma parada para 'tirar água do joelho' enquanto tenta escapar de dois carros da polícia em seu encalço.

Mas, em um caso como esse, com testemunhas sentadas bem ali, à mesa, você deve confiar na sorte de que não haja alguém no banheiro. E você deve poder contar com que as testemunhas à mesa não tenham tempo de ver nada direito, se fizer as coisas suficientemente rápido, sem um bocado de procrastinação. Você deve caminhar na direção do banheiro e, se tudo parecer bem, fazer logo o seu trabalho. O *bartender* e as garçonetes de lugares como esse saberão bastante bem que não terão visto nada; caso contrário não trabalhariam para patrões como os que têm. Àquela hora, os turistas de Idaho já deveriam estar todos em suas camas, também.

De todo modo, tudo o que John poderia dizer é que eu fora ao banheiro. Mas, se você tem de resolver um assunto lá fora, em plena rua, seu motorista terá de estar lá, com o carro estacionado à sua espera; então, ele poderá ter visto o que você fez. Às vezes, você precisa que ele esteja lá, na calçada, para livrar-se da arma utilizada ou espantar as testemunhas. Mas, em ambientes fechados, quando tem de pintar uma casa, você preferirá trabalhar sozinho. Desta maneira, na pior das hipóteses, você sempre poderá alegar legítima defesa. Durante todo o tempo que estive com o pessoal, jamais confiei suficientemente em alguém para me acompanhar, quando tive de resolver um assunto com alguma pessoa em um recinto fechado. Um motorista sabe apenas tanto quanto ele sabe; e isto é bom para todo mundo, inclusive o próprio motorista. Um sujeito diante da possibilidade de ser enviado à cadeira elétrica pode fraquejar e soltar a língua. Se você faz as coisas sozinho, só você poderá dedurar a si mesmo.

Havia algumas supostas figuras da Máfia paradas na esquina, cujo trabalho era saudar Crazy Joey e sua comitiva. Com a presença deles nas imediações, Joey se sentiria menos desconfiado se alguém entrasse no restaurante pela porta da frente. Quando eles avistaram as luzes dos nossos faróis, dispersaram-se. A parte deles no trabalho estava feita. Nenhum daqueles sujeitos de Little Italy ou os acompanhantes de Crazy Joey jamais me viram antes. Quando vínhamos a Nova York, Russell e eu ficávamos no centro da cidade, no Vesuvio's, ou íamos ao Monte's, no Brooklyn, em companhia do pessoal dos Genovese.

Entrei pela porta da Rua Mulberry. Caminhei diretamente para o bar, dando as costas para o lado da Rua Mulberry, onde Gallo se encontrava. Virei-me e encarei as pessoas sentadas à mesa. Fiquei um tanto desconcertado ao avistar uma garotinha junto àquelas pessoas; mas eu já vira coisas assim, algumas vezes, em combate, lá no estrangeiro. Uma fração de segundo depois de ter voltado meu olhar para a mesa, o motorista de Joey Gallo recebeu um tiro pelas costas. As mulheres e a garotinha refugiaram-se debaixo da mesa. Crazy Joey girou sobre si mesmo, derrubando sua cadeira, e dirigiu-se para a porta lateral, à direita do atirador. Poderia ser que ele estivesse tentando desviar o fogo para longe da mesa; ou talvez estivesse apenas tentando salvar a si mesmo. Mas é mais provável que tenha sido por ambos os motivos. Foi fácil cortar-lhe a rota de fuga, passando direto pelo bar, correndo em direção à porta e postando-me bem atrás dele. Ele conseguiu sair, pela porta lateral do Umberto's, para a rua. Crazy Joey foi alvejado cerca de três vezes no exterior do restaurante, a uma curta distância da porta lateral. Talvez ele tivesse seu 'ferro' guardado no carro e tentasse chegar até este. Mas ele não teve nenhuma chance de fazer isso. Crazy Joey Gallo foi para a Austrália no dia de seu aniversário, em uma calçada ensanguentada da cidade.

As histórias que saíram disseram que havia três atiradores; mas eu não digo isso. Talvez o guarda-costas tenha inventado dois outros atiradores para que ele mesmo figurasse melhor. Talvez tenha havido um bocado de tiros disparados a esmo pelas duas armas utilizadas, de modo que parecesse haver mais de um atirador. Eu não estou envolvendo ninguém mais, além de mim mesmo, nesse negócio.

O importante é que John Francis estava lá, no momento certo, e ele jamais entrava em pânico. Ele adquirira experiência com a Máfia irlandesa, em Londres. John Francis não tinha um emprego regular, nem nada parecido. Ele vivia das suas habilidades. E ele as possuía.

John dirigiu de volta para Yonkers pelo caminho mais longo, depois de assegurar-se de que não éramos seguidos e de trocarmos de carro. Muito naturalmente, a próxima coisa que ele fez foi atirar as armas ao rio, em um ponto que ele conhecia. Há um ponto desse tipo a certa altura do Rio Schuylkill, em Philly; se alguém enviar uma equipe de mergulhadores para lá, poderá armar um pequeno exército.

Tempos depois, ouvi dizer que um sujeito italiano levara o crédito por haver 'queimado' Gallo. Por mim, estava tudo bem. Talvez o sujeito estivesse tentando se tornar uma celebridade, também. É provável que este sujeito tenha dedurado alguém, ou coisa parecida. Os dedos-duros sempre exageram seus 'currículos', para que o governo os trate com mais respeito. O governo adora um dedo-duro que lhe ofereça a chance de 'elucidar' grandes casos famosos; mesmo que o dedo-duro não passe de um traficantezinho de drogas da ralé, que não conseguiria distinguir uma bala no saco de sua própria bola esquerda.

Um pouco antes que O Ruivo morresse de câncer, fui informado, por uma boa fonte, que ele havia me implicado em catorze assassinatos, aos quais ele afirmava ter testemunhado, estando presente nas ocasiões como meu motorista — incluindo o de Crazy Joey Gallo. Isto foi durante os anos 1980, quando ele estava morrendo e eu estava na cadeia, na época. Não posso ter certeza: talvez John estivesse sendo induzido a dizer isso. Mas, se John falou enquanto delirava, eu não me importo. John estava morrendo de câncer, sofrendo dores atrozes e entupido de medicação; e ele não queria morrer na cadeia. O Ruivo não estava em pleno domínio de suas faculdades mentais para jurar dizer a verdade contra ninguém. John era boa gente. Eu não condeno um homem que deseja apenas conquistar a paz para si mesmo.

Russell confiava em mim e em John para lidar com casos importantes como o do moleque presunçoso. Os outros chefes jamais iriam querer ver um incidente como esse conectado aos nomes de suas famílias. É assim que se iniciam as guerras entre gangues. As famílias de Nova York eram ultraitalianas. A Comissão sabia que Russell mantinha uma atitude muito liberal com relação aos não italianos. Empregar dois sujeitos irlandeses da velha-guarda, com um bocado de experiência de combate, era o tipo de isenção que Russell podia proporcionar para a resolução de assuntos importantes, tais como o de Gallo. A Comissão sempre encarregava Russell de cuidar de qualquer coisa grande. Além disso, Russell era muito próximo de Colombo e um apoiador da Liga pelos Direitos Civis dos Ítalo-Americanos.

Foi durante essa época que Jimmy andava fazendo sua política 'pelas beiradas'. Ele se tornou uma figura de vulto no movimento pela reforma prisional. Ele era sincero quanto a isso, mas isso também lhe proporcionava um bocado de oportunidades para fazer sua própria campanha. Certa vez, Jimmy usou Charlie Allen para fazer uma coisa durante um evento para angariar fundos para a reforma prisional. Foi uma entrega.

Charlie Allen saiu de Lewisburg depois de Jimmy, e Jimmy me pediu para que tomasse conta dele. Eu já conhecia superficialmente a Allen, do centro da cidade. Encontrei-me com ele pela primeira vez quando estava afastado do meu cargo no sindicato, depois do caso de DeGeorge. Eu dirigia um caminhão para a Crown Zellerbach. Allen cometera um assalto a mão armada e precisava sumir da Filadélfia. Eu o levei até Scranton, no meu caminhão, e entreguei-o aos cuidados de Dave Osticco. Dave trabalhara com Russ por muitos anos. Dave manteve Allen em uma casa segura, até que as coisas ficaram tão quentes para Allen que ele decidiu voltar à Filadélfia e entregar-se. Se não me engano, foi por causa desse assalto a mão armada que ele foi mandado para Lewisburg. Quando Jimmy me pediu para que ajudasse Allen, e o usei para levar-me aos lugares aonde tinha de ir. Meu *status*, então, chegara ao ponto em que eu tinha um motorista, as pessoas faziam coisas para mim e me demonstravam respeito, de determinadas maneiras.

A única coisa que Charlie Allen realmente fez, e sobre a qual testemunhou durante os meus julgamentos, foi uma entrega para John Mitchell, vinda de Jimmy Hoffa, para o CREEP. Jimmy ainda mantinha abertos todos os canais de comunicação com Nixon. Então, Jimmy estava em um evento para arrecadar fundos para a reforma prisional, em Washington. O oficial encarregado de vigiar sua liberdade condicional permitira a Jimmy que viajasse a Washington para fazer uma coisa dessas. Jimmy convidava as pessoas com as quais desejava fazer negócios para ocasiões assim. Jimmy também convidava gente com quem estivera na 'escola', que pudesse falar sobre a vida na prisão. Jimmy assegurou-se de que eu levasse Charlie Allen — juntamente com o parceiro deste, Frank Del Piano — para aquele evento em particular, em Washington. Jimmy também se assegurou de que Alan Cohen, um ativista político da Filadélfia, estivesse presente, lá. Então, Jimmy e Alan deram a Charlie Allen quarenta mil dólares em dinheiro vivo, para que ele os entregasse a Mitchell, para a campanha de Nixon. Tempos depois, soube-se que Mitchell repassara somente dezessete mil daquela contribuição em dinheiro para o CREEP. Mitchell embolsou vinte e três mil. Como eu disse, aquele era um sujeito que conhecia bem o seu trabalho.

Três ou quatro anos depois, os federais apanharam Charlie para que falasse com eles. Em uma das primeiras conversas que manteve com eles, Allen contou a verdade ao FBI sobre este incidente. Esta conversa com o FBI ocorreu cerca de um ano antes que ele concordasse em usar um microfone oculto para me comprometer. No início, é provável que ele não tenha se dado conta de que passara dos limites quanto a mim, no tocante ao desaparecimento de Hoffa. Ao menos no início, ele estava me apoiando no caso de Hoffa; não que alguém que ocupasse uma posição tão baixa na cadeia de comando, tal como ele, pudesse saber de qualquer coisa sobre os meus negócios, de todo modo. Eu tomei conta de Charlie Allen direitinho; desde o dia em que ele saiu da prisão, até o dia que eu o apanhei usando um microfone oculto, em 1979. ”

Excerto de um relatório oficial do FBI — conhecido como um "302" —, produzido pelo governo durante os julgamentos acusatórios a Frank Sheeran, segundo as Regras da Corte Federal. (Devido a um erro cometido por Allen quanto ao ano, aproximadamente, em que ele fizera a entrega de dinheiro a Mitchell, a data foi omitida do relatório e, mais tarde, retificada em um "302" subsequente, datado de 4 de novembro de 1977):

> HOFFEX
>
> Em 22 de setembro de 1977, o PH 5125-OC [Charlie Allen], informou ao AE [Agente Especial] HENRY O. HANDY, JR e ao AE THOMAS L. VAN DERSLICE dos termos que se seguem:
>
> Quando indagada quanto à última vez em que vira AL COHEN, a fonte respondeu: "Quando ele me deu uma maleta cheia de dinheiro para que fosse entregue a JOHN MITCHELL." A fonte recorda-se de haver comparecido a

> um jantar laudatório em Washington, D.C., que teria tido lugar em "um grande hotel, muito bonito", igualmente situado em Washington D.C. O propósito desse jantar seria o de arrecadar fundos para o movimento em prol da reforma prisional, o que seria de grande interesse para JIMMY HOFFA. HOFFA teria estado presente a esse jantar. [...] Durante esse jantar, FRANK DEL PIANO, também conhecido pela alcunha de TONTO, e a fonte teriam sido abordados por HOFFA e por AL COHEN. HOFFA teria dito à fonte para que levasse "este dinheiro para John Mitchell". A esta altura, Cohen teria passado às mãos da fonte uma maleta, que foi descrita como uma valise do tipo sacola, na cor preta, medindo aproximadamente sessenta centímetros de extensão por trinta centímetros de largura. A fonte não examinou o conteúdo da maleta, pois "você não faz uma coisa dessas diante de Jimmy". A fonte se recorda, contudo, que a maleta estava muito pesada. Ao receberem a maleta, a fonte e DEL PIANO deixaram o hotel e entraram em uma limusine que estava à espera de ambos, sem que estes soubessem para onde estariam sendo conduzidos. O veículo os levou até diante de "uma casa grande, muito bonita" nos arredores de Washington, onde a fonte foi recebida à porta por John Mitchell. A fonte dirigiu-se a MITCHELL e afirmou: "JIMMY me mandou." MITCHELL apanhou a valise, disse "obrigado" e entrou na casa, fechando a porta atrás de si. A fonte entrou novamente na limusine, que rumou de volta ao hotel.

"De todos os trabalhos e coisas que fiz em minha vida, olhando retrospectivamente, a parte de que mais gosto foi a de ter sido presidente do Local 326. Quando eu estava encarcerado, o Local fez de mim o seu Presidente Honorário Vitalício. Eles não tinham de gostar de mim, mas eles me respeitavam; e respeitaram o trabalho que eu fiz para eles. Eu consegui para eles a sua própria autonomia, através de Jimmy. Antes, eles eram dirigidos através da Filadélfia. Em 1979, eu consegui para eles uma nova sede, que ainda é o seu quartel-general, até hoje. Eu tomei conta deles, dia após dia, resolvendo seus problemas e fazendo com que seus contratos fossem cumpridos. Nós contávamos com mais de três mil membros, quando eu fui para a cadeia. Hoje, acho que há cerca de mil, apenas.

Nossa antiga sede, antes de 1979, ficava no número 109 da Rua East Front, em uma vizinhança degradada, perto da estação ferroviária. Toda aquela área está muito melhorada, atualmente. Nos últimos meses de 1972, naquele velho edifício, eu recebi a visita de um proeminente advogado que eu sabia ser uma figura muito importante no Partido Democrata. Ele queria conversar comigo sobre a disputa para as vindouras eleições de 1972 para o Senado dos Estados Unidos.

Antes disso, naquele mesmo ano, o senador em exercício Caleb Boggs já havia passado por ali e me perguntado se eu permitiria que ele falasse aos companheiros. Eu disse a Boggs que achava que ele era demasiadamente antissindicalista. Ele negou que fosse contra o trabalhismo. Ele disse que era um Republicano, e que, uma vez que os Caminhoneiros estivessem apoiando a reeleição de Nixon, ele deveria ter uma oportunidade de falar diretamente às fileiras deles. Boggs já havia sido governador do Estado e um congressista, antes de tornar-se senador. Acho que ele jamais perdeu uma eleição que tivesse disputado. Todo mundo gostava dele. Ele era um homem muito amigável, com uma boa reputação; mas, até onde eu sabia, ele sempre estivera a favor do patronato, em Delaware. Eu levei a questão à comissão executiva, e decidimos não o convidar para que falasse a nós.

Quando seu adversário, Joe Biden, perguntou se poderia falar aos companheiros, levei a questão à comissão executiva e sondei os sentimentos desta. Como ninguém se opusesse, eu disse a ele: "É claro. Venha." Biden pertencia ao Conselho do Condado e era um Democrata. O Conselho do Condado contava com algumas pessoas muito boas, todas favoráveis às atividades sindicais. Joe Biden era apenas um rapazola, comparado a Caleb Boggs. Ele veio e fez seu discurso — e revelou-se um excelente orador. Ele fez um discurso realmente muito bom a favor do sindicalismo para os nossos companheiros, naquela reunião dos membros do nosso sindicato. Ele abordava as questões desde suas bases e as tratava de maneira pessoal, como se fosse alguém muitos anos mais velho. Ele disse que as suas portas estariam sempre abertas para os Caminhoneiros.

Assim, quando aquele proeminente advogado deu uma passadinha pelo meu escritório, poucos dias antes das eleições, eu disse a ele que já estava ao lado de Biden. O advogado viera acompanhado de outro sujeito, que trabalhava nos jornais *Morning News* e *Evening Journal*, que eram publicados pela mesma empresa. Essencialmente, ambos eram o mesmo jornal; e estes eram os únicos jornais diários de Wilmington.

Wilmington situa-se na parte mais ao Norte do Estado, que é mais liberal do que a parte Sul. Delaware, sendo um Estado muito pequeno, devia contar com uma população de seiscentos mil habitantes, na época. Mais da metade destes vivia no condado setentrional, enquanto o restante da população vivia nos outros dois condados meridionais. A Linha Mason-Dixon[23] passa através do território de Delaware. Por muitos anos, houve escolas segregacionistas nos condados do Sul. Também havia

23 A Linha Mason-Dixon foi estabelecida entre 1763 e 1767, por Charles Mason e Jeremiah Dixon, como forma de demarcação e resolução das disputas relativas aos limites territoriais então existentes entre as antigas colônias britânicas no continente norte-americano. Em grande parte, ainda hoje ela serve como linha divisória entre quatro Estados norte-americanos: Pensilvânia, Maryland, Delaware e Virgínia Ocidental (que, originalmente, pertencia ao território da Virgínia). Quando o Estado da Pensilvânia aboliu a escravidão, em 1781, a parte situada a Oeste da linha e do Rio Ohio passou a simbolizar uma fronteira entre os Estados escravagistas e os abolicionistas. O território de Delaware, quase totalmente situado a Leste da linha, permaneceu escravagista. Na linguagem popular, a partir do acordo político, de 1820, que viria a ser chamado de Compromisso do Missouri, a Linha Mason-Dixon adquiriu o significado de uma "fronteira cultural" que separa os Estados do Norte dos do Sul dos Estados Unidos. (N.T.)

a mais absoluta segregação no Norte, mas, em sua maioria, os nortistas tinham hábitos e costumes mais parecidos com os dos habitantes das grandes cidades do Norte, como a Filadélfia. Àquela época — e talvez mesmo hoje em dia —, quase todos os leitores de jornais do Estado liam os jornais de Wilmington.

O advogado me contou que o senador Boggs mandara publicar alguns anúncios que seriam encartados nos jornais todos os dias, ao longo da última semana antes da eleição. Nos anúncios, Boggs afirmava que Joe Biden distorcera os números relativos aos eleitores registrados que votariam em Boggs, e que os anúncios também mostrariam o que Biden dissera sobre Boggs, ao lado dos supostamente verdadeiros registros eleitorais de Boggs, ou qualquer coisa assim. O advogado não queria que aqueles jornais fossem distribuídos. O advogado era muito boa gente. Ele era muito esperto. Ele era muito experiente, e sabia que em uma eleição ambos os lados fazem os seus truques. As empresas fizeram seus truques por anos, dizendo aos seus funcionários em quem deveriam votar e mexendo seus pauzinhos nos bastidores. O sujeito que estava lá, que trabalhava para os jornais, disse que pretendia que fosse organizado um piquete informativo, mas que não dispunha de gente boa, que trabalhasse com ele nos jornais, em quem pudesse confiar para engrossar a linha de frente do piquete. Acho que eles já tinham um sindicato, mas esta linha de frente teria de ser formada por gente de um sindicato diferente. Eu disse a ele que arranjaria algumas pessoas e as poria na linha de frente para ele. E aquelas seriam pessoas com quem ninguém iria bancar o engraçadinho.

A ideia por trás de um piquete informativo é fazer com que todo mundo saiba que você está tentando organizar a atividade sindical de uma empresa. Ou você está afirmando que a empresa é injusta e seus representantes não estão dispostos a se sentarem a uma mesa de negociação com o sindicato; ou que a empresa está pressionando seus funcionários para que não assinem seus cartões de filiação ao sindicato. Você também pode estar tentando forçar a realização de uma eleição para substituir um sindicato que já represente aqueles trabalhadores, tal como Paul Hall, dos Marítimos, fez contra Jimmy Hoffa. Toda vez que você vir as palavras 'Injustiça com o Trabalhismo' em cartazes na linha de frente de um piquete, este será um piquete informativo. Você não pode exibir cartazes dizendo que está em greve, porque você ainda não pertence a um sindicato reconhecido, e isto violaria as regras da Comissão Nacional de Relações Trabalhistas.

Eu disse ao meu amigo advogado e ao sujeito que estava com ele que ambos poderiam contar comigo para resolver esse problema. Eu sempre tivera um bocado de respeito por aquele advogado, e, de todo modo, achava que Biden seria um senador melhor para o sindicalismo. Eu disse a ele que uma vez que tivéssemos estabelecido a linha de frente naquele piquete, eu providenciaria para que nenhum motorista de caminhão cruzasse ou desfizesse aquela linha. Os Caminhoneiros prestigiariam a linha de frente daquele piquete de outro sindicato, qualquer que fosse o nome que ele tivesse.

A linha de frente foi estabelecida e os jornais foram impressos; mas todos eles permaneceram dentro dos depósitos e jamais foram distribuídos. Um sujeito da empresa que publicava os jornais telefonou para mim, dizendo-me para que eu ordenasse aos meus homens que voltassem ao trabalho. Eu disse a ele que nós estávamos prestigiando aquele piquete, integrando sua linha de frente. Ele me perguntou se eu teria qualquer coisa a ver com a explosão de um vagão de carga que transportava materiais empregados na impressão de jornais — quer fosse papel, tintas ou alguma outra espécie de suprimentos; não sei. Mas ninguém ficara ferido na explosão. Eu disse a ele que estávamos prestigiando e apoiando o piquete, e que se ele quisesse contratar alguns guardas para que ficassem de olho em seus vagões de carga, deveria procurar nas Páginas Amarelas.

No dia seguinte à eleição, o piquete informativo foi desfeito e a circulação dos jornais voltou ao normal. E Delaware elegeu um novo Senador dos Estados Unidos. É difícil acreditar que isso aconteceu há mais de trinta anos.

Tem havido algumas coisas escritas sobre esse incidente, desde então; e o meu nome é sempre mencionado nelas. Dizem que esta foi a manobra que elegeu o senador Joe Biden. Especialmente os Republicanos, dizem que se aqueles encartes editados pelos partidários de Boggs tivessem sido distribuídos com os jornais, isso teria causado muitos danos à imagem de Joe Biden. Se os anúncios de Boggs tivessem circulado, tal como quase o fizeram, naquela última semana antes da eleição, não teria havido tempo para que Biden reparasse os danos à sua imagem. Não tenho como saber se Joe Biden algum dia soube que aquele piquete fora organizado propositalmente em seu benefício. Se ele soube, jamais me disse uma só palavra a respeito.

O que eu sei é que, ao tornar-se um senador dos Estados Unidos, o sujeito soube manter-se fiel à palavra empenhada aos nossos companheiros. Se você precisasse que ele lhe estendesse a mão, ele o ouviria. ”

Capítulo Vinte e Cinco

Essa não era a maneira de Jimmy fazer as coisas

O tempo de Jimmy Hoffa viver encasulado terminou em março de 1973, quando findou o prazo de sua libertação condicional. Seu destino não estava mais condicionado aos termos descritos em um papel. A partir de então, ele estaria livre como uma borboleta, para viajar aonde quisesse e para dizer o que quer que lhe passasse pela mente.

Em abril de 1973, durante um banquete em Washington, Hoffa ascendeu à tribuna e anunciou que lançaria um desafio jurídico à restrição que o presidente Nixon impusera ao indulto que lhe concedera. Em seu anúncio, Jimmy Hoffa não surpreendeu a ninguém ao afirmar que pretendia se opor a Frank Fitzsimmons na disputa pela presidência dos Caminhoneiros na convenção de 1976.

O senso de oportunidade de Jimmy Hoffa fora perfeito, ao menos quanto a outro aspecto: Fitzsimmons não mais poderia contar com a amizade e o apoio de um presidente forte na figura de Richard Nixon. O mesmo mês em que Hoffa fez seu pronunciamento marcou um período especialmente difícil para Nixon, com o escândalo de Watergate despontando em seus horizontes. Como resultado disto, Nixon tinha assuntos muito mais importantes com que se preocupar do que Jimmy Hoffa. O círculo interno da administração Nixon esforçava-se desesperadamente para movimentar-se em meio ao atoleiro das invasões clandestinas que seriam reveladas pelo caso Watergate. Pelo final do mês em que Hoffa anunciara lançar seu planejado desafio jurídico à restrição em seu indulto, o chefe do *staff* de Nixon na Casa Branca, H. R. (Bob) Haldeman, renunciaria ao seu cargo. Tempos depois, Haldeman seria mandado para a prisão. Um mês antes, Charles Colson, o conselheiro especial de Nixon, já havia abandonado a Casa Branca para praticar a advocacia na esfera privada e rapinar os negócios legais dos Caminhoneiros, antes de também ir para a prisão. Logo o embargo do petróleo árabe arrocharia a nação, dando a Nixon ainda mais motivos para se preocupar.

Diante do anúncio do desafio jurídico de Hoffa e de seus planos para concorrer em 1976, Frank Sheeran brindou seu amigo e mentor com um comentário espirituoso: "Eu serei um aliado de Hoffa até o dia em que acertarem a minha cara com uma pá e roubarem as minhas abotoaduras."

"Não havia maneira de Jimmy perder a eleição em 1976. Não era apenas uma questão do número de delegados que o apoiassem: todos os companheiros apoiavam Jimmy ainda mais fervorosamente. Se isto não fosse bom o bastante, não havia muita gente no sindicato que tivesse coisas muito favoráveis para dizer a respeito de Fitz. Ele era fraco; e por isso Jimmy o pusera lá. O que Jimmy não considerara é que a fraqueza dele poderia ser um traço de personalidade muito atraente para certas pessoas da, assim chamada, Máfia.

Os apoiadores de Jimmy ofereceram-lhe um jantar de homenagem, por ocasião de seu sexagésimo aniversário, em fevereiro de 1973. Este teve lugar no Latin Casino, em Cherry Hill, Nova Jersey — no mesmo lugar onde, um ano e pouco depois, eu seria homenageado com um jantar. Eu estava lá, sentado bem à frente e no centro; e aquele foi um evento grandioso, ainda que Fitzsimmons não quisesse que ninguém comparecesse. Harold Gibbons foi o único membro da bancada executiva que compareceu. Tal como aconteceu no meu jantar, eles contrataram um fotógrafo profissional para registrar a ocasião. Jimmy fez com que eu posasse para uma quantidade de fotografias junto dele, inclusive uma em que nós dois aparecemos apertando as mãos, a qual conservo com especial apreço, até hoje. Eu visitei Jimmy em Lake Orion logo depois de ele ter tido aquele problema com Tony Pro, em uma reunião particular, em Miami. Naquela reunião em Miami, Jimmy pretendia obter o apoio de Pro para a eleição de 1976. Em vez disso, o que ele obteve foi a ameaça de Pro de raptar a neta de Jimmy e de arrancar-lhe as tripas com as próprias mãos. Ainda em Miami, depois da reunião, Jimmy me disse que falaria com Russell para que permitisse que eu fizesse o que tinha de fazer com Tony Pro. Dessa vez, ele não disse nada quanto a ser o meu motorista quando tivesse de resolver o assunto. Então, Jimmy estava falando a sério. Jimmy e Pro odiavam um ao outro, e ambos eram, mesmo, capazes de fazer ao outro o que disseram que fariam. Era apenas uma questão de saber quem faria primeiro.

Eu fui a Lake Orion logo em seguida aos acontecimentos de Miami. Jimmy tornou a mencionar que alguma coisa teria de ser feita quanto a Pro, mas não disse para que eu falasse com Russell ou fizesse qualquer outra coisa. Então, Jimmy disse que Fitz não era um 'homem feito', e que ele não precisaria da aprovação de ninguém para cuidar de Fitz. Jimmy disse que já estava acertando as coisas com um *cowboy* para que fizesse o que tinha de fazer contra Fitz, se fosse o caso.

Eu sabia que Jimmy havia tido contato com Charlie Allen recentemente, por isso perguntei:

— Você não está pensando em usar Allen, está?

— Que diabos, não —, respondeu-me Jimmy. — Ele é um fanfarrão. Só tem conversa.

— Eu sei disso —, disse eu. — Estou contente que você também saiba.

(Nenhum de nós mencionou o nome de Lloyd Hicks naquela ocasião, mas este certamente me ocorreu. Lloyd Hicks era um oficial de um comitê local de Miami.

Hicks pertencia à facção de Rolland McMaster, que, por sua vez, fora um dos sujeitos que desertara do lado de Jimmy bandeando-se para o lado de Fitz. McMaster era o tipo de sujeito a quem Jimmy detestava, por ser um desertor. Quando Jimmy e Pro se encontraram em Miami, Lloyd Hicks grampeou a sala de reuniões a serviço de McMaster. Depois disso, Hicks foi para o bar, tomou alguns drinques a mais, e começou a alardear que obteria uma gravação do encontro entre Jimmy e Pro — coisa que, então, seria de grande interesse para Fitz. Foi isso que fez com que Jimmy ficasse um pouco mais do que apenas louco da vida.

Mais tarde, naquela mesma noite, Hicks foi encontrado com o corpo crivado de não sei quantas balas, mas certamente mais do que as suficientes para carregar apenas uma arma. Foi como se dois atiradores tivessem pintado a casa do sujeito. E, se Hicks chegou a obter uma fita gravada, ele não a tinha mais consigo. Naquela ocasião em particular, aconteceu de O Ruivo e eu estarmos em Miami, ao lado de Jimmy no tocante a essa questão.)

Em Lake Orion, Jimmy me disse estar trabalhando em sua ação judicial para se livrar da restrição, e que a impetraria depois que arranjasse mais alguma 'munição'. Disse a ele que eu mesmo me apresentaria como queixoso na parte da ação que seria impetrada pelos Caminhoneiros da ativa que queriam que Jimmy voltasse à direção do sindicato. Jimmy me disse que teria de fazer uma entrega de dinheiro para Mitchell em alguns meses, assim que tivesse acertado algumas coisas. Ele me disse para que o lembrasse quando o jantar em minha homenagem fosse agendado, pois estaria lá, a qualquer custo. Eu disse a Jimmy que estava mantendo o jantar suspenso, esperando pela data que fosse mais conveniente para ele. Jimmy disse que apreciava muito o meu apoio leal. Ele sabia que eu estaria concorrendo à reeleição no meu comitê, o Local 236, e ofereceu-me sua ajuda; mas eu disse a ele que não teria qualquer problema com o meu comitê.

Mais tarde, em outubro daquele mesmo ano, recebi um telefonema de Jimmy dizendo-me para que fosse ao encontro do Ruivo. Fui ao Branding Iron, onde este último entregou-me outra mala de viagem. Esta não era tão pesada quanto a anterior, mas ainda continha um volume considerável. Havia 270 mil dólares em seu interior. Então, dirigi até o Market Inn. Não tomei sequer um drinque. Assim que entrei, um sujeito que eu não conhecia veio até mim e disse que me levaria até onde eu teria de ir. Entramos no carro dele e ele dirigiu até chegar diante de uma casa magnífica. Saí do carro, toquei a campainha e fui atendido à porta por Mitchell. Passei a mala às mãos dele e recebi em troca um envelope, que continha um depoimento juramentado. Desta vez, não houve conversa fiada. Dirigi de volta a Philly e fui ao encontro de Russell, em um restaurante. Lá, Russell leu o depoimento juramentado que Mitchell me entregara em um envelope e tomou conta do assunto, daquele momento em diante. ”

Eu, JOHN W. MITCHELL, estando devidamente juramentado, deponho e afirmo:

1. Que nem eu nem o Procurador-Geral dos Estados Unidos, nem — até onde seja do meu conhecimento — nenhum outro oficial do Departamento de Justiça, durante o mandato por mim exercido como Procurador-Geral, apresentou ou sugeriu a inclusão de quaisquer restrições à comutação presidencial em favor de James R. Hoffa.
2. Que o presidente Richard M. Nixon não apresentou nem sugeriu a mim ou — até onde seja do meu conhecimento — a nenhum outro oficial do Departamento de Justiça, durante o mandato por mim exercido como Procurador-Geral, quaisquer restrições às atividades do Sr. Hoffa junto ao movimento trabalhista, como espécie de cláusula como parte de qualquer indulto presidencial concedido ao Sr. Hoffa.

(a.) John W. Mitchell
Juramentado perante mim, neste dia 15 de outubro de 1973.
Rose L. Schiff
Tabeliã Pública do Estado de Nova York

Pouco mais de um ano depois, enquanto este documento ainda se arrastava pelos escaninhos do sistema judiciário em favor de seu beneficiário, o homem que prestara juramento quanto à veracidade de seu teor, John W. Mitchell, seria condenado por perjúrio e obstrução da justiça, como resultado de haver mentido petulantemente, sob juramento, na tentativa de acobertar informações relativas ao caso Watergate.

Com o documento juramentado em mãos — antes que este fosse maculado pela condenação de seu autor por perjúrio —, Jimmy Hoffa pôs em marcha a sua campanha, a todo vapor.

No dia 16 de fevereiro de 1974, Hoffa acusou a Fitzsimmons de "viajar por todo o país, para participar de cada maldito torneio de golfe que houvesse, enquanto presidia o sindicato dos Caminhoneiros, um cargo que exige uma dedicação de dezoito horas de trabalho diárias."

Em uma entrevista para a televisão, Hoffa afirmou que "Fitzsimmons é louco. Um sujeito que se consulta com um psiquiatra duas vezes por semana pode dirigir uma organização sindical de mais de dois milhões de Caminhoneiros?"

Hoffa passou a referir-se habitualmente a Fitzsimmons como "louco" e "mentiroso".

Em retaliação, Fitzsimmons destituiu a esposa de Hoffa, Josephine, do cargo que esta ocupava no sindicato e dos 48 mil dólares de sua renda anual. Simultaneamente, Fitzsimmons cortaria os 30 mil dólares da verba anual destinada ao custeio das despesas judiciais de Hoffa. Chuckie O'Brien, que crescera no lar da família Hoffa como um filho adotivo e tratava Jimmy Hoffa por "Papai", foi mantido no exercício de suas funções junto aos Caminhoneiros. O'Brien aproximara-se progressivamente de Fitzsimmons, à medida que se distanciava de Hoffa. Jimmy Hoffa, um dedicado pai de família, estava francamente desapontado com o afastamento de O'Brien e reprovava veementemente o gosto pelos jogos de azar e o comportamento perdulário deste. Jimmy Hoffa se recusara a apoiar O'Brien para a presidência do Local 299, em Detroit, e a distância entre ambos aumentou.

No dia 13 de março de 1974, Hoffa impetrou sua tão aguardada ação judicial. Desta vez, em lugar do habitual cortejo de advogados subservientes, ele usou os préstimos do renomado promotor da causa dos direitos civis Leonard Boudin. Em sua ação, Hoffa afirmava que não tinha conhecimento das restrições na ocasião em que deixara a prisão, em 21 de dezembro de 1971, e que jamais concordara com elas. Além disso, mesmo que concordasse, faltaria ao presidente a autoridade constitucional para impor restrições ao indulto recebido por ele, ou por qualquer outra pessoa, em circunstâncias análogas.

Há uma antiga máxima que é ensinada aos jovens advogados: "Se você não pode vencê-los com a lei, vença-os com os fatos." Neste caso, a argumentação que Boudin faria em favor de seu cliente seria o que muitos estudiosos do Direito Constitucional considerariam uma argumentação "vencedora". Esta deixaria ao governo a incumbência de argumentar contra os fatos; e Jimmy Hoffa, com seus atos, teria inadvertidamente fornecido ao governo um argumento factual.

Hoffa e seus "amigos especiais" forneceram a Boudin os fatos a serem alegados na ação judicial, que suplementariam a argumentação legal. Assim, a ação sustentava que a restrição não fora originada a partir de fonte adequada — tal como, por exemplo, do procurador-geral; mas, sim, que não fora "originada e derivada de quaisquer procedimentos regulamentares de cessão de clemência, mas fora acrescentada ao referido indulto por Charles Colson, Conselheiro Especial do Presidente, consonante com alguma forma de acordo e conspiração."

Em uma entrevista à televisão, depois de haver dado curso à papelada da ação judicial que movia, Hoffa discorreu sobre essa parte de seu processo: "Estou absolutamente certo de que a mão dele pesou sobre isso, e de que ele foi o elaborador desse linguajar jurídico. [...] Ele fez isso para incorrer nas boas graças de Fitzsimmons. E para, assim procedendo, conquistar a posição de representante legal dos Caminhoneiros. E Fitz assim procedeu para, através de Colson, manter a presidência da Fraternidade Internacional."

A isso, Fitzsimmons respondeu: "Eu não sabia de nada quanto a essas restrições."

Ao que Colson acrescentou: "Isso não faz qualquer sentido. [...] Eu informei ao Sr. Fitzsimmons, no dia anterior à libertação de Hoffa, que achava que ele iria ser libertado sob condições que me pareceram ser as melhores para os interesses do movimento trabalhista e do país, à época. Eu jamais disse a ele o que... quais eram essas restrições."

Se Colson merece algum crédito, diga-se que a curiosidade de Fitzsimmons não fora nem um pouco espicaçada. Ele jamais perguntou algo como "Restrições? O quê? Quais restrições?" Porém, no tocante a toda a arenga a que os advogados chamam "fulano disse, sicrano disse", o governo teria uma oportunidade para argumentar que aquilo estaria além da questão. No dia 19 de julho de 1974, o juiz John H. Pratt, da Corte Distrital dos Estados Unidos em Washington, D.C., respondeu às alegações factuais de Hoffa usando-as contra ele mesmo. O juiz Pratt sustentou que ainda que a suposta conspiração tramada por Colson e Fitzsimmons fosse comprovada, a assinatura do presidente no documento, lavrado naquela data e explicitando a restrição, não poderia ser contestada "pelo mesmo motivo [pelo qual] uma pessoa não pode contestar a validade de um Ato do Congresso baseada na alegação de que um congressista votou a favor deste por motivos impróprios".

Esta derrota deixou Hoffa sem outra escolha, a não ser apelar à instância judicial seguinte, na qual o argumento apresentado seria analisado com base em sua validade legal — os tais aspectos constitucionais aventados por Boudin. Hoffa e Boudin estavam muito otimistas quanto à prevalência de sua argumentação legal no nível de apelação subsequente. Contudo, tal apelação levaria um ano, ou mais, para ser levada a efeito. Nenhuma decisão sairia senão até o final de 1975.

No dia 9 de agosto de 1974, menos de um mês depois de Hoffa haver perdido o "primeiro *round*" no tribunal presidido pelo juiz Pratt, Nixon "jogou a toalha". Ele renunciou ao cargo que ocupava e foi substituído pelo vice-presidente Gerald R. Ford — que fora escolhido pessoalmente por Nixon, poucos meses antes, para substituir a Spiro T. Agnew. Agnew renunciara quando foi descoberto que, mesmo enquanto vice-presidente, seu nome continuava a figurar na "folha de pagamento" de corruptos empreiteiros de obras públicas em Maryland, estado do qual ele fora governador. No dia seguinte à renúncia de Nixon, o novo presidente, escolhido "a dedo", Gerald R. Ford — que fora um dos sete membros da Comissão Warren —, concedeu a Nixon um perdão especial, pela prática de quaisquer crimes pelos quais ele viesse a ser acusado.

Então, tudo o que Jimmy Hoffa podia fazer era confiar em sua apelação.

"Não há dúvida de que Jimmy esperava vencer aquele caso no tribunal; e que todo mundo esperava que ele vencesse, mesmo, a tempo de retomar o poder no sindicato praticamente no mesmo dia em que os Estados Unidos estivessem celebrando o bicentenário de sua Independência. Jimmy poderia ter ficado sem fazer nada, por um par de anos; deixado seus advogados cuidarem da apelação e 'atracado seu barco' na presidência do sindicato. Mas essa não era a maneira de Jimmy fazer as coisas. A maneira de Jimmy fazer as coisas era brigando; mesmo que ele não tivesse contra quem brigar."

Capítulo Vinte e Seis

As portas do inferno vão se abrir

Em seu livro *The Teamsters* ("Os Caminhoneiros"), Steven Brill afirma que por volta de 1974 o fundo de pensão Central States tinha mais de um bilhão de dólares emprestados a empreendimentos imobiliários comerciais, incluindo cassinos. Isto equivalia a apenas 20% menos do que a poderosa instituição financeira Chase Manhattan Bank tinha em volume de empréstimos. "Em resumo", disse Brill, "a Máfia detinha o controle de uma das maiores instituições financeiras do país e uma das maiores fontes de investimentos imobiliários do mundo."

O controle sobre o presidente dos Caminhoneiros assegurava o controle sobre o fundo de pensão e tratamento favorecido nos contratos com o sindicato. Por muitos anos depois do desaparecimento de Hoffa e da destituição de Fitzsimmons, a Máfia continuou a controlar o escritório da presidência da Fraternidade Internacional dos Caminhoneiros, cooptando os delegados que votavam nas eleições. Tão posteriormente quanto em 1986, o membro da Comissão e chefe da família Genovese, Anthony "Fat Tony" Salerno, foi condenado por ter fraudado a eleição do presidente dos Caminhoneiros, Roy Williams. O FBI instalara microfones ocultos no Parma Boys Social Club, em Nova York, e Fat Tony foi apanhado por suas próprias palavras. Frank Sheeran e Fat Tony seriam internados no mesmo hospital da prisão federal em Springfield, no Missouri, no final da década de 1980, quando Fat Tony estaria morrendo de câncer.

Também na prisão, juntamente com Sheeran e Fat Tony, encontrava-se um motociclista fora da lei, tatuado e muito musculoso, chamado Sailor ("Marinheiro"). Tal como Fat Tony, Sailor estava morrendo de câncer, e como lhe restassem apenas poucos meses de vida concederam-lhe um livramento antecipado. Segundo Sheeran, Fat Tony arranjou para que 25 mil dólares lhe fossem entregues quando da sua libertação. Em troca do dinheiro, Sailor dirigiu até Long Island e matou uma testemunha civil que depusera contra Fat Tony. Enquanto Russell Bufalino voltou-se para a religião no hospital prisional de Springfield, preparando-se para a próxima vida, Salerno não teve uma epifania semelhante.

Em 1975, à época do desaparecimento de Jimmy Hoffa, Fat Tony era o chefe da família à qual Tony Pro pertencia: os Genovese.

"A Noite de Agradecimento a Frank Sheeran aconteceu em 18 de outubro de 1974. Cerca de seis meses antes do banquete em minha homenagem corriam alguns boatos de que Jimmy poderia não ser tão bom para conceder empréstimos do fundo de pensão no futuro. Essas conversas provinham principalmente da área de Tony Pro, porque ele fazia campanha contra Jimmy. Eu falei a Russell sobre o que estava ouvindo aqui e ali, e Russell disse que havia apenas uma quantia limitada de dinheiro que os Caminhoneiros poderiam emprestar; e, de todo modo, logo a fonte secaria, não importando quem a estivesse administrando. Jimmy sempre fora bom de negociação. Russell disse que tinha havido problemas com Tony Pro e alguns outros em Kansas City, mas Jimmy recebia um bocado de apoio de seus velhos amigos. Russell era partidário de Jimmy e ele me disse que, após seu julgamento, me levaria para ver Fat Tony Salerno, o chefe de Tony Pro. Tony Pro detinha o controle de dois ou três comitês locais na zona norte de Jersey, mas Fat Tony tinha muito mais do que isso quando se tratava de influenciar delegados.

Enquanto isso, Russell tinha de vencer seu próprio julgamento, no interior do Estado de Nova York. Alguns homens de Russell mantinham um negócio de máquinas de venda de cigarros, lá. E eles estavam enfrentando um bocado de concorrência de outra empresa, em Binghamton, Nova York. O pessoal de Russell tentou conversar com os dois proprietários da empresa de Binghamton sobre eles colocarem uma parte de seus lucros sobre uma mesa de negociação. Mas os donos da outra empresa não 'compraram' a ideia de tornarem o pessoal de Russell seus 'sócios ocultos'. Então, certa noite, alguém cuidou dos donos da empresa. A próxima coisa que aconteceu foi que Russell e cerca de uma dúzia de outros membros de sua família foram presos por extorsão. Alguns dos que foram levados presos acabaram sendo libertados por falta de provas, mas eles conseguiram levar Russell e cerca de meia dúzia de outros a julgamento. Eu compareci ao julgamento e me sentei na primeira fileira. O julgamento durou três semanas, e eu compareci a todos os dias, para apoiar Russell. O júri podia ver que Russell tinha amigos no recinto da corte. No dia 24 de abril de 1974, Russell e os outros foram declarados inocentes. Isto aconteceu na mesma primavera em que Jimmy impetrou sua ação judicial. A primavera de 1974 foi fascinante para os amigos deste irlandês, aqui.

Depois de sua vitória no tribunal, Russell levou-me a Nova York e nós nos encontramos com Fat Tony Salerno no Vesuvio. Russell e eu dissemos a ele que Tony Pro e Jimmy tinham uma diferença pessoal quanto à pensão de Pro, mas que apreciaríamos qualquer ajuda que Tony pudesse prestar a Jimmy mais tarde, na convenção de 1976. Fat Tony tinha sempre um charuto em seus lábios. Ele disse que não ficaria no caminho de Jimmy. Ele não tentaria dizer a Pro o que este deveria fazer, mas ele não estaria ao lado de Pro nesta questão. Jimmy fizera muitas coisas boas no passado.

Por volta de maio ou junho de 1974, recebi uma visita de surpresa em meu escritório do Local 326, perto da estação ferroviária: ninguém mais ninguém menos do que John Mitchell. Eu não perguntei ao sujeito como ele me encontrara ou mesmo se ele sequer sabia quem eu era. Ele disse que dispunha apenas de um minuto e que passara por ali somente para dizer alô e para pedir que eu dissesse 'a Jimmy que eu perguntei por ele. Diga a ele para que desfrute de sua pensão e vá brincar com seus netos; e esqueça a ideia de concorrer à presidência do sindicato.' Eu respondi a ele: 'Obrigado por passar por aqui. Da próxima vez em que o vir, eu falarei a ele o que você me disse.'

Enquanto isso, as coisas estavam esquentando em Detroit, no Local 299. O velho amigo de Jimmy, desde os primeiros anos, Dave Johnson, ainda era o presidente. O plano era para que Dave não se aposentasse até que Jimmy estivesse pronto para assumir o poder da Fraternidade Internacional. Mas Fitz estava pressionando para que Dave se aposentasse logo, pois assim ele poderia indicar seu próprio filho, Richard, como presidente do Comitê Local. Jimmy precisava de seu homem lá, no 299, até que suas restrições fossem retiradas. Quando isso acontecesse, Dave deveria indicar a Jimmy como agente comercial do Local 299. Desta maneira, Jimmy seria um delegado na convenção de 1976 e, sob a constituição, isto o qualificaria para concorrer contra Fitz à presidência da Fraternidade Internacional.

Dave Johnson passou a receber telefonemas mudos em sua casa, apenas ouvindo a pessoas que riam na outra ponta da linha. Alguém atirou com uma escopeta na janela de seu escritório no edifício do sindicato. Cerca de uma semana antes de Jimmy perder a primeira rodada no tribunal quanto à sua ação contra as restrições, alguém explodiu o iate de 45 pés de Dave. Todas essas coisas eram mensagens enviadas por Fitz e seu pessoal.

Richard, o filho de Fitz, anunciou que concorreria à presidência do Local 299 contra Dave. Richard afirmou que o próprio Jimmy seria o responsável pela explosão do barco de Dave. Esse tipo de coisa apenas fazia com que um homem como Dave Johnson se tornasse mais forte. Dave era boa gente. Ele permaneceu lá como presidente e um acordo foi feito para que Richard ocupasse a vice-presidência. Tempos depois, alguém explodiu o carro de Richard; mas Jimmy jamais teria explodido o carro do filho de Fitz. Jimmy não colocaria seu próprio filho na linha de frente, expondo o garoto a uma retaliação.

Jimmy espalhou a notícia de que concorreria à eleição não importando o que os juízes viessem a dizer. Se perdesse em sua apelação ele simplesmente desafiaria as restrições. Se eles quisessem tentar botá-lo na cadeia novamente, a bola estaria no campo de jogo deles. Não importava o que houvesse, Jimmy estaria concorrendo em 1976. Algumas pessoas até mesmo criaram uma organização chamada HOFFA, um acrônimo para a expressão *How Old Friends Feel Active* ('Como Velhos Amigos se Sentem Ativos').

Jimmy não era um dedo-duro, mas ele sabia como fazer alarde. Jimmy começou a dizer coisas tais como que cobraria todos os maus empréstimos que Fitz, 'o velho balofo', fizera. Um bocado desses empréstimos havia sido direcionado para a construção de cassinos e, supostamente, para a Máfia; mas sob a administração de Fitz eles eram negligentes com os pagamentos. Com Jimmy eles sempre faziam seus pagamentos em dia. Por mais louco que isto possa parecer, Jimmy saiu dizendo em público que iria expor as supostas conexões que Fitz manteria com a Máfia. Jimmy disse que exporia tudo, assim que retomasse seu cargo e pudesse botar suas mãos nos registros. Aquilo soava como se Jimmy fosse suspender alguns daqueles empréstimos e tomar os cassinos da mesma maneira que Castro fizera, em Cuba.

Eu continuava a dizer a Russell que aquele era apenas o jeito de Jimmy, e que ele estaria somente bravateando. Russell me disse para que eu falasse a Jimmy para que relaxasse e parasse de atrair atenções para seus amigos. Russell mencionou, uma vez, que já havia corrido uma conversa sobre Jimmy haver 'aberto o bico' para a Comissão McClellan e fazer com que Dave Beck fosse indiciado, de modo a poder tirar Beck de seu caminho e assumir o controle. Dave Beck fora presidente da Fraternidade Internacional pouco antes do meu tempo. Eu não sabia se deveria ou não dar crédito àquela história quanto a Jimmy; então, duvidei. Contudo, Jimmy teria um problema se prosseguisse com aquela história de expor seus amigos. ”

Em pleno curso de sua campanha, Jimmy Hoffa frequentemente "picava" como um enxame de abelhas. Hoffa foi citado nos jornais ao acusar Fitzsimmons de "ter se vendido aos mafiosos e de permitir que conhecidos fraudadores se imiscuíssem nos Caminhoneiros". Ele fez graves acusações a Fitzsimmons e ao crime organizado que se repetiam na autobiografia de Hoffa, cujo lançamento estava planejado para ocorrer seis meses antes da eleição de 1976. "Eu o acuso de permitir o estabelecimento de figuras do submundo em um esquema de seguros fraudados do sindicato [...] Haverá mais e mais desdobramentos à medida que o tempo passar e eu puder pôr minhas mãos em informações adicionais."

Para manter as mãos limpas e evitar parecer ter seus próprios conflitos de interesses, Jimmy Hoffa negociou sua saída de uma empresa de mineração de carvão que possuía no nordeste da Pensilvânia. Se ele continuasse a estar em uma posição de gerenciamento dos Caminhoneiros que transportavam o carvão, Hoffa não pareceria tão imaculado quanto precisava parecer se quisesse continuar a "atirar lama" contra Fitzsimmons e o "submundo".

“ Eles fecharam o Latin Casino para a Noite de Agradecimento a Frank Sheeran. O Latin era onde eu costumava ir em companhia do Navalha Fina e dos sujeitos do centro da cidade, nas noites de domingo, nos velhos tempos. Frank Sinatra se apresentava ali regularmente. Eles apresentaram todos os grandes astros ao longo dos anos: Al Martino, Dean Martin, Liberace. Os mesmos astros que se apresentavam em Vegas também se apresentavam no Latin. Aquele era o único clube noturno da região.

John McCullough, do sindicato dos telheiros, foi quem organizou o banquete. Havia três mil pessoas lá, comendo costela de primeira ou lagosta, e o bar estava liberado. Era uma noite de sexta-feira, e um bocado de católicos ainda mantêm o hábito de comer peixe às sextas-feiras; para isto eles tinham a opção da lagosta, mas a costela de primeira estava excelente. Os convidados incluíam homens de diferentes comitês locais dos Caminhoneiros, alguns dos meus antigos companheiros de guerra, algumas pessoas do gerenciamento e todo tipo de gente. O presidente do Local 676, John Greely, me presenteou com uma placa de Homem do Ano dos Caminhoneiros. John McCullough anunciou os nomes de todas as figuras importantes presentes no recinto e os nomes de todos os agentes do FBI que haviam ficado de fora, trepados nas árvores com seus binóculos. Mesmo se você tivesse um ingresso para aquela noite não conseguiria entrar ali, a menos que conhecesse algum dos presentes. Nós reembolsaríamos o seu dinheiro e confiscaríamos o seu bilhete de ingresso se você não conhecesse ninguém.

Jimmy Hoffa foi o orador convidado, e ele me presenteou com um relógio de pulso de ouro puro, cravejado de diamantes em torno do mostrador. Jimmy fez um discurso fantástico, dizendo a todo mundo sobre os bons serviços que eu prestara em benefício dos trabalhadores e trabalhadoras da Pensilvânia e de Delaware. Do alto da tribuna, Jimmy olhou ao redor e disse: 'Eu não fazia ideia de que você fosse tão poderoso.' O prefeito Frank Rizzo estava lá, sobre o palco. Cecil B. Moore, líder da NAACP da Filadélfia, estava lá. O ex-promotor distrital, Emmett Fitzpatrick, também estava no palco. O palco estava lotado de dignitários da política e do sindicalismo.

Minha esposa, Irene, e todas as minhas quatro filhas estavam sentadas em uma mesa diante do palco. Minha caçula, Connie, contava apenas onze anos de idade, na época. Dolores contava dezenove, Peggy tinha vinte e seis e Mary Ann vinte e oito. Todas elas pareciam estar muito orgulhosas de mim, naquela noite. Jimmy fez com que Irene subisse ao palco e deu a ela uma dúzia de rosas. Ela estava um tanto envergonhada de subir ali, mas ele a convidou com tanta insistência que ela cedeu.

Havia uma mesa diante do palco logo à direita da mesa ocupada por Irene e as minhas filhas. Aquela era a mesa de Russell. Sua esposa, Carrie, era a única mulher sentada àquela mesa. Dave Osticco e Guf Guarnieri, os figurões da família de Russell, estavam lá. Angelo Bruno e um par de seus homens também se sentavam à mesa de Russell. Todo o pessoal do centro da cidade sentava-se às outras mesas.

Russell havia apostado comigo que eu gaguejaria durante o meu discurso. Então, encerrei meu discurso dizendo: 'Obrigado a vocês todos, do fundo do meu coração. Eu não mereço tudo isto, esta noite; mas eu tenho artrite e não mereço isso, também. Viu só, Russ? Eu não engasguei no meu discurso.' Russell acenou para mim e todo mundo riu.

Para o entretenimento, John McCullough havia contratado o cantor italiano Jerry Vale. Ele cantou todas as canções italianas pelas quais era famoso, tais como *Sorrento* e *Volare*. Então, ele cantou algumas canções irlandesas que McCullough lhe sugerira. Ele dedicou um número a Russell que também era a minha canção favorita à época, *Spanish Eyes*. Se você não soubesse quem estava cantando, pensaria que fosse Al Martino.

Como parte do *show*, eles chamaram as Golddigger Dancers, que erguiam suas pernas até a altura dos ombros. Elas eram garotas muito bonitas. Todo mundo ficou brincando comigo para que eu subisse ao palco e me misturasse às bailarinas. O Latin estava absolutamente lotado e eles não tinham uma pista de dança, ou eu teria dançado com as garotas mais bonitas ali presentes: as minhas filhas.

Nós todos posamos para o nosso próprio fotógrafo naquela noite, e enquanto tiravam fotos nossas, Jimmy me disse:

— Eu realmente não fazia ideia de que você fosse tão poderoso, meu amigo. Eu aprecio verdadeiramente todo o apoio que você tem me prestado ao longo desses anos. Estou contente por ter você ao meu lado. Frank, quando eu voltar, você vai seguir em minha companhia. Eu preciso de você por perto. Se você aceitar o emprego, farei de você um coordenador da Fraternidade Internacional, com uma conta ilimitada para as despesas.

— Eu sei que você está falando a sério, Jimmy — disse eu. — Seria uma honra para mim servir como um coordenador para a Fraternidade Internacional, algum dia.

Aquela teria sido a realização do meu sonho.

John McCullough providenciou para que limusines levassem minha família de volta para casa e eu levei Jimmy de volta para o Warwick Hotel. Eu não permitiria que Jimmy voltasse para o seu hotel sozinho, a bordo de uma limusine. Não conversamos sobre qualquer assunto importante. Todos os assuntos importantes que tínhamos a tratar já haviam sido discutidos na noite anterior.

Na noite anterior tínhamos tido nossa festa privativa no Broadway Eddie's. O Broadway Eddie's é um bar pequeno, com poucas mesas, situado na esquina da Décima com a Christiansen. O bar ainda está lá, mas funciona com um nome diferente, hoje. Naquela noite o bar foi fechado para o público e você precisaria de um convite especial para entrar. Meus bons amigos do centro da cidade e do interior do Estado estavam todos lá, para demonstrar sua apreciação por Frank Sheeran. Naturalmente, Jimmy também estava presente a esse evento em particular. Se alguém tivesse botado o lugar sob vigilância, a coisa toda pareceria ter sido organizada para mim. Mas, na verdade, tudo fora organizado para que Russell e Angelo conversassem com Jimmy. Russell havia me perguntado se Jimmy compareceria a uma reunião com os meus amigos especiais. Jimmy disse: 'Isso é importante para você?' E eu disse: 'Sim.' E assim foi armada a ocasião no Broadway Eddie's.

Jimmy chegara a Philly, vindo de Detroit, naquela tarde. Acho que ele apanhou um voo, mas ele já não tinha mais o avião privativo do sindicato à sua disposição. Fitz o tinha. Eu o apanhei no Warwick Hotel e informei detalhadamente a ele sobre o encontro que Russell e eu tínhamos tido com Fat Tony. Jimmy ficou feliz com o que ouviu de mim. Nós entramos no meu grande Lincoln e dirigimos até Jersey para vermos John Greely, no Local 676. Greely era um dos homens de Hoffa, e Jimmy pretendia acertar alguma coisa com ele. Enquanto Jimmy reuniu-se com Greely, eu fiquei esperando do lado de fora. Então, fomos todos ao Broadway Eddie's.

Havia cerca de sessenta pessoas no Broadway Eddie's naquela noite. Os únicos que se sentavam a uma mesa para comer éramos Angelo, Russell, Jimmy e eu. Todos os outros sujeitos estavam no bar. Bandejas de comida vinham da cozinha até os sujeitos no bar. Jimmy comia espaguete com almôndegas e eu comia um prato de raviólis. Nós quatro nos sentávamos um ao lado do outro. Quando você desejasse falar alguma coisa tinha de se inclinar um pouco para a frente. Angelo sentava-se à ponta, ao lado de Russell, e Jimmy estava entre Russell e mim.

Angelo não disse uma palavra e eu também não disse uma palavra, durante o tempo todo. Eles sabiam que eu era partidário de Hoffa. Eu tinha adesivos de Hoffa colados por todo o meu Lincoln. Não houve uma conversa prolongada sobre o motivo de eles estarem ali. Eu imagino que Jimmy soubesse por que havia sido chamado para ir até lá, mas não sei ao certo.

— Por que você está se candidatando? —, perguntou Russell.

— É o meu sindicato —, disse Jimmy.

— Você apenas tem de esperar quatro anos. Você poderia concorrer em 1980. Isso faria sentido.

— Eu posso concorrer agora. Tenho gente comigo.

Jimmy não estava sendo arrogante, mas apenas firme. Russell não disse nada sobre a maneira como Jimmy estava conduzindo sua campanha e sobre as coisas que Jimmy andava dizendo sobre uma suposta Máfia. Mas Jimmy deveria saber que uma conversa como essa em um ambiente público seria um motivo de preocupação para Russell. Jimmy sabia sobre Joe Colombo e a publicidade que ele trouxera, e sabia sobre Crazy Joey Gallo. Jimmy sabia como todos os problemas de Russell haviam começado graças à publicidade de Apalachin. Ao menos Jimmy deveria ter imaginado o que teria feito com que Russell retirasse o apoio que prestava a Jimmy e fosse falar com Fat Tony para que ajudasse Jimmy em 1976 e, agora, falasse daquela maneira sobre as coisas.

— Por que você está se candidatando? —, disse Russell. — Você não precisa do dinheiro.

— Não é pelo dinheiro —, retorquiu Jimmy. — Não vou deixar Fitz tomar conta do sindicato.

Russell não disse nada por um minuto. Ele apenas limitou-se a comer em silêncio. As pessoas não dizem não para Russell; e ele geralmente não precisa lhes pedir duas vezes.

Jimmy disse: — Eu vou cuidar das pessoas que têm estado me ferrando.

Russell voltou-se para Jimmy e, então, encarava tanto a ele quanto a mim.

— Há pessoas em posições bem mais elevadas do que a minha que acham que você está demonstrando um fracasso ao manifestar sua apreciação — então Russell falou em voz tão baixa que eu tive de ler os seus lábios para compreendê-lo — pelo que houve em Dallas.

Jimmy não respondeu a isso.

Russell voltou-se e conversou sobre algo sem importância com Angelo: isto significava que a reunião estava terminada. Nós terminamos de comer, e eu fiquei ali sentado, achando que era isso aí. As pessoas conversaram entre si e agora Russell falava por todas elas; e se elas eram contra a candidatura de Jimmy, Russell também era. Tony Pro havia vencido a batalha por seus corações e mentes. Eu tinha a sensação de que não era o fato de Jimmy estar concorrendo que lhe custava o apoio de seus amigos: era a maneira como ele estava concorrendo.

Eu não sabia quanto as coisas tinham se tornado sérias para Jimmy até o momento em que nos preparávamos para sair e Russell me puxou de lado, dizendo:

— Algumas pessoas têm um sério problema com seu amigo. Converse com o seu amigo. Diga a ele o que é isto.

— Vou fazer o melhor possível. Você sabe disso por si mesmo, Russ. Ele é uma pessoa difícil de conversar.

— Ele não tem escolha.

— Jimmy está muito confiante em si mesmo —, disse eu.

— Você está sonhando, meu amigo. Se eles conseguiram tirar o presidente do país, também conseguirão tirar o presidente dos Caminhoneiros.

Jimmy gostava do Warwick Hotel. Ele ficava na esquina da Décima Sétima com a Walnut, a uma curta viagem do Broadway Eddie's a bordo do meu Lincoln com adesivos de Hoffa. Eu subi com Jimmy ao seu quarto para tentar ter aquela conversa, mas ele começou a falar primeiro.

— Todo mundo quer que Hoffa recue. Todos eles têm medo do que eu sei. Eu tenho um pacote, aqui, que quero que você leve ao Market Inn.

Jimmy passou-me uma pequena sacola, não muito pesada e sem qualquer nome escrito nela. Quem quer que fosse recebê-la deveria saber o bastante para vir em sua busca.

— Isto me lembra de uma coisa, Jimmy —, disse eu. — Estive tentando falar sobre isso com você antes. Mitchell passou lá pelo sindicato na última primavera e me pediu para que dissesse a você para não concorrer. Ele disse para que você desfrutasse de sua pensão e do convívio com os seus netos.

— Isto não me surpreende. Aquele porra do Mitchell já me disse: 'Nem pense em usar o que você pensa que sabe.'

— Eu não sabia o que Russell teria a dizer a você esta noite, Jimmy — disse eu. — Mas sei que eles estão falando a sério, Jimmy. A caminho da saída, Russell me pediu para que dissesse a você o que é isto.

— Se qualquer coisa antinatural acontecer a Hoffa, posso lhe garantir que as portas do Inferno vão se abrir. Eu tenho mais registros e listas prontos para serem enviados à mídia do que você pode imaginar. Já tenho filhos da puta demais metidos em minha vida, em quem eu pensei que pudesse confiar. Eu preciso de mais pessoas como você. E eu as tenho, agora. Eu sei quem são os meus amigos.

— Jimmy, você está alardeando um bocado de coisas que deixam as pessoas preocupadas...

— Isso é só a ponta do *iceberg*! A ponta do *iceberg*. Deixe eu te dizer uma coisa: Dallas. Você ouviu esta palavra ser pronunciada, hoje à noite? Você se lembra daquela encomenda que você levou para Baltimore? Eu não sabia, na época, mas o conteúdo daquilo eram rifles de alta potência e precisão que foram usados no assassinato de Kennedy, em Dallas. Os bastardos estúpidos perderam seus próprios rifles no porta-malas de um Thunderbird que bateu quando o motorista deles ficou bêbado. Aquele piloto que trabalhava para Carlos esteve envolvido na entrega dos rifles substitutos que você trouxe. Aqueles merdas usaram a nós dois nessa tramoia. Nós fomos os otários. O que você acha disso? Eles tinham tiras falsos e tiras verdadeiros envolvidos nisso. Os tiras de Jack Ruby supostamente deveriam ter cuidado de Oswald, mas Ruby estragou tudo. Foi por isso que ele mesmo teve de terminar o serviço em Oswald. Se ele não cuidasse de Oswald, o que você acha que fariam com ele? Pendurariam Ruby em um gancho de açougue. Não se iluda. Santo, Carlos, Giancana e outros elementos semelhantes, todos tiveram algo a ver com o que aconteceu a Kennedy. Um por um, eram todos personagens do que houve na Baía dos Porcos. Eles tinham até mesmo um plano para matar Castro, com Momo e Roselli. Eu tenho material suficiente para mandar a todos para a forca. E cada fragmento dessas informações virá à tona, se algo antinatural acontecer comigo. Todos eles irão pagar. Todos aqueles que me ferraram irão pagar.

Fiquei sentado ali, com a sacola sobre o meu colo. Às vezes Jimmy tinha uns rompantes e ninguém conseguiria fazê-lo parar. Você apenas o ouvia. Mas eu jamais o tinha visto assim antes. Eu nunca havia visto ninguém assim, antes. Desta vez a coisa parecia irreal. Não havia nada que eu pudesse dizer, mesmo se estivesse inclinado a falar. Se o quarto estivesse 'grampeado', eu não iria querer a minha voz soando em nenhuma gravação. Apanhar e entregar rifles de alta precisão...? Uau, cara...

— Você não sabe nem a metade disso tudo. A estupidez de Fitz só é superada pela sua arrogância. Eles pensaram que Hoffa iria sumir da face da Terra. Nenhum deles tem um grama de colhões para me encarar. Meu amigo irlandês, há coisas que eu não posso contar a você porque saber delas lhe custaria a vida. Há coisas secretas que eu soube, vi e suportei que seriam suficientes para abalar esta nação.

Jimmy, então, passou a dizer coisas sobre os nossos bons amigos, que não tinham qualquer correlação com os assuntos tratados anteriormente. Coisas não adequadas para serem publicadas. Eu não posso dizer que conhecia a todos eles, de todo modo;

mas conhecia a maioria deles e suspeitava de alguns outros. Nada dessas coisas eram da minha conta ou da conta dele. Era o momento de eu sair dali. Para a eventualidade do quarto estar 'grampeado', eu disse:

— Eu ouvi dizer que nada disso era verdade, Jimmy.

— Não se preocupe com isso. Eu tenho registros nas mãos das pessoas certas, e os filhos da puta sabem que eu mantenho registros de tudo. Eu tenho tudo isso em lugares seguros.

— Jimmy, faça-me um favor e mantenha alguns guarda-costas entre você e a rua.

— Guarda-costas deixam você descuidado.

— Bem, eu não estou dizendo guarda-costas de verdade. Mas apenas viaje em companhia de alguém. Você veio para esta ocasião aqui, em Philly, sozinho.

— Não vou enveredar por esse caminho, ou eles passarão a perseguir minha família.

— Mesmo assim, você não vai querer sair à rua completamente sozinho.

— Ninguém amedronta Hoffa. Eu vou atrás do Fitz, e vou vencer essa eleição.

— Você sabe o que isto significa —, eu disse, em voz baixa. — O próprio McGee me pediu para dizer a você o que é isto.

— Eles não ousariam —, disse Jimmy Hoffa, em voz alta.

Enquanto eu me encaminhava para a porta, Jimmy disse a mim:

— Olhe o seu próprio rabo. Cuide-se. ”

Capítulo Vinte e Sete

30 de julho de 1975

"Reportei-me de volta a Russell e disse a ele que Jimmy insistia em concorrer em 1976. Reportei as coisas que Jimmy dissera sobre possuir registros e listas que seriam tornados públicos caso alguma coisa antinatural acontecesse com ele. Eu não me ative aos detalhes; todas aquelas coisas loucas que Jimmy me dissera. Aquelas eram coisas que eu não precisaria saber. Russell fez um comentário quanto ao pensamento de Jimmy ser 'distorcido'.

— Eu não compreendo isso —, disse Russell. — Por que ele simplesmente não se afasta?

Eu fiz a entrega para Jimmy no Market Inn e telefonei a ele para informá-lo disso. Eu realmente não posso afirmar que o conteúdo do embrulho fosse dinheiro. Eu não olhei para ele. Depois daquilo, eu fiquei com medo de manter muitas conversas com Jimmy, porque eu teria de relatá-las a Russell. Eu tive a sensação de que Jimmy estava se deixando levar por seu ego e por seu sentimento de vingança. Acho que ele se deu conta de que se esperasse até 1980 para concorrer, Fitz já teria se aposentado e Jimmy não teria a chance de humilhá-lo em uma convenção e esfregar seu nariz no chão. Acho que Jimmy não estava muito feliz com a maneira como as coisas pareciam junto aos nossos amigos. Depois do encontro no Broadway Eddie's e da abordagem que Russell fizera, manifestando sua vontade de que Jimmy não concorresse, Jimmy teve de imaginar que Tony Pro estivesse fazendo progressos àquela altura da campanha.

Depois da coisa toda, eu jamais pude compreender o fato de eles quererem ferir a Jo e as crianças ao fazerem Jimmy desaparecer. Enquanto faziam o que tinham de fazer, pessoas como Russell e Angelo não iriam querer ferir os sentimentos dos familiares mais próximos. Fazê-los sofrer por não saberem, negando-lhes a oportunidade de organizarem um funeral decente e tendo de esperar tantos anos, sob a lei, para que pudessem declarar Jimmy morto e terem acesso ao seu dinheiro. A menos que Tony Pro tivesse obtido a aprovação final e expressa de Fat Tony. Isso, jamais saberemos ao certo. Pro já havia ameaçado matar a neta de Jimmy. Que espécie de sujeito se refere assim aos netos de um homem?"

Em abril de 1975, circulavam rumores em uma convenção dos Caminhoneiros de que Jimmy Hoffa estaria colaborando com o FBI. Um artigo publicado pelo *Detroit Free Press* em 20 de dezembro de 1992 atribuía esses rumores a Chuckie O'Brien, o suposto motorista do carro em que Jimmy viajava quando de seu desaparecimento. Um relatório "302" do FBI, pertencente ao conjunto de documentos do FBI relativos ao arquivo sobre o desaparecimento de Hoffa — o arquivo HOFFEX — confirma a existência de tais rumores e oferece um motivo plausível para explicar por que eles podem ter um fundo de verdade: "Têm corrido rumores entre as fontes que Hoffa, enquanto tentava obter o controle sobre os Caminhoneiros, pode haver proporcionado ao Governo algumas informações, em troca de uma decisão favorável quanto à suspensão das restrições de suas atividades no Sindicato."

- Em 15 de maio de 1975, Jimmy Hoffa testemunhou diante de um júri acerca de uma investigação que era conduzida sobre "funcionários-fantasmas" em seu antigo comitê em Detroit, no Local 299. Hoffa apelou à Quinta Emenda. Depois disso, quando questionado por um repórter, ele disse estar "tremendamente orgulhoso disso". Naquele mesmo dia, Hoffa compareceu a uma reunião no escritório de advocacia de seu filho, com este e o mafioso de Detroit Anthony "Tony Jack" Giacalone. Giacalone tentou arranjar uma reunião entre Hoffa e Pro, mas Hoffa recusou-se a comparecer a tal encontro. Giacalone, então, pediu a Hoffa que o ajudasse a obter os registros que seriam utilizados pelo governo contra o próprio Giacalone, em um provável indiciamento por uma fraude de seguros. Hoffa recusou-se a atender ao pedido de Giacalone.

- Pelo final de maio, Frank Fitzsimmons ameaçou colocar o antigo comitê de Hoffa e sua base de poder, o Local 326, sob intervenção, sendo dirigido por um monitor que se reportaria diretamente ao quartel-general dos Caminhoneiros em Washington.

- Em 19 de junho de 1975, Sam Giancana, um aliado e bom amigo de Jimmy Hoffa, foi assassinado em sua casa, em Chicago, a apenas cinco dias de prestar um depoimento agendado à Comissão Church sobre o papel da Máfia em um complô para assassinar Fidel Castro.

- Em 25 de junho de 1975, um apoiador de Frank Fitzsimmons no Local 299, chamado Ralph Proctor, foi atacado pelas costas quando saía de um restaurante, após o almoço. Proctor jamais soube o que ou quem o atingiu. Ele foi agredido e deixado inconsciente em plena luz do dia. Em favor de Proctor, um figurão nas fileiras de Fitzsimmons, Rolland McMaster, disse: "Nós temos de lidar com este tipo de merda que acontece. Eu botei investigadores atrás disso, mas eles não descobriram coisa alguma."

- Na tarde do dia 10 de julho de 1975, o filho de Frank Fitzsimmons, Richard Fitzsimmons, relaxava no Nemo's Bar, em Detroit. Richard era o vice-presidente do Local 299; e, para o exercício dessa função, ele recebera um Lincoln Continental 1975, branco, para que cumprisse seus deveres para com o sindicato. Após terminar sua bebida no Nemo's, Richard deixou o bar e caminhou na direção do Lincoln estacionado, quando o carro explodiu. Richard escapou por pouco de ser ferido, mas seu Lincoln branco ficou reduzido a pedaços.

- Na tarde do dia 30 de julho de 1975, Jimmy Hoffa desapareceu.

"A coisa toda foi criada em torno do casamento. A filha de Bill Bufalino iria se casar na sexta-feira, 1º de agosto de 1975. Isso foi dois dias depois do desaparecimento de Jimmy. Veio gente de todas as famílias, de todos os cantos do país. Haveria mais de quinhentas pessoas lá. Russell, eu, nossas esposas e a cunhada de Russell dirigimos em linha reta através da Pensilvânia, por boa parte de Ohio e, então, fizemos uma curva à direita, rumando para o norte, até Detroit, Michigan.

Por causa do casamento, Jimmy estaria inclinado a acreditar que Tony Pro e Russell Bufalino estariam na região de Detroit, de modo a poderem se encontrar com ele na tarde de seu desaparecimento. O negócio de Tony Pro reivindicar sua pensão de um milhão de dólares era apenas um disfarce. Pro nem ligava tanto assim para a sua pensão. Eles usaram esse caso da pensão para fazer com que Jimmy 'saísse de sua toca'.

Jimmy tinha compromisso para um almoço — arranjado por Tony Giacalone — para as 14h30, no Machus Red Fox Restaurant, na Estrada Telegraph, nos arredores de Detroit, no dia 30 de julho de 1975. Tony Pro deveria estar lá, às 14h30, em companhia de Tony Jack. A ideia era a de restabelecer a paz entre Tony Pro e Jimmy. Jimmy saiu para comparecer a essa reunião, e Jimmy foi visto no pátio de estacionamento do restaurante. Mas Jimmy jamais voltou para casa depois desse encontro.

Durante o casamento, todo mundo falava sobre o desaparecimento de Jimmy. Eu fui falar com os velhos amigos de Jimmy do Local 299: Dave Johnson, o presidente que teve seu iate explodido, e Bobby Holmes, um dos velhos 'Rapazes do Morango', que fora minerador na Inglaterra. Ambos me perguntaram, praticamente ao mesmo tempo, se eu achava que Tony Pro teria feito aquilo."

Capítulo Vinte e Oito

Pintando uma casa

"O piloto permaneceu imóvel no avião. Eu subi para o interior deste. O piloto virou sua cabeça para o outro lado, embora eu o conhecesse. Ele já havia estado várias vezes com os nossos amigos; vezes suficientes para saber que não deveria olhar para o meu rosto. Eu olhei pela janela para a pista de pouso gramada em Port Clinton, Ohio, e avistei o meu Lincoln preto com Russell sentado no lugar do passageiro. Russell já começara a cambalear de sono, antes de adormecer.

Port Clinton fica na extremidade sul do Lago Erie. Trata-se de um vilarejo de pescadores situado pouco a leste de Toledo, a pouco mais de 160 quilômetros da cidade de Detroit, viajando de carro. Dirigindo pelo entorno do lago, você poderia levar quase três horas para chegar até o Georgiana Motel em Detroit, àquela época, se você esticasse um pouco o caminho e tomasse a rota que margeia o lago. Voar sobre o lago e aterrissar nas proximidades de Detroit levaria coisa de uma hora.

Se você quer saber o que eu senti enquanto me sentava a bordo daquele avião, lamento admitir, mas, àquela época, não senti nada. Não era como se eu me dirigisse a uma batalha. A decisão de pintar a casa já estava tomada, e era isso aí. Claro, eu não me sinto bem por isso, quando penso no assunto, agora. Eu já passei dos oitenta anos de idade. Àquela altura, porém, se você começasse a prestar muita atenção aos seus sentimentos, não importava quão fortes fossem os seus nervos, a tensão nervosa chegaria a um ponto que você ficaria confuso. Talvez até agisse de maneira estúpida. A guerra me ensinou a controlar meus sentimentos, sempre que fosse necessário.

A parte triste disso é que a coisa toda poderia ter sido interrompida por Jimmy, a qualquer momento que ele desejasse; mas ele teimou em navegar para dentro do coração da tempestade. Ele poderia ter afogado uma porção de gente que estaria no mesmo barco que ele, se continuasse a navegar naquele rumo. Nós todos dissemos a ele o que é isto. Ele achava que era intocável. Algumas pessoas são assim. Tal como meu pai achava que era intocável quando atirava as luvas de boxe para mim.

Mas todo mundo sangra.

Estaria eu preocupado com a minha própria saúde, e com a saúde de Irene, da maneira como as coisas me passaram pela cabeça na noite anterior, no Brutico's, quando Russell me disse que a ação ocorreria naquele dia? Nem um pouco. Eles tinham apenas duas escolhas: me matar ou me envolver na ação. Ao me envolver na ação eles teriam uma oportunidade de se assegurar de que poderiam confiar em mim. Por estar ali para tomar parte naquilo eu jamais poderia fazer qualquer coisa contra eles, como retaliação. Eu provaria — da melhor maneira que se pode provar uma coisa assim — que jamais tivera intenção de 'queimar' Tony Pro ou Fitz para Jimmy. Russell podia compreender essas coisas. Ele salvara a minha vida mais de uma vez. Eu fui ameaçado de morte sete vezes ao longo dos anos, e Russell conseguiu resolver todas essas tretas.

Ainda que fosse um chefe, Russell também tinha de fazer o que tinha de fazer. Eles cuidam de chefes, também. Não consegui dormir um só minuto naquela noite, no Howard Johnson's, ponderando sobre esses assuntos; mas sempre acabei por chegar à mesma conclusão. Se eles tivessem decidido por não me usar na ação, Jimmy estaria igualmente morto; e, não há sequer sombra de dúvida em minha mente de que eu estaria tão morto quanto ele. Eles chegaram mesmo a me dizer isto, tempos depois.

Após o que me pareceu uma rápida decolagem e um pouso, eu desembarquei do avião do mesmo modo que havia embarcado: sozinho, com o piloto olhando para outra direção.

Minha esposa, Irene, a esposa de Russell, Carrie, e a irmã mais velha desta última estavam em Port Clinton, em um restaurante, tomando café e fumando cigarros, enquanto Russell e eu havíamos saído para resolver alguns negócios de Russell. Nós já havíamos feito paradas pelo caminho para resolver alguns negócios, e faríamos novas paradas ao longo do caminho de volta para casa. Entre outras coisas, elas sabiam que Russell sempre levava consigo sua lupa de joalheiro, para analisar algum diamante ou outra joia que encontrasse. Quando chegamos de volta, em três horas, elas não poderiam sequer imaginar que eu tivesse dirigido até Detroit e voltado em apenas três horas, sendo que este era o tempo necessário apenas para que chegássemos de carro ao motel em que nos hospedaríamos em Detroit.

Não era algo que me entrava na cabeça, mas, sem dúvida, tornei a embarcar naquele avião são e salvo, depois de ter cumprido minha missão. Não haveria maneira de eles envolverem as mulheres em uma investigação, caso alguma coisa antinatural acontecesse comigo em Detroit. Eu voltaria para assumir o volante do meu Lincoln preto em Ohio, e Russell e eu apanharíamos as mulheres. Você pode analisar que o fato de as mulheres estarem em Port Clinton era uma espécie de 'seguro', que me proporcionava uma zona de conforto psicológico; mas esse tipo de pensamento jamais me entrou na cabeça.

Além do mais, eu portava um 'cano' às costas, preso à minha cintura. Mesmo hoje em dia, na minha idade, numa casa de repouso, ainda não há nada errado com meu dedo indicador.

Aterrissei em um campo de pouso em Pontiac; um bem pequeno, pouco ao norte de onde toda a ação iria ter lugar. O campo já não existe mais; se não estou enganado, o lugar tornou-se um empreendimento residencial. Você não precisava ter um plano de voo para aterrissar ali, naqueles dias, e eles não mantinham qualquer espécie de registro.

Havia dois ou três carros no estacionamento do campo de pouso. Um deles era um Ford, com as chaves sobre o tapete no assoalho, tal como Russell me dissera que estariam. Era um modelo bastante comum, cinzento, e estava um tanto empoeirado. Você jamais esperaria encontrar um carro muito vistoso, capaz de atrair atenções, em uma situação como esta. Tratava-se de um carro 'emprestado'. Carros eram retirados de pátios de estacionamento sem que seus donos jamais viessem a saber disso. Os estacionamentos de hotéis eram bons para encontrá-los. Carros deixados por longos períodos em estacionamentos de aeroportos também. Um sujeito que conhecesse bem as coisas poderia faturar uma bela grana aqui e ali, arranjando carros 'emprestados' para clientes que pagassem em dinheiro vivo.

Eu tinha o endereço e as instruções de Russell. Eu conhecia Detroit bastante bem, por haver trabalhado lá para Jimmy, mas as instruções eram realmente muito simples. Eu tinha de ir à Estrada Telegraph, que é uma continuação da Rota 24 até tornar-se uma grande artéria ao adentrar o perímetro urbano de Detroit. Era um dia ensolarado e suficientemente quente para ligar o ar condicionado. Passei pelo Machus Red Fox Restaurant à minha direita na Estrada Telegraph. Dobrei à esquerda na Telegraph e entrei na Estrada Seven Mile. Dirigi por uns oitocentos metros na Seven Mile e cruzei uma ponte sobre um riacho. Dobrei à direita e, seguindo por aquela estrada, cruzei outra ponte, em cujas proximidades também havia uma ponte apenas para pedestres. Dobrei à esquerda e avistei a casa com uma fachada de tábuas marrons, uma cerca alta em torno do quintal e uma garagem separada da construção principal, nos fundos. As casas da vizinhança não ficavam muito distantes umas das outras, mas tampouco eram coladas entre si. Conferi o endereço. Eu dirigira apenas por uns poucos quilômetros.

Como disse, a caminho da casa, rumando para o sul na Estrada Telegraph, passei pelo Machus Red Fox Restaurant, onde Jimmy estaria esperando em vão por mim, para que eu comparecesse ao nosso encontro às 14h. O restaurante ficava bem afastado da estrada, para além do pátio de estacionamento. Quando passei por ele, não me preocupei com a possibilidade de Jimmy avistar-me. Devido ao meu tamanho e à boa postura que eu tinha naqueles tempos, antes de ficar encurvado pela artrite, eu me sentava em um carro com a cabeça quase encostada à capota, e as pessoas teriam de olhar bem de perto se quisessem ver o meu rosto. Ninguém jamais me identificou dessa maneira.

Esperava-se que eu já estivesse sentado lá, no interior do restaurante, quando os dois Tonys chegassem para seu encontro com Jimmy, às 14h30. Só que àquela altura Tony Jack estaria recebendo uma massagem em sua academia, em Detroit. Tony Pro, por sua vez, sequer se encontrava em Michigan. Ele estava em Nova Jersey, na sede de seu comitê local, jogando uma versão grega de *gin rummy*, com os homens do FBI 'dando plantão' do outro lado da rua, de olho nele.

A casa ficava a apenas alguns quilômetros de distância do lugar para onde os restos mortais de Jimmy seriam enviados. Todos os lugares tinham de estar situados muito perto, uns dos outros; tudo à distância de um tiro. Definitivamente, você não poderia dirigir por uma longa distância e fazer um bocado de voltas transportando o corpo de Jimmy em um carro. Os escritores que afirmam que eu despachei a 'encomenda' dentro de um barril de 170 litros, para um lixão em Nova Jersey ou para as imediações do estádio dos Giants, jamais tiveram em suas mãos um cadáver com que lidar. Quem em seu juízo perfeito transportaria uma 'encomenda' tão importante por um quarteirão a mais do que o estritamente necessário? Muito menos atravessar o país...

E essa teoria de que alguém teria 'queimado' Jimmy dentro do carro do filho de Tony Jack é, simplesmente, mais uma ideia maluca. Você 'queima' alguém dentro de um carro e jamais conseguirá livrar-se do cheiro que impregnará o interior deste. Você fará dele um 'carro de cadáver'. Todas as substâncias químicas e os dejetos presentes no corpo são liberados em um espaço muito exíguo. O cheiro da morte permanecerá no carro. Um carro não é como uma casa, quanto a essa questão. Uma casa não reterá o odor da morte.

A casa com a fachada de tábuas marrons também fora 'emprestada'. Podia ser que uma senhora idosa vivesse lá, sozinha, e jamais soubesse que sua casa teria sido tomada de 'empréstimo' por uma hora. Pessoas tais como quiropráticos saberiam quando certas outras pessoas estariam fora da cidade, de modo que ladrões pudessem 'limpar' suas casas. Talvez alguém do esquema de Detroit conhecesse um quiroprático que tratasse de uma senhora idosa que morasse sozinha naquela casa. Eles saberiam que ela não estaria em casa, e saberiam que os olhos dela já enxergavam tão pouco que ela sequer notaria que alguém estivera ali, quando voltasse para casa. E ela, muito menos, sentiria qualquer cheiro. A casa ainda está lá.

Quando me aproximei da casa, de dentro do carro pude notar um Buick marrom estacionado no final de um caminho cimentado. Dirigi pelo caminho e estacionei meu carro atrás do Buick.

Então, me dirigi à porta da frente e subi os degraus. A porta da frente estava destrancada e eu adentrei a casa. Sally Bugs já estava no pequeno vestíbulo que havia depois da porta, olhando para mim através de seus óculos cujas lentes pareciam fundos de garrafas. Ele tinha cabelos negros grossos e encaracolados. Fechei a porta atrás de mim. Apertamo-nos as mãos.

Todos os livros dizem que os irmãos Steve e Tom Andretta, de Nova Jersey, estavam envolvidos. Ouvi dizer que um deles já morreu, mas o outro ainda está vivo. Dois jovens rapazes italianos com boa aparência estavam na cozinha, nos fundos da casa. Ambos acenaram para mim e, depois, viraram seus rostos para outro lado. Um dos rapazes que surgiu no final do corredor que levava à cozinha era o irmão de Andretta que já se foi. Não havia necessidade de saber o nome do outro rapaz. Os dois tinham excelentes álibis, de todo modo.

Da forma como me lembro, à esquerda do corredor havia uma escada que levava ao andar superior da casa. À direita havia uma sala de estar e uma sala de jantar, com tapetes sobre o piso. Não era uma forração de carpete; apenas tapetes soltos. Não havia tapetes no vestíbulo, nem no longo corredor que levava do vestíbulo à cozinha. É provável que eles já tivessem tirado os tapetes dali, se houvesse algum. Havia apenas um pedaço de linóleo sobre o piso do vestíbulo. Eu não sei como ele foi parar ali.

Eu sabia que aqueles sujeitos pertenciam ao pessoal de Pro, mas jamais os tinha visto antes daquele dia. Eles não eram meus amigos. Não havia motivo para conversas. Tempos depois, durante os vários julgamentos pelo caso Hoffa, nós voltaríamos a nos ver, brevemente. Eu caminhei pelo corredor até a cozinha. Olhei pela porta dos fundos para avaliar o quintal que havia ali. A cerca alta e a garagem separada da casa conferiam àquele quintal uma relativa privacidade.

Caminhei de volta pelo corredor para encontrar Sally Bugs na sala de estar. Ele estava espiando por uma pequena fresta que abrira entre as cortinas.

— Aquele Chuckie está atrasado —, disse ele, com seu forte sotaque da zona norte de Jersey.

O filho adotivo de Jimmy Hoffa, Chuckie O'Brien, e eu seríamos parte da 'isca' que convenceria Jimmy a entrar em um carro com Sally Bugs, o homem que era o braço direito de Tony Pro. Sally Bugs era um sujeito baixinho e atarracado. Mesmo com uma arma nas mãos, Sally Bugs não seria páreo para mim. Mesmo sem que me dissessem, eu soube que não haveria outro motivo para que Sally Bugs entrasse no carro de Chuckie a não ser para ficar de olho em mim. Para ter certeza de que eu não assustaria Jimmy, impedindo-o de entrar no carro. Seria de esperar que Jimmy se sentisse seguro comigo, no carro de Chuckie, de modo que ele fosse levado à casa com a fachada de tábuas marrons e nela entrasse, pela porta da frente, sendo seguido por mim, que lhe daria cobertura.

— Aí vem um carro. Aquele será o Chuckie?

Chuckie O'Brien tinha longas costeletas e usava uma camisa chamativamente estampada, com um colarinho muito largo, e um bocado de correntes e cordões de ouro em torno do pescoço. Ele parecia um personagem saído diretamente do filme *Saturday Night Fever* (*Embalos de Sábado à Noite*). Chuckie era apenas um inocente útil. Se Chuckie soubesse de algo que pudesse causar algum mal a alguém, ele teria ido para a Austrália no dia seguinte. De modo algum eles permitiriam que ele viesse a estar em tal posição. Chuckie era conhecido por ser um fanfarrão de língua solta. Ele costumava projetar uma imagem de si mesmo muito maior do que ele realmente era, mas teria de procurar entre as pernas se quisesse encontrar suas próprias bolas. Não se podia confiar nele quanto a qualquer coisa que valesse a pena saber. Se ele suspeitasse de alguma coisa, ficaria tão nervoso que, quando apanhássemos Jimmy, este poderia sentir sua reação. Tudo o que ele sabia é que tinha de nos levar para apanharmos Jimmy — o homem que ajudara a criá-lo e a quem ele chamava de 'Papai' — e trazer-nos de volta ao ponto de partida, para que participássemos de uma reunião importante, com pessoas importantes. Ele apenas estaria à vontade com Jimmy, agindo normalmente. Eu sempre senti pena de Chuckie O'Brien por essa coisa toda; e ainda sinto. Se alguém merece ser perdoado por tudo isso é Chuckie.

Minha presença ali seria o fator que começaria a deixar Chuckie sentindo-se à vontade, de modo que ele agisse normalmente com Jimmy. Chuckie dirigia o Mercury marrom do filho de Tony Jack, o qual não é o tipo de carro que pudesse sugerir qualquer problema. Aquele carro familiar deixaria a ambos, Jimmy e Chuckie, à vontade. Jimmy estaria esperando por Tony Jack, de modo que o carro do filho deste na cena seria algo normal. O fato de Chuckie apanhar-me na casa para a qual voltaríamos, para a reunião, também faria com que Chuckie se sentisse à vontade.

Todos estarem à vontade era algo importante, pois Jimmy era um sujeito muito esperto quando se tratava de farejar algum perigo, depois de todos os seus anos de sangrentas lutas sindicais e por conhecer bem as pessoas com quem estava lidando. Ele esperava encontrar-se com Tony Jack e Tony Pro em um restaurante público, com um pátio de estacionamento público. Não havia muita gente que conseguisse fazer com que Jimmy Hoffa trocasse um encontro em um lugar público por outro, em um lugar privado — mesmo que eu estivesse no carro; e mesmo que seu 'filho' Chuckie o estivesse dirigindo.

— É ele —, disse eu.

Chuckie estacionou o carro na rua, diante da porta da frente da casa. Os dois rapazes de boa aparência permaneceram nos fundos da casa, na cozinha que ficava no fim do corredor. Sally Bugs sentou-se no banco traseiro do Mercury marrom de quatro portas, bem atrás de Chuckie. Ele apresentou-se e apertou a mão de Chuckie. Eu me sentei na frente, no lugar do passageiro. Jimmy se sentaria atrás de mim. Sally Bugs poderia ver claramente a nós dois.

O que aconteceria a Chuckie depois que tudo isso terminasse? Absolutamente nada. Ele teria de manter sua boca fechada quanto ao pouco que sabia, por temor ou devido ao constrangimento. Chuckie jamais fora conhecido por ser enxerido. Ele era o único membro da família Hoffa que mantivera seu emprego sob a administração de Fitz.

— Que merda é esta? — perguntou Sally Bugs, apontando para o assoalho do carro, lá atrás. — Está tudo molhado, aqui!

— Eu tinha um peixe congelado, aí —, disse Chuckie. — Tive de entregar um peixe a Bobby Holmes.

— Um peixe? O que você acha disto? Até a porra do assento está molhado, aqui —, disse Sally Bugs, puxando um lenço do bolso e enxugando suas mãos.

Chegamos ao nosso destino em menos de quinze minutos.

O pátio de estacionamento estava se esvaziando. A maioria do pessoal que havia ido almoçar já terminara e, agora, estava indo embora. Nós avistamos o Pontiac verde de Jimmy à nossa esquerda, quando adentramos o pátio. Naquele tempo, havia árvores margeando a Estrada Telegraph, o que nos dava um pouco de privacidade.

— Ele ainda deve estar lá dentro —, disse Chuckie. — Vou buscá-lo.

— Não se incomode. Há uma vaga, ali — disse Sally Bugs —, no outro lado do pátio.

Chuckie dirigiu até o lugar indicado por Sally Bugs. Dali nós poderíamos avistar Jimmy e alcançá-lo antes que ele chegasse ao seu carro. Acreditava-se que ele adquirira o hábito de levar sempre uma arma no porta-luvas.

— Deixe que ele termine o que quer que esteja fazendo —, disse Sally Bugs. — Mantenha o motor ligado. Quando ele sair para apanhar seu carro, nós o interceptaremos.

Ficamos ali sentados e esperamos por alguns minutos. Então, Jimmy surgiu, vindo de uma loja de ferragens que havia atrás do restaurante, caminhando na direção de seu carro. Ele estava usando uma camisa polo, de mangas curtas, e calças esporte escuras, de tecido leve. Ele olhava ao redor, impaciente, enquanto caminhava, procurando por mim ou pelos dois Tonys. Era quase certo que ele não estivesse portando uma arma. Não vestido com aquelas roupas.

Chuckie dirigiu lentamente até onde Jimmy se encontrava. Jimmy estacou. Ele demonstrava fúria em seus olhos, com aquela sua expressão que fazia com que qualquer homem o respeitasse. Chuckie disse:

— Me desculpe. Estou atrasado.

Jimmy começou a berrar:

— Que merda você está fazendo aqui? Quem, diabos, convidou você? —, esbravejou Jimmy, cutucando o peito de Chuckie com seu dedo.

Então, Jimmy olhou para Sally Bugs sentado no banco traseiro, atrás de Chuckie.

— Quem, diabos, é ele?

— Eu estou com Tony Pro —, respondeu Sally Bugs.

— Que merda está acontecendo? A porra do seu chefe deveria estar aqui às 14h30! —, disse Jimmy, apontando o dedo para Sally Bugs.

Algumas poucas pessoas que chegavam ao pátio de estacionamento, para apanharem seus carros, começaram a olhar para nós.

— As pessoas estão olhando para nós, Jimmy —, disse Sally Bugs. Então, ele apontou para mim e disse: — Veja só quem está aqui.

Jimmy baixou a cabeça e olhou para o outro lado do carro. Eu baixei minha cabeça, para que ele pudesse me ver, e acenei para ele. Sally Bugs disse:

— O amigo dele quis estar presente. Eles estão todos na casa, esperando.

Jimmy baixou suas mãos e ficou ali, estreitando os olhos. Vendo-me ali, Jimmy imediatamente acreditaria que Russell Bufalino já estivesse em Detroit, sentado à mesa da cozinha de uma casa, esperando. Na mente de Jimmy, o fato de o meu amigo Russell querer estar ali explicaria a mudança de planos ocorrida de última hora. Russell Bufalino não era o tipo de homem que conduziria uma reunião como aquela em um lugar público que ele não conhecesse, tal como o Red Fox. Russell Bufalino era um sujeito conservador. Ele era um homem muito reservado. Ele só se encontraria com você em lugares públicos que conhecesse muito bem, e nos quais confiasse.

Russell Bufalino foi a última parte da 'isca' que atrairia Jimmy para dentro daquele carro. Se fosse haver alguma violência ou se algo antinatural estivesse para acontecer, Russell não estaria ali.

Jimmy acreditaria que seria seguro entrar no carro. Ele se sentiria muito constrangido pelo seu rompante para sequer pensar em se recusar a entrar no Mercury conosco. Ele se sentiria constrangido demais para insistir em dirigir o seu próprio Pontiac, com a arma no porta-luvas. O aspecto psicológico da situação foi encenado com perfeição. Eles sabiam como fazer o sujeito baixar a guarda. Jimmy Hoffa fora forçado a esperar por mim por meia hora, das 14h às 14h30, apenas porque estava preso ali, à espera da reunião marcada para as 14h30. Então, ele ainda esperou pelos quinze minutos de tolerância que costumava conceder pelos dois Tonys. Esperar por 45 minutos fez Jimmy ficar louco da vida, como seria de esperar; então, para compensar todos os impropérios que soltara, ele se mostrou colaborativo, como seria de esperar que fizesse.

Isto para não dizer que ele, então, estava tão impaciente quanto somente Jimmy sabia ficar. Jimmy deu a volta no carro e tomou lugar no banco traseiro, bem atrás de mim. Eu ouvi dizer que o fio de cabelo de Jimmy que o FBI analisou com um teste de DNA teria sido encontrado no porta-malas. Mas Jimmy jamais esteve no porta-malas daquele carro; nem vivo nem morto.

Não havia qualquer sinal de que Jimmy estivesse portando uma arma, quando entrou no carro. Afinal, comigo ali sentado, para lhe dar cobertura — como seria de esperar — e com nós dois viajando a caminho de uma reunião à qual Russell Bufalino estaria presente, teria sido o cúmulo do desrespeito se Jimmy fosse apanhar sua arma no carro, caso ele realmente tivesse uma.

— Pensei que você devesse telefonar para mim, na noite passada —, disse-me Jimmy. — Eu esperei por você diante do restaurante, às 14h. Você estaria sentado comigo, no meu carro, quando eles aparecessem. Então, eu os faria entrar no carro, para que tivéssemos nossa conversa.

— Eu apenas acabei de chegar —, disse eu. — Nós tivemos um atraso nos planos.

Eu não estava mentindo para Jimmy.

— McGee teve de rearranjar as coisas para que pudéssemos fazer essa reunião do jeito certo —, disse eu. — Não sentados em um carro.

— Quem, diabos, Pro pensa que é? —, berrou Jimmy para Sally Bugs, recobrando o ímpeto de seu temperamento. — Enviando uma porra de um moleque de recados?!

— Chegaremos lá em dois minutos —, disse Chuckie, tentando agir como um conciliador. Mesmo quando era criança, jamais houve um único traço de agressividade em Chuckie. Ele não conseguiria lutar nem mesmo para esquentar suas mãos.

— Eu telefonei para Jo —, Jimmy disse para mim. — Você poderia ter deixado um recado.

— Você sabe como McGee é quanto a usar o telefone quando isso envolve seus planos —, disse eu.

— Alguém poderia ter me avisado, às 14h30 —, disse Jimmy. — Ao menos isso! Com todo o devido respeito a McGee...

— Já estamos quase lá —, disse Chuckie. — Eu tive de fazer uma entrega. Não foi minha culpa...

Nós passamos pela ponte para pedestres e estacionamos diante da casa. Tudo parecia normal para que ali acontecesse uma reunião. Os mesmos dois carros estavam lá — o Buick marrom e o Ford cinzento —, como para assegurar a Jimmy que as pessoas já estariam lá dentro, esperando por ele. Fiquei desapontado quando vi que os dois carros ainda estavam ali, pois se apenas um deles já não estivesse, significaria que toda a ação teria sido suspensa.

Ao menos a casa e a vizinhança não pareciam nada ameaçadoras. Aquele parecia ser o tipo de lugar em que você gostaria de criar seus filhos. A garagem nos fundos, separada da construção principal, conferia um belo toque à cena. Ninguém teria de dizer a Jimmy para que entrasse na casa às escondidas, por uma passagem através de uma garagem anexa. Jimmy e eu caminharíamos diretamente para a porta da frente, em plena luz do dia, com os carros estacionados ali, no caminho cimentado.

O tempo seria a essência de tudo. As coisas teriam de ser feitas segundo uma cronometragem precisa. Havia álibis a serem considerados. Havia apenas tempo suficiente para que Tony Jack tivesse seu cabelo cortado e recebesse uma massagem. Além disso, eu tinha de reencontrar Russell para apanharmos as mulheres em Ohio.

Chuckie dirigiu o carro pelo caminho cimentado e parou próximo dos degraus de tijolos que levavam à porta da frente.

Jimmy Hoffa saiu pela porta traseira do Mercury marrom e eu saí pela porta dianteira, ao mesmo tempo. Sally Bugs não seria alguém suficientemente importante para estar presente a uma reunião como aquela; então, ele saiu pela outra porta traseira, deu a volta no carro e foi sentar-se no lugar do passageiro, no banco dianteiro do Mercury. Jimmy e eu nos encaminhamos para os degraus, enquanto o Mercury dava marcha a ré e abandonava o caminho cimentado para seguir adiante pela estrada por onde viéramos. Chuckie dirigiu com Sally Bugs ao seu lado, e é somente até este ponto que Sally Bugs poderia dizer algo sobre o que houve. Qualquer outra coisa que ele pensasse saber foi por tê-la ouvido dizer.

Russell me contou que Chuckie deixou Sally Bugs no escritório de Pete Vitale. Pete Vitale era um sujeito sem qualquer refinamento, da velha guarda da 'Purple Gang' de Detroit, que possuía uma empresa de embalagem de carnes, onde um corpo poderia ser desmembrado, e um incinerador industrial, no qual um corpo poderia ser reduzido a cinzas.

Jimmy Hoffa sempre caminhava na frente, bem adiante das pessoas que o acompanhassem. Ele dava passinhos curtos, mas era muito veloz. Eu o alcancei e fiquei logo atrás dele, do mesmo modo como se faz com um prisioneiro que você conduz para a retaguarda. Quando ele abriu a porta da frente, eu estava bem atrás dele, sob a soleira. Dali, passamos ao vestíbulo, onde eu fechei a porta atrás de nós.

Não havia ninguém na casa, além de um dos irmãos Andretta e do outro sujeito que estava com ele, mas ambos estavam na cozinha, no final do longo corredor. Você não poderia vê-los do vestíbulo. Eles estavam ali para atuar como 'limpadores'; para apanharem o linóleo que haviam colocado no vestíbulo e fazerem qualquer limpeza que fosse necessária, para remover joias e pertences, e para colocar o corpo de Jimmy em um saco e levá-lo para que fosse cremado.

Quando Jimmy se deu conta de que a casa estava vazia, que ninguém saíra de nenhum dos cômodos para vir cumprimentá-lo, ele soube imediatamente o que aquilo era. Se Jimmy estivesse portando sua arma, ele a teria sacado. Jimmy era um lutador. Ele se voltou rapidamente, ainda pensando que estivéssemos juntos naquela situação e que eu estaria ali para lhe dar cobertura. Jimmy atirou-se contra mim violentamente. Se ele viu a arma em minha mão, deve ter pensado que eu a sacara para protegê-lo. Rapidamente, ele deu um passo para o lado, desviando-se de mim para alcançar a porta. Ele esticou o braço e tentou agarrar o trinco. Então, Jimmy Hoffa foi alvejado duas vezes, a uma distância segura — não muito de perto, ou a 'tinta' respingaria sobre mim —, na parte de trás da cabeça, atrás de sua orelha direita. Meu amigo não sofreu.

Dei uma breve olhadela pelo corredor e apurei os ouvidos para me certificar de que ninguém sairia de algum lugar para tentar cuidar de mim. Então, deixei cair a arma sobre o linóleo, saí pela porta da frente com a cabeça baixada, entrei no meu carro 'emprestado' e dirigi de volta ao campo de pouso de Pontiac, onde o piloto de Russell estava à minha espera.

Os planejadores haviam cronometrado a operação em Detroit para que durasse uma hora, do início até o final.

Russell me contou que, depois dos dois sujeitos haverem limpado a casa, botaram o corpo de Jimmy em um saco para cadáveres. Protegidos dos olhares alheios pela cerca e pela garagem, eles o retiraram pela porta dos fundos e o depositaram no porta-

-malas do Buick. Então, eles o levaram para que fosse cremado. Russell me disse que os dois 'limpadores' apanharam Sally Bugs na embaladora de carnes de Pete Vitale e dirigiram-se para outro campo de pouso — não sei qual —, de onde os três voaram de volta para Jersey, para se reportarem a Tony Pro.

Mais uma vez, o piloto sequer olhou para mim. Foi um voo muito rápido; apenas uma decolagem e um pouso.

Russell estava dormindo no meu Lincoln preto, no pequeno campo de pouso de Port Clinton. Nós apanhamos as senhoras e chegamos a Detroit pouco antes das 19h. Um carro da polícia de Detroit seguiu na nossa cola por um tempo, logo que adentramos os limites da cidade. Por causa do casamento, eles estavam de olho em pessoas como nós, a bordo de carros Lincoln e Cadillac com placas de fora do Estado.

As únicas palavras ditas entre mim e Russell naquela noite sobre aquele assunto em particular foram trocadas ainda no campo de pouso de Port Clinton, Ohio, depois de eu ter assumido o volante e dado a partida no meu Lincoln.

Russell acordou, piscou para mim com seu olho bom e disse suavemente, com sua voz rascante:

— De todo modo, espero que você tenha tido um voo agradável, meu amigo irlandês.

— E eu espero que você tenha tirado uma soneca agradável —, disse eu. ”

Capítulo Vinte e Nove

Todo mundo sangra

Em 4 de agosto de 1975, cinco dias após o desaparecimento de Jimmy Hoffa, o FBI notificou um encontro ocorrido no restaurante Vesuvio, situado no nº 168 da Rua 45-Oeste, na cidade de Nova York. Presentes a este encontro estavam Anthony "Fat Tony" Salerno, Russell Bufalino, Frank Sheeran, Anthony "Tony Pro" Provenzano e Salvatore "Sally Bugs" Briguglio.

"O esquema de Nova York recusou-se a tomar partido. Eles não sancionaram a ação, mas, também, não se opuseram a ela. Foi o tipo da coisa assim: 'se vocês fizeram isso, segurem a bronca'. A coisa toda não poderia ter sido feita sem a sanção do esquema de Detroit, porque aconteceria no território deles. O mesmo vale para o esquema de Chicago, porque ambos eram muito próximos e havia um bocado de 'rabos presos' entre Chicago e Detroit. O propósito do encontro no Vesuvio, cinco dias depois do desaparecimento de Jimmy, era o de prestar contas a Fat Tony Salerno e contar a ele como a coisa toda tinha sido feita. Fat Tony ficou muito satisfeito. Se o esquema de Nova York tivesse se envolvido nisso, Fat Tony já saberia como tudo fora feito e nós não teríamos de nos reportar a ele. Além disso, nós queríamos ouvir dele se não havíamos deixado alguma 'ponta solta'. Você não fala muito sobre um assunto como este: apenas o suficiente para saber se ainda há algo que precise ser feito — o que, então, seria ordenado por Fat Tony, que era o sujeito que estava no topo. Detetives da Divisão de Homicídios estavam por toda parte. Eles tentavam disfarçar, mas não podiam evitar: a intenção deles logo ficava evidente. Charlie Allen me levou até lá e ficou esperando por mim sentado a uma mesa em outra área do restaurante, tomando café. Sally Bugs sentava-se a uma outra mesa, na mesma área.

O primeiro encontro no Vesuvio transcorreu bem, e Tony Pro pediu para que outro encontro fosse marcado, depois do primeiro. O assunto a ser tratado neste seria eu. Nesse segundo encontro, Tony Pro afirmou que eu sabia, o tempo todo, que Jimmy queria que ele fosse 'queimado'. Ele afirmou que ouvira dizer que Jimmy pedira para que eu 'queimasse' ele e Fitz. Tony Pro olhou diretamente para mim e disse:

— Se dependesse de mim, você teria ido, também.

— O sentimento é recíproco —, disse eu. — Todo mundo sangra.

Tony Pro também se queixou de que, durante o casamento, eu estava dizendo às pessoas que achava que ele seria capaz de ter matado Hoffa. Tony Pro e eu, então, nos levantamos da mesa. Eu fui esperar sentando-me à mesa ocupada por Charlie Allen e Pro sentou-se em companhia de Sally Bugs, enquanto Russell falava com Fat Tony sobre a coisa toda. Logo, Russell saiu da área reservada e veio chamar-me, deixando Tony Pro sentado onde estava. No caminho de volta para encontrarmos Fat Tony, Russell me disse: 'Negue.' Voltei a sentar-me lá, e Fat Tony Salerno começou dizendo-me que não acreditava que eu pensaria em 'queimar um homem feito' para Jimmy Hoffa, e era isso aí. Mais uma vez, Russell Bufalino havia 'livrado a cara' do seu Irlandês. Então, eles chamaram Tony Pro e disseram a ele que não havia nada de errado.

Porém, Tony Pro começou a se queixar a eles de que eu, certa vez, fizera com que ele ficasse 'mal na fita'. Isso teria acontecido durante um banquete em uma convenção da Junta de Conselho, em Atlantic City, poucos meses antes do desaparecimento de Jimmy. Aquela era a Junta de Conselho de Pro e Fitz deveria ser o orador naquele banquete laudatório, mas Fitz cancelou sua visita. Ele não viria a Atlantic City porque estava com medo de mim. Pro estava realmente inflamado ao falar sobre isso a Russell e Fat Tony. Ele não tirava seus olhos de mim, o tempo todo. Pro disse:

— Você prejudicou a minha imagem. Eu não tinha o presidente do sindicato, lá. O presidente discursa nos banquetes das Juntas de Conselho de todo o país, menos na minha. Fitz me disse que ouvira dizer que você iria 'queimá-lo' para o seu amigo Hoffa, se ele desse as caras em Atlantic City.

Eu disse a Pro:

— Se eu tivesse de 'queimar' Fitz, para qualquer um, ele já se teria ido há muito tempo. Eu não sou seu moleque de recados. Não posso resolver os seus problemas. A questão é que Fitz é um cagão e não confia que você possa protegê-lo, nem com todos os 'braços' que você tem à sua disposição em Atlantic City.

Russell disse para que nós apertássemos as mãos, imediatamente. Aquilo não foi uma coisa fácil de fazer. Mas, se eu já tivesse dito não a Russell, não estaria aqui, agora. Nós apertamos as mãos, mas eu odiei Pro, pela coisa toda; por tudo aquilo.

Então, como se estivessem atirando contra mim de todos os lados, Russell e eu deixamos o Vesuvio e saímos caminhando pela Rua 45, rumando para o Johnny's, quando nos deparamos com Pete Vitale. Ele estava vindo do Johnny's, a caminho de encontrar-se com Fat Tony, no Vesuvio. Pete Vitale sabia que eu não ligava a mínima para ele, e sempre achara que eu 'tirava um sarro' dele quando falava, pois eu gaguejava de modo idêntico a ele. Pete Vitale deu-me um olhar hostil. Ele parou e levou um tempo, até poder falar sem gaguejar:

— Se depender de mim, a próxima vez que eu vir você e seu amigo será no dia em que cair uma nevasca sobre Detroit.

Eu sabia o que ele queria dizer. Nos velhos tempos, quando se usava um bocado de carvão, as pessoas jogavam cinzas debaixo das rodas de um carro para que os pneus pudessem ter alguma tração sob uma tempestade de neve. Eu não pude evitar rir, ao ouvir esse linguajar de velhos 'durões' novamente. Então, assegurei-me de falar muito rapidamente, para gaguejar de propósito, e disse a Pete Vitale:

— O-o-olha, é co-como eu disse ao seu amigo anão: o sentimento é recíproco. Todo mundo sangra.

Russell disse para que fôssemos embora dali.

Nós continuamos a caminhar e eu disse a Russell, pensando no incinerador industrial de Pete Vitale, em Detroit:

— É como você disse: 'do pó ao pó.'

Então, Russell sussurrou-me que sabia o que eu estava pensando, mas que o incinerador de Pete Vitale era óbvio demais. Ele disse que aquele seria o primeiro lugar onde eles iriam procurar; e seria, mesmo. Ele me disse que cremaram Jimmy em uma funerária em Detroit, cujo pessoal era muito próximo do esquema local. Durante a investigação, eu li que o FBI havia vasculhado a funerária de Anthony Bagnasco, em Grosse Point Shores, porque o pessoal do esquema de Detroit costumava utilizar os serviços desta. Não sei se quando Russell me contou sobre essa funerária ele estivesse apenas tentando me afastar da pista de Pete Vitale. Talvez ele não quisesse ter de resolver outra treta como a que acabara de resolver entre mim e Tony Pro. Ou, talvez ele não quisesse que eu desse com a língua nos dentes sobre o incinerador de Pete Vitale para os amigos de Jimmy. Ou, ainda, pode ser que eles tenham realmente levado Jimmy a uma funerária. Não sei se eles tinham algum homem deles dentro da funerária, que pudesse cuidar de Jimmy e levá-lo a um crematório — talvez o colocando no mesmo caixão de alguém que estivesse para ser cremado. Mas sei que este detalhe não era da minha conta, e qualquer um que afirme saber mais do que isto — exceto o 'limpador' que ainda permanece vivo — não estará fazendo mais do que contar uma piada de mau gosto.

No dia anterior àquele encontro com Tony Pro no Vesuvio, compareci a um encontro ainda pior. Eu havia passado pela casa da minha ex-esposa, Mary, em Philly, para dar algum dinheiro a ela. Quando entrei na cozinha, minha segunda filha, Peggy, estava lá, visitando sua mãe. Peggy contava vinte e seis anos de idade, na época. Isto aconteceu há vinte e oito anos.

Peggy e eu sempre havíamos sido muito próximos. Quando era uma garotinha, ela gostava de ir jantar comigo no clube. Mais tarde, ela passou a gostar de ir jantar comigo, Russell e Carrie. Certa vez, o fotógrafo de um jornal tirou uma fotografia de Russell entrando em um restaurante em companhia de Peggy, em Bristol, Pensilvânia. Eles tiveram de cortar a imagem de Peggy da fotografia, porque ela ainda era menor de idade.

Peggy podia ler minha mente como um livro aberto. Mary e Peggy haviam assistido a todas as notícias sobre o desaparecimento de Hoffa pela televisão. Peggy olhou para mim e, assim que entrei naquela cozinha, ela viu algo de que não gostou. Talvez eu parecesse apenas endurecido em vez de preocupado. Talvez ela tenha pensado que eu deveria ter permanecido em Detroit, para ajudar na procura por Jimmy. Peggy pediu-me para que eu saísse daquela casa e me disse:

— Eu não quero nem mesmo conhecer uma pessoa como você.

Isso foi há vinte e oito anos, e ela não quis mais saber de coisa alguma comigo. Eu não vi Peggy, nem falei mais com ela, desde aquele dia, 3 de agosto de 1975. Ela tem um bom emprego e mora nos arredores de Philly. Minha filha Peggy sumiu da minha vida naquele dia. ”

Capítulo Trinta

"Os responsáveis não escaparam isentos de impostos"

O FBI colocou duzentos agentes para trabalhar no caso do desaparecimento de Hoffa, e gastou incontáveis milhões de dólares. Esse esforço redundou na produção de setenta volumes de informações compiladas, remontando ao total de 16 mil páginas do que viria a ser conhecido genericamente como o Arquivo HOFFEX.

Ainda no início, o FBI concentrou-se sobretudo em um pequeno grupo de pessoas. A página três de um memorando contido no Arquivo HOFFEX identifica os seguintes sete homens: Anthony "Tony Pro" Provenzano, de 58 anos de idade; Stephen Andretta, de 42 anos de idade; Thomas Andretta, de 38 anos de idade; Salvatore "Sal" Briguglio, de 45 anos de idade; Gabriel "Gabe" Briguglio, de 36 anos de idade; Francis Joseph "Frank" Sheeran, de 43 anos de idade; e Russell Bufalino.

Adicionando à relação os nomes de Tony Giacalone e Chuckie O'Brien, o FBI trabalhou com uma lista de nove suspeitos.

Uma vez que estivesse absolutamente certo da qualidade das informações "internas" que obtivera, o FBI mostrou-se irredutível em sua crença de que este punhado de notórios suspeitos citados na página três do memorando do HOFFEX havia sequestrado e assassinado Jimmy Hoffa. Wayne Davis, um ex-diretor do FBI em Detroit, foi citado ao dizer: "Nós achamos que sabemos quem foram os responsáveis e o que aconteceu." Kenneth Walton, outro ex-diretor do FBI em Detroit, disse: "Estou confiante de que sei quem fez isso."

Um júri federal foi reunido para um julgamento preliminar, em Detroit, seis semanas após o desaparecimento de Jimmy Hoffa. Todos aqueles nove homens compareceram a ele, onde todos foram representados por Bill Bufalino. Todos eles apelaram à Quinta Emenda. Frank Sheeran apelou à Quinta Emenda como resposta a cada pergunta que lhe foi dirigida, mesmo quando lhe foi perguntado se a caneta amarela do promotor era, de fato, amarela. Depois de haver apelado à Quinta Emenda, Stephen Andretta foi contemplado com uma imunidade limitada e forçado a testemunhar. Mesmo assim, ele se recusou a responder às indagações que lhe foram feitas e recebeu uma sentença de 63 dias de prisão, por desacato ao tribunal, antes de, finalmente, concordar em responder às perguntas do promotor. Stephen Andretta estabeleceu um novo recorde em Detroit ao abandonar o recinto do tribunal mais de mil vezes para consultar-se com seu advogado, Bill Bufalino. Chuckie O'Brien foi chamado para depor e apelou à Quinta Emenda, sendo ele também representado por Bill Bufalino. Quando indagado sobre como ele podia representar homens tão sem vontade de cooperar, que eram suspeitos de haver matado o seu antigo cliente, Bill Bufalino respondeu que Jimmy Hoffa "teria gostado que as coisas fossem assim".

Hoje em dia, o FBI dá-se por satisfeito, acreditando ter punido as partes culpadas. O ex-diretor-assistente de investigações criminais do FBI, Oliver Rendell, disse: "Ainda que o caso jamais tenha sido solucionado, posso assegurar que os responsáveis não escaparam isentos de impostos." O atual diretor da seção de Detroit do FBI, o Agente Especial John Bell, disse acerca dos suspeitos do caso Hoffa: "Lembre-se de que o governo não levou Al Capone à prisão por contrabando de bebidas. O governo o prendeu por sonegação de impostos."

• Em 1976, um ano após o desaparecimento de Jimmy Hoffa, Tony Provenzano e Sal Briguglio foram indiciados pelo assassinato — cometido em 1961 — do secretário-tesoureiro do Local 560, Anthony "Três Dedos" Castellito, um homem que crescera junto com Tony Provenzano no Lower East Side de Nova York. O assassinato foi ordenado por Provenzano e cometido por Sal Briguglio, auxiliado por um jovem marginal chamado Salvatore Sinno e pelo ex-boxeador "Nocaute" Konigsberg. No dia seguinte ao assassinato, Tony Provenzano encontrava-se em uma capela nupcial na Flórida, casando-se com sua segunda esposa.

• A importância do caso Hoffa para o FBI não passou despercebida da população carcerária de todo o país. Qualquer um que conhecesse algo sobre algum dos figurantes da sucinta lista de nove suspeitos, cujos nomes apareciam nos jornais com regularidade, saberia que o governo ofereceria excelentes acordos de leniência em troca de informações. Como resultado direto das investigações acerca de Hoffa, Salvatore Sinno adiantou-se e admitiu sua participação no assassinato ocorrido quinze anos antes e revelou os nomes de seus cúmplices. Sinno afirmou que Sal Briguglio foi recompensado com o cargo que fora ocupado por Castellito no sindicato, e que Konigsberg recebera quinze mil dólares. Tony Provenzano foi condenado pelo assassinato de Castellito e enviado para a prisão de Attica, em 1978. O *New York Times* citou uma fonte do FBI ao afirmar que "estes são desdobramentos diretos da nossa investigação sobre Hoffa". O *Times* também citou O. Frankie Lowie, diretor da seção de Detroit do FBI: "Não me importa quanto tempo demore. Nós nos manteremos firmes. Se pisarmos nos calos de pessoas suficientes, alguém irá dizer alguma coisa. Isto ainda é apenas uma questão de encontrarmos a brecha de que precisamos." Embora seus calos tenham sido pisoteados pela vida toda, Tony Provenzano jamais disse qualquer coisa, até morrer em Attica, dez anos depois de sua condenação, aos 72 anos de idade.

• Em 1976, Tony Giacalone foi preso, por sonegação de imposto de renda, e passou a cumprir uma sentença de dez anos. Dois meses após sua prisão, o governo liberou para a mídia algumas fitas com embaraçosas gravações, obtidas por meio de escutas ocultas, realizadas entre 1961 e 1964. Estas revelaram que enquanto Jimmy Hoffa ajudava Tony Giacalone a subornar um juiz com dez mil dólares, Tony Jack estaria tramando — juntamente com seu irmão, Vito "Billy Jack" Giacalone, e a mãe de Chuckie O'Brien, Sally Paris — para embebedar Josephine Hoffa quando seu marido estivesse fora da cidade e roubar a caixa-forte abarrotada com o dinheiro proveniente do condomínio que Hoffa possuía na Flórida. O plano malogrou quando Hoffa voltou para a sua casa inesperadamente e ali encontrou os conspiradores, com sua esposa inconsciente. Todos afirmaram estar ali para cuidar dela. Em 1996, Tony Giacalone foi indiciado por fraude em sua gestão no sindicato, mas sua saúde instável levou a vários adiamentos de um futuro julgamento. Giacalone morreria em 2001, aos 82 anos de idade, ainda com as acusações de gestão fraudulenta pendentes. A manchete da Reuters para o obituário de Giacalone dizia: "Renomado Mafioso Americano Leva o Segredo de Hoffa para o Túmulo."

• Em 1977, Russell Bufalino foi preso por extorsão. Um trapaceiro chamado Jack Napoli obtivera 25 mil dólares em joias a crédito, de um joalheiro de Nova York ligado a Russell Bufalino. Para obter as joias, Napoli passou-se por um amigo de Bufalino, embora este último jamais tivesse ouvido falar dele. Bufalino convocou uma reunião com Napoli, no Vesuvio. Durante a reunião, Bufalino — então, contando 73 anos de idade — ameaçou estrangular Napoli com suas mãos nuas, caso este não devolvesse os 25 mil dólares que roubara. Como resultado direto da investigação sobre Hoffa, aconteceu de Napoli estar "grampeado", usando um microfone oculto em suas roupas.

• Bufalino foi mandado para a prisão por quatro anos. Quando saiu de lá, em 1981, ele encontrou-se com outros dois homens, e os três juntos conspiraram para assassinar Napoli. Porém, antes que o assassinato fosse consumado, um desses homens, Jimmy "Fuinha" Frattiano, fez um acordo com o FBI e entregou Bufalino. Frattiano testemunhou que, em uma reunião que aconteceu na Califórnia, para discutir o assunto de Napoli, Bufalino teria dito: "Nós queremos fechar a conta dele." Russell Bufalino — contando 79 anos de idade, na época — recebeu uma sentença de quinze anos de prisão. Quando já estava encarcerado, ele sofreu um severo acidente vascular cerebral e foi transferido para o hospital prisional em Springfield, onde passou a dedicar-se a uma existência de profunda religiosidade. Ele morreria, aos 99 anos de idade, em uma casa de repouso, sob estrita vigilância do FBI.

• O máximo que o FBI pôde conseguir para incriminar Chuck O'Brien foi uma acusação de haver recebido um carro de uma companhia transportadora, com a qual seu comitê local mantinha um contrato, e de haver falsificado informações para a obtenção de um empréstimo bancário. Ele cumpriria uma sentença de dez meses de prisão, em 1978.

• Thomas Andretta e Stephen Andretta cumpriram sentenças de vinte anos de prisão, cada um, tendo sido indiciados por fraude trabalhista. Por muitos anos, eles teriam vindo extorquindo dinheiro de uma das maiores companhias transportadoras do país, em troca da manutenção da paz entre o corpo de funcionários e seus patrões. Tony Provenzano foi condenado juntamente com eles, mas já cumpria uma pena de prisão suficiente para dez homens de sua idade. Uma informação acessória interessante dá conta de que a defesa intimou Steven Brill, autor do livro *The Teamsters* ("Os Caminhoneiros"), para que esclarecesse como uma testemunha teria "virado a casaca" contra eles e contado tudo a Brill. Porém, Brill jamais entrevistou a essa testemunha em particular.

• Gabriel Briguglio cumpriu uma sentença de sete anos de prisão, por fraude trabalhista e extorsão.

• Baseado em dois casos trazidos à luz pelo Departamento do Trabalho e pelo FBI, Frank Sheeran recebeu condenações cujas penas somadas totalizavam 32 anos de prisão, em 1982.

Em meio a esse empenho para "pisar em calos", a certa altura James P. Hoffa foi citado ao dizer: "Somente agora parecem estar se revelando os frutos da investigação e parece estar sendo oferecida alguma consolação por parte de certos promotores. Isto demonstra que o FBI está tentando. Mas eu espero que o FBI renove seus esforços para solucionar o caso relativo ao desaparecimento de meu pai e não pense que a justiça tenha sido feita apenas por haver botado certos suspeitos na cadeia, em outros casos."

O que teria tornado o FBI tão convicto quanto a essa lista de nove "certos suspeitos" e de que estivesse "botando na cadeia" nomes associados a "outros casos"? Com todos os recursos de que dispunham e de sua capacidade para conduzir investigações em qualquer parte do país, por que os agentes do FBI e do Departamento de Justiça concentravam seus recursos exclusivamente sobre um grupo tão pequeno de "certos suspeitos"? Por que todos os esforços do governo — que incluíam os préstimos de investigadores e contabilistas do Departamento do Trabalho — adejavam somente em torno desse pequeno grupo? Como ex-promotor, eu posso apenas formular uma pergunta óbvia: Quem estava delatando para o FBI?

"Eles mantêm os edifícios federais sob vigilância. Se eles veem você entrando em um edifício federal sem, depois, se reportar a ninguém, você já tem um problema. Às vezes eu chego a pensar que eles tenham gente deles dentro dos edifícios federais, como secretárias, por exemplo; mas jamais alguém me disse como, exatamente, isso funcionava. Tudo o que Russell me disse foi que, caso eu tivesse de entrar em um edifício federal, mesmo que fosse apenas para atender a uma intimação, seria melhor comunicar isto a alguém da família, o mais brevemente possível. Afinal, você não entra em um edifício desses para tomar chá.

De algum modo, eles ouviram dizer que Sally Bugs estava frequentando um edifício federal e mantendo contato com o FBI; e ele não estava contando isso para ninguém. Ele sabia muito bem o que estava fazendo. Eles o confrontaram e ele admitiu estar falando com o FBI, mas recusou-se a dizer qualquer coisa além disso. Confrontá-lo assim, diretamente, faria com que o FBI se retraísse um pouco. Se ele estivesse usando um microfone oculto, eles o retirariam. Se eles o estivessem seguindo, deixariam de fazer isso.

Eu ouvi dizer que Sally Bugs devia ter ficado um tanto nervoso com o indiciamento pelo assassinato de Castellito, somado à investigação relativa ao caso Hoffa. Sally tinha um problema de fígado, e talvez fosse isso que fizera com que seu semblante parecesse 'amarelar'. Ouvi dizer que ele temia ter câncer, o que faria com que certas pessoas se mostrassem preocupadas com a capacidade de resistência mental dele. Talvez Tony Pro estivesse mal-humorado porque estivesse sendo julgado por haver recebido uma comissão sobre um empréstimo."

Provenzano foi levado a julgamento por haver recebido 300 mil dólares — a título de comissão — sobre a liberação de um empréstimo de 2,3 milhões de dólares ao Woodstock Hotel, situado no "distrito dos teatros", em Nova York. O dinheiro emprestado provinha da reserva de caixa do seu comitê local. O repórter Murray Kempton, do *New York Post*, escreveu: "O Local 560 é uma caixa registradora." Quando o indiciamento de Provenzano foi efetivado, Victor Riesel, o corajoso repórter especializado em assuntos trabalhistas a quem Johnny Dioguardi havia cegado com ácido, vinte anos antes, relatou em sua coluna, republicada em jornais de todo o país, que Provenzano planejava concorrer à presidência da Fraternidade Internacional em 1981, quando Fitzsimmons se aposentasse — e, para fazer isso, ele precisaria tirar o popular Jimmy Hoffa de seu caminho. Tomar e manter o poder eram os mesmos motivos pelos quais ele precisou tirar o popular Anthony "Três Dedos" Castellito de seu caminho, em 1961. E, em ambas as ocasiões, ele usou Sal Briguglio.

"Eles não me disseram muita coisa. Eles apenas disseram onde John Francis e eu deveríamos estar. Para garantir que faríamos barulho, nós dois levávamos revólveres calibre .38, enfiados nos cintos, às costas. Por essa época, eu confiava no Ruivo para trabalhar comigo em qualquer lugar, a qualquer hora. Em 21 de março de 1978, Sally Bugs estava saindo do Andrea Doria Social Club, que fica a um quarteirão do Umberto's Clam House, em Little Italy. Ele estava sozinho. Como eles sabiam que ele sairia sozinho daquele lugar, precisamente àquela hora, eu jamais soube; mas eles têm suas maneiras. Sally Bugs usava óculos com lentes grossas, e, por isso, ganhara o apelido de 'Sally Bugs': porque ele parecia ter olhos muito saltados através daquelas lentes.[22] Eu não o conhecia muito bem, mas não haveria maneira de confundir óculos com lentes tão grossas usados por um sujeito de 1,70 m de altura com outra pessoa. Caminhei até ele e disse: 'Oi, Sal.' Ele disse: 'Oi, Irlandês.' Sally Bugs olhou para John porque ele não conhecia O Ruivo. Enquanto olhava para John, à espera de uma apresentação, Sally Bugs foi alvejado duas vezes na cabeça. Ele caiu, já morto, e John Francis disparou cerca de três vezes contra seu corpo, para fazer barulho e causar a impressão de um tiroteio, afastando da mente de quaisquer eventuais vizinhos a ideia de olhar pela janela após os dois primeiros tiros.

Em uma ação tão bem planejada quanto esta, na qual eles devem considerar a possibilidade de haver agentes pelas redondezas, eles teriam gente sentada ao volante de um carro, pronta para levar você dali e livrar-se das armas. O tempo é a essência dessas coisas, e você já estará longe dali praticamente antes de o sujeito cair ao chão. Eles tinham um bocado de cobertura preparada para a cena. Cobertura é algo muito importante. Você precisa ter gente em carros 'de porrada', para que repentinamente se afastem do meio-fio e colidam com quaisquer carros do FBI.

No jornal, disseram que dois homens encapuzados bateram em Sally Bugs e o jogaram ao chão, antes de atirarem nele. O jornal não disse como dois homens encapuzados puderam chegar suficientemente próximos de Sally Bugs para atirar nele. Sally Bugs não era cego. Ele podia enxergar muito bem com aqueles óculos. Por que dois homens encapuzados perderiam seu tempo derrubando-o ao chão antes de ati-

---

24 Em inglês, a expressão *bug-eyed* (literalmente, "com olhos de inseto") é empregada para descrever pessoas que tenham os globos oculares muito projetados para fora de suas órbitas. (N.T.)

rar nele, o jornal não disse também. Estariam os atiradores esperando que, durante a trajetória de seu corpo até o chão, Sally Bugs sacasse sua própria arma e atirasse contra eles? Muito provavelmente, a testemunha deve ter pensado que Sally Bugs fora nocauteado primeiro, porque, quando se faz isso, a vítima 'vai embora' muito mais rapidamente, sem qualquer sofrimento. Muito certamente, a testemunha sabia o suficiente para colocar capuzes nos atiradores; desta maneira, ninguém questionaria sua palavra.

De todo modo, com Sally Bugs tratou-se de mais um exemplo de 'quando em dúvida, não tenha dúvidas'.

E, talvez, Tony Pro tenha imaginado que eu lhe fizera um favor, e que haveríamos acertado aquela diferença que ele tinha comigo. Isso, eu não sei. ”

Pela experiência que possuo em lidar com ambos os lados de questões como esta, sei que quando um suspeito pede para fazer um acordo, a promotoria exige que seja fornecida uma prova; uma descrição do que o suspeito tem a oferecer. As coisas que o suspeito poderá dizer às autoridades terão de estar "sobre a mesa" para que as autoridades competentes saibam de antemão se as informações a serem obtidas justificam o estabelecimento de um possível acordo. Na investigação relativa a Hoffa, Salvatore Briguglio pareceu ser um homem que tivesse algo a "desabafar", desde o início.

Em 1976, durante os intervalos entre as composições do júri no julgamento preliminar em Detroit, um oficial da polícia estadual de Michigan, chamado Koenig, concentrou suas atenções sobre os irmãos Andretta e os irmãos Briguglio — especialmente sobre Sal Briguglio. Koenig disse: "Podia-se ver que sua mente estava tumultuada e que ele estava enfrentando dificuldades para lidar com isso. Todos concordamos que ele seria o sujeito sobre o qual deveríamos nos concentrar."

Em 1977, a necessidade de "desabafar" de Sal Briguglio manifestou-se nas conversas que teve com Steven Brill, autor de *The Teamsters* ("Os Caminhoneiros"). Brill escreveu, em uma nota de rodapé: "Salvatore Briguglio e eu conversamos, em 1977, sob a condição tácita de que eu não revelaria o teor do que discutíssemos. Em 21 de março de 1978, ele foi assassinado. Nossas conversas, que foram sempre mantidas em particular, eram erráticas e tocavam no assunto do assassinato apenas ocasionalmente. Mesmo assim, ele limitou-se a menear a cabeça afirmativamente ao confirmar alguns aspectos, de certa maneira menos importantes, da descrição do crime que eu lhe expus. Ele não ofereceu qualquer elaboração, nem jamais revelou o suficiente para implicar qualquer pessoa, exceto, possivelmente, a si mesmo."

Em 1978, apenas alguns dias antes de ser assassinado, Sal Briguglio manifestou sua necessidade de falar em uma entrevista concedida a Dan Moldea, autor de *The Hoffa Wars* ("As Guerras de Hoffa"). Moldea descreveu Briguglio como parecendo "extenuado, demonstrando todo o desgaste causado pela pressão federal à qual estava submetido". Moldea cita textualmente as palavras de Briguglio ao dizer que "não tenho arrependimentos, a não ser por haver me envolvido nessa embrulhada com o governo. Se eles querem você, você é deles. Eu não tenho mais aspirações. Já fui tão longe quanto poderia chegar, neste sindicato. Não restou mais nada."

Teria Sal Briguglio revelado ao FBI tanta coisa a respeito do caso quanto estava em posição de saber? Teria o FBI colocado Sal Briguglio nas ruas, com um microfone oculto, para que obtivesse uma admissão do suspeito assassino?

Por que as fontes ligadas à aplicação da lei apressaram-se a dirigir as atenções dos repórteres da imprensa escrita para longe de Provenzano como suspeito, alegando uma traição como motivo? Por exemplo, Carl J. Pelleck, do *New York Post*, afirmou, no dia seguinte: "Os investigadores dizem que é provável que a Máfia tenha ordenado o assassinato para obter o controle do Local 560 de Provenzano — um dos maiores do país — e seus lucrativos fundos de pensão e aposentadoria, os quais seriam usados como cacife para investimentos em empreendimentos legalizados, embora dedicados à exploração de jogos de azar, em Atlantic City." Por que as forças de aplicação da lei apresentaram outro suspeito, que já se encontrava na prisão? Pelleck escreveu: "Eles também não descartam a possibilidade da mão do chefão mafioso Carmine Galante estar por trás da trama para assassinar Briguglio."

Por que o FBI não liberou seu arquivo para o conhecimento do público ao qual ele serve; o público que paga suas despesas? Estaria o FBI constrangido?

Em 2002, devido a uma intensa pressão exercida pela mídia e pelos filhos de Hoffa, que moveram — sem sucesso — uma ação judicial para obter acesso ao arquivo do FBI sobre Hoffa até a Corte Suprema dos Estados Unidos, o FBI liberou 349 páginas que se consistiam de um apanhado geral sobre o caso Hoffa. Em 27 de setembro de 2002, o *Detroit Free Press* afirmou: "O *Free Press* obteve novas informações sobre o caso Hoffa, como resultado de uma batalha judicial que durou uma década. Esta é a primeira revelação ao público de um apanhado elaborado pelo próprio FBI acerca do caso. Tal relatório, contudo, foi extensamente censurado. Nomes foram omitidos, longos trechos de entrevistas com potenciais testemunhas foram rasurados com tinta preta, e há várias páginas faltando no corpo do dossiê."

Em março de 2002, o FBI liberou 1.400 páginas de seu arquivo ao *Free Press* e ao conhecimento do público — enquanto mantinha sob sigilo quase todas as 15.000 páginas restantes que o compunham. Na sentença final da matéria publicada sobre essas páginas liberadas, o jornal observou que "os documentos sugerem que as pistas mais significativas do FBI se esgotaram em 1978".

Aquele foi o ano em que Sal Briguglio foi silenciado.

Capítulo Trinta e Um

Sob um juramento de sigilo

"Não posso creditar meu embebedamento constante ao desaparecimento de Hoffa. Eu não precisava de desculpas para beber, na época; mas eu estava bebendo pesadamente, admito."

O *Philadelphia Bulletin* publicou um perfil de Frank Sheeran em 18 de fevereiro de 1979, sete meses antes de seu indiciamento sob a lei RICO[23], na Filadélfia. O título da matéria dizia: "Um Durão Metido em Graves Encrencas." Havia, ainda, uma fotografia de Sheeran, sobre a legenda "Histórico de Violência." O artigo descrevia Sheeran como "um homem notório por usar suas mãos tão habilidosamente que dispensava o porte de uma arma de fogo [...], (e) tão grande que a polícia, certa vez, não conseguiu algemar suas mãos às costas." A única outra fotografia a ilustrar a matéria retratava Jimmy Hoffa, sobre a legenda: "Estreitamente Ligado a Sheeran." O texto enfatizava que "o FBI considera Sheeran como um suspeito pelo desaparecimento de Hoffa, em 1975." Os repórteres citaram um advogado não identificado da Filadélfia, ao observar que Sheeran jamais se importara muito com "a safra do vinho que bebia": "Eu nunca vi um homem tão grande ser capaz de rastejar para dentro de uma garrafa de vinho. Ele bebe incessantemente."

Em 27 de outubro de 1979, um mês depois de seu indiciamento e vários meses antes de seu julgamento sob a lei RICO, o *New York Times* publicou um perfil que incluía uma fotografia de Sheeran sentado ao balcão de um bar, com uma dose de uísque diante de si. A matéria citava textualmente as palavras do próprio Sheeran: "Tudo o que tenho, eu devo a ele. Se não fosse por Hoffa, eu não estaria onde estou, hoje."

Um relatório "302" do FBI cita Charlie Allen ao referir-se aos anos imediatamente subsequentes ao desaparecimento de Jimmy Hoffa: "Sheeran é um bebedor 'da pesada'. Ele está bêbado praticamente sete dias por semana."

O relatório também expressa a opinião de Charlie Allen sobre o tipo de pessoa que poderia ter estado em posição de matar Jimmy Hoffa: "Teria de ser alguém que ele conhecesse para 'armar' para ele. Você sabe, teria de ser alguém a quem ele conhe-

---

25 O *Racketeer Influenced and Corrupt Organizations Act* (algo como "Ato contra influência e corrupção de organizações, mediante extorsão") — conhecido como RICO — é uma lei norte-americana, promulgada em 1970. (N.T.)

cesse realmente muito bem para fazer com que ele entrasse naquele carro. Jimmy era um homem poderoso, e você não chega até ele e simplesmente diz a ele o que fazer, assim. Sabe, teria de ser alguém a quem ele realmente conhecesse, para fazer com que ele entrasse no carro e fizesse o que quer que tenham feito."

"Em 1977, eles me levaram até diante de outro júri preliminar. Daquela vez foi em Syracuse. O FBI me aconselhou que aquela seria a hora certa para que eu me tornasse um dedo-duro. O juiz federal me concedeu imunidade limitada, de modo que eu deveria responder a cada pergunta formulada pelo júri. Eles haviam trazido os irmãos Andretta para lá, também, e eles me perguntaram se eu conhecia a alguém, ali. Eu disse que já conhecia a alguns, de outros júris preliminares. O promotor me perguntou se Russ já havia me mandado atirar contra alguém. Mais tarde, naquela mesma semana, eles perguntaram a Russ se Frank Sheeran tinha tido qualquer coisa a ver com a 'queimação' de alguém; e Russell disse: 'Não que seja do meu conhecimento. Até onde eu sei, o Irlandês é um grande sujeito, delicadíssimo.'

Eles me fizeram perguntas sobre o chalé que Jimmy tinha em Lake Orion, onde encontraram os nomes 'Russ e Frank' escritos em um bloco de anotações. Eles me fizeram perguntas sobre o Pad, um clube privativo em Endicott, Nova York, frequentado pela família de Russ. Eu disse a eles que fui ao Pad para jogar aquele jogo italiano em que são utilizados os dedos, chamado 'Amore', no qual se decide quem será o chefe e o subchefe, para, então, decidir quem beberá o vinho. Eles me perguntaram sobre negócios que eu teria feito com um sujeito chamado Lou Cordi. Eles tinham os detalhes. Depois do julgamento preliminar, Russ me disse que, para que morresse em paz, Lou Cordi fizera uma confissão em seu leito de morte. Tal como aconteceria com John Francis, ninguém culpou Lou Cordi por falar enquanto estava morrendo e 'chapado' de medicamentos, para conquistar sua paz.

Eles me retiveram em Syracuse por nove horas, e ouviram um bocado das lições que eu recebera de Jimmy sobre como testemunhar: 'Se vocês puderem refrescar minha memória quanto a esse assunto, talvez eu possa recordar o que vocês querem que eu recorde; mas, neste momento em particular, eu não me recordo dos detalhes desse assunto em particular.'

Cerca de um ano depois disso, eu me encontrava no Cherry Hill Inn, em Jersey, me preparando para sair, depois de haver tomado alguns drinques, quando meu motorista, Charlie Allen, inclinou-se em minha direção e perguntou: 'Você matou Jimmy Hoffa?' Eu respondi: 'Seu dedo-duro, filho da puta' — e o FBI surgiu das paredes para cercar Allen e protegê-lo de mim. O restaurante estava coalhado de agentes que ouviam a tudo o que Allen dizia através de um microfone oculto. Eles acharam que eu iria 'queimá-lo' ali mesmo.

Quando alguém lhe pergunta diretamente 'Você fez isso ou aquilo...?', é hora de pagar sua conta e sair. A única maneira de Charlie haver formulado aquela pergunta direta, em particular, naquele momento em particular, seria porque os federais tivessem decidido que aquele seria o momento certo para fazer isso.

Eu portava um .38, na ocasião. Enquanto eles cercavam Allen, corri para o meu Lincoln e dirigi pela rampa de acesso à Rota 72, 'costurando' em meio ao tráfego. Fui ao Branding Iron e dei o meu 'cano' a uma amiga que lá estava. Ela o colocou em sua bolsa. Eles entraram e ela saiu, passando por eles na porta da frente.

Eles me disseram para que eu embarcasse no carro que usavam, em sua companhia. Eu fiz isso, e um dos agentes disse que eles tinham o suficiente para arranjar duas sentenças de prisão perpétua e mais 120 anos, para mim. Eu disse: 'Dentro de quanto tempo eu poderei sair livre por bom comportamento?'

O agente disse que se eu topasse usar um microfone oculto ao falar com Russ e Angelo, estaria de volta às ruas, livre, em dez anos. Eu disse a ele: 'Vocês devem estar me confundindo com outra pessoa.'

O agente disse que tinha acusações bem fundamentadas contra mim por dois assassinatos, quatro tentativas de assassinato e uma longa lista de outros delitos, e que se eu não cooperasse, permitindo que eles me protegessem, eu terminaria sendo morto pela Máfia ou morreria na cadeia. Eu disse: 'O que será, será.'

A maneira como eles conseguiram me apanhar, para início de conversa, foi por haverem apanhado, antes, Charlie Allen operando um laboratório de produção de metanfetamina em Nova Jersey. Naturalmente, Allen não queria que Angelo ou Russell soubessem que ele andava traficando metanfetamina. Naturalmente, Allen não queria ir para a cadeia pelo resto da vida por causa do laboratório de metanfetamina, e, naturalmente, Allen sabia que os federais fariam qualquer coisa para me apanhar, por causa do caso Hoffa. Os federais acabariam brindando Allen com dois anos de 'cana'; mas o Estado da Louisiana lhe imporia uma sentença de prisão perpétua pelo estupro de sua enteada, quando esta ainda era uma criança.

Contra mim, recebi um indiciamento pela lei RICO, que elencava os nomes de cerca de vinte coconspiradores não indiciados, incluindo Russell e Angelo. Angelo já havia sido 'queimado' quando o caso foi submetido a julgamento, mas havia um bocado de gente importante que não queria ver o governo me condenar por crimes que eu, supostamente, havia cometido em companhia deles, ou eles seriam os próximos a serem apanhados. No primeiro dia do meu julgamento federal sob a lei RICO, em fevereiro de 1980, o FBI dirigiu-se ao meu advogado, F. Emmett Fitzpatrick, para preveni-lo de que haviam ouvido de uma de suas fontes que meus coconspiradores não indiciados estariam preocupados com a possibilidade de que, caso fosse condenado, eu 'abrisse o bico'; então, eles já teriam providenciado para que eu fosse 'queimado.' Eu disse a Emmett para que perguntasse a ele quem teria sido designado para me 'queimar', pois, assim, quando visse o sujeito se aproximar de mim, eu poderia agir primeiro.

Um dos assassinatos de que me acusaram foi o de Fred Gawronski, cuja argumentação Tommy Barker já conseguira derrubar em sua própria defesa. Charlie Allen afirmara que eu havia ordenado que Gawronski fosse 'queimado' porque teria derramado vinho sobre mim. Emmett derrubou a argumentação de Charlie por terra ao confrontar as evidências.

Durante um intervalo no julgamento, vi um agente chamado Quinn John Tamm falando com minha filha adolescente, Connie. Perguntei ao promotor: 'Ei, Courtney, quantas acusações de assassinato você tem a fazer contra mim?' Ele respondeu: 'Duas. Por quê?' Eu disse: 'Se Tamm voltar a falar com alguma das minhas filhas, você terá três.' Mais tarde, alguém saltou detrás de um arbusto e lançou um cobertor por cima da cabeça de Tamm. Jogar um cobertor sobre um sujeito equivale a mandar-lhe uma mensagem para que ele saiba quanto é vulnerável. Isso desconcerta o sujeito, e, quando ele afinal consegue se livrar do cobertor, o sujeito que o lançou já estará bem longe. Tamm voltou ao tribunal e me chamou de 'filho da puta'. Eu ri.

Depois de Emmett haver convocado sua última testemunha de defesa, eu disse:

— Você tem mais uma testemunha.

— Quem? —, perguntou Emmett.

— Francis —, disse eu.

— Francis quem? —, indagou Emmett.

— Francis eu —, respondi.

Eu sempre acreditei em testemunhar fazendo contato visual com o júri, especialmente se o governo pinta um quadro de você como um sujeito capaz de 'queimar' outro sujeito porque este teria derramado vinho sobre você. Você pode imaginar qual seria o raciocínio deles quando você os olha nos olhos?

'Júri Inocenta Sheeran de Todas as Acusações', disse a manchete do *Philadelphia Bulletin*.

Meu grande problema era um par de acusações por delitos menores. Eles tinham uma gravação da minha voz, captada por um microfone oculto usado por Charlie Allen quando ele ainda estava na folha de pagamento do Local 326.

Eu tinha um problema com uma empresa de guindastes rebocadores. O gerente havia demitido dois dos meus atendentes de loja e não queria negociar comigo. A data da audiência do agravo se aproximava e eu não queria que esse gerente comparecesse a ela. Eles afirmaram que eu teria dito a Charlie Allen para que aplicasse um corretivo no sujeito. Allen gravou minha voz em uma fita, dizendo: 'Quebre as duas pernas dele. Eu quero que ele fique de cama. Quero que o sujeito vá para o hospital.' Depois de obter essa gravação secretamente, o FBI fez com que uma das pernas do sujeito fosse engessada — sem que tivesse sido quebrada — e levou-o a comparecer à audiência usando muletas. Os federais me enquadraram por isso, em um tribunal estadual em Delaware.

O FBI também me 'enquadrou' naquele julgamento estadual por ter apanhado dinamite da Medico Industries, uma fabricante de munições e explosivos na Pensilvânia, que mantinha grandes contratos com o governo. Russell era um 'sócio oculto' da Medico. A dinamite seria usada para explodir o escritório do sujeito com a falsa perna quebrada engessada, na empresa para a qual ele trabalhava. Recebi uma sentença total de catorze anos.

Outro grande problema que eu tinha era relativo ao fato de o FBI ter anotado o número da placa do Lincoln preto que eu possuía em Detroit, quando Jimmy desapareceu. Os federais descobriram que eu havia comprado aquele carro de Eugene Boffa, que dirigia uma empresa de agenciamento de motoristas freteiros para transportadoras pagando-lhes valores abaixo da tabela do mercado. Eu paguei um valor abaixo do da tabela do mercado pelo carro, e não tinha em meu poder todos os recibos dos pagamentos que fizera mensalmente, em dinheiro vivo. Eles alegaram que eu teria recebido o Lincoln preto como suborno, para permitir que Boffa pagasse honorários abaixo dos valores de mercado e demitisse algumas pessoas. Eles também afirmaram que eu ganhara um Lincoln branco, um ano depois, e que recebia regularmente duzentos dólares por semana de Boffa. Eles obtiveram uma fita gravada, por Charlie Allen, onde eu afirmava que dividia os duzentos dólares com Russell e que 'meu sindicato que fosse para o Inferno.' Àquela época, com Jimmy fora de cena, tudo era diferente.

Depois daquela condenação, eu disse ao *Philadelphia Inquirer*, no dia 15 de novembro de 1981, que 'o único homem perfeito foi pregado a uma cruz'.

O agente Quinn John Tamm riu por último, e disse ao repórter que eu tinha tido 'mais vidas do que um gato, até agora'.

Eu contava 62 anos de idade e tinha dezoito anos de uma sentença para cumprir, além dos catorze aos quais acabava de ser sentenciado, para completar um total de 32 anos de prisão. Eu sofria de um caso grave de artrite, e tudo indicava que eu morreria na cadeia.

Cumpri minha pena decretada por um tribunal federal, primeiro. Passei os anos da administração Reagan como 'hóspede' do presidente. Eles me enviaram à Penitenciária Federal de Sandstone, em Minnesota. Isso fica próximo da fronteira com o Canadá, e eles têm um vento frio desgraçado, lá. Durante o inverno, a sensação térmica pode chegar a 50°C negativos.

Com frequência, o FBI aparecia no meio da noite e me convocava à sua presença. Aqueles eram os momentos em que os informantes eram chamados, quando eles achavam que todo mundo já estivesse dormindo. O FBI aguardaria por você em um edifício afastado, longe de todo o restante da população carcerária. Para deixar o seu bloco de celas e ir até onde o FBI lhe aguardava, você teria de caminhar a céu aberto por uns quatrocentos metros. Eles tinham uma corda amarela à qual você deveria agarrar-se para que não fosse soprado pelo vento. O vento frio corta através do corpo de uma pessoa normal. Quando você padece de um caso grave de artrite, que faz com que você consiga caminhar apenas muito lentamente, esta é uma experiência especialmente dolorosa.

Meu velho companheiro do Exército, Diggsy Meiers, jurava que havia contraído sua artrite por haver caído no sono em uma trincheira em Monte Cassino, quando eu lhe afanei o cobertor. Aquelas trincheiras eram inundadas pela água da chuva, que congelava, de modo que você tinha de romper a camada superficial para entrar na trincheira e proteger-se dos estilhaços das granadas. Eu acho que foi por isso que nós dois ganhamos nossas artrites, para começar. Na cadeia, fui ficando cada vez mais encurvado à medida que a artrite destruía minha coluna lombar, pressionando minha medula espinhal. Eu fui para a prisão medindo 1,93 m de altura, e saí medindo 1,83 m. Você não era obrigado a falar com o FBI quando eles vinham, mas você tinha de ir ao encontro deles. Eles me disseram que poderiam me transferir para mais próximo das minhas filhas, se eu cooperasse, de modo que não seria tão difícil para que elas me visitassem. Eu usava um anel em minha mão direita, que tinha incrustadas as pedras dos signos de cada uma das minhas quatro filhas. Eles diziam que eu teria as chaves da prisão no meu bolso, se cooperasse; e eu apenas lhes dava as costas e voltava ao meu bloco de celas, agarrado à corda amarela. No dia seguinte, eu chamaria meu advogado para que registrasse que eu recebera uma visita dos federais, para que não restassem dúvidas.

Conheci algumas boas pessoas na 'escola', em Sandstone. Havia um sujeito velho, de Boston, que estava ali pelo assalto à Brinks, ocorrido por volta de 1950. Àquela época, este fora o maior assalto já praticado. Eles botaram milhões sobre a mesa, para fazerem a partilha. Levou cerca de sete anos para que resolvessem o caso, mas eles os apanharam. Então, eles começaram a trabalhar com uma lista de suspeitos, tal como haviam feito conosco. Por sete anos, eles se mantiveram firmes, interrogando-os implacavelmente, até que um deles cedeu, entregando todos os outros.

O irmão de Sally Bugs, Gabe, estava em Sandstone. Ele media pouco mais de 1,60 m de altura. Gabe não tivera nada a ver com o que acontecera a Jimmy. Ele sequer tinha estado lá, mas o FBI mantinha seu nome na lista, porque, com Sally Bugs falando, os federais imaginaram que ele deixaria o nome de seu irmão de fora. Por isso, eles incluíram o nome de seu irmão na lista.

Quando as coisas ficaram realmente feias quanto à minha artrite, o diretor da prisão de Sandstone me enviou a Springfield, no Missouri, para o hospital prisional. Fat Tony Salerno estava lá, morrendo de câncer. Ele não conseguia mais controlar sua urina. Russell estava lá, em uma cadeira de rodas, por conta do derrame que sofrera. Com a presença dele ali, eu estava de volta ao lado do meu professor. E eu tinha o melhor professor das redondezas. O velho jogava bocha, sentado em sua cadeira de rodas. Então, ele era mais velho do que eu sou agora, mas ainda podia bater com bastante força, levando-se em consideração sua idade. De vez em quando, ele me aplicava um murro, de leve, quando eu ganhava dele no *gin rummy*. McGee adorava sorvete, e eu providenciava para que ele sempre recebesse um pouco, todos os dias, embora você só tenha acesso a esses privilégios uma vez por semana. Eu pagava a quem quer que estivesse tomando conta da despensa a cada dia, para que arranjasse um pouco de sorvete para Russ. Quando eu estava em Springfield, minha filha Connie teve seu primeiro bebê, e Russell abandonou a cancha de bocha para vir me dar as boas novas. Russ ouvira a notícia de sua esposa, Carrie.

Algumas, vezes, quando nos encontrávamos a sós, falávamos sobre Jimmy. Assim eu soube mais sobre tudo o que se passara; e de mais alguns detalhes, também. Nenhum de nós quis que as coisas tivessem ido tão longe quanto foram. Nós dois achávamos que Jimmy não merecera aquilo. Jimmy era um bom homem, com uma bela família.

Certo domingo, eu estava me dirigindo à cancha de bocha quando vi Russell sendo conduzido na cadeira de rodas por um dos atendentes. Perguntei a ele:

— Aonde você vai, McGee?

— À igreja —, respondeu Russell.

— À igreja? —, disse eu, rindo.

— Não ria, meu amigo. Quando chegar à minha idade, você se dará conta de que existe algo mais do que apenas isto.

Guardei essas palavras comigo por todos esses anos.

Em 1991, tive de me submeter a uma cirurgia — pois, caso não o fizesse, ficaria paralisado —, então eles me deixaram sair mais cedo, antecipando minha libertação condicional sob prescrição médica. Eu contava 71 anos de idade. Eu ainda dependia de uma libertação 'no papel', por isso o FBI ficava tentando fazer com que eu violasse os termos da minha liberdade condicional. Eles 'grampearam' um sujeito que era um cambista de ingressos para eventos esportivos. A esposa o havia abandonado e levado todo o dinheiro dele. Ela pretendia divorciar-se dele, mas ele queria que ela fosse 'queimada' antes que o divórcio fosse oficializado, de modo que pudesse ficar com tudo o que pertencia a ela. Ele me ofereceu 25 mil dólares adiantados e mais 25 mil depois que ela fosse 'queimada', quando ele recebesse a herança dela. Eu disse a ele: 'Sugiro que você procure um bom conselheiro matrimonial.'

Afinal, eles conseguiram me apanhar em plena violação dos termos da minha condicional, por eu ter bebido Sambuca em companhia do suposto chefão de Philly, John Stanfa. Você coloca três grãos de café para flutuar no Sambuca: um para ontem, outro para hoje e outro para amanhã. Eu mesmo não tinha muitas perspectivas para um amanhã, mas o FBI ainda alimentava essa ideia. Na audiência, eles fizeram tocar a gravação do sujeito que fora 'grampeado', dizendo que eu deveria ter aceitado a oferta dele para 'queimar' sua esposa. Eu já contava 75 anos de idade, na época; e eles me mandaram de volta para a cadeia por dez meses. No dia em que fui apanhado pela violação da condicional, concedi uma entrevista coletiva à imprensa, para assegurar todo mundo e a certas pessoas do centro da cidade e do interior do Estado de que eu não era nenhum dedo-duro. Eu não iria ceder e me tornar um dedo-duro apenas porque eles estavam me mandando de volta para a cadeia, na minha idade e nas minhas condições de saúde. Eu queria que todas as pessoas com quem eu fizera qualquer coisa ao longo dos anos soubessem que eu não estava fraquejando devido à minha idade avançada, tal como John Francis e Lou Cordi fizeram, antes que morressem. E eu almejava que o FBI largasse do meu pé, na cadeia: não queria mais receber visitas tarde da noite. Eu disse aos repórteres que iria escrever um livro para provar que Richard M. Nixon fora responsável pelo que acontecera a Jimmy.

Enquanto estava na cadeia, recebi uma carta da filha de Jimmy, Barbara, pedindo para que eu lhe contasse o que, de fato, acontecera a Jimmy, 'sob um juramento de sigilo'.

Eu fui libertado no dia 10 de outubro de 1995, e minha esposa Irene morreu de câncer pulmonar no dia 17 de dezembro. Minha condição piorou muito, e eu mal conseguia caminhar, como um corcunda e sem controle da minha perna direita, atada a uma presilha. Antes que eu mesmo pudesse me dar conta, já não podia ir muito longe sem um par de muletas. Logo, eu teria de usar um andador para ir a qualquer lugar. Minhas três filhas que ainda mantinham alguma relação comigo passaram a se preocupar com a impossibilidade de eu vir a ser enterrado em um cemitério católico. Evoquei a imagem de Russell indo à capela em Springfield e me dizendo da existência de 'algo mais do que apenas isto'. Minhas filhas arranjaram para que eu tivesse uma conversa em particular com o Monsenhor Heldufor, na Igreja de St. Dorothy, em Springfield, Pensilvânia. Fui ao encontro dele ali, onde conversamos sobre a minha vida e ele absolveu-me dos meus pecados. Comprei um caixão funerário verde e as garotas compraram um jazigo para mim em um cemitério católico. As garotas mais velhas ficaram felizes por saberem que sua mãe seria sepultada ao meu lado, quando se fosse, vitimada pelo mal de Alzheimer.

Consegui um pequeno quarto para mim em uma casa de repouso, do qual mantenho a porta sempre aberta. Eu não suporto viver a portas fechadas. ”

Posfácio

Eu ouvi o advogado de Frank, Emmett Fitzpatrick, dizer a ele durante uma festinha em comemoração a um dos aniversários de Frank: "Você é um diabo de um sujeito com um telefone em suas mãos, Frank. Por que você iria se importar se eles o mandassem para a prisão? Desde que permitissem a você ter um telefone em sua cela, você estaria feliz. Você sequer se daria conta de que estaria na cadeia."

Durante os anos que dediquei a este projeto, Frank Sheeran chamou-me repetidamente ao telefone, ao longo do dia todo, praticamente todos os dias, para falar sobre praticamente tudo. Ele se referia a quase todas as pessoas sobre quem falasse como "boa gente". Ele encerrava quase todas as nossas conversas dizendo-me que tudo estaria "na mais perfeita ordem". Quase sempre, eu podia adivinhar quando ele pensara duas vezes a respeito de haver admitido alguma coisa: a quantidade de telefonemas, o volume de sua voz e a energia nervosa que ele deixava transparecer em suas "chamadas sociais" aumentavam consideravelmente. De vez em quando, ele tentava retirar algo que dissera. Mas, logo em seguida, quando seu estado nervoso se desanuviava, ele se sentiria confortável — e até mesmo contente — por haver admitido algo; por ter contado algo a alguém.

Frank ficou especialmente nervoso à medida que se aproximou o dia da viagem que planejáramos fazer a Detroit, para encontrar a casa onde Jimmy Hoffa fora assassinado. Em fevereiro de 2002, eu dirigi até Detroit, levando Frank comigo. Àquela época, ele estava morando sozinho, num apartamento em um subúrbio da Filadélfia. Ele me disse que havia começado a ter pesadelos constantes, nos quais se misturavam incidentes ocorridos durante a guerra com outros incidentes e pessoas ligados à sua vida com a Máfia. Ele começara a "ver" essas pessoas mesmo quando estava acordado, e as chamava de "gente química", pois acreditava que essas aparições se deviam a um desequilíbrio químico de seu organismo, que seria corrigido quando suas doses diárias de medicação fossem revistas. "Há duas pessoas químicas sentadas no banco traseiro. Eu sei que elas não são reais, mas o que elas estariam fazendo aqui, neste carro?"

A viagem rumo ao oeste, através da Pensilvânia, de Ohio e Michigan adentro, foi um pesadelo para mim, enquanto ele se manteve acordado. Quando não falava sobre aquela "gente", ele criticava acidamente minhas habilidades como motorista. A certa altura, eu disse a ele: "Frank, a única coisa boa de ter você aqui no carro, comigo, é que você não me chama ao telefone." Felizmente, ele riu.

Nós passamos dois dias na estrada. Em um motel, na primeira noite que paramos para dormir, ele fez questão de manter aberta a porta que intercomunicava os nossos quartos. Desde sua estada na cadeia, ele não quis mais se ver sozinho detrás de uma porta fechada. No dia seguinte, no carro, ele dormiu um bocado, tendo se tornado muito melhor. Comecei a achar que tudo o que ele precisava era de um bom sono reparador — coisa que raramente conseguia obter no apartamento em que vivia sozinho.

Quando avistei o contorno da silhueta urbana de Detroit recortado contra o céu, cutuquei-o para que despertasse. Ele olhou para a cidade que se desenhava no horizonte e perguntou:

— Você tem um ferro?

— Um... Quê? —, indaguei.

— Um ferro —, insistiu ele.

— O que você quer dizer com "um ferro"?

— Oras, um ferro. Um F-E-R-R-O! —, respondeu ele, fazendo com que sua mão assumisse a forma de um revólver, como se atirasse contra o assoalho do carro.

— O que eu estaria fazendo com um "ferro"?

— Advogados costumam portar um ferro. Vocês têm licença para isso.

— Bem, eu não tenho uma —, gritei, em resposta. — Eu sou a última pessoa que você poderia imaginar que tivesse um "ferro". Para que você quer um ferro?

— Jimmy tinha amigos, aqui. Eles sabem que eu estava no outro lado dessa história...

— Frank, o que você está tentando fazer? Me assustar? Ninguém sabe que você está aqui...

Ele resmungou alguma coisa e eu comecei a calcular as idades aproximadas que teriam os antigos aliados de Jimmy em Detroit. Enquanto eu me acalmava, criei mentalmente uma imagem dos "amigos" de Jimmy — caso ainda houvesse algum deles vivo — em cadeiras de rodas, olhando rancorosamente para nós, enquanto nos observavam de tocaia.

Quando chegamos ao motel onde passaríamos a noite, fiquei aliviado por ver e ser apresentado ao ex-companheiro de prisão de Frank, John Zeitts — o homem que, em 1995, escrevera o livro que atribuía a Nixon a culpa pelo assassinato de Hoffa. Ele havia dirigido até lá, desde sua casa em Nebraska, para visitar Frank, apenas por respeito. Ele passaria a noite no quarto de Frank e lhe trocaria os curativos que protegiam as escaras que Frank desenvolvera por haver passado tanto tempo acamado. Para jantar, fomos a uma churrascaria. Lá, Frank olhou para mim e piscou, dizendo: "Você tem um ferro?" Os dois amigos riram. Frank me disse que John havia sido prisioneiro de guerra no Vietnã. Naquela noite, fiquei fascinado pela história da fuga de John dos vietcongues. Ele tinha longas cicatrizes que se cruzavam sobre todo o seu torso. Os vietcongues gostavam de abrir profundos sulcos na pele de seus inimigos pois havia um certo tipo de mosca que botava seus ovos nas feridas abertas. John ainda expeliria larvas de sua pele muitos anos depois.

Naquela noite, sozinho em meu quarto no motel, imaginei se não havia esperado tempo demais para ter feito aquela viagem a Detroit. Eu achava que não podia confiar completamente em Sheeran para me ajudar a encontrar a casa. Na manhã seguinte, pedi a John para que se juntasse a nós, mas ele sequer sabia que havia uma casa a ser encontrada. Esta não fazia parte da narrativa fantasiosa que ele elaborara com Frank, em 1995. Eu tinha minhas anotações e, em meio a elas, encontrei as diretrizes genéricas que Frank fornecera durante uma reunião editorial que tivéramos com o pessoal da Fox News. Por incrível que pareça, estas pareciam ser tão consistentes em 2002 quanto o haviam sido em 1975. A única coisa que faltava às minhas anotações era uma referência a uma última curva à esquerda na rua oposta à ponte para pedestres que fora mencionada. Enfim, revelou-se que a ponte para pedestres ficava nas dependências de um campo de golfe à direita. Foi preciso que eu passasse pelo mesmo ponto algumas vezes, antes que encontrasse a ponte, conseguindo avistá-la de uma rua paralela no outro lado do campo de golfe, que ficava em um nível mais alto do que os terrenos que margeava e de onde era possível ver todas as conexões próximas. Dirigi de volta à rua original e pude resolver o problema, afinal.

No decorrer dos anos, uma cerca com correntes fora construída, e esta fazia com que a ponte fosse mais dificilmente percebida do que segundo as orientações que Sheeran havia me proporcionado, algum tempo antes. Quando paramos, perto da ponte para pedestres, diante de uma bifurcação em forma de T, desci do carro e olhei para a estrada que se alongava para a minha esquerda e avistei os fundos de uma casa, no final de um quarteirão do lado direito, com um quintal do tipo que Sheeran descrevera. Naturalmente, pensei eu, estando a ponte para pedestres dentro dos limites de um campo de golfe, esta não poderia ter outra importância para as orientações senão a de indicar o ponto em que uma curva à esquerda deveria ser feita. Fiz a curva e dirigi até a frente da casa. A expressão tensa e enrijecida no semblante de Sheeran fez com que eu tivesse certeza de que se tratava, mesmo, daquela casa. Ele estudou a construção detalhadamente e confirmou minha certeza meneando afirmativamente a cabeça e resmungando: "É..." Aquela era uma rua muito tranquila, e a cena parecia retratar a casa perfeita em uma rua perfeita. A única coisa que me incomodava quanto à casa era a sua fachada, feita de tijolos aparentes, enquanto Sheeran a descrevera como recoberta por tábuas marrons. Não foi senão depois de termos retornado para casa e eu haver mandado revelar as fotografias que tirei que fui notar ser a fachada do andar superior da casa revestida por tábuas marrons, no fundo e na lateral da construção que se pode avistar quando se olha para ela desde a ponte para pedestres.

Na viagem rumo ao leste, partindo de Detroit, ficou evidente que Sheeran havia se acalmado. Não tornaram a surgir "pessoas químicas", nem houve queixas quanto à minha maneira de dirigir. Nós encontramos o campo de pouso em Port Clinton, tiramos algumas fotografias, e dirigimos até chegarmos em casa, em um só dia. Eu acompanhei Frank e sua filha Dolores à consulta com um médico, que lhe prescreveu um remédio para controlar as aparições de "pessoas químicas", e, desde então, jamais voltei a ouvir falar delas. Também jamais voltei a ver Frank tão preocupado e num estado de nervos tão crítico quanto na ocasião em que chegávamos a Detroit sem portarmos um "F-E-R-R-O".

A viagem seguinte que fizemos juntos foi para encontrar as instalações da empresa em Baltimore onde ele apanhara um carregamento de material bélico para ser utilizado na invasão à Baía dos Porcos e onde entregara os rifles de precisão pouco antes do assassinato de John F. Kennedy. Antes que fôssemos a Baltimore, ele me dissera que o nome do lugar era Olaria Campbell. Ele tinha uma noção geral de sua localização, mas não conseguimos encontrá-lo. Por fim, decidi entrar no terreno da Fábrica de Cimento Bonsal, para perguntar se alguém ali sabia de algo sobre uma olaria. Assim que adentramos as dependências da fábrica, algo ali pareceu familiar a Sheeran. No escritório da companhia, eu soube de uma funcionária que, quando seu pai trabalhara ali, a Bonsal chamava-se Companhia de Cimento Campbell; mas ela nada sabia quanto a uma Olaria Campbell. Dirigimos um pouco pelo terreno. Alguns novos edifícios haviam sido erigidos, mas Sheeran apontou para uma estrutura antiga e disse: "Foi dali que os soldados saíram para carregar o nosso caminhão." Tirei uma fotografia e retornamos à Filadélfia.

Algumas coisas não correram tão bem quanto a viagem a Baltimore.

Pela minha experiência, sei que quando um adulto que tenha desenvolvido uma consciência ainda na infância deseja desabafar algo que traga guardado no peito, o caminho para a confissão geralmente é tortuoso, exigindo muitas tentativas para que seja iniciado e que sejam transpostos seus muitos bloqueios e obstáculos; e é necessário que se saiba interpretar os sinais e atentar para os lampejos que deixam entrever a verdade. Muito frequentemente, a pessoa "dá uma dica" e espera que seu interlocutor possa intuir o restante. Um bom exemplo disto foi o interrogatório do famoso caso de Susan Smith, que afogou seus dois filhos dentro de um carro que ela dirigiu para dentro de um lago, incriminando um suposto "ladrão de carros negro". Por nove dias, o xerife Howard Wells exercitou sua paciência e sua habilidade de excelente interrogador, que sabe como contornar as armadilhas, manter uma comunicação próxima e seguir as pistas, até que chegasse o momento de confrontar-se com a verdade.

Havia certas coisas que Frank Sheeran me dissera que eu sabia que interfeririam com a "limpeza" de sua consciência. Ele não queria que as três filhas com as quais ainda mantinha contato pensassem coisas ainda piores sobre ele do que já deveriam pensar. Sua falecida esposa, Irene, assegurara à sua filha mais nova que Frank não teria tido tempo para matar Hoffa, pois Irene estava convencida de que ele teria estado "com ela". Frank não queria que Barbara Crancer pensasse que ele fosse alguma espécie de monstro, pois havia telefonado para a mãe dela dois dias após o desaparecimento de seu pai, para expressar sua preocupação. Frank não queria ofender a viúva de seu amigo Russell Bufalino, Carrie, ou a qualquer outra pessoa que ainda estivesse viva. Ele não queria que as pessoas com as quais esteve envolvido, ao longo dos anos, pensassem que ele "amolecera" no final, tal como John Francis e Lou Cordi o fizeram. Ele disse: "Vivi a minha vida toda de certa maneira. Eu não quero que as pessoas pensem que eu tenha mudado meu modo de viver." Em outra ocasião, ele disse: "Embora ele esteja morto, se eu dissesse uma coisa dessas sobre Russ, tendo sido tão próximos como fomos, há outras pessoas lá fora que sabem que eu sei coisas sobre elas." Durante as entrevistas, eu mantive o foco exclusivamente sobre o caso Hoffa.

Cerca de dois anos depois de havermos iniciado o processo das entrevistas, após Sheeran já ter admitido para mim que fora o atirador no caso Hoffa, mas cerca de um ano antes de viajar a Detroit para localizar a casa onde tudo ocorrera, meu agente literário agendou uma reunião, no escritório de Emmett Fitzpatrick, com Eric Shawn, um veterano correspondente da Fox News, bastante versado em assuntos relativos à Máfia, e seu produtor, Kendall Hagan. Nossa intenção era a de deixar Frank sentir-se à vontade com um correspondente em quem ele pudesse confiar. Na reunião, atentando para a preservação de seus direitos, Sheeran diria — pela primeira vez, para alguém além de mim — as palavras: "Eu atirei em Jimmy Hoffa."

Duas noites antes da reunião, eu cheguei ao apartamento de Sheeran para passar a noite em seu quarto de hóspedes. Sem fazer quaisquer comentários, Sheeran passou às minhas mãos uma carta datilografada, oportunamente assinada por Jimmy Hoffa em 1974; logo em seguida à Noite de Agradecimento a Frank Sheeran. Mais de metade da carta fazia referência a coisas que Sheeran já havia me dito, desde o início da série de entrevistas iniciada em 1991. O restante continha coisas que mais facilmente poderiam ser lidas como artifícios para endossar a versão fantasiosa dos eventos que ele promovera juntamente com seu amigo John Zeitts, sobre a participação de Nixon no assassinato de Hoffa. Deixei claro para Frank que, a alguma altura dos acontecimentos, eu iria checar a autenticidade daquela carta.

A reunião transcorreu bem. Quando Shawn perguntou se ele achava que poderia localizar a casa, Sheeran nos deu as orientações e mencionou a "ponte para pedestres". Esta foi a primeira vez que ele revelou essas diretrizes para mim. Sua voz tornou-se mais grave, seus gestos mais bruscos e a rispidez de seus modos provocava arrepios quando, pela primeira vez, ele afirmou publicamente a outra pessoa além de mim que alvejara Jimmy Hoffa duas vezes, na parte de trás da cabeça. Para todos os presentes naquela sala, tudo aquilo possuía o tom característico de uma confissão verdadeira. A Fox News, de maneira independente, conduziu algumas pesquisas e confirmou a veracidade histórica do relato de Frank Sheeran sobre os últimos passos de Jimmy Hoffa.

Logo em seguida a isso, fiz contato com o renomado laboratório de análises forenses do Dr. Henry Lee. Eles me asseguraram de que poderiam determinar a autenticidade da assinatura de Jimmy Hoffa e que poderiam recuperar eventuais impressões digitais deste, que houvessem na carta. Contudo, eu teria de entrar em contato com o FBI para obter uma cópia da ficha com as impressões digitais de Hoffa e exemplos de sua assinatura que pudessem ser levados ao laboratório. Àquela época, nós não tínhamos um editor e o livro ainda estava por ser escrito. Eu não pretendia alertar o FBI e arriscar que a história pudesse "vazar" antes que houvesse um livro disponível, nas livrarias. Decidi, então, deixar esse assunto "em banho-maria". Tempos depois, quando já tínhamos um editor, expliquei a este toda a situação e ele me disse que, coincidentemente, sua editora publicara o livro de autoria do próprio Dr. Henry Lee. Enviei a eles o meu e-mail para corresponder-me com o laboratório de Lee, e esperei que, devido às relações que mantinha com o editor, o próprio laboratório fizesse as requisições necessárias ao FBI. O editor entrou em contato com o laboratório e enviou-lhes a carta de Sheeran. Exemplos da verdadeira assinatura de Hoffa sequer tiveram de ser requisitados: quando a carta foi exposta a uma luz especial, revelou ser uma risível falsificação. O papel no qual a carta fora datilografada havia sido fabricado em 1994; não em 1974. A assinatura havia sido decalcada de uma antiga e gasta fotocópia de um documento assinado por Hoffa. Ainda que a carta não fosse de importância crucial para o livro, podendo ser simplesmente omitida, e embora o editor designado para acompanhar o projeto acreditasse que Sheeran havia, de fato, assassinado Hoffa, o proprietário da editora decidiu cancelar a publicação do livro. Senti-me profundamente contrariado por Frank, até que meu (agora) ex-editor recomendou que eu me retirasse do projeto com prudência, considerando o que Sheeran já fizera a outros amigos seus, ao longo de sua vida. Ele disse, ironicamente: "Se você não pode confiar em um homem que matou um de seus melhores amigos, em quem você poderá confiar, então?" Ele pediu para que eu o assegurasse de que jamais daria seu número de telefone a Sheeran.

Quando a poeira baixou, eu confrontei Sheeran, que admitiu que a carta serviria como uma "apólice de seguro" para ele; uma saída daquela situação, caso viesse a precisar de uma. Aquilo representava, para ele, uma "ponta solta na meada", a qual ele poderia puxar a qualquer momento, se as coisas esquentassem muito para o seu lado. Se um júri preliminar fosse convocado, ele poderia expor a carta, e isto invalidaria tudo o que estivesse escrito no livro.

Meu agente, Frank Weimann, disse a Sheeran, pelo telefone, que se pretendesse encontrar outro editor, ele teria de expor-se a si mesmo, respaldando tudo o que o livro dizia. Weimann enviou a Sheeran uma cópia do e-mail que enviara ao ex-editor, que dizia, entre outras coisas: "Estou disposto a arriscar minha reputação por este livro, por vários motivos, sendo que um dos não menos importantes é que '*I Heard You Paint Houses*' [*O Irlandês*] é um trabalho de relevância histórica. Frank Sheeran matou Jimmy Hoffa."

Em meio às circunstâncias que poderiam levá-lo a anular o acordo que fizera quanto ao livro, Frank perdeu sua generosa e graciosa namorada — e companheira constante — Elsie, que infelizmente não resistiu às consequências de uma intervenção cirúrgica. O quarto que ela ocupava ficava diretamente em frente ao de Frank, no outro lado do corredor da casa de repouso em que ambos haviam se conhecido. Em algumas ocasiões, eu levei o casal para jantar fora, e sempre tivemos noites divertidíssimas. Frank a provocava, comentando quanto ela adorava comer. Ele dizia ter marcas de garfadas no dorso de sua mão, decorrentes de uma vez que cometera o erro de tentar experimentar a comida do prato dela. Ainda que nem suas filhas nem eu jamais tivéssemos dito qualquer coisa a Frank sobre o passamento de Elsie, ele inteirou-se dele, de algum modo. Pela mesma época, seu quadro clínico deu uma guinada dramática para pior, e ele teve de ser hospitalizado várias vezes. Ele sofria de dores agudas e teve de ficar permanentemente acamado.

No hospital, ele sentiu que estaria morrendo, e confessou a mim que não queria viver do modo como estava vivendo. Em uma conversa que tivemos sobre fazermos um vídeo para respaldar o livro, tal como Weimann havia sugerido, ele disse: "Tudo o que eu quero pedir agora, Charles, é para que diminuam a dor para um nível mínimo, que me mantenham seco, e que deixem o Homem lá de cima fazer o que Ele tem de fazer. Eu não posso viver assim."

Depois de falar, por telefone, com Emmett Fitzpatrick, Frank Sheeran decidiu-se a gravar fitas de vídeo com seu testemunho, que corroboraria o material contido no livro — incluindo o que acontecera a Jimmy Hoffa no dia 30 de julho de 1975.

Embora eu concordasse em tornar as coisas tão fáceis quanto possível para ele, agora ele estaria endossando publicamente a autenticidade daquele material. Eu disse a ele: "Tudo o que você terá de fazer será confirmar o que o livro diz. Apenas isso. Você acha que estará pronto para fazer isso?" Ele respondeu: "Eu tenho de estar." Quando eu estava deixando sua companhia naquela noite, ele fez uma referência quanto a haver recebido os sacramentos de um padre visitante: "Estou em paz." Eu disse: "Deus o abençoe. Você estará em paz ao confirmar o conteúdo do livro."

No dia seguinte, ele disse que o FBI teria "de 'cortar um dobrado' para me interrogar, porque eles não podem me obrigar a viajar para lugar algum." Devido à suas condições de saúde e suas necessidades médicas, ele tampouco esperaria que algum promotor se desse ao trabalho de indiciá-lo.

Quando eu liguei a câmera de vídeo, ele se tornou hesitante e arredio. Eu disse a ele:

— Você está hesitando, não é? Eu não vou querer fazer isto se você estiver hesitante. — Não. Eu não estou hesitante —, disse ele.

— Se você não botar o coração nisto, esqueça.

— Isto é uma coisa que você tem de se preparar para fazer —, replicou ele. — Eu vou fazer.

Então, ele pediu um espelho, para conferir sua aparência.

Nós discutimos quanto a ele haver se confessado e recebido a comunhão no dia anterior, e ele disse: "E na semana passada, também."

Eu disse a ele que, agora, estaria encarando o seu "momento da verdade". Dei a ele o exemplar de prova do livro, para que ele o segurasse mostrando-o para a câmera. Então, sem qualquer preocupação com o nosso habitual linguajar cauteloso, fui direto ao assunto e perguntei a ele:

— Vou começar agora, *okay*? Bem, você leu este livro. As coisas que ele contém concernentes a Jimmy Hoffa e o que aconteceu a ele são coisas que me foram relatadas por você, certo?

— Isto é correto —, disse Frank Sheeran.

— E você confirma todas essas coisas? —, perguntei.

— Eu endosso tudo o que está escrito aqui.

Imediatamente, eu fiz a ele uma pergunta sobre o tipo de pessoa que Jimmy Hoffa era, o que o levou a dizer que Jimmy "Não sei... O que posso dizer?... Ele não... Você tem de me fazer perguntas mais específicas. Assim, uma pergunta levará a outra... Vamos deixar que o livro fale por si mesmo." Eu sabia que ele não gostaria de esmiuçar os detalhes, especialmente quanto a Jimmy Hoffa; no entanto, era-me difícil não falar sobre alguns detalhes.

Infelizmente, a essa altura a bateria da câmera esgotou, e eu levei alguns instantes para perceber isso e religar o equipamento. Além disso, para deixá-lo mais confortável ou mediante seu pedido, eu interrompia a gravação do vídeo de tempos em tempos, ligando apenas um gravador de áudio. Mesmo assim, um material muito extenso foi registrado. Ao repassar as gravações, tanto de áudio como de vídeo, notei que há uma grande quantidade de segmentos nos quais o homem revela a si mesmo, aos seus feitos e ao processo das entrevistas.

A certa altura, ele me pede para que me assegure de especificar no livro que, quando quer que ele tivesse tido relações íntimas com mulheres que não fossem suas esposas, isso teria ocorrido enquanto ele era solteiro. Ele disse que, de todo modo, a descrição desses episódios "não serviria a quaisquer propósitos literários... Isso não irá nos render um Prêmio Pulitzer... Apenas assegure-se de ressaltar que eu estava solteiro."

Olhando para a capa do livro, ele disse:

— Eu acho que o título é uma merda.[24]

---

26 O título original do livro, em inglês, é "*I Heard You Paint Houses*" ("Ouvi dizer que você pinta casas", em português). Esta frase foi dita por Jimmy Hoffa a Frank Sheeran, da primeira vez em que se falaram, pelo telefone. "Pintar uma casa" é uma expressão usada pela Máfia para um assassinato por encomenda — a "tinta", na verdade, seria o sangue da pessoa que espirra na parede ao receber tiros. Optamos pelo título *O Irlandês*, no Brasil, em conformidade com o projeto cinematográfico, baseado no livro, que o diretor e produtor Martin Scorsese está desenvolvendo. (N.E.)

— Mas essas foram as primeiras palavras que Jimmy dirigiu a você, certo? —, indaguei eu.

— É... —, admitiu ele, encerrando o assunto para jamais voltar a abordá-lo.

Enquanto ele olhava para uma fotografia de Sal Briguglio, eu mencionei que estaríamos agindo de acordo com nosso plano se pressionássemos o FBI para que liberasse o acesso ao seu arquivo, de modo que qualquer coisa que Sally Bugs tivesse dito a eles viesse a corroborar o conteúdo do livro. Eu disse a ele que a fotografia fora tirada "antes que você cuidasse dele. Você sabe o que eu quero dizer?"

— É... —, disse ele.

— Essa fotografia de Sally Bugs desperta alguma lembrança em você? — perguntei.

— Não... Não especialmente... — disse ele. — Só faz chover no molhado.

Eu disse a ele que, se estivesse se sentindo melhor, Eric Shawn queria nos levar para almoçar no Monte's, o restaurante no Brooklyn onde ele apanhara "a encomenda".

— É —, disse ele. — A "encomenda", sim... Para o... Para Dallas.

Mais tarde, voltamos ao assunto do almoço no Monte's e eu disse que, quando fôssemos lá, veríamos "o lugar onde você apanhou aqueles rifles". Ele disse:

— Você está certo. E eu também comi um pouco de espaguete "cabelinho de anjo" ao alho e óleo, lá.

Eu disse a ele que gostaria de vê-lo mergulhar um pedaço de pão italiano em sua taça de vinho tinto. "Você captou a cena", disse-me ele.

Eu também mencionei o lugar onde ele fazia entregas "para os políticos" e perguntei:

— Qual era o nome daquele lugar?

— Era o Market Inn —, respondeu ele, prontamente. E emendou: — Viu só? Minha memória ainda funciona, Charles.

O momento mais significativo para mim foi quando ele revelou algo absolutamente inédito. Tudo começou quando ele estava olhando para uma fotografia da casa em Detroit e disse: "Eles deveriam ter sido os sujeitos originais. Eles é que estavam lá, originalmente... Mas eles nunca testemunharam..." Em seguida, ele resmungou alguma coisa ininteligível, até voltar a falar audivelmente: "Eles não foram envolvidos." Talvez ele estivesse sendo especialmente cuidadoso com suas palavras, fazendo com que algumas delas fossem propositalmente inaudíveis, mas ele sabia tratar-se de um tópico que eu, muito provavelmente, tornaria a abordar. Quando mencionei, no conteúdo de uma pergunta, que a casa fora obtida "por empréstimo", tal como o carro, ele ignorou a pergunta por duas vezes, antes de, afinal, dizer: "Bem, eu não tenho de me preocupar quanto a ser indiciado." Baseado na experiência que tive com ele, pareceu-me que sua resposta poderia indicar que ele estivera pensando muito se deveria ou não me revelar algo novo.

Pouco depois, eu apontei para a fotografia da casa em Detroit "onde Jimmy morreu... Foi alvejado." Voluntariamente, ele teceu um comentário que fazia parecer haver um "sujeito" envolvido com a casa, sobre o qual eu nada sabia. Foi um comentário meio sussurrado, cuja sentença parecia ter sido interrompida pela metade. Mais tarde, fiz com que a fita fosse analisada por um especialista em gravações de áudio e o comentário pareceu soar como se ele dissesse "... aquela era a casa para a qual o sujeito enviava suas cartas." Os problemas relativos à captação do áudio foram agravados pelo fato de Sheeran estar usando as mesmas dentaduras postiças completas que usava havia mais de cinquenta anos e que já não se adaptavam mais a ele, devido à severa perda de peso que sofrera. Imediatamente após fazer esse comentário, Sheeran disse: "Vou confirmar somente aquilo que você escreveu no livro, então..." Ele já fizera comentários derrisórios assim antes, quando havia alguma informação adicional que ele não tinha certeza de querer me revelar. A menos que soubesse que o "sujeito" já estivesse morto, ele não iria querer revelar sua identidade.

Àquela época, pareceu-me que o tal "sujeito" teria "emprestado" a casa a eles; mas, hoje em dia, não posso afirmar com certeza que é isso o que ouço no CD que o especialista em áudio gravou para mim.

De todo modo, depois de haver mantido uma conversa casual sobre seu amigo John ter telefonado para saber como ele estava e de eu receber uma breve chamada do meu enteado pelo telefone celular, continuamos a trabalhar.

— Tudo bem. Mas aquela casa foi obtida "por empréstimo", não foi? —, perguntei.

— É. As pessoas que eram donas dela... —, disse ele, fazendo uma longa pausa.

— Elas não sabiam nada sobre isso —, disse eu, referindo-me a algo que ele já me dissera anos antes e que já constava do livro.

— É —, disse ele. — As pessoas que eram donas dela não sabiam. Mas, havia um corretor...

Esta revelação inédita sobre a existência de algum tipo de agente ou corretor imobiliário foi seguida por outra longa pausa, durante a qual eu permaneci em silêncio. Enfim, ele disse:

— Ele morava lá, naquela época.

— Hã-hã... —, concordei, incentivando-o a prosseguir.

— E ele nunca... Ele nunca... nunca foi interrogado.

— Mas ele não saberia de nada, saberia? —, indaguei.

— Não, é claro que não —, disse ele, com tanta ênfase que me fez pensar que o tal corretor, afinal, pudesse saber de alguma coisa. Mas aquele não era o momento para que eu o pressionasse ou confrontasse evidências. Nós tínhamos um acordo, e ele cumprira sua parte.

— Tudo bem —, disse eu.

— E-e-eu apenas disse que... Aquilo que você escreveu é a história toda.

Com esse comentário, eu soube que havia mais coisas; e que seria difícil para mim esquecer esse assunto completamente.

— Eu compreendo —, respondi. — Eu não estou mais perguntando qualquer coisa a você. Estou apenas curioso. Quando você falou sobre o corretor imobiliário...

— Hã-hã... —, respondeu ele, muito atentamente.

— O corretor imobiliário... Eu... Você não havia me falado sobre ele, antes. Então... —, eu retruquei, rindo. — Está tudo bem. Não há problema...

— É —, afirmou ele, tirando os óculos.

— Tudo bem —, disse eu, enquanto Sheeran lançava um olhar duro para a câmera, e alisava os cabelos com sua mão. Eu sabia que aquela era a "deixa" para que a câmera fosse desligada, e assim o fiz. O que há depois disso é apenas uma gravação de áudio.

Em um breve instante, minha curiosidade havia levado a melhor sobre mim. Ainda que meu coração não aprovasse a ideia completamente, eu não pude resistir. Eu tive de fazer uma última e respeitosa tentativa de descobrir algo mais sobre "o corretor imobiliário".

— Bem —, eu falei. — Você despertou meu interesse sobre esse corretor imobiliário que mencionou...

— Sobre quem? —, perguntou ele.

— Sobre o corretor que você mencionou, quanto à casa em Detroit. Você não o havia mencionado antes.

— O que é isso?

Notei que ele tinha um problema com a maneira que eu fizera uso da palavra "corretor". Eu deveria ter me limitado ao emprego de uma terminologia mais acessível. Então, eu disse:

— O sujeito da imobiliária, da casa em Detroit. Você disse que havia um sujeito que trabalhava para uma imobiliária que estaria envolvido. Você não quer falar sobre isso, certo?

Ele resmungou e remordeu algumas palavras que me esforcei para ouvir, mas não consegui. Então, ele pareceu decidir-se e disse, claramente:

— Não. Bem, Charles, acho que você já tem o bastante.

— Eu tenho o bastante —, disse eu.

— Dê-se por satisfeito, Charles.

— Eu estou satisfeito.

— Você tem o bastante. Não seja curioso demais.

Na verdade, eu tinha mais do que o bastante. Mas não há nada como a verdade integral. Se de algum modo eu tivesse sabido que dentro de alguns dias Frank Sheeran sofreria uma piora tão dramática, eu teria insistido um pouco mais. Esta informação está irremediavelmente perdida, agora — a menos que haja alguma referência a ela no arquivo do FBI, e que este resolva liberar o acesso a tal arquivo.

Para mim, parece provável que a casa tivesse sido posta para locação em 1975, devido à idade avançada de sua proprietária, uma senhora solteira que adquirira aquele imóvel em 1925. Talvez um corretor imobiliário estivesse autorizado a agir como seu representante e tivesse as chaves da casa em seu poder. Talvez o corretor fosse apenas um amigo da senhora idosa e tivesse as chaves da casa. Talvez tenha havido uma placa diante da casa, anunciando que o imóvel estivesse à venda. Em qualquer dos casos, a existência de um corretor poderia explicar mais do que apenas a posse das chaves da casa. Isto poderia explicar por que os planejadores se sentiram à vontade para deixar que as pessoas estacionassem seus carros no caminho cimentado. Se a casa estivesse sendo oferecida para locação ou venda, seria normal que pessoas estranhas estacionassem seus carros no terreno da propriedade, enquanto avaliassem o imóvel.

Frank Sheeran morreu seis semanas depois de me conceder aquela entrevista. Durante aquele período, minha esposa e eu dirigimos pelas três horas que nossa casa distava de onde ele se encontrava para visitá-lo, ao menos uma vez por semana. Eu fui visitá-lo sozinho algumas vezes mais, todas as semanas. Sua cabeça decaíra sobre o peito e ele mal conseguia voltar seu olhar para cima, mas ele abria um sorriso largo sempre que ouvia nossas vozes. Ele permitia que eu lhe desse um pouco de água gelada à italiana, com cubos de gelo flutuando no copo, que sorvia através de um canudinho que minha esposa segurava para ele; mas, basicamente, ele "apagara". Ele se recusava a comer qualquer coisa. Eu o vi pela última vez no dia 6 de dezembro de 2003. Meu enteado, Tripp, e eu fomos visitá-lo e eu disse a ele que estaria viajando para Idaho e voltaria a vê-lo pelo Ano Novo. As últimas palavras que ele resmungou para mim foram: "Eu não irei sair daqui para lugar algum."

Recebi um telefonema de sua filha Dolores na noite em que ele morreu, em 14 de dezembro de 2003. Aquele foi o dia em que os soldados dos Estados Unidos capturaram Saddam Hussein. Quando ouvi sobre a captura de Saddam, meu primeiro pensamento foi: "Imagine o que Frank pensará sobre isto." Ele estava sempre a par das notícias dos jornais. Quando surgiu a história sobre o episódio de Columbine, quando a polícia se manteve fora da escola enquanto os matadores continuavam a atirar, lá dentro, Frank me disse: "O que é que esses tiras estão esperando? No meu tempo, diziam a meia dúzia de nós para que capturássemos um tanque, e nós íamos lá e tomávamos o tanque." Esse era o soldado falando. Quando o influente advogado de Delaware, Tom Capano, foi sentenciado com a pena de morte por ter assassinado sua namorada e atirado o corpo dela ao mar, porque ela tentara terminar o romance entre os dois, Sheeran disse: "Você não mata alguém por uma coisa assim. Se elas não o querem mais, você simplesmente vai embora." Esse era o especialista no assunto. Quando as nossas embaixadas na África foram bombardeadas, no fim dos anos 1990, e um homem chamado Osama bin Laden figurou como suspeito de estar por trás de tudo, eu disse: "Eles deviam tirar esse sujeito de circulação. Tenho certeza de que ele é o responsável por isso." Então, o legendário mafioso falou: "Se não foi ele quem fez isso, ao menos pensou em fazê-lo." E isso já seria bom o bastante.

Os obituários publicados tanto pelo *Philadelphia Inquirer* quanto pelo *Philadelphia Daily News* fizeram menção do fato de Frank Sheeran vir sendo há muito tempo considerado como um suspeito pelo desaparecimento de Hoffa.

Voei de volta para comparecer ao funeral, e, no velório, um homem que eu vira se inclinar sobre o caixão para depositar um beijo sobre a fronte de Frank veio até mim. Ele disse que sabia que eu estava escrevendo um livro sobre Frank. Sua filha havia trabalhado como doméstica na casa de Frank, e ele costumava nos ver trabalhando juntos, sentados sob o sol, no pátio da casa de Frank. Ele também disse ter sido companheiro de cela de Frank em Sandstone. "Você pode imaginar quão pouco espaço sobrava para mim, confinado numa cela pequena com esse sujeito tão grande?"

— Ele passou um mau bocado em Sandstone —, disse eu, referindo-me ao efeito que o frio fizera sobre a artrite dele.

— Ele sabia se cuidar. Ele não engolia desaforo de ninguém. E jamais conseguia manter sua boca fechada, também. Uma vez ele me falou sobre um sujeito que trabalhava na lavanderia, que não quis lhe devolver um boné. Ele me disse para que atraísse o sujeito para perto da parede; então, livrou-se das suas muletas, encostou-se à parede para poder se equilibrar e socou o sujeito até nocauteá-lo. Eu disse a ele: "Olhe, deixe que eu bata nele por você." Terminei pegando cinco meses na solitária, por aquelas porradas. Mas eu jamais deveria ter sido mandado para a cadeia, para começar. Até mesmo o Frank me disse isso. Eles estavam atrás do subchefe de Angelo, o subchefe dele em Nova Jersey, e eles tinham de ter uma conspiração; então, me apanharam e me levaram para lá. Não é que eu não tenha feito nada: eu amarrei um sujeito, antes de cobri-lo de porradas. Mas ele mereceu. De todo modo, você não puxa quinze anos de cana por uma coisa dessas...

— Eles fizeram pesar a mão sobre Frank, também —, disse eu. — Eles queriam espremê-lo para obter qualquer coisa sobre o caso Hoffa.

— Sim. Teve um livro que saiu, chamado *The Teamsters* ("Os Caminhoneiros"). Eu o li, deitado na cama de cima do beliche. Frank ocupava a cama de baixo. Uma vez perguntei a ele algo como: "O que você estava pensando quando carregou o corpo até Nova Jersey? Você não podia ter se livrado dele em Detroit?" Isto apenas fez com que ele respondesse: "O que é que você está dizendo, aí em cima?"

Quando foi para a prisão, Frank Sheeran era uma versão mais sólida e mais mortífera do estudante rebelde que lambuzara o aquecedor da classe com queijo Limburger e quebrara a mandíbula do diretor com um murro potentíssimo. Tal como ele dizia frequentemente e repetiria em sua última entrevista gravada em vídeo: "Eu fiz um Inferno, por oitenta e três anos, e chutei algumas bundas, também; foi isso o que eu fiz."

Naquela última gravação em vídeo, eu o lembrei de uma ocasião em que, na minha presença, ele respondera a um representante da mídia, que lhe perguntara se achava que sua existência fora plena de excitação, que esta não fora marcada pela excitação, mas, sim, pautada pela “exatidão”. Ele manifestou sentir remorsos por algumas partes de sua vida, e disse ao homem que depois de ter feito alguma coisa ficava imaginando se “havia feito a coisa certa ou não”. Embora isto não esteja registrado em vídeo, ele realmente encerrou a conversa com o homem dizendo: “Se eu fiz todas as coisas que eles alegam que eu fiz e se tivesse de fazê-las novamente, eu não as faria.”

Depois de recordá-lo mantendo essa conversa, eu disse: “Bem, você está em paz, agora, Frank. E isto é o que importa.”

Em seu leito, ele olhava para a fotografia em que aparecia ao lado de Jimmy Hoffa, na Noite de Agradecimento a Frank Sheeran.

— Um momento pode trazer de volta uma vida toda, não é? —, disse ele.

— Sim, com certeza —, respondi.

— Quem poderia... Quem poderia ter previsto, quando esta fotografia foi tirada, que eu e você estaríamos conversando aqui, hoje?

Epílogo

"O CORRETOR IMOBILIÁRIO..." Essas três palavrinhas me provocaram calafrios quando registrei em vídeo pela última vez as imagens do corpulento Irlandês. A gravação, em si mesma, fora apenas uma formalidade, análoga à "assinatura" de uma confissão que já existia em gravações de áudio. Ela não antecipava que ainda mais confissões seriam feitas durante a sessão de gravação. Porém, tal como disse Sarah, a personagem do meu romance sobre interrogatórios que conduzi, através dos quais grandes crimes puderam ser solucionados: "Confessar-se é uma das necessidades da vida, tal como buscar por alimento e abrigo. Isso ajuda a eliminar resíduos psicológicos da mente."

Quando tentei obter mais detalhes sobre "o corretor imobiliário" de Sheeran, ele me atalhou. Nenhuma curiosidade exagerada seria permitida. A reserva moral de Sheeran devia-se às suas crenças profundamente arraigadas. Ele confessara para aliviar sua culpa e salvar sua alma, mas jamais admitira que ninguém o chamasse de dedo-duro. Em nossas conversas, Sheeran costumava usar a expressão "dedo-duro" com tal menosprezo que meu sócio, Bart Dalton, e eu a adaptamos para utilizá-la em nossas práticas jurídicas.

Ao mesmo tempo que Sheeran odiava dedos-duros e não se tornaria um deles, ele não guardava ressentimentos quanto a John "O Ruivo" Francis que, sofrendo de um câncer terminal e não desejando vir a morrer na prisão, implicara a si mesmo e a Sheeran nos assassinatos de Salvatore "Sally Bugs" Briguglio e de Joseph "Crazy Joey" Gallo. Uma vez que Francis já tivesse implicado a si mesmo, restava a Sheeran apenas confirmar o envolvimento de Francis. Mas seria preciso muita habilidade e trabalho duro para fazer com que Sheeran implicasse a alguém — mesmo alguém morto — em algo que a própria pessoa já não fosse ao menos suspeita de haver praticado. Com frequência, Sheeran referia-se aos familiares de alguém — incluindo suas próprias filhas — como pessoas que necessitavam de proteção contra a publicidade negativa. Ele mesmo me disse: "Você já tem o bastante... Dê-se por satisfeito, Charles... Não seja curioso demais."

No dia seguinte, nós oramos juntos e, a partir de então, ele deixou de comer. Um homem que "pintava casas" e determinara a expectativa de vida de mais de duas dúzias de outros homens — sem contar as daqueles que ele matou em combate — determinava, agora, a sua própria. Assim, "o corretor imobiliário" permaneceria sendo nada mais do que um intrigante lapso de fala; um ato-falho.

Isto até o dia, no outono de 2004, em que eu falei pelo telefone com o detetive aposentado do Departamento de Polícia da Cidade de Nova York, Joe Coffey — o homem que solucionou os casos criminais do Filho de Sam e da Conexão Vaticano, além de incontáveis outros casos igualmente relevantes, e é o coautor do livro *The Coffey Files* ("Os Arquivos Coffey"). Um amigo comum — o escritor de romances de mistério Ed Dee, também ele um detetive aposentado pelo Departamento de Polícia da Cidade de Nova York — nos colocou em contato. Embora profundo conhecedor das atividades e dos personagens da Máfia, Coffey jamais ouvira falar sobre John Francis. Ele me disse que iria consultar um confidente da Máfia com o qual trabalhara quando este fora ligado à antiga família de Bufalino. Eu não poderia dizer a Coffey muito mais sobre John Francis além do que já constava neste livro; por isso, enviei-lhe um exemplar.

Telefonei a Joe em fevereiro de 2005. Ele ainda não havia lido o livro.

— Mas —, disse Joe, — eu investiguei sobre esse sujeito, o tal corretor de imóveis. Tal como você me disse, ele era mesmo muito próximo de Russell Bufalino.

— Que corretor de imóveis?

— O... Como era o nome dele? O motorista... Ele não era apenas um motorista: ele era um figurão em seu ramo de atividade. Ele tinha uma licença para atuar comercialmente como corretor imobiliário. E conseguira ficar bastante rico, de maneira independente, com isso. Ele era muito próximo de Bufalino e de Sheeran. Ele deve ter dirigido um carro para Bufalino, mas não era um motorista por profissão.

— John Francis? O Ruivo?

— John Francis. Ele mesmo. Um figurão no ramo imobiliário. Enriqueceu de maneira independente.

Senti calafrios. O mesmo tipo de calafrios que sentia quando era um jovem promotor e uma verdade levava à revelação de mais verdades; um floco de neve após outro floco de neve, até tornar-se uma avalanche.

Em 1972, agindo sob as ordens de Bufalino, Francis dirigia o carro quando Sheeran matou Gallo. Em 1978, novamente sob ordens de Bufalino, Francis também abriu fogo, quando Sheeran atirou em Briguglio. Haveria qualquer possibilidade deste membro de um trio tão unido — formado por Bufalino, Sheeran e Francis — não ter desempenhado algum papel na trama para assassinar Hoffa em 1975? Eu suponho que haja uma possibilidade. Mas de uma coisa sabemos ao certo: John Francis era um corretor imobiliário licenciado, e não exercia essa atividade apenas como um "bico". Ele exercia uma atividade comercial, através da qual enriquecera; e era o tipo de homem que deveria ter conexões por todo o país.

Depois da publicação da primeira edição de *O Irlandês*, em 2004, um repórter de um jornal de Detroit rastreou e descobriu o paradeiro do filho da proprietária da casa em que Sheeran assassinou Hoffa. A casa pertencera a uma mulher, já falecida, que a adquirira em 1925 e a vendera em 1978 — três anos depois do desaparecimento de Hoffa. O filho dessa mulher disse ao repórter que sua mãe havia se mudado daquela casa vários meses antes da data em que ocorreu o assassinato, e que ela permitira que um homem — ao qual os vizinhos descreveram como "misterioso" — alugasse um quarto da casa. Haveria pontos de conexão entre o "corretor imobiliário" John Francis, um insuspeito "corretor imobiliário" de Michigan, e esse "misterioso" locatário?

Seria de grande ajuda se pudéssemos ler o arquivo do FBI e o que este tem a revelar — caso haja alguma coisa — quanto ao papel possivelmente desempenhado por John Francis no caso do desaparecimento de Hoffa. Em 2005, encaminhei uma petição, baseada no Ato pela Liberdade de Informação, requisitando acesso a tudo quanto houvesse no arquivo referente a Francis e a outras pessoas, incluindo Sheeran, os irmãos Andretta, Briguglio e Chuckie O'Brien. Se fosse possível, eu também gostaria de corroborar o papel desempenhado por Briguglio como informante confidencial do FBI. Porém, eu esperei obter tão pouco sucesso com meu requerimento quanto a família de Hoffa e os jornais de Detroit haviam obtido com os deles. Enquanto individualmente alguns agentes são pessoas da melhor qualidade, o FBI, como instituição, às vezes atua mais como uma agência armada de relações públicas do que como um órgão do serviço público. O FBI também ficaria muitíssimo constrangido ao divulgar a informação de que Briguglio era uma de seus informantes, uma vez que falhara ao protegê-lo. Tal como Kenneth Walton — que dirigiu a seção de Detroit do FBI entre 1985 e 1988 — disse a respeito de Hoffa: "Estou seguro de saber quem fez isso, mas isto jamais redundará em um processo criminal, porque [...] teríamos de divulgar os nomes de informantes e de fontes confidenciais."

Se eu terminasse por conseguir botar as mãos em alguma parte do arquivo, a tinta preta do censor provavelmente encobriria o fracasso do FBI ao proteger seu informante, e o material obtido não valeria seu custo.

Todavia, se o FBI tivesse de entregar porções relevantes de seu arquivo ao promotor distrital do Condado de Oakland, David Gorcyca, nenhuma tinta preta poderia ser utilizada. Ele é o fraterno oficial e agente da lei a quem o FBI encarregou de tudo quanto fosse relativo ao caso Hoffa no dia 29 de março de 2002, quando "jogou a toalha".

Infelizmente, porém, a despeito dos três requerimentos já expedidos por Gorcyca, desde junho de 2004, partes relevantes do arquivo que tratam de Sheeran, Briguglio e dos irmãos Andretta, não foram liberadas — dentre os setenta volumes, ou 16.000 páginas, que compõem o arquivo do FBI — para a averiguação do promotor distrital. Gorcyca escreveu-me: "É óbvio que, a nível local, algo muito sério deve ter a ver com a relutância deles em colaborar." Ele falou de "velhos estereótipos relativos ao FBI" e disse sentir-se "exasperado". Porém, tudo o que ele pode fazer é pedir. Uma vez que o Condado de Oakland não possa convocar um júri preliminar, ele pediu aos federais que convocassem um, e que chamassem como testemunhas os últimos participantes ainda vivos identificados por Sheeran: Tommy Andretta e Chuckie O'Brien. Esta requisição foi indeferida.

Pouco antes da publicação da primeira edição de *O Irlandês*, jornalistas da Fox News seguiram algumas pistas sobre as quais haviam lido em um exemplar do livro fornecido antecipadamente para a mídia. Eles obtiveram permissão dos atuais proprietários da casa onde Sheeran confessou haver atirado em Hoffa para que especialistas de um laboratório forense borrifassem Luminol — um agente químico sensível ao óxido de ferro, capaz de detectar traços de sangue — nos pisos da casa. Os testes acusaram resultados positivos, revelando oito pequenas marcas de sangue perfeitamente condizentes com a confissão de Sheeran. A trilha de marcas de sangue partia do vestíbulo e seguia pelo corredor que dava acesso à cozinha da casa.

Dois tiros na parte de trás da cabeça produzem relativamente pouco sangramento. Tal como eu já intuíra, o laboratório forense contratado pela Fox News concluiu que havia apenas uma quantidade muito pequena de sangue para que fosse realizado um teste de identificação por DNA. Quase 29 anos haviam passado desde a ocorrência do fato, e um importante patologista forense, Dr. Michael Baden, concluiu que os componentes biológicos do suposto sangue de Hoffa já se haveriam deteriorado, devido à ação de fatores ambientais. Além disso, havia "limpadores" no local, para garantir que nenhuma marca de sangue fosse deixada para trás. Havia o linóleo para aparar qualquer quantidade de "tinta" que pudesse respingar, e o corpo teria sido carregado para fora da casa embalado em um saco para cadáveres. Eu me deixara apanhar pela esperança e pelo entusiasmo. Mas eu queria que um teste de DNA fosse realizado, para provar que o sangue pertencera, mesmo, a Hoffa. Talvez o linóleo tivesse respingado acidentalmente enquanto os "limpadores" o levavam para fora.

O Departamento de Polícia da Municipalidade de Bloomfield lera alguns trechos de *O Irlandês* e, então, fez com que fossem arrancadas algumas tábuas do piso da casa e enviou-as ao laboratório do FBI, para saber se a procedência do sangue poderia ser positivamente identificada. No dia 15 de fevereiro de 2005, o chefe de polícia Jeffrey Werner anunciou que o FBI encontrara sangue humano masculino nos fragmentos do piso, mas o DNA do sangue encontrado não correspondia ao de Hoffa. Na entrevista coletiva concedida à imprensa, Gorcyca deixou claro que embora isto não corroborasse a confissão de Sheeran, tampouco a invalidava.

O Dr. Baden, ex-chefe do Departamento de Medicina Legal da Cidade de Nova York, comentou: "A confissão de Sheeran atestando que ele matou Hoffa, da maneira como é descrita no livro, é inteiramente crível, e soluciona o mistério de Hoffa. Nada relativo a esta recente descoberta contradiz a confissão e o enorme peso das evidências."

Depois de 29 anos, encontrar vestígios de sangue de outra pessoa poderia significar qualquer coisa: desde um menino com uma ligeira hemorragia nasal, até ter sido a casa utilizada pela Máfia para a consumação de outros assassinatos, tal como aconteceu com a "casa da morte" da família Gambino, descrita no excelente livro *Murder Machine* ("Máquina Assassina"), escrito por Gene Mustain e Jerry Capeci, sobre as atividades dessa família.

Oito meses antes, em meados de junho de 2004, eu recebi uma carta espontânea do Professor Arthur Sloane, author de *Hoffa*, uma biografia que consultei extensivamente para obter informações sobre Hoffa e os Caminhoneiros. Ainda que este trabalho, de 1991, apresente uma teoria diferente sobre o desaparecimento de Hoffa, Sloane escreveu-me após haver lido a confissão de Sheeran: "Estou completamente convencido — agora — de que Sheeran foi, de fato, o homem que praticou aquela ação. Também estou impressionado com a legibilidade do livro e por sua exatidão factual em todas as áreas nas quais possuo qualificações para julgar." Quando telefonei para agradecer-lhe, ele me disse: "Você solucionou o mistério de Hoffa."

Quando Sheeran e eu encontramos a casa, em 2002, não me dei ao trabalho de entrar nela. Como experiente investigador de homicídios e promotor, eu jamais sonhei que quaisquer evidências forenses pudessem ser encontradas ali, quase três décadas depois do assassinato. Como um reconhecido especialista em interrogatórios, eu estava certo de que havia encontrado a casa — uma casa para sempre marcada a fogo na memória de Frank Sheeran; e eu não queria ninguém contestando a confissão contida no livro com base no argumento de que pudéssemos haver nos deixado influenciar pelo que teríamos visto no interior da casa. Amigos já haviam dito que eu teria uma misteriosa habilidade natural para interrogar as pessoas, e eu estava disposto a testá-la. Apenas deixei que os flocos de neve caíssem onde tivessem de cair.

Em uma visita arranjada pela Fox News, entrei na casa pela primeira vez, somente após *O Irlandês* já ter sido despachado para as livrarias. O atual proprietário da casa, Ric Wilson, sua esposa e um dos filhos do casal estavam presentes. (Durante a visita, Wilson e seu filho me reconheceram como o homem que fotografara a casa deles, em 2002. A fotografia tirada por mim naquela ocasião consta desta edição. Para visitas ao interior da casa, consulte o *website* mantido pela família Wilson: www.hoffas-true-last-stand.com.)

Eu abri a porta da frente e adentrei um pequeno vestíbulo. Tão logo entrei ali, senti aqueles familiares calafrios que costumava sentir quando trabalhava como investigador de homicídios e olhava para a cena onde algum crime tivesse sido cometido — e isto contribuía para a minha compreensão do próprio crime.

Sheeran descrevera um "pequeno" vestíbulo, e eu empreguei a palavra "pequeno" ao escrever. Na verdade, o vestíbulo era realmente exíguo, e transmitia a sensação de se estar em meio a um desfiladeiro muito estreito. Assim, tornou-se imediatamente evidente que a única pessoa que poderia ter matado Jimmy Hoffa seria o homem que o fizera entrar na casa; e Hoffa teria entrado nesta casa estranha somente em companhia de seu amigo, o leal "homem de Hoffa", Frank Sheeran. Não havia possibilidade de Jimmy Hoffa fugir daquele vestíbulo.

Diretamente diante do vestíbulo, à esquerda, avistei a escadaria que levava ao pavimento superior da casa. Os primeiros degraus da escadaria ficavam tão próximos da entrada que pareciam dominar todo o vestíbulo, e esta bloqueava a visão da cozinha e da maior parte do corredor. Ela ocultou os "limpadores". Efetivamente, ela bloqueava o acesso à porta dos fundos como possível opção de fuga. Sem tempo para pensar, a única saída foi mesmo a tentada por Hoffa, pelo mesmo lugar por onde entrara ali.

À direita da escadaria, havia o longo corredor que levava à cozinha. À direita do corredor havia duas salas: uma sala de estar e uma sala de jantar. No fim do corredor, havia a cozinha, através de cuja porta, que dava para os fundos da casa, o corpo de Jimmy Hoffa foi transportado em um saco para cadáveres e depositado no porta-malas de um carro, tendo sido levado para que fosse cremado no que Sheeran chamou de um "incineratório".

O interior da casa revelou-se precisamente como Sheeran o havia descrito e tal como escrevi a seu respeito, exceto por um detalhe importante: não havia uma porta na cozinha que abrisse para o quintal da casa. Não havia uma porta dos fundos naquela cozinha. Meu coração pareceu parar, momentaneamente.

— Sheeran me disse que o corpo de Hoffa foi carregado para fora através de uma porta dos fundos —, disse eu a Eric Shawn, o correspondente da Fox News.

— Veja, há uma porta lateral à esquerda, no alto de um lance de escadas que leva até o porão —, disse ele. — E a última marca de sangue que encontramos no vestíbulo estava exatamente diante desses degraus que levam ao porão. Ele deve ter se referido a essa porta.

— Não. Ele mencionou uma porta nos fundos. Ao final do corredor, passando pela cozinha e levando ao quintal, nos fundos. Esta porta abre-se para o caminho cimentado que há em torno da casa. Trata-se de uma porta lateral.

Fui à sala de estar e perguntei a Ric Wilson se teria havido uma porta que dava acesso ao quintal pela cozinha. Ele disse: "Eu retirei aquela porta em 1989, quando reformei a casa. Se você quiser vê-la, eu ainda a tenho guardada na minha garagem...

Calafrios, novamente. Um floco de neve caía, após outro.

Em algumas jurisdições, apenas uma confissão crível é suficiente para a condenação de alguém. Em outras, é necessário que sejam somados a esta a corroboração de certos fatos. Neste caso, nós já tínhamos o fato de, em 1999, Sheeran haver confessado para mim que atraíra Hoffa para que se sentasse no banco traseiro do Mercury marrom — apesar de Hoffa sempre insistir para viajar no banco do passageiro, na frente do carro. O motorista do carro, o "filho adotivo" de Hoffa, Chuckie O'Brien, negou que Hoffa tivesse viajado naquele carro e passou em um teste realizado com um detector de mentiras.

No dia 7 de setembro de 2001, o FBI anunciou que um fio de cabelo que fora recuperado do descanso de cabeça no banco traseiro do lado do passageiro e guardado durante todos aqueles anos havia sido testado com um exame de DNA, que provara ser este pertencente a Jimmy Hoffa. A confissão de Sheeran e aquela importante peça de corroboração forense teriam sido mais que suficientes para que Sheeran fosse condenado. Eu mesmo já colocara quatro homens em celas de "corredores da morte" contando com menos evidências do que as obtidas com as palavras do próprio Sheeran.

Curiosamente, o álibi apresentado por O'Brien já havia sido "furado" pelo próprio FBI. Do meu ponto de vista, isto também corroborava a confissão de Sheeran. Sheeran me dissera que O'Brien fora apenas um inocente útil, que realmente acreditara estar levando Hoffa a uma reunião com figuras importantes da Máfia. É provável que por isso mesmo O'Brien não tenha planejado utilizar um álibi muito bem elaborado.

O advogado de Sheeran, o ex-promotor distrital de Filadélfia F. Emmett Fitzpatrick, avisou a Sheeran, na minha presença, de que ele seria indiciado. Eles discutiram como o estado de saúde de Sheeran poderia contribuir para atrasar os procedimentos contra ele.

Entre as cartas amáveis que recebi depois da publicação da primeira edição de *O Irlandês* havia uma, de Stan Hunterton, um advogado de Las Vegas. Como um jovem advogado-assistente dos Estados Unidos em Detroit, em 1975, ele expediu o mandado de busca e apreensão do Mercury marrom, e argumentou — com sucesso — contra a moção do advogado dos mafiosos para que o fio de cabelo e tudo quanto tivesse sido encontrado no interior do carro fosse restituído ao proprietário deste. (Bom trabalho, Stan, por haver conseguido preservar aquele fio de cabelo até que a ciência pudesse analisá-lo com um teste de DNA.) Em sua carta, Stan me parabenizava por ter obtido "a primeira confissão relativa ao assassinato" de Jimmy Hoffa.

Em fevereiro de 2002, cinco meses depois de o FBI ter anunciado que identificara o DNA de Hoffa naquele fio de cabelo, Sheeran e eu procuramos e encontramos a "casa da morte". Esta descoberta representou uma corroboração adicional à confissão de Sheeran. A localização da casa e sua conformação externa eram exatamente tal como Sheeran as descrevera.

Agora, com o livro já distribuído às livrarias, o interior da casa revelava-se tal qual Sheeran o havia descrito, também. Além disso, soubemos que a proprietária da casa à época do assassinato vivia em algum outro lugar; e, logicamente, é muito mais fácil tramar um plano que eventualmente envolva apenas um locatário solitário do que uma família inteira, com muita gente entrando e saindo da casa. Os flocos de neve se acumulavam.

Mais calafrios ainda seriam sentidos — e nem todos por mim. A avalanche estava para ser desencadeada.

Sheeran confessara que, em 1972, sob ordens de Bufalino, adentrara o Umberto's Clam House, em Little Italy, Nova York, sozinho e, empregando duas armas, promovera um tiroteio no local, matando o "moleque presunçoso" Crazy Joey Gallo. Eu interroguei extensivamente a Sheeran sobre este "assunto". A história que circulava, proveniente do informante Joe Luparelli, dava conta de que três italianos associados à família criminosa Colombo — à qual também pertenciam Gallo e seus asseclas, Carmine "Sonny Pinto" DiBiase e dois irmãos conhecidos apenas como Cisco e Benny — encontravam-se em um restaurante chinês, rua abaixo. Luparelli teria visto Gallo chegar ao Umberto's. Ele caminhou até o restaurante chinês onde se encontrou com os três italianos, tendo contado a eles que Gallo estaria no Umberto's. Então, Sonny Pinto, impulsivamente, teria anunciado que iria matar Gallo, pois haveria uma "sentença de morte" em aberto contra este. Pinto teria dito para que Cisco e Benny arranjassem armas e, quando retornaram com estas, os três italianos irromperam pela porta lateral do Umberto's, que se abre para a Rua Mulberry, disparando as armas como numa cena de filme de bangue-bangue. Os três supostos gângsteres italianos feriram o guarda-costas de Gallo, Pete Diapoulos, nas nádegas e mataram Gallo quando este tentava escapar.

Depois de haver esgotado toda a minha capacidade de confrontar as evidências com Sheeran, dei-me por satisfeito — ainda que a confissão de Sheeran contrariasse a versão contada em todos os livros, em um filme e em todas as referências disponíveis na internet. Ele estava me dizendo a verdade sobre o assassinato de Crazy Joey, e, tal como tudo o que confessara a mim, seria a versão dele a que constaria do meu livro. Parece-me que Luparelli estaria fornecendo propositalmente uma informação errônea ao FBI e ao público. Talvez ele tivesse algum motivo pessoal para fazer isso, ou tivesse obtido algum lucro pessoal ao vender essa história para as autoridades. Talvez ele devesse um bocado de dinheiro que não conseguiria pagar e precisasse ser retirado das ruas. Provavelmente cumprindo ordens, Luparelli afastava a culpa dos chefões mafiosos que ordenaram e sancionaram o assassinato, para o caso dos asseclas de Gallo estarem pensando em exercer algum tipo de *vendetta* contra a família Genovese, também, em vez de voltarem-se contra a própria família à qual pertenciam, os Colombo, com a qual o bando de Gallo já estava entrando em atrito.

Sheeran me dissera, muito tempo atrás, que nenhum mafioso associado a um chefe "pinta uma casa" no território de outro chefe sem a aprovação expressa deste último. Por exemplo, Hoffa não poderia ter sido assassinado no território de Detroit sem a aprovação dos chefes de Detroit e de Chicago, uma vez que o território de Chicago se sobrepõe ao de Detroit em algumas áreas. No sul, Carlos Marcello aplicava uma regra territorial tão estrita que não permitia sequer que mafiosos de outras famílias visitassem Nova Orleans sem sua aprovação expressa — e, muito menos, que "pintassem uma casa", lá.

O Umberto's Clam House era propriedade de um *capo* altamente graduado na hierarquia da família Genovese, chamado Mattie "O Cavalo" Ianello, que se encontrava no restaurante no momento em que ocorreu o tiroteio. Ianello tinha sido um dos codefensores de Sheeran, cujo nome figurava em uma lista de 26 nomes de notórios mafiosos que agregava uma ação civil, sob a lei RICO, movida por Rudy Giuliani, alguns anos depois. Evidentemente, a família Genovese, ao menos — senão Ianello, pessoalmente — teria de haver sancionado o tiroteio no restaurante de Ianello. A menos que tenha sido um ato tresloucado, impulsivo e não sancionado, aos olhos dos integrantes do bando de Gallo — agora liderado por seu irmão, Albert "Kid Blast" Gallo — "livrando a cara" de Ianello e da família Genovese. Era fato bem conhecido que a família Bufalino fizera muitos trabalhos em conjunto com a família Genovese — família esta à qual pertencia Tony Pro. Assim, Luparelli contou às autoridades e escreveu em um livro que toda aquela história se desenrolara "no calor do momento".

De todo modo, nenhum dos "três italianos" foi preso pelo assassinato de Gallo, segundo as informações proporcionadas por Luparelli — mesmo porque estas jamais puderam ser corroboradas sequer em um único detalhe. Na verdade, "Benny" e "Cisco" nunca vieram a ser identificados.

Em seguida à publicação de *O Irlandês*, a versão do assassinato de Crazy Joey Gallo por um único atirador — e não por três pistoleiros — foi corroborada por um artigo postado no *website* www.ganglandnews.com, pelo escritor Jerry Capeci, que conferiu as matérias jornalísticas originais sobre o assassinato de Gallo. Como um jovem repórter a serviço do *New York Post*, Capeci afirmou que passara "algumas horas no Umberto's Clam House, na Rua Mulberry, na parte baixa de Manhattan, durante as primeiras horas da manhã do dia 7 de abril de 1972." Capeci escreveu que Al Seedman, o lendário chefe dos detetives do Departamento de Polícia de Nova York, entrara no Umberto's e anunciara aos repórteres que toda a carnificina havia sido obra de um atirador solitário.

Na segunda edição de seu livro *The Complete Idiot's Guide to the Mafia* (algo como "O Guia Completo da Máfia para Idiotas", em português), publicada em 2005, Capeci escreveu: "Se fosse forçado a fazer uma escolha [quanto a quem teria matado Gallo], eu diria que Frank Sheeran fez o serviço." E, quanto a Hoffa, ele escreveu: "O relato de Sheeran tem o tom da verdade."

Então, a sorte me trouxe algo especial. Eric Shawn, da Fox News, telefonou-me. Seguindo uma dica recebida de uma antiga colaboradora da Fox, ele ficou sabendo da existência de uma testemunha ocular do assassinato de Gallo. Esta era uma respeitada jornalista do *New York Times*, que pretendia manter-se no anonimato. Ele telefonou a ela, que admitiu haver estado lá e presenciado o assassinato. Ele disse a ela: "Sei que três sujeitos italianos entraram no restaurante e começaram a atirar..." E ela respondeu: "Não. Nada disso. Foi um único atirador." Ele chamou a atenção dela para o *website* de Capeci e para uma fotografia de Sheeran, do tamanho de um selo postal, tirada no início dos anos 1970, mais ou menos à época do assassinato de Gallo

— a mesma fotografia que consta deste livro. Ela disse: "Oh, meu Deus! Eu já vi este homem antes. Tenho de conseguir esse livro." Imediatamente, Shawn caminhou dos estúdios da Fox, na Rua 47, até o edifício do *New York Times*, na Rua 43, e entregou pessoalmente um exemplar.

Eu contei esta história a Ted Feury, um amigo meu e executivo aposentado da CBS. Ted disse: "Eu a conheço. Ela foi a melhor estudante de graduação que eu já tive na Columbia University. Ela é uma garota excelente; verdadeiramente brilhante. Uma grande jornalista e tão honesta quanto alguém pode ser. Vou telefonar para ela."

Nós três fomos jantar no Elaine's, em Nova York. Embora muita gente próxima dessa "testemunha ocular da história" soubesse de seu envolvimento com "o assunto" — por razões profissionais —, ela nos disse que ainda preferiria manter-se no anonimato. A testemunha desenhou um diagrama da cena para nós, incluindo a localização da mesa que ocupava em relação à mesa de Gallo e seus acompanhantes, e disse: "Houve um bocado de tiros disparados naquela noite; e eu continuei a ouvir o som daqueles disparos por muito tempo, depois." Ela confirmou que, de fato, tudo havia sido obra de um único atirador, "e ele certamente não era italiano". Ela o descreveu como um homem de traços fisionômicos tipicamente irlandeses, cuja compleição física avantajada e idade aproximada à época conferiam com a descrição aproximada de Frank Sheeran. Ela passou em revista uma coleção de fotografias que eu tinha — que incluía retratos de outros gângsteres — e, quando viu uma versão ampliada da fotografia em preto e branco de Sheeran, tirada mais ou menos à época do assassinato de Gallo, falou: "Como eu disse a Eric Shawn pelo telefone, já faz muito tempo. Mas, de uma coisa eu tenho certeza: já vi este homem antes." Mostrei a ela outras fotos em preto e branco de Sheeran quando mais jovem, e ela disse: "Não... Jovem demais." Diante das fotos mais recentes de Sheeran, ela disse: "Não, não... Muito velho." Então, ela tornou a olhar para a fotografia de Sheeran à época do assassinato de Gallo e disse, com um temor perceptível: "Esta foto me dá calafrios."

A reunião no Elaine's foi mais social do que "de trabalho". Ted e a testemunha eram frequentadores habituais do lugar.

Elaine Kaufman veio sentar-se à mesa conosco e contou que Gallo costumava frequentar seu restaurante, em companhia do ator Jerry Orbach — que representou o papel de Gallo no filme *The Gang Who Couldn't Shoot Straight* [literalmente, "A Gangue que Não Conseguia Atirar Direito"; filme dirigido por James Goldstone, lançado em 1971, que recebeu o título de "Quase, Quase uma Máfia", no Brasil] — e da esposa de Orbach à época, Marta. Marta havia sido contratada para escrever a biografia de Gallo. Elaine disse que Gallo sempre a "prendia com os olhos" e demonstrou como ele fazia isso. Ela disse que ele sempre a olhava profundamente nos olhos enquanto falava com ela acerca das dificuldades de manter um restaurante em funcionamento, e que lhe era difícil se desviar do olhar dele.

Tal como em todos os restaurantes, a iluminação no Elaine's era muito atenuada. Eu queria entrevistar formalmente a testemunha, a sós e gravando-a em fita magnética; mostrar a ela algumas fotos, sob uma iluminação melhor, e um vídeo de Sheeran, em cores e "em pessoa". Eu queria que ela analisasse coisas que eu havia lido e que conflitavam com a confissão de Sheeran. Devido às nossas agendas igualmente lotadas, nove meses se passaram até que tornei a encontrá-la em sua casa, nos arredores de Nova York. Levei comigo minha coleção de fotografias e um vídeo que gravara com Sheeran no dia 13 de setembro de 2000, quando ele contava 79 anos de idade. Ainda que ele estivesse 27 anos mais velho do que quando fora visto no Umberto's, tratava-se de um registro em cores de Sheeran, "em pessoa".

"Eu contava dezoito anos àquela época", disse a testemunha, "e era caloura em uma faculdade em Chicago. Foi, provavelmente, no início da primavera. Eu estava com a minha melhor amiga. Nós estávamos visitando um dos irmãos dela e sua esposa. Eles moravam perto da Gracie Mansion. Nós fomos ao teatro — acho que assistimos a uma montagem de *Equus* — e, depois, provavelmente demos umas voltas, para contemplar a cidade. Nenhum de nós bebia. Eu e minha amiga ainda não tínhamos idade suficiente para bebermos legalmente, e o irmão dela e sua esposa se abstinham de beber quando estavam em nossa companhia. Terminamos por chegar ao Umberto's cerca de vinte minutos antes que o tiroteio começasse.

"De jeito nenhum havia apenas sete pessoas ali, além dos acompanhantes de Gallo, se é isso que o livro diz. O lugar estava bem cheio, para aquela hora da noite, com pessoas ocupando quatro ou cinco mesas e mais algumas sentadas no bar. Talvez algumas pessoas tivessem saído depois que chegamos lá e antes que aquilo acontecesse. Isto, eu não sei ao certo. Nós entramos pela porta da frente, aquela que fica na esquina da Hester com a Mulberry. Não havia mesas à esquerda, no lado da Rua Hester. Elas ficavam bem diante de você, quando você entrava, entre o bar à esquerda e a parede que dava para a rua Mulberry, à direita. Nós nos sentamos a uma mesa mais ao fundo. Eu me sentei voltada para a parede da Rua Hester. Minha amiga sentou-se à minha direita. O irmão dela e sua esposa sentaram-se de frente para nós. Eles podiam ver a parede dos fundos e a porta lateral que se abria para a Mulberry. Eu me lembro de Gallo e seus acompanhantes ocupando uma mesa à nossa esquerda, por causa da garotinha que estava com eles e porque eu achei a mãe da menina uma mulher muito bonita. Além da garotinha, havia duas ou três mulheres e dois ou três homens. Eu não me lembro de ter reparado nos rostos dos homens.

"Nosso prato de frutos do mar acabara de chegar quando notei o homem que entrou pela porta da rua Mulberry. De onde estava, eu podia ver a porta facilmente, a uma curta distância do meu ombro esquerdo. Ele caminhou em diagonal, dirigindo-se ao bar, passando bem diante de mim, permanecendo durante toda a trajetória diretamente em minha linha de visão. Quando ele passou por mim, lembro-me de ter ficado impressionada. Lembro-me de haver reparado em sua figura distinta: um homem muito alto e bem-apessoado. Ele parou diante do bar, não muito distante da nossa mesa. Eu estava olhando para o prato de frutos do mar quando ouvi o primeiro disparo. Não posso dizer que me lembro de ter visto uma arma em sua mão, mas definitivamente era ele quem estava atirando. Não tenho dúvidas quanto a isso. Ele estava lá, calmamente, em pé, enquanto todos tentavam se esconder onde pudessem.

"Os acompanhantes de Gallo sequer souberam o que os atingiu.

"Fora Sheeran. O mesmo homem que aparece nesta fotografia. Ainda que esteja muito mais velho, no vídeo ele se parece mais com o modo como se parecia, naquela noite. Oh, sim. Era ele mesmo. Positivamente. Nessas fotos mais recentes [tiradas por volta de 1980] que você me mostrou ele parece mais inchado e gordo; mas não no vídeo. E nesta foto ele se parece com um palhaço [ela se referia a uma fotografia publicada pela revista *Newsweek* em 1979]."

Eu disse a ela que Sheeran passara a beber muito, ao ponto de ficar inchado, depois de haver sido forçado a matar Hoffa, em 1975, e ela disse: "Esse foi o ano em que eu vim para Nova York para fazer o curso de graduação em jornalismo, na Columbia."

Então, ela prosseguiu com seu relato. "O irmão da minha amiga gritou para que nos jogássemos ao chão, também. Além dos tiros, a coisa de que me lembro mais nitidamente, quando estava ali, debruçada sobre o piso de ladrilhos, é o barulho de copos e pratos quebrando. Nós permanecemos deitados no chão até que os tiros cessassem. Quando isso aconteceu, o irmão da minha amiga gritou: 'Vamos dar o fora daqui!' Então, nós nos levantamos e corremos, saindo pela porta da Rua Mulberry. Havia muita gente gritando 'Vamos dar o fora daqui', também; e essas pessoas saíram correndo quando nos viram fazer isso.

"Nós corremos pela Rua Mulberry acima. Não havia ninguém na Mulberry atirando contra nenhum carro em fuga, se foi isso o que o guarda-costas disse. Nosso carro estava estacionado perto do posto da polícia. Durante o percurso de volta para casa, ficamos imaginando se havíamos presenciado uma tentativa de assalto ou um acerto de contas entre mafiosos. Ninguém pretendia estereotipar Little Italy, mas nós achamos que o ocorrido tinha a ver com a Máfia. Não me lembro se chegamos a ouvir alguma coisa pelo rádio, mas, na manhã seguinte, vimos a notícia impressa nos jornais. Foi uma coisa horrível. Acho que se minha amiga e eu tivéssemos estado ali sozinhas, teríamos voltado no dia seguinte; mas o irmão dela e sua esposa nos superprotegiam, e não queriam que tivéssemos qualquer envolvimento com o que acontecera, de maneira alguma."

Esta testemunha do que acontecera com Gallo, com uma memória de jornalista e um olhar apurado para os detalhes, me disse que não havia lido nenhuma das histórias que brotaram ao longo dos anos. Ela não gostava de pensar ou de falar sobre aquele episódio que presenciara. Ela jamais ouvira falar sobre os "três italianos" até que Eric Shawn os mencionara. E, a esse respeito, ela disse: "Isso é ridículo. Não havia maneira de três italianos irromperem pela porta da Rua Mulberry e começarem a atirar. Eu os teria visto, se tivessem entrado. Se houvesse três homens, nós teríamos ficado assustados demais para nos levantarmos e sairmos correndo. E, se tivéssemos nos levantado para fugir dali, não faríamos isso por aquela porta lateral."

Encerrei a sessão de gravação perguntando a ela, mais uma vez, se estava certa de que era Sheeran o homem que ela vira naquela noite. Ela disse: "Estou absolutamente certa disso. Ele é, definitivamente, o homem que eu vi naquela noite."

Esta identificação positiva feita por uma testemunha ocular encerrou o assunto. Se eu fosse o promotor nesse caso, já poderia ouvir a porta de uma cela sendo trancafiada. Embora a identificação tenha sido feita muitos anos depois do fato, quem a fizera fora uma aspirante a jornalista, que tivera oportunidade de ver o assassino e de formar uma imagem mental dele, antes que ele pudesse passar a representar uma ameaça, com uma arma em sua mão. Testemunhas oculares quando confrontadas com uma arma de fogo tendem a se lembrar somente da arma.

Como resultado da identificação positiva feita por ela, decidi adquirir quantos livros pudesse encontrar sobre Gallo. Isto me custou algum tempo, pois a maioria deles já se encontrava esgotada, disponível apenas em sebos. Dentre as várias versões publicadas acerca dos acontecimentos daquela noite no Umberto's, algumas beiravam o ridículo. Contudo, um livro escrito em 1976 por Pete "O Grego" Diapoulos, o guarda-costas de Gallo, provou-se bastante revelador.

Em *The Sixth Family* ("A Sexta Família"), Diapoulos escreve que a celebração do aniversário de Gallo começara, naquela noite, no Copacabana, o famoso clube noturno de Nova York. Don Rickles era o responsável pelo entretenimento, naquela noite, e ele prestou seus respeitos a Gallo. No Copa, Gallo teve um encontro casual com "um sujeito da velha guarda, Russell Bufalino; um típico carcamano". Na lapela de Bufalino, Gallo viu um broche da Liga pelos Direitos Civis dos Ítalo-Americanos. Condizente com seu amor pelas joias, o broche de Bufalino tinha um diamante incrustado. Joe Colombo, um amigo de Bufalino e chefe de família como ele, o homem cujo assassinato fora ordenado por Gallo, encontrava-se em coma havia dez meses. Gallo disse a Bufalino: "Ei! O que você está fazendo com isso? Você realmente acredita nessa liga de merda?"

Diapoulos escreveu:

> "Você podia ver como o queixo de Bufalino tremia, enquanto ele endireitava suas costas, afastando-se de nós. Frank (que acompanhava Bufalino), com um semblante muito preocupado, apanhou Joey pelo braço.
>
> — Não há nada sobre o que conversar aqui, Joey. Vamos tomar uns drinques.

— É. Nós vamos tomar uns drinques...

— Joey, ele é um chefe.

— Então, ele é um chefe... E daí? Eu também sou um chefe. Isso faz dele alguém melhor do que eu? Nós devemos ser todos irmãos...

'Irmãos' era algo que não seríamos, mesmo.

— Joey —, disse eu. — Vamos para a nossa mesa. Não vamos arranjar encrenca."

Diapoulos identificou o acompanhante de Bufalino como alguém "com um semblante muito preocupado", que apanhou Gallo pelo braço; um homem chamado Frank. Diapoulos descreveu o modo como a "encrenca" começou: "O champanhe continuava a ser enviado. Um homem da família, chamado Frank, nos mandou algumas garrafas. Ele estava em companhia de um sujeito da velha guarda, Russell Bufalino; um típico carcamano, chefe de Erie, na Pensilvânia."

E Frank Sheeran, companheiro constante de Russell Bufalino em suas incursões por Nova York, sempre descreveu Gallo como um "moleque presunçoso". Frank tinha motivos para saber. Uma vez que o incidente no Copa refletiria sobre Bufalino, este era o tipo de detalhe que Frank omitiria na confissão que fez a mim.

Joseph D. Pistone, o "Donnie Brasco" da vida real, contou-me que quando trabalhava para o FBI como um agente infiltrado costumava frequentar o Vesuvio. Lá ele conheceu Bufalino e Sheeran. Eles vinham sempre às quintas-feiras. O Vesuvio distava uma longa caminhada — ou uma breve viagem de carro — do Copa. A celebração do aniversário de Gallo começara às onze horas da noite de uma quinta-feira. Às 5h20 da manhã de sexta-feira, Joey Gallo estava morto.

Russell e Frank na cidade de Nova York, no Copa, na noite em que Joey Gallo mostrou-se excessivamente "presunçoso" com as pessoas erradas e teve sua "casa pintada". Tal como a de Jimmy Hoffa e todas as outras "casas" que Frank Sheeran confessou haver "pintado", o mistério de Gallo também está solucionado.

* * *

Uma das filhas de Frank Sheeran, Dolores, me disse, depois do lançamento de *O Irlandês*: "Jimmy Hoffa era uma das duas únicas pessoas com quem meu pai realmente se importava. Russell Bufalino era a outra pessoa. Ter matado Jimmy Hoffa torturou meu pai pelo resto de sua vida. Houve muita culpa e sofrimento com que meu pai teve de conviver, após o desaparecimento. Ele bebia, e bebia até ao ponto de não conseguir sequer andar, às vezes. Eu sempre tive medo de ter de encarar o que ele encarou. Ele jamais admitiria isso, até que você surgiu. O FBI passou quase trinta anos torturando meu pai e esmiuçando cada movimento dele, para tentar fazer com que ele confessasse.

"Tê-lo como pai foi um pesadelo. Nós não podíamos levar um problema que tivéssemos ao conhecimento dele, por temer as coisas horríveis que ele poderia fazer para saná-lo para nós. Ele achava que estava nos protegendo com o modo como lidava com as coisas, mas a verdade era exatamente o oposto. Nós não éramos protegidas por ele porque temíamos demais apelar à proteção dele. Um homem da vizinhança mostrou suas 'partes baixas' para mim, certa vez, e eu não pude contar isso ao meu pai. Minha irmã mais velha nunca saía conosco quando nosso pai vinha nos buscar, porque tinha medo de que ele não nos trouxesse de volta para casa. Nós odiávamos as manchetes que apareciam cada vez mais frequentemente. Todas nós, as meninas, sofremos com isso até hoje. Minhas irmãs e eu imploramos para que ele não escrevesse esse livro; mas, afinal, acabamos por desistir. Ao menos eu tentei. Mas ele precisava tirar essas coisas de seu peito. Nós já havíamos tido suficientes manchetes sobre assassinatos e violência, mas disse a ele que contasse a você toda a verdade. Se meu pai não tivesse contado a verdade a você, ninguém jamais conheceria a verdadeira história.

"Sinto como se tivéssemos vivido sempre sob a nuvem negra que ele representava. Eu quero que isto acabe. Meu pai finalmente está em paz, agora. Eu desejaria o mesmo para a família de Jimmy. Meu pai matou seu amigo e arrependeu-se de ter feito isso até o dia em que morreu. Em meu coração, eu sempre tive minhas suspeitas; e não quis que elas se confirmassem. Agora que me vejo forçada a aceitar a vida que meu pai viveu, tenho de aprender a conviver com isso, e com todas as emoções conflitantes que a verdade evocou."

E de nada além da verdade se consiste este livro.

Cidade de Nova York
Março de 2005

Fontes

Nota do Autor: Citações retiradas diretamente de matérias publicadas pela imprensa escrita são, todas, creditadas no corpo do texto. Além disso, como auxílio para a compreensão de certos assuntos e como maneira de contribuir para a descrição cronológica dos fatos, utilizei-me de outros artigos, demasiadamente numerosos para serem citados aqui. A cobertura jornalística realizada pelos seguintes periódicos me foi particularmente útil: o *Detroit Free Press,* o *Philadelphia Inquirer,* o *Philadelphia Daily News,* o *Wilmington News Journal,* o *New York Times* e o *New York Post.*

Desconhecemos a existência de traduções em português de quaisquer dos títulos citados a seguir. (N.T.)

Bishop, Leo V., Frank J. Glasglow e George A. Fisher. *The Fighting Forty-fifth: The Combat Report of an Infantry Division.* Baton Rouge, La.: Army & Navy Publishing Company, 1946.

Brill, Steven. *The Teamsters.* Nova York: Simon and Schuster, 1978.

Capeci, Jerry. *The Complete Idiot's Guide to the Mob.* 2ª ed. Indianapolis, IN: Alpha Books, 2005.

Capeci, Jerry. *Jerry Capeci's Gangland.* Nova York: Alpha Books, 2003.

Coffey, Joseph J. e Jerry Schmetterer. *The Coffey Files: One Cop's War Against the Mob.* Nova York: St. Martin's Press, 1992.

Cohen, Celia. *Only in Delaware: Politics and Politcians in the First State.* Newark, Delaware: Grapevine, 2002.

Davis, John H. *Mafia Kingfish: Carlos Marcello and the Assassination of John F. Kennedy.* Nova York: Signet Books, 1989.

Dean, John W. III. *Blind Ambition.* Nova York: Simon and Schuster, 1976.

Diapoulos, Peter. *The Sixth Family.* Nova York: Dutton, 1976.

Giancana, Sam e Chuck Giancana. *Double Cross.* Nova York: Warner Books, 1992.

Gilbert, Martin. *The Second World War: A Complete History.* Nova York: Henry Holt and Company, 1989.

Hirshon, Stanley P. *General Patton: A Soldier's Life.* Nova York: HarperCollins, 2002.

Kennedy, Robert F. *The Enemy Within: The McClellan Committee's Crusade Against Jimmy Hoffa and Corrupt Labor Unions.* Nova York: Da Capo Press, 1994.

Kwitny, Jonathan. *Vicious Circles: The Mafia's Control of the American Marketplace, Food, Clothing, Transportation, Finance.* Nova York: W.W. Norton, 1979.

Leamer, Laurence. *The Kennedy Men: 1901–1963 The Laws of the Father.* Nova York: Perrenial, 2001.

Maas, Peter. *The Valachi Papers.* Nova York: Perrenial, 1968.

Mahoney, Richard D. *Sons & Brothers: The Days of Jack and Bobby Kennedy.* Nova York: Arcade Publishing, 1999.

Moldea, Dan E. *The Hoffa Wars: The Rise and Fall of Jimmy Hoffa.* Nova York: Shpolsky Publishers, 1993.

Murphy, Bruce Allen. *Wild Bill: The Legend and Life of William O. Douglas.* Nova York: Random House, 2003.

Mustain, Gene e Jerry Capeci. *Murder Machine: A True Story of Madness and the Mafia.* Nova York: Dutton, 1992.

Neff, James. *Mobbed up: Jackie Presser's High-Wire Life in the Teamsters, the Mafia, and the FBI.* Nova York: Dell Publishing, 1989.

Pennsylvania Crime Commission. *A Decade of Organized Crime: 1980 Report.* St. Davids, Pa.: Commonwealth of Pennsylvania, 1980.

Posner, Gerald. *Case Closed: Lee Harvey Oswald and the Assassination of JFK.* Nova York: Anchor Books, 1993.

Ragano, Frank e Selwyn Raab. *Mob Lawyer.* Nova York: Charles Scribner's Sons, 1994.

Rule, Ann. *The Stranger Beside Me.* 20th Anniversary Edition. Nova York: Signet, 2000.

Russo, Gus. *The Outfit: The Role of Chicago's Underworld in the Shaping of Modern America.* Nova York: Bloomsbury, 2001.

Schlesinger, Arthur M. Jr. *Robert Kennedy and His Times.* Boston: Houghton Mifflin Company, 1978.

Sheridan, Walter. *The Fall and Rise of Jimmy Hoffa.* Nova York: Saturday Review Press, 1972.

Simone, Robert F. *The Last Mouthpiece: The Man Who Dared to Defend the Mob.* Philadelphia: Camino Books, 2001.

Sloane, Arthur A. *Hoffa.* Cambridge, Mass.: The MIT Press, 1991.

Starr, Kenneth W. *First Among Equals: The Supreme Court in American Life.* Nova York: Warner Books, 2002.

Thomas, Evan. *Robert Kennedy: His Life.* Nova York: Simon and Schuster, 2000.

United States, Warren Commission. *The Warren Commission Report: Report of President's Commission on the Assassination of President John F. Kennedy.* Nova York: St. Martin's Press, 1992.

Vise, David A. *The Bureau and the Mole: The Unmasking of Robert Philip Hanssen, the Most Dangerous Double Agent in FBI History.* Nova York: Grove Press, 2002.

Zeller, Duke F. C. *Devil's Pact: Inside the World of the Teamsters Union.* Secaucus, N.J.: Birch Lane Press, 1996.

Conheça outros títulos da editora em:
www.editoraseoman.com.br